Demokratie in der Krise
Zukunft der Demokratie

Thomas Jäger
Dieter Hoffmann (Hrsg.)

Demokratie in der Krise ?

Zukunft der Demokratie

Leske + Budrich, Opladen 1995

ISBN: 3-8100-1246-7

Umschlag: Gabi Randerath, Opladen
Satz: Leske + Budrich
Druck: Presse-Druck Augsburg
Printed in Germany

Inhalt

Dialektik des Stillstands

Man stelle sich vor: Die FDP, langjähriges Zünglein an der konservativen Waage, wäre wie bereits in zehn Länderparlamenten mangels Wahlbeiteiligung auch bei der Bundestagswahl im Oktober 1994 gescheitert, dann wären wahrscheinlich die Taschenrechner im Adenauer- und Ollenhauer-Haus heißgelaufen, um nach regierungsfähigen Mehrheiten zu suchen. Und was wäre gewesen, hätten sich jene gut 60% aller FDP-Wähler, die angaben, ihnen gefiele eigentlich die CDU besser als die FDP, gegen das Stimmensplitting entschieden? Doch lassen wir die Spekulationen angesichts der faits accomplis. So aber blieb (es war vorauszusehen) alles beim Alten – und veränderte sich dennoch.

Aus dem Votum für die Kohl-Kinkel-Koalition resultierte wenigstens die Stabilität symbolischer Politik oder, mit anderen Worten, „demonstrative politische Ersatzhandlung". Könnte es denn sein, daß die Mehrheit der Mehrheitsbeschaffer ihre Entscheidung ausrichtete an den Maximen „Weiter so" und „Keine Experimente", weil die Kontinuität der politischen Elite Konstanz vortäuscht, wo gesellschaftlicher Wandel dominiert? Für die Projekte Deutschland und Europa, mit denen die vielfältigen Probleme der modernen deutschen Gesellschaft umschrieben werden, hat die Regierung nur einen diffusen Wählerauftrag, weil ohne perspektivische inhaltliche Vorgaben, erhalten. Beiseite gesprochen: Von der Regierung sind Reformprojekte in Sachen politischer Kultur eh nicht zu erwarten – Wähler und Gewählte scheinen gleichermaßen orientierungslos ...

... oder vielleicht doch nicht? Klaus Staeck (in der FR vom 17. Oktober) jedenfalls sieht das Ende der Wende – entgegen allen Prozenten und Sitzen – gekommen: „Jetzt können wir aus der Opposition heraus endlich Druck machen." Und Astrid Hölscher sekundiert ebendort: „Da bleibt viel zu tun im 13. Deutschen Bundestag: Eine gestärkte Opposition, voran die SPD und die zurückgekehrten Grünen, wird ihre reformerische Gestaltungskraft beweisen müssen. Ab sofort ist nachzuholen, was im Wahlkampf nur unvollkommen gelang – nicht aus böser, verschleiernder Absicht, sondern weil sich dort schwerlich eine Plattform bot zur vertieften Analyse. Jetzt aber müssen die Alternativen her zur Regierungspolitik, Punkt für Punkt ... All zu schwer sollte es der Opposition nicht fallen, ihr Veränderungspotential zu entfalten, hat sie es doch künftig mit einer Regierung zu tun, die nicht nur in der Zahl der Abgeordnetensitze geschrumpft ist."

Realitäts- und betriebsblinder kann der Ausgang der Bundestagswahl kaum mehr kommentiert werden. Nicht Inhalte sind es, die bestimmen, sondern eine Mehrheit von zehn Sitzen im Wasserwerk? Sollte die Leitung der deutschen Sozialdemokratie wirklich so lang sein? Gestandene zwölf Jahre also soll es gedauert haben, bis die Polit-Profis in der Bonner-Baracke gemerkt haben, daß es Aufgabe jener ist, die im Deutschen Bundestag nicht die Regierung stellen, alternative Politikkonzepte zu entwickeln? Wenn dem wirklich so sein sollte, dann nicht nur „Gute Nacht, SPD", sondern „Gute Nacht Parteien-Demokratie". Zudem irren Staeck und Hölscher: Nicht eine (inhalts-)starke Opposition wird die nächsten vier Jahre prägen, sondern wichtige Entscheidungen werden wie gehabt von einer heimlichen großen Koalition getroffen werden. Und damit die politische Kultur im Lande weiter in die Richtung des „So-tun-als-ob" verändern: „Die Vorliebe für das Fiktionale, das allgegenwärtige So-tun-als-ob hat in der offiziellen Politik geradezu einen neuen politischen Aktivitätstypus kreiert. So wie Niki Lauda einst wußte, daß er ‚nicht fürs Parken bezahlt' wurde, so wissen die Politiker, daß wir sie nicht dafür engagiert haben, öffentlich über die Grenzen ihrer Wirkungsmacht zu philosophieren. Wir stoßen daher überall dort, wo von der Politik etwas erwartet wird, was sie nicht leisten kann, auf einen neuen politischen Aktivitätstypus: die demonstrative politische Ersatzhandlung. Die beseitigt zwar nicht das Übel und löst auch nicht das Problem, aber sie beruhigt die Gemüter, indem sie sich als Aktivität der energischen Vorbereitung auf Aktivität zu erkennen gibt. Wir stehen erst am Anfang dessen, was das Medienzeitalter an sekundären Symbolaktivitäten möglich und damit wohl auch nötig macht. Wo eine Fernsehkamera ist, wird sich doch auch ein politischer Wille finden lassen!" (Guggenberger 1994) Ob dieses generelle und strukturelle Problem demokratischer Politik an der Schwelle zum nächsten Jahrtausend durch einen anderen Wahlausgang, durch das vielzitierte „Reformprojekt" wenigstens ansatzweise zu beheben wäre – das steht auf einem ganz anderen Blatt, und auch hier wäre mehr als nur Skepsis angebracht.

Nachdem es in der ersten Hälfte des stilisierten Superwahljahrs noch rudimentär um politische Gestaltungsvorschläge ging, hatten bald drei gänzlich anders geartete Themen Oberwasser gewonnen

– zumindest in der veröffentlichten Meinung. Zum eines war es die Frage nach einer Wende nach 12 Jahren liberal-konservativer Koalition. Zum anderen die danach, ob FDP und PDS, teilweise aber auch die Grünen den Einzug in den Bundestag schaffen. Und zum dritten – spätestens angesichts der absoluten Mehrheiten von CDU bzw. SPD in Sachsen und Brandenburg am 11. September – die Frage nach dem Gewicht der Köpfe; also danach, was Personen für die Politik (genauer: für die Entscheidung des Wählers) bedeuten. Mancher der professionellen Beobachter mag hinter vorgehaltener Hand gemunkelt haben, ein Leichtgewicht wie Scharping, könne Kohl nicht vom Sessel verdrängen. Manch einer hat die personelle (Führungs-)Schwäche der Liberalen beklagt, die angesichts ausgehender Personalressourcen eine derart schwache Ministerriege stellen, daß es den Christdemokraten auch nach zwölf Jahren FDP-verwaltetem Wirtschaftsministerium noch gelingt, die Spitzenposition ökonomischer Kompetenzzuweisung durch die Bürger einzunehmen. (Forschungsgruppe Wahlen 1994). Andere wiederum setzten auf (oder, ganz nach politischer Couleur: stießen sich an) Gysi und Heym. Und fast alle zeigten sich beruhigt, daß sich relativ frühzeitig (nicht allein ob des Schönhuber-Pakts mit dem DVU-Großkopferten Frey und der parteiinternen Klüngeleien) der Einzug der Rechten in den Bundestag nicht zu bewahrheiten schien.

Ob einer solchen Interessenkonstellation der visuellen und Print-Medien ging der Versuch, einen zweiten Historiker-Streit zu entfesseln, abermals angezettelt von Ernst Nolte, fast unter. Obgleich dieser im italienischen *Espresso* nicht zwischen den Zeilen, sondern expressis verbis für ein Ermächtigungsgesetz, in der *FAZ* für eine starke Rechtspartei plädierte und sodann im *Spiegel* den Zweiten Weltkrieg als europäischen Einigungskrieg uminterpretierte, blieb es angesichts solch gewichtiger Versuche, eine kulturelle Hegemonie von rechts zu befördern, bei ebenso hilfloser wie verzweifelter Empörung. Dieses als Resultat der eigenen Schwäche, der Theorie- und Konzeptionslosigkeit zu begreifen, dazu schien die Sozialdemokratie (und nicht nur sie!) nicht in der Lage.

Wenn dennoch sporadisch in den Wochen und Monaten vor der Bundestagswahl die Rede auf die Krise der Opposition und der Demokratie kam, so ging es in der Regel um andere Phänomene. Ulrich Glauber (in der FR vom 12. Oktober) verortet zwar nach den Wahlen in Österreich und dem Stimmenzuwachs bei Haiders FPÖ „die Krise der pluralistischen Demokratie in Europa nach dem Fall des ‚Eisernen Vorhangs‘ auf viele Arten. ... In Belgien, wo der gemeinsame Staat zweier Nationalitäten die Grundlage zu verlieren droht, feiern die nationalistischen Parteien Triumphe bei den Kommunalwahlen. In der Slowakei, wo die friedliche Trennung von einer ungeliebten Föderation vollzogen ist, experimentiert ein von der Wählerschaft gestärkter Vladimir Meciar mit geplanten Verfassungsreformen zur Stärkung einer Politik des gesunden Volksempfindens. In Italien hat es Berlusconi, der Helfer bei Meciars Wahlkampagne war, mit einer Medien-‚Demokratie' à la Orwell weit gebracht." Nur sind das nicht unbedingt Hinweise auf eine Krise der Demokratie, sondern eher schwerwiegende Indizien für eine Krise der inner- wie außerparlamentarischen Linken.

Immer wieder – und keinesfalls zu unrecht – wurden das Ende des Ost-West-Konfliktes und der deutschen Einigung als Argumente herangezogen, „neue Unübersichtlichkeiten" und Verwerfungen zu erklären. Die Mauer in den Köpfen, die Demarkationslinie zwischen zwei differenten politischen Kulturen in einem, in diesem Land hingegen, wurde nur selten thematisiert. Und wenn, dann von den PR-Agenturen der um die Macht in Bonn Ringenden. Etwa Helmut Kohl, der glaubte (im ZDF am 10.10.1994) „der PDS, den Kommunisten" allein die Schuld für das Scheitern der ersten deutschen Republik in die Schuhe schieben zu müssen; noch ein letztes Relikt des ehemaligen antikommunistischen Feindbildes oder bereits ein weiterer unüberhörbarer Hinweis darauf, daß „die Bewältigung zweier totalitärer Vergangenheiten in Zukunft die Klammer der deutschen Identität bilden" (Hoffmann 1992: 46) könnte? – nicht unter der arroganten Kuratel der „Besserwessis", sondern vielmehr unter klandestiner westdeutscher Hegemonie, versteht sich.

Die sogenannte „Rote-Socken-Kampagne" ist das vielleicht eindrucksvollste Symbol für eine solche Vermutung. Zunächst: Kaum mehr als 10 Prozent ihrer Stimmen erhielt die PDS bei der Europa-Wahl im Juni 1994 aus dem Westen, und gerade einmal ein Prozent ihrer Mitglieder leben im alten Teil der Republik. Das Etikett Ost-Partei paßt also. Und als solche verkörpert sie Identitäten und Erfahrungen – auch für jene, die sie nicht wählen. Und dabei ist es fast vollständig gleichgültig, ob sie vormalige SED-Mitglieder in ihren Reihen hat. „Warum eigentlich sollte es despektierlicher sein, sich im Parlament von den SED-Mutanten der PDS ‚tolerieren' zu lassen, als vorbehaltslos und ohne Einzelfallprüfung die kommunistischen Kader und die gesamte Verbandsformation der alten, von heute zu morgen gewendeten Blockparteien samt Liegenschaften und Parteivermögen zu übernehmen? Warum eigentlich gilt das politische Unberührbarkeitsstigma nur für die Nachfolgeorganisation PDS, während Blockchristen und Blockliberale in die weit offenen Arme der Mutterparteien sanken? Warum sind die Schmuddelkinder nur jene, die sich nach dem November 1989 nicht ganz so flugs um 180 Grad gewendet haben; warum nicht auch die bis zum Wendeende unbelehrbar regimehörigen Göttingchristen oder Maleuda-Bauernparteiler oder die unsäglichen Namensliberalen von der Block-LPDP und -NPDP?" (Guggenberger 1994)

Ebenso gleichgültig ist, ob oder daß sie überproportional von sozial Deklassierten der Ober- und Mittelschichten, der vormaligen „Funktionsträger" im Osten Zuspruch erhält. Die These scheint so gewagt nicht, daß jede Partei, die – wie verwaschen auch immer – eine Ost-Identität auf ihre Banner schreibt, auf Landes- und kommunaler Ebene jenseits der Elbe leichtfüßig die Fünf-, wenn nicht gar zehn Prozentmarke überspringen wird.

Denn die Wahlbeteiligung, die in den neuen Bundesländern bei Kommunal- und Landtagswahlen immer noch zum Teil deutlich unter der Sechzigprozentmarke liegt, erweist, daß die Entfremdung tief sitzt – und unabhängig von der PDS wächst. Ein Minus von abermals 1,8% im Vergleich zu den Wahlen 1990 ist mehr als nur Indiz dafür, daß sich die politischen Kulturen ist Ost und West noch weiter auseinander entwickeln. Im Klartext: Wenn auch die Ausgrenzungsversuche in Sachen PDS keine Früchte trugen, die Folgen der Mauer in den Köpfen hat sich auch in dieser Wahl niedergeschlagen. Die Verluste des Regierungslagers waren im Osten wesentlich größer als im Westen (-12,6 zu -4,8), entsprechend stärker fiel der Trend zu den Oppositionsparteien (+13,6 zu +5,4) aus. (Infas 1994)

Mehr als vier Prozent für die PDS – das hätte zum Einzug ins Parlament nicht gereicht; die vier Direktmandate aber sicherten das und bedeuten die Chance, weitere vier Jahre Politikkonzepte einem breiten Publikum vorzustellen. Notwendige Fragen schließen sich an: Spaltet sich die Linke? Wenden sich die Ost-Wähler vom Bündnis 90 ab und der PDS zu? Bleibt sie eine regionale Splitterpartei, oder könnte sich die PDS – nachdem grüne Inhalte längst von der Sozialdemokratie aufgesaugt und assimiliert wurden – als linke Alternative zur SPD etablieren, auch im Westen Fuß fassen?

Und die SPD? Sie freute sich zunächst linkisch und hoffnungsvoll darüber, daß des Kanzlers Sieg recht knapp ausgefallen sei. Ohne die 12 Überhangmandate für die CDU wären es nur zwei

Sitze mehr für die alte und neue Regierung gewesen. Nur: Ein bißchen schwanger ist halt auch schwanger. Und sie wird freudig zur Kenntnis nehmen, daß sie im Westen ihre klassische Klientel (Arbeiter und gewerkschaftliche organisierte Arbeiter zu 50 bzw. 60%; im Osten freilich gerade einmal 35%) mobilisiert hat. Sie sollte sich klar machen, daß sie die Wahl verloren hat. Und sie sollte nach Gründen forschen. Die Analysen von infas und der Forschungsgruppe Wahlen helfen da kaum weiter. Eher schon das, was die Pariser *Libération* (17.10.1994) den Sozialdemokraten ins Stammbuch schrieb: „Der deutsche Wahlkampf hinterläßt den Eindruck, daß Kanzler Kohl in erster Linie aufgrund des Mangels und der Unfähigkeit seiner Gegner, einer Idee des Wechsels Gestalt zu verleihen, gewann. Die SPD hat tatsächlich den Unterschied, der sie von den Christdemokraten trennte, reduziert.“

Und es ist evident, daß es auf diesem Wege weitergehen wird. Die Mehrheit der SPD-regierten Länder im Bundesrat (gleich ob sie durch eine rot-grüne Minderheitsregierung in Mecklenburg-Vorpommern und eine Große Koalition in Thüringen zur gewaltigen Zwei-Drittel-Mehrheit sich entwickeln wird) führt zu einer faktischen Großen Koalition, denn ohne die SPD geht nichts mehr. Der Vermittlungsausschuß wird (wie schon bei den Entscheidungen über den § 218, die Pflegeversicherung und das Verbrechensbekämpfungsgesetz) zum Gremium großkoalitionärer Absprachen.

Daher steht zu erwarten, daß wohlmeinende Appelle an die reformfreudigen Kreise innerhalb der Sozialdemokratie ungehört verhallen werden. Dabei wäre es doch so schwer nicht: „Es hilft nichts, die SPD muß ein intellektuelles Potential entwickeln, mit dem sie definieren kann, was linke Politik sei und wie man mit ihr argumentativ umzugehen habe. Allzuviele Sozialdemokraten sind in den zurückliegenden Jahren auf die dämlich zu nennende Idee hereingefallen, es gebe politisch den Unterschied zwischen rechts und links nicht mehr. Also benehmen sich die einen so, als hätten sie im Auftrag einer imaginären Leitung die ihnen erreichbare Bevölkerung mit klugem Management auf die Anforderungen der modernen Welt einzustellen, während die anderen das Lied von der Ungerechtigkeit der Verhältnisse singen, als hätten sie saisonbedingt für ein Krippenspiel zu üben. ... Wie wäre es mit dem Satz: Linke Politik will dort, wo sie dafür kämpfen kann, Verhältnisse, in denen das Leben und die Entwicklung eines Menschen möglichst wenig durch die materiellen Bedingungen determiniert sind, die seine Herkunft bestimmen. Soll dieser Satz keine Phrase sein, muß er von einer Theorie gestützt werden, die auf verschiedenen Abstraktionsniveaus für jedermann verständlich ist. Die notwendige Diskussion über eine solche Theorie muß die SPD nicht nur mitbetreiben, sie muß sie beherrschen. ... Die Unionsparteien haben keine kulturkritischen Ambitionen mehr. Sie sind dem Zeitgeist jeweils rascher voraus, als sich die Tochter eines Sozialdemokraten einen neuen Pullover anziehen kann. Gerade deshalb muß die SPD ihren Mitgliedern und Wählern sagen können, warum es ein langes Projekt ist, linke Politik zu machen. Und warum es sich lohnt. Nicht trotz-, sondern zu alledem." (Busche 1994) Und im gleichen Atemzug gilt es, das Dilemma einer Opposition, die sich der trügerischen Hoffnung hingab (weiterhin hingibt?), mal als Ersatz-CDU, mal als Ersatz-Grüne vom manövrierunfähigen Tanker aus den dahindümpelnden Schoner „Macht" entern zu können, zu thematisieren.

Ein neues Projekt der Opposition zu entwickeln, Grundsteine zu legen für eine neue politische Kultur, eine Kultur der Differenzen, dies sollte Aufgabe der SPD sein. Nicht, um in vier Jahren an die Macht zu gelangen, sondern um nach gangbaren Wegen aus der Krise des demokratischen Systems zu suchen. Sollte dieses mißlingen, wäre nicht ausgeschlossen, daß die beiden anderen Parteien „links der Mitte", die West-Grünen und die Ost-PDS, zumindest in diesem Punkt reüssieren könnten.

Jürgen Busche (1994): Vorwärts, nicht vergessen. Die Linke und das nächste Mal; in: Süddeutsche Zeitung vom 18.10.

Forschungsgruppe Wahlen (1994): Union gewann Wirtschaftskompetenz zurück; Wahlanalyse vom 17.10.

Bernd Guggenberger (1994): Das Verschwinden der Politik; Die Zeit vom 7. Oktober

Christa Hoffmann (1992): Stunde Null?; Bonn/Berlin

infas (1994): Politische Kulturen in Ost und West noch weiter auseinander; Wahlanalyse vom 17.10.

Dieter Hoffmann/Thomas Jäger

Dieter Hoffmann/Thomas Jäger

Demokratisierung – Krise eines Prozesses

Im politischen Sprachgebrauch hat sich mit der Transformation der selbsternannten sozialistischen Staaten eine Unterscheidung etabliert, die zwischen den *Demokratien*, den bestehenden, entwickelten, und der *Demokratisierung* der anderen Gesellschaften eine strikte Linie zieht. Das ist auf der einen Seite sinnvoll, denn die allzu unterschiedlichen Probleme, vor denen die Gesellschaften stehen, legen eine derartige Differenzierung nahe. Andererseits aber schleicht sich hier in abgeschwächter Form die These vom *Ende der Geschichte* (Fukuyama 1992) ein, nach der die politisch-ideologische Entwicklung der Welt mit der Aufhebung des Gegensatzes zwischen demokratischen und „sozialistischen" Systemen an ihr Ende gekommen sei – und es nach dem Sieg der Demokratien um deren Ausgestaltung gehe. Diese positiv gemeinte These hatte eine problemverengende Rückwirkung: Es wurde zwischen denen unterschieden, die schon demokratisch sind, und jenen, die es noch werden (müssen). Das ist aber, selbst inhärent gedacht, nur die eine Seite der Medaille. Die andere ist, daß es einen globalen Kontext an Herausforderungen gibt, dem sich alle Akteure zu stellen haben, daß die Transformationen der einen nicht ohne Rückwirkungen auf den Fortbestand der anderen sein können und sich Demokratie als Prozeß für alle Gesellschaften gleichermaßen dynamisch definiert. Demokratie hat man nicht, sie muß entfaltet werden. Und: Die Anforderungen an die Demokratisierung gesellschaftlicher Entwicklung erfordern die Ausbildung adäquater politischer wie sozio-ökonomischer Strukturen. Mit der Demokratie ist es wie mit vielem im Leben: Sie bleibt nur gleich, indem sie sich verändert.

Demokratie und Demokratisierung

Unter Demokratie verstehen wir nicht ein bestimmtes politisches System, sondern die Art und Weise, wie partizipatorisch – also unter Einschluß möglichst vieler Betroffener – die Fragen nach der Verteilung von Werten in einer Gesellschaft geregelt werden. Das betrifft Fragen der Sicherheit und des Wohlstands, aber auch der

Herrschaft selbst. Und weil sich Gesellschaften ständig entwikkeln, arbeitsteiliger werden, sozialstrukturellen Veränderungen unterliegen, sich neue Wertmuster ausbilden und kulturelle Diversifikation die Kommunikation erschwert, müssen sich die Strukturen ändern, die das politische System prägen. Ansonsten bleibt es hinter der gesellschaftlichen Dynamik zurück und verharrt für eine Zeit in dysfunktionaler – weil in einem veränderten Problem-Kontext stehender –, sodann zunehmender Ohnmacht. Demokratie ist immer Demokratisierung, weil Gesellschaften dynamisch und mobil sind; moderne Demokratien unterscheiden sich von anderen durch ihre internationale und normativ diversifizierte Ausrichtung, aber auch dadurch, daß sie durch Prozesse der Transnationalisierung und normativen Egalisierung zentrale Reflexionsinstanzen der eigenen Entwicklung verlieren: Die Definition von Gemeinwohl ist kaum mehr möglich und entsprechend diffus sind die Vermittlungsbemühungen unterschiedlicher gesellschaftlicher Interessen.

In dieser Situation fällt es den politischen Eliten zunehmend schwerer, dem Gebirge an gesellschaftlichen (und durch die Internationalisierung zusätzlich wachsenden) Problemen beizukommen, so daß Handlungsbedarf und Handlungskompetenz in ein manifestes Mißverhältnis geraten. Das politische System verliert dabei einerseits immer mehr Handlungsfähigkeit, weil gesellschaftliche Differenzierung mehr und sachspezifisch kompetente Akteure hervorbringt, die eigenständige Handlungsfähigkeiten ausbilden und nicht zentral gesteuert werden können, und politische Entscheidungen zunehmend die Einbindung dieser Akteure erfordert. Verbände internationalisieren und spezialisieren sich gleichzeitig. Andererseits aber sinken die Anforderungen an das politische System nicht, im Gegenteil, sie nehmen zu, und vom Staat wird die Bewältigung der unterschiedlichsten sozialen Probleme erwartet, als da wären: Massenarbeitslosigkeit, Wohnungsnot, die sogenannten Lasten der deutschen Vereinigung, steigende Kriminalität, Migrationsprozesse, der drohende Kollaps des Sozialversicherungssystems und, und, und. Sozialpolitische Anforderungen steigen; gleichzeitig wenden sich auch die anderen Akteure – etwa die Wirtschaft, die mit Milliarden Subventionen jedes Jahr alimentiert wird – an das politische System. Die Ansprüche werden großenteils befriedigt, einmal, weil die Akteure es verstanden haben, sich im politischen Strukturgeflecht derart zu etablieren, daß sie ihre Unterstützungen als selbstverständlich und normal darstellen können, andererseits, weil die Vergabe von Subventionen aller Art ein Mittel ist, politische Legitimation (und damit auch die Chancen auf politische Mehrheit) herzustellen.

Wer aber (vor)schnell zum *argumentum ad hominem* greift, wer lauthals über die mal unfähigen, mal in die eigenen Taschen wirtschaftenden und mal sogar korrupten Politiker wettert – also die politischen Eliten an und für sich für alles und jedes zur Verantwortung ziehen möchte –, dem bleibt auf der individuellen Ebene notwendigerweise kaum eine andere Reaktion als der ebenso rationale wie auch von politischer Ohnmacht zeugende Entschluß, dem demokratischen System – zumindest für die Dauer einer Legislaturperiode – die Loyalität zu versagen. Wer meint, eh' nichts ändern zu können, gibt sich der trügerischen Hoffnung hin, auf diesem Wege „die Verantwortlichen" wenn schon nicht zur Rechenschaft, so doch zumindest zu *er*ziehen. Eine solche Reaktion aber, die mittels der Zuschreibung von politischer Verantwortung und moralischer Schuld die mittlerweile unübersehbaren Risiken (wie auch, ins Positive gewendet, mögliche Chancen) individualisiert, also nicht Strukturen, sondern Akteure als Verursacher ausmacht, abstrahiert zwangsläufig auch in den subjektiven Einschätzungen und Handlungen von jenen gesellschaftlichen Wandlungsprozessen der vergangenen zwei Jahrzehnte, die mit den Stichworten „Risikogesellschaft" und „reflexive Modernisierung" auf den Nenner gebracht werden. Denn eben die „Risikogesellschaft ist keine Option, die im Zuge politischer Auseinandersetzung gewählt oder verworfen werden könnte. Sie entsteht im Selbstlauf verselbständigter, folgenblinder, gefahrentauber Modernisierungsprozesse. Diese erzeugen in der Summe und Latenz Selbstgefährdungen, die die Grundlagen der Industriegesellschaft in Frage stellen, aufheben, verändern." (Beck 1993: 36).

Partizipative Demokratie

Die partizipative Demokratie steht immer in der Gefahr, durch die Partizipation ihre Krise zu verschärfen. Politische Entscheidungen zur Krisensteuerung orientieren sich an unterschiedlichen normativen Einstellungen und divergierenden Interessen einerseits, thematisieren in deren Kontext den grundlegenden Charakter der demokratischen Krise andererseits: die Handlungsunfähigkeit des politischen Personals wird auf das System projiziert, aber meistens nicht auf seine Entwicklung, sondern grundlegende Infragestellung. So erschließt sich der Doppelcharakter der Krise, die gegenwärtig die Gesellschaft und ihre politisch-administrative Führungsstruktur erschüttert, nur dann, wenn die mangelhafte Ausbildung demokratisierter Funktionalität der dynamischen Entwicklung der Gesellschaft gegenübergestellt wird. Das politische System wird anachronistisch – das ist nicht geschichtsphilosophisch gemeint –, und das Personal versucht, mit dem Instrumentarium des frühen 20. Jahrhunderts die Probleme der Modernisierung industrialisierter Gesellschaften zu bearbeiten. Es sind nicht die Bürger, die sich dem politischen Prozeß entfernen, sich ausklinken aus der Entscheidung über die politische Zukunft der Gesellschaft als rationale Konsequenz einer Beobachtung, die den Oberflächenphänomenen verhaftet bleibt und daher den subkutanen Erschütterungen, die aus der gesellschaftlichen Entwicklung auf das politische System repräsentativer Demokratie rückwirken, Gleichgültigkeit entgegenbringen. Sondern vielmehr haben sich die politischen Meinungs- und Entscheidungsbildungsprozesse von der gesellschaftlichen Entwicklung entfernt. Moderne Gesellschaften leisten sich traditionelle politische Systeme (die sie sich eigentlich nicht leisten können) und verdrängen die Folgen dieser Verwerfung: Keines der drängenden Probleme, die durch die politischen Systeme und ihre Organisationsformen erzeugt werden, nimmt im Bewußtsein des Elektorats einen hohen Stellenwert ein, nicht die Verschuldung der (eben den anachronistischen Zug sprachlich verdeutlichenden) sogenannten *öffentlichen Hand*, nicht die Untätigkeit der politischen Systeme in Fragen der international koordinierten Steuerung von sicherheits- und wirtschaftspolitischen Problemen, nicht die Entwicklung des politischen Systems als Steuerungsagentur der Gesellschaft selbst. Über den Aspekt der Partizipation in der Demokratisierung demokratischer Gesellschaften herrscht eisiges (beim politischen Personal) und gelangweiltes (beim Elektorat) Schweigen.

Gesprochen wird hingegen davon: Die Zeit sei überreif für eine neuerliche Wende, für eine Politik, die mit handfesten Ergebnissen aufwartet, den wirtschaftlichen Aufschwung herbeiführt, weil sich mit abnehmender Arbeitslosigkeit auch zahlreiche der übrigen Probleme quasi wie von selbst in Luft auflösten. Zudem gelte es, durch Reformen der Parteiendemokratie die Verdrossenen zurückzuholen, auch die nach rechts abgedrifteten Schäfchen wieder in die ominöse *Mitte* zu integrieren. Ganz so als wären mit einigen kosmetischen Eingriffen die Krähenfüße des demokratischen Systems geliftet. Übersehen wird dabei, daß die gesellschaftliche Komplexität nicht ab-, sondern zunimmt, daß neue Anforderungen erwachsen, etwa die Ethnisierung politischer Probleme, unter dem Stichwort des MultiKulti verniedlicht, die nach neuen Steuerungsfähigkeiten der politischen Führung verlangen, die weit über die normative Setzung im Kontext der Verfassungsreform hinausgehen.

Politikversagen

Nach der Politikverdrossenheit könnte Politikversagen zum Wort des ausgehenden Jahrhunderts avancieren. Denn es wird in der derzeitigen Debatte unterschätzt, welche Dynamik aus dem Zusammentreffen der unterschiedlichen Krisentypen – Legitimations-, Struktur- oder Systemkrise – erwachsen könnte. Die Zukunft der demokratischen Systeme ist so eindeutig nicht auszumachen, daß selbstgefällige Diskurse die Auseinandersetzung prägen dürften. Genau dies aber meinen wir beobachten zu können. Sichtbar wird dies etwa an der Tatsache, daß aus der Krise des demokratischen Systems keine alternativen Optionen gebildet werden, sondern die gesamte politische Klasse „Weiter so" zum Motto der eigenen Programmatik erklärt hat. Da gibt es Unterschiede im Detail, ja sogar gewichtige Unterschiede; aber eine Auseinandersetzung über die Grundlagen gesellschaftlicher Willensbildung unterbleibt.

Die Modernisierung parteiinterner Entscheidungsverfahren, ihre Öffnung und die stärkere Integration gesellschaftlicher Interessen schien für einige Zeit die Strategie der Parteizentralen gegenüber gesellschaftlichen Gruppen zu prägen. Diese hatte man im Verlauf der Zeit immer stärker *verloren.* Eine derart enge Verbindung wie zwischen katholischer Kirche und der Christdemokratie oder den Gewerkschaften und der Sozialdemokratie kann institutionell für kaum eine Gruppe mehr nachgezeichnet werden.

Parteien gelten noch immer als Scharniere zwischen den gesellschaftlichen Gruppen und dem politischen System, aber sie können diese Aufgabe immer weniger wahrnehmen. Das hängt zum einen mit der Semi-Isolierung dieser Organisationen zusammen, zum anderen damit und darin begründet, daß sie institutionell der gesellschaftlichen Entwicklung nicht folgen können. Ihre Grundstruktur haben die politischen Parteien in den letzten Jahrzehnten nicht verändert: Ihre Organisationsprinzipien, Willensbildungs- und Entscheidungsprozesse wurden nicht analog der gesellschaftlichen Differenzierung komplizierter, sondern verhandeln die soziale Realität immer noch nach den Mustern des ausgehenden 19. Jahrhunderts. Deshalb werden Parteien für die Menschen immer weniger interessant, mit dem Effekt, daß diesen Scharnieren der politischen Willensbildung einerseits der Nachwuchs fehlt, andererseits diejenigen, die sich für ein Engagement entschließen, stärker als bisher die Organisation prägen. Die Personalisierung von Politik ist eine der Folgen dieses Prozesses, resultiert andererseits aber aus den Bedürfnissen, komplexe Situationen einfacher zu gestalten (jedenfalls im Kopf), um sie zumindest rudimentär verständlich machen zu können.

Die Wirtschaftspolitik zum Beispiel wird der Politik als originärer Verantwortungsbereich zugeschrieben, in der sie neben Wachstum – ökologisch verträglich, sollte man dazuschreiben – für Arbeitsplätze sorgen soll. Diese Aufgabenzuweisung mag nicht unwesentlich damit zusammenhängen, daß ökonomisches Wissen in modernen Gesellschaften noch immer spärlich gesät ist. Es muß doch mehr als nur wundern, daß in den Lehrplänen industrialisierter Gesellschaften das Fach Wirtschaft und Wirtschaftspolitik keinen Platz gefunden hat. Wirtschaftspolitische Zusammenhänge in der politischen Debatte zu erklären, ist eine kaum zu bewältigende Aufgabe, abgesehen davon, daß es kaum Verantwortliche in den politischen Führungspositionen gibt, die in der Lage sind, sie zu verstehen. Es war der frühere Bundespräsident von Weizsäcker, der in seiner Parteienkritik darauf hingewiesen hat, daß es seiner Kenntnis nach im Deutschen Bundestag keinen Abgeordneten gibt, der mit der Ministerialbürokratie und der Bundesbank kompetent über Zinspolitik reden kann. Im Original: „Der Bundestag weist kaum ein Mitglied auf, das bei so wichtigen und schwierigen Themen wie etwa der Währungspolitik in der Lage wäre, mit den sachverständigen Vertretern der Bundesbank, der Wissenschaft und der Exekutive von gleich zu gleich zu diskutieren." (Weizsäcker 1992:150) Ihm hat jedenfalls niemand in diesem Punkt widersprochen.

Politikversagen stellt sich nun nicht erst ein, wenn die anstehenden wirtschaftspolitischen Probleme nicht gelöst werden; möglicherweise – und dafür spricht einiges – lassen sie sich gar nicht lösen, sondern nur mehr oder minder effektiv bearbeiten. Aber es wäre die Aufgabe der politischen Führung, die Zusammenhänge zu erklären, die die Komplexität wirtschaftspolitischer Entscheidungsprozesse ausmachen. Das geschieht nicht (aus genanntem Grund), mehr noch: durch die Medienzwänge auf *einsdreißig* – die Notwendigkeit, jedes Problem in maximal einer Minute und dreißig Sekunden erklären zu müssen – wird eine unzulässige Vereinfachung eingeschleust, mit doppelten Folgen: einerseits delegitimiert sich Politik selbst, indem sie die derart vereinfacht dargestellten Probleme zu lösen nicht in der Lage ist, andererseits weckt sie Erwartungen in einem uninformierten Elektorat, die zu erfüllen niemand imstande sein kann. Diese doppelte Delegitimierung schlägt auf Teile der gesellschaftlichen Willensbildung durch, indem nun Anforderungen formuliert werden, die zu erfüllen das politische System beauftragt wird. Sachkundige Beobachter sehen in der Forderung nach garantierten Arbeitsplätzen, die nicht wettbewerbsfähig sind, eine der möglichen Triebfedern für Protektionismus (Thiel 1993: 267ff.).

In diesem Sinne haben sich die Parteien auch semi-isoliert, wobei der Begriff zwei Prozesse umfaßt: einerseits, daß die politischen Organisationen von den gesellschaftlichen Gruppen als funktionale Partner nicht mehr für wichtig erachtet werden, zweitens aber, daß man um deren Macht bei der Setzung von Verteilungsprinzipien weiß und sie deshalb berücksichtigen muß. Der Einfluß der Politik auf die gesellschaftliche Entwicklung ist diffus, funktional unspezifisch und entbehrt letztlich jeder Steuerungsfähigkeit, die über administrative Prozesse hinausgeht.

Mangelnde Polarität

Noch etwas anderes kommt hinzu, das Anlaß zur Skepsis gibt, inwieweit ein Versagen institutioneller Politik abgewendet werden kann, was auch bedeutet, inwieweit Politik wieder die Steuerung der intergesellschaftlichen Kommunikationsfolgen zu bewältigen in der Lage ist. Denn es sollte nicht der Eindruck eines unabänderlichen Geschichtsverlaufs der Modernisierung industrieller Gesellschaften entstehen. Die Probleme sind zwar struktureller Art, aber nicht geschichtsnotwendig. Und ebenso bestehen Handlungsoptionen, mit den Folgen der Modernisierung umzugehen, wie auch Optionen bestünden, die Demokratisierung der Gesellschaften fortzusetzen. Unterschiedliche Optionen aber müssen entwickelt, getestet und verworfen, neu konzipiert und politisch durchgesetzt werden.

Was aber, wenn es keine Alternativen gibt? Das gilt schon für die scheinbar tagespolitischen Fragen, mit denen über die strukturellen, weil rollenbestimmenden Verhalten von Gesellschaften nach innen und außen entschieden wird. Vielen der vorgeblich wichtigen, zentralen Lösungsstrategien haftet der *haut gout* des politischen Schulterschlusses an. Abseits der immer flacheren Wahlkampf-Rhetorik, im politischen Alltagsgeschäft, herrscht unübersehbar Burgfrieden. Dies nicht nur, weil sich Regierung und Opposition im Schielen nach der angeblichen öffentlichen Meinung nicht nachstehen wollen, sondern auch, weil die Modernitätsfalle der Demokratie zuschnappt: Die eigene Klientel differenziert sich und bildet sozialstrukturell weiter unterschiedliche Interessen aus; Mehrheiten erfordern über diese Wähler aber noch die *Mitte* einzubeziehen, eine Gruppe, die von Sebastian Haffner vor langen Jahren als Wechselwähler hofiert wurde, später um die Nicht-Wähler erweitert wurde, und nun zur Profillosigkeit der großen politischen Kräfte beiträgt. Denn ein scharfes politisches Profil bedeutet für die politischen Parteien, eine der kleineren politischen Kräfte zu sein, sich nur auf eine Minderheit an Wählern stützen, keineswegs aber die Masse der politisch wenig interessierten Wähler mobilisieren zu können. Das hängt nicht zuletzt mit den Prozessen der Individualisierung von Interessen zusammen.

Zudem: Der Trend einer Individualisierung der Chancen und mehr noch der Risiken, die von der bundesdeutschen nicht anderes als von den übrigen spätkapitalistischen oder auch postmodernen oder auch modernen Industrie-Gesellschaften (das Etikett tut nichts zur Sache, und die Autoren werden sich auf eines nicht einigen können) erzeugt werden, die also strukturbedingt sind, läßt noch die Konturen möglicher Lösungen im Nebel verschwimmen. Solange die Genese der eigentlichen Wandlungsprozesse nicht den Anstrengungen zur Problemlösung vorausgeht, solange weiterhin mittels tradierter und vorgeblich altbewährter Regelungsmechanismen versucht wird, den Krisenerscheinungen Einhalt zu gebieten, solange nicht die Problemlösungskapazitäten der repräsentativen Demokratie selbst hinterfragt werden, solange könnte – um es mit Karl Kraus provokativ zu formulieren – sich bewahrheiten, daß nicht nur die Sozialpolitik, sondern zunehmend alle Bereiche transnationaler demokratischer Politik, dem verzweifelten Versuche glichen, an einem Krebspatienten eine Hühneraugenoperation vorzunehmen.

Steuerungsversagen demokratischer Politik

Die eigentliche fundamentale Fragestellung für jene, die es ernst meinen mit der Krise der Demokratie und entsprechend nach Wegen aus ihr heraus suchen, hätte also anders zu lauten, sie hätte gleichsam von einer anderen Prämisse auszugehen, die bereits anklang. Wenn denn nicht nur in einzelnen Gesellschafts- und policy-Bereichen sich überaus kritische Situationen herausgebildet haben, sondern wenn sie synergetisch miteinander verwoben sind, wenn also nicht nur Ökonomie, Staat und Gesellschaft sich in einer tiefgreifenden Krise befinden, sondern das demokratische System selbst mit Erosionsprozessen zu ringen hat, dann wäre zu fragen: Sind die aufgelisteten und weitere Probleme überhaupt noch mit den tradierten Konzepten und Instrumentarien demokratischer Politik steuerbar? Könnte es nicht sein, daß wenn Steuerungsversuche, wie bislang geschehen, nur Oberflächenverschiebungen, nicht aber Problemlösungen bewirken, wenn also offenbar keine Handlungskapazität organisiert werden kann, die problemangemessenes Verhalten nicht nur erlaubt, sondern erst ermöglicht, könnte es dann nicht sein, daß über eine qualitative Veränderung demokratischer Willensbildungs- und Entscheidungsprozesse nachgedacht werden muß?

Solche und Fragen ähnlichen Tenors – mit ganz anderen Intentionen freilich – wurden nach der radikalen Demokratiekritik von links in den letzten Jahren zunehmend von jenen durchaus intellektuell nicht zu unterschätzenden Kritikern der Demokratie und des Parlamentarismus, die an den rechten Rändern siedeln, aufgeworfen. Das darf aber nicht dazu führen, ihre Fragen mit dem Schmutzwasser auszugießen. Antidemokratische Demokratiekritik muß von demokratischer Demokratiekritik deutlich unterschieden werden, wobei wir als Richtschnur der Unterscheidung vorschlagen, nach der Produktivität der Kritik und ihren Intentionen im Hinblick auf die Stärkung der gesellschaftlichen Organisationskräfte (im Gegensatz zu staatlichen Verfügungen) und die Berücksichtigung der gesellschaftlichen Differenzierung im politischen System (im Gegensatz zur Homogenisierung der Interessen) zu fragen. Demokratische Kritik zielt auf die Stärkung der Gesellschaft im Verhältnis zum Staat und auf die konflikthafte, aber gewaltfreie Austragung der divergierenden Interessen, zielt letztlich darauf, die reale Differenzierung an Werten, Normen und individualisierten soziökonomischen Prozessen politisch abbilden zu können, nicht darauf, diese Vielheit politisch – in welches Wertmuster auch immer – einbinden zu wollen. Während die meisten Kritiken an der Steuerungsunfähigkeit der Politik in modernen Gesellschaften den Mangel an Stringenz und Homogenität beklagen, der zu Handlungsschwäche führen müsse, weil die geradlinige Umsetzung fehle, schlagen wir den gegenteiligen Ansatz vor: endlich mit der Abbildung der heterogenisierten Gesellschaft im politischen Prozeß in dem der Entwicklung entsprechenden Maß zu beginnen. Denn das politische System entspricht nicht der Komplexität des gesellschaftlichen – und ist deshalb nicht in der Lage, mehr als symbolisch auf die entstehenden Probleme zu antworten.

Produktivität der politischen Entscheidungen und anschließende Steuerungsleistungen für die unterschiedlichen gesellschaftlichen Gruppen setzt voraus, daß die politischen Systeme organisatorisch die Komplexität der sozio-ökonomischen Realitäten (nämlich der vielen verschiedenen, aus unterschiedlichen Interessen-Blickwinkel konstruierten) aufnehmen und bearbeiten können. Der Begriff des Staates, mit dem häufig die Regierung einerseits, die einem Land zuzuordnenden Gruppen andererseits gemeint sind, ist angesichts der vielfältigen Verflechtungen auf der nördlichen Halbkugel viel zu eng. Steuerungsfähigkeit werden die politischen Systeme nur zurückgewinnen können, wenn sie komplexitätskanalisierend Entscheidungen durchsetzen können; entweder, indem sie gesellschaftliche Entwicklung unterbinden und sich damit selbst das Wasser der Macht abgraben, oder indem sie sich auf die eigene Modernisierung einlassen, sollte dies möglich sein. Statt dessen läßt sich derzeit aber die Regression auf symbolische Politik beobachten, wo doch die Aufnahme von Differenzierungsprozessen notwendig wäre.

Symbolische Politik

Aus den Reihen der politischen Klasse Deutschlands selbst wird hingegen der Homogenisierung der Vorzug gegeben. Das braucht deshalb nicht verwundern, weil diese Strategie für das Werben um Wählerstimmen in der skizzierten Modernitätsfalle mehr Erfolg verspricht. Daraus resultiert eine Nivellierung zur *Mitte*, die entsprechend weit gefaßt werden muß und folglich auch konturenlos wird. Dabei verwischt die Konturenlosigkeit nur die Problemstellung, nicht deren angebliche Lösungen; diese gründen auf kurzfristig mobilisierbaren Interessen und Weltbildern, jene aber würden erfordern, genau diese in Frage zu stellen. Will heißen: In der politischen Mitte ballt sich der kleinste gemeinsame Nenner populistischer Interessenaggregation, mit dem die politischen Probleme multipliziert werden, die auf dessen Basis sicher nicht zu lösen sind. Und auch nicht gelöst werden sollen, denn das wiederum würde voraussetzen, sich an den Gründen für die Anforderungen abzuarbeiten, Handlungsstrategien zu entwerfen und Alternativen zu debattieren. Diskurse würden aufgebrochen und kontrovers, wie die Interessenlagen kontrovers sind, wenn sie aufgerissen und verdeutlicht werden. Damit aber wäre eben den wahlbegründeten Anforderungen einer Mehrheitsdemokratie in der spezifischen Lage, in der sich die deutsche Demokratie derzeit befindet, nicht entsprochen.

Konkret: Zwei Themen die originär an diesem imaginären politischen Ort aufgegriffen und in die politische Diskussion transformiert wurden, die die ominöse *Mitte* sich aneignete, machen dies deutlich – und zeigen zugleich exemplarisch, wie konträr doch beide Analysen der kriselnden Demokratie – die regressive und die auf Emanzipation zielende – gegeneinander stehen. Die Rede ist von der Asyl- und der Politik der Inneren Sicherheit. Völlig nebensächlich zunächst, daß beide bereits vor Jahren in den Wahlkämpfen der REP's und der DVU eine zentrale Position einnahmen. Beide haben durchaus Konjunktur, beide führen zu Verunsicherung der Bürger.

Und dies, obgleich sie mit ihrer alltäglichen Lebensrealität kaum etwas zu tun haben, jedenfalls mit der nicht-medienvermittelten Realität. Aber vielleicht liegen wir mit diesem Begriff schon neben der Produktivität demokratischer Strukturen, die eben einzig medienvermittelt existieren. Wer hat denn schon in unmittelbarer Nachbarschaft ein Heim für Asylbewerber? Wer wurde denn schon Opfer oder Zeuge „Organisierter Kriminalität“? Jedenfalls nicht die Massen, die in diesen Problemen zentrale Herausforderungen an das gesellschaftliche System und seine politische Führung zu erkennen glauben. Aber diese Themen prägen Diskurse und Diskussionen, sie erzeugen Ängste, sie sind – nach dem Ende des Ost-West-Konfliktes und damit dem Feindbild par excellence, gegen das die westlichen Demokratien sich profilieren konnten – bestens geeignet, neue Feindbilder aufzubauen, vermeintlich Verantwortliche für die aktuelle Misere – die, beiseite gesprochen, in den seltensten Fällen der eigenen Situation entspricht – beim Namen zu nennen. Wenn es also die Immigranten und/oder Asylbewerber sind, dic angeblich die Konkurrenz um immer rarer werdende Arbeitsplätze, Wohnungen und sozialstaaliche Leistungen noch verschärfen, wenn die Jugo-Mafia, die chinesischen Triaden und die russische Krake die Eigentum, Leib und Leben bedrohen und die hoffnungsvolle Jugend mittels Opiate in die Apathie und

Kleinkriminalität treiben, dann muß ihnen mittels des staatlichen Gewaltmonopols der Garaus gemacht werden. Doch selbst gesetzt den Fall, die Exekutive würde aller Täter habhaft werden – wobei nicht wenige Experten betonen, daß es sich bei der Organisierten Kriminalität in erster Linie um einen Mythos handelt (vgl. Hassemer 1993, Hess 1993, Manns 1993) –, würde sich dann die Drogen-Szene in Luft auflösen? Würde die Beschaffungskriminalität das Null-Niveau erreichen, solange gesellschaftliche Strukturen fortdauern, die in Sucht und Abhängigkeit treiben?

Ein weiteres Beispiel, das freilich diesem Dunstkreis nicht entstammt, dennoch vielleicht stärker noch als die beiden ersten verdeutlicht, daß es sich hierbei um symbolische Politik handelt, die zwar für eine gewisse Zeitspanne eine diffuse Massenloyalität für die Regierungspolitik zu erzeugen vermag, doch dann, wenn sich herausstellt, daß Probleme nicht gelöst, sondern einzig zugekleistert werden, die alten Gräben erneut und wahrscheinlich verstärkt aufbrechen läßt. Seit den Anschlägen von Hoyerswerda, Mölln, Solingen, Lübeck etc. verhallt der Ruf nach einer Verschärfung der Strafgesetze und des Jugendstrafrechts gegen rechte Gewalttäter nicht mehr. Der Knüppel des Strafrechts soll geschwungen werden.

Wegsperren und die Taten sühnen, das mag *vox poluli* sein – und auch die nicht weniger Liberaler und „Linker". Wen schert es da noch, daß seit dem Deutschen Herbst all die Instrumentarien zur Verfügung stehen, wen schert es da, daß wieder einmal Bürgerrechte – und damit ein tragender Pfeiler des demokratischen Staates – abgebaut werden, daß Täter stigmatisiert und in ihrer Latenz gefestigt werden. Anstatt das Übel bei den Wurzeln zu packen (das stammt von Hoffmann, der ist radikaler), anstatt den Gründen der ausufernden Ausländerfeindlichkeit und der Attraktivität des Rechtspopulismus nachzuspüren, um ihnen den Boden zu entziehen, werden individualisierende Schuldzuschreibungen vorgenommen, wird mit Stimmungen „Politik" gemacht: „Aus dem Gefühl aufrechter Abscheu heraus wird nach Verfassungsschutz, Polizei, Staatsanwaltschaft, Gerichten gerufen, auch um Gesinnungen zu ahnden (von der strafrechtlichen Verfolgung der rechtsextremen und fremdenfeindlichen Taten ist hier nicht die Rede). Kein Briefträger soll ein REP-Mann sein! Jeder gewerkschaftliche Postbote soll vielmehr eigenmächtig in Abstimmung mit der DPG rechtsextreme Wurfsendungen den tendenziell unmündigen BürgerInnen vorenthalten. Jeder REP-Lehrer gehört ohne Verfahren bei Enttarnung sofort aus der Schule gezerrt, verführt er mit seiner politischen Pornographie doch die Jugend! Viel anders argumentieren Rechte – umgekehrt – auch nicht, wenn sie das deutsche Volk aus den Klauen der Umerzieher befreien wollen. Obrigkeit soll aus Sicht einer von universalen Prinzipien abweichenden ‚Linken' jenen demokratischen Schein herstellen, den es faktisch nicht mehr gibt, der seit 1989 tatsächlich immer häufiger und offener die vorpolitischen Meinungsräume verläßt, die nach-faschistischen Tabus durchbricht und sich artikuliert (nicht mehr nur am Wasserhäuschen, sondern bis zur Professorenkanzel sowie in der FAZ und im Bundestag, wo z.B. das NPD/DVU-Wort der ‚Überfremdung' anläßlich der Asyldebatte als quasi-analytische Vokabel verwendet worden ist). Menschenrechte sind gut, gelten aber eben nur für solche Menschen, denen man sie zubilligt." (Hennig 1994, 123)

Eine solche symbolische Politik läßt sich zweifelsohne gut verkaufen; weil sie Vorurteile und Ressentiments bedient. Lösungen scheinen eindeutig und damit praktikabel. Daß es sich hierbei allerdings um ein überaus brüchiges Kartenhaus handelt, wird schnell deutlich. Ein Abschotten, der Versuch des Einigelns in der „Festung Europa", vermag – und die Statistiken aus 1993 scheinen es zu erweisen – kurzfristig Linderung zu verschaffen, vermag die Völkerwanderungen umzuleiten. Auf lange Sicht und unter Effizienzgesichtspunkten hingegen vermag, da die Ursachen fortbestehen und sich noch verschärfen, eine solche Politik kaum etwas auszurichten. In letzter Konsequenz wäre sie gezwungen – erste Anfänge waren in Italien während der militärischen Einsätze gegenüber den albanischen boat people, in Spanien gegenüber denen aus dem Mhagreb bereits sichtbar; und mit der Islamisierung Algeriens werden Hunderttausende die Einreise nach Frankreich versuchen –, unter dem Banner der „nationalen Interessen" mit Waffengewalt gegen Immigranten vorzugehen. Inwiefern ein im Kontext der multikulturellen Gesellschaft vielbeschworene Einwanderungsgesetz hier etwas ändern könnte, ist zumindest fraglich.

Dieses Beispiel macht – neben den anderen – deutlich: Solange etwa die Ursachen der weltweiten Flüchtlingsbewegung, ausgelöst durch Bürgerkriege, Bevölkerungswachstum, Dürren Überschwemmungen und Hungersnöte, nicht in den Griff zu bekommen sind – und die Chancen dafür stehen schlecht –, verfängt sich eine symbolische und restriktive Politik in einem Teufelskreis, der in letzter Konsequenz die demokratische Substanz nicht nur des Grundrechts auf Asyl, sondern zudem die von Gesellschaft und Staat abzubauen gezwungen ist. Daß auch ein solches Vorgehen durchaus beispielsweise als „wehrhafte Demokratie", als Erhalt der demokratischen Errungenschaften – wohlstandschauvinistisch kastriert auf bloßes Verfahren – sich verkaufen läßt, steht auf einem anderen Blatt.

Problem-Verknappung

Der Problemkomplex Migration und Asyl jedoch verweist im Kontext der Krise tradierter demokratischer Handlungskompetenz auf einen weiteren Aspekt. Denn Lösungen werden in der Regel bezogen auf isolierte Problem*komplexe* und auf die nationalstaatliche Sphäre angegangen, eine Verengung, die die Wahrnehmung und damit auch Problemlösungsansätze auf falsche Geleise lenkt. Risiken, die zunehmend komplexer werden und nationalstaatliche Grenzen transzendieren, sind innerhalb dieser Grenzen im günstigsten Falle kanalisierbar, ihre Folgen könnten abgeschwächt, jedoch keinesfalls vermieden werden. Politisches Handeln also, das einer solchen Beschränkung sich verschreibt, sieht sich nolens volens, über kurz oder lang, mit der eigenen Inkompetenz konfrontiert.

Jenseits der angrissenen und auf den ersten Blick nationalstaatlich generierten Problemkreise – ganz so, als gäbe es keine internationalen Verflechtungen von Problemanforderungen und Interessen an ihrer Bearbeitung – treten ökologische Probleme immer stärker in den Vordergrund. Stärker als wohl alle anderen verdeutlichen Ozonloch und Treibhauseffekt die letzte Grenze des politischen *business as usual*. Die Maximen des bedingungslosen Fortschritts und Wirtschaftswachstums sind brüchig geworden, weil nach der vorletzten – dem potentiellen atomaren Overkill – nun ihre allerletzte Grenze manifest geworden ist: Die Gefahr einer Ausrottung der Gattung Mensch ist unmittelbar gegeben. Und: Beide repräsentieren Risiken, die von den Industriegesellschaften erzeugt wurden, und deren Lösung nun Staat und Gesellschaft überantwortet werden. Aber eben nicht weitreichend und transnational, wie es dem Gefährdungspotential entspräche – Ozonloch und Treibhauseffekt kennen keine Grenzen, keine Staaten. Sondern sozusagen im Alleingang und in diesem auch überaus gemäßigt, zielt bekanntermaßen jegliche Politik – wenn nicht unbedingt in erster Linie so doch zumindest auch – darauf ab, sich Loyalität zu verschaffen, sie nicht zu verprellen.

Gerade auf dem Gebiet der Ökologie, offenbart sich, wie fragil das demokratische Gleichgewicht, die demokratische Kultur hierzulande geworden sind. Daß ein Umlenken, wie immer es konkret ausgestaltet sein mag, eher gestern als heute zu erfolgen hätte, darüber besteht längst Konsens – zumindest in den Sonntagsreden aller Couleur. Ein Stop der FCKW-Produktion, eine drastische Reduktion der CO_2-Emissionen und andere Maßnahmen mehr sind überfällig. Da solch – bezogen auf den materiellen Reichtum und die Freizügigkeit des Einzelnen – einschneidende Vorkehrungen aber zahlreiche Experten und Kritiker auch des liberalen Spektrums mittels des Konsens- und Mehrheitsprinzips nicht für realisierbar halten, schleicht sich heimlich, still und leise in den politischen Diskurs ein (zumindest) regressives Element ein. Der vermeintlich rettenden Strohhalm hat längst den Weg aus dem rechten Getto heraus gefunden, auch sich liberal oder gar links wähnende Kritiker des hiesigen Systems reden angesichts der massiven Bedrohungen bereits mehr oder minder einem cäsaristischen Regime auf Zeit, das Wort. Oder sollte die Aussage des sozialdemokratischen Parteivorsitzenden „Wenn sich Politik über Inhalte und über Programme und zunehmend auch stärker über Personen ausdrückt, dann gibt es Phasen in der Politik, in denen die Bündelung auf eine unbestreitbare und konturierte personelle Spitze sinnvoll ist“ (in: Leif/Raschke 1994: 234) nicht auch die Richtung vorgeben, in der sich die Sozialdemokratie in den nächsten Jahren zu orientieren hat, jedenfalls nach dem Willen ihrer Führung?

Liquidierung der Freiheit

Sind also gemäßigte Schmittsche (wohlgemerkt: nicht Helmutsche mit dt, sondern Carlsche mit tt!) Visionen nicht länger Domäne der intellektuellen Rechten, die bereits seit geraumer Zeit die Tauglichkeit des Ökologie-Themas für ihre illiberale und vordemokratische Politik entdeckte? Es hat ganz den Anschein. Anton-Andreas Guha etwa, der in seinem „Der Planet schlägt zurück. Ein Tagebuch aus der Zukunft“ die Berechnungen der Klimatologen und Meteorologen zum anthropogenen Treibhauseffekt und zur Zerstörung der schützenden Ozon-Schicht in die nahe Zukunft fortschreibt, baut auf einer konsensfähigen Analyse auf, um sodann politische Hilflosigkeit und individuelle Ängste zu einem Endzeit-Szenario zu verschmelzen. „Es gibt sie nicht, die globale, die kollektive Vernunft, die weltweite Verbindlichkeit der Ethik. Die Vernunft der Individuen summiert sich“, bis hierher zumindest hat er seinen Marx gut gelesen, „zur Unvernunft des Kollektivs ... Daher wird nicht sein, was lebenserhaltend unumgänglich wäre: eine globale Kurskorrektur. ... Die technische und ökonomische Entfaltung (der industriellen) Potenzen, für sich genommen und aus dem Zusammenhang genommen höchste Rationalität, droht die Irrationalität des Gesamtsystems ins Ausweglose zu steigern. Die höchste Form der Irrationalität ist aber die Zerstörung der Lebensgrundlagen, also der Selbstmord." Ausweglose Verstrickungen also, die nur zwei Wege offen lassen: die Apathie, das sich Fügen in schicksalhafte, weil naturgesetzliche Prozesse oder aber die Aufgabe der Freiheit (als Einsicht in die Notwendigkeit?). Denn „selbst wenn die Katastrophe zur Gewißheit würde, ließe sich nichts mehr grundsätzlich ändern. Das System ist zu kompliziert und wuchert, muß unaufhörlich wuchern" Und weiter: „Unaufhörliches Wachstum ist Wucherung, ist Krebs und führt zum Erstickungstod ... Das ist ein Naturgesetz, das alles im Gleichgewicht hält. Was dagegen verstößt, muß sterben, wie die Dinosaurier ... Das Problem der Freiheit zeigt sich als Exempel beim Ameisenbären. Weil er unfrei ist, überlebt er, die Evolution sorgt für ihn. Teilt ihm das Maß seiner Freiheit zu. Weil der Mensch frei ist, mehr zu fressen als er braucht und verträgt, muß er – verschwinden?" (Guha 1993: 123, 102f, 78)

Ist also das Problemhimalaya bereits derart erdrückend, bereits derart zerklüftet, daß schon der Versuch eines Entrinnens notwendigerweise die Liquidation der Freiheit und damit das Ende für demokratische Politik evoziert? Oder schießen solche und ähnliche Visionen nicht weit über das Ziel hinaus, indem sie den Appell zur Umkehr nur regressiv zu denken vermögen? Haben der *symbolic use of politics* und das Unterlassen, das selbstredend auch eine Form des Handelns darstellt, das Vertrauen in die Problemlösungskompetenz demokratischer Systeme und Gesellschaften bereits derart erschüttert, daß die Risiken einzig durch eine ökologisch legitimierte Diktatur lösbar scheinen?

Bereits 1972, noch lange bevor „Risikogesellschaft" und „reflexive Modernisierung" die sozialwissenschaftlichen Diskussionen strukturierten, hatte Jürgen Habermas analysiert: „Die rapiden Wachstumsprozesse spätkapitalistischer Gesellschaften haben das System der Weltgesellschaft mit Problemen konfrontiert, die sich nicht als systemspezifische Krisenerscheinungen verstehen lassen, wenngleich die Möglichkeiten der Krisenverarbeitung systemspezifisch begrenzt sind. ... Mit wachsender Komplexität verschiebt das System der Weltgesellschaft seine Grenzen so weit in seine

Umwelten hinein, daß es an Kapazitätsschranken sowohl der äußeren wie der inneren Natur stößt. Die ökologischen Gleichgewichte bezeichnen eine absolute Grenze des Wachstums; die weniger handgreiflichen, anthropologischen Gleichgewichte bezeichnen eine Grenze, die nur um den Preis einer Veränderung der soziokulturellen Identität gesellschaftlicher Systeme überschritten werden kann.“ Um sodann in Bezug auf erstere – und darin Guha gar nicht einmal unähnlich – zu konstatieren: „Kapitalistische Gesellschaften können Imperativen der Wachstumsbegrenzung ohne Preisgabe ihres Organisationsprinzips nicht folgen, weil die Umstellung vom naturwüchsigen kapitalistischen Wachstum auf qualitatives Wachstum eine gebrauchswertorientierte Planung der Produktion verlangt. Die Produktivkraftentfaltung kann von Imperativen der Tauschwerterzeugung jedenfalls nicht ohne Verstoß gegen die Systemlogik abgekoppelt werden.“ (Habermas 1972: 61ff.)

Demokratie als Problem

Ließe sich diese Folgerung, will man nicht unmittelbar in Defätismus verfallen, vielleicht so interpretieren und auf die aktuelle Situation beziehen: Ein Umlenken scheint unmöglich, solange nicht die Demokratie selbst als Problem thematisiert wird. Wäre es nicht an der Zeit, eine Demokratiekritik zu entwickeln, die nicht nur mangelnde Handlungskompetenz in der einen oder anderen Bindestrich-Politik thematisiert, sondern die im gleichen Gedankengang das gesellschaftliche Ganze reflektiert? Also eine Form der Analyse, die sich nicht zu fragen scheut – auch wenn sie damit rechnen muß, mit Claqeuren aus dem falschen Lager sich auseinanderzusetzen –, ob nicht vielleicht die demokratischen Institutionen aus dem 19. Jahrhundert, aus einer noch überwiegend agrarisch geprägten und frühmodernen Gesellschaft und Ökonomie, nicht von den Entwicklungen uneinholbar überholt wurden. Doch ist es um der Rettung demokratischer Errungenschaften willens notwendig, einer Modernisierung, eine Anpassung, einer Transformation der Demokratie – letztere nicht im von Agnoli restriktiv gebrauchten Sinne, sondern nach vorne gewandt – das Wort zu reden.

Das politische Problem besteht darin, daß es zu anschließenden Delegitimierungsprozessen führen könnte, würden die anstehenden Schwierigkeiten, die zu lösen demokratische Systeme nur schwierig in der Lage sind, thematisiert. Der Beifall von der falschen, rechts- oder links-autokratischen Ecke ist gewiß. Die Regression auf die scheinbar interesselosen Experten geistert schon wieder durch die Debatte (Wehner 1992). Die Argumentation mit den Sachzwängen scheint dem politischen Personal einen Ausweg aus einer Situation zu weisen, in der nicht Sachzwänge kolportiert, sondern politische Alternativen diskutiert werden müßten.

Zum Beispiel jüngst Hans Apel, der offenherzig zu Papier brachte, was wohl nicht wenige aus den sozialdemokratischen Führungsetagen denken. Seine Konzeption einer europäischen Energie- und Umweltpolitik – transnationale Problemkonstellationen berücksichtigend – setzt ein mit einer recht banalen Erkenntnis: Die Schadstoffemissionen in der Gemeinschaft werden im Jahre 2010 deutlich höher liegen als dies ohne die Verwirklichung des Binnenmarktes der Fall wäre. Gründe sind die wachsende Nachfrage nach Elektrizität und ein aufgrund der längeren Transportwege erhöhtes Verkehrsaufkommen. Mittels Rauchgasentschwefelung, Katalysatorpflicht, Verlagerung des Verkehrs weg von der Straße und einem verstärkten Einsatz von Kernenergie wäre diesem Problem nach Apel recht einfach beizukommen. Die EG-Oberen hingegen schlagen eine Steuer auf CO_2-Emissionen und Energie vor, um eine umweltverträglichere Produktion anzuregen. Für Apel ein völlig untaugliches Instrumentarium. Soll doch die Energie unterschiedslos besteuert werden, die Dreckschleudern ebenso wie die Kernkraft – die er, ohne es auszusprechen, offenbar für umweltfreundlich hält. „Logisch ist das nicht", entrüstet er sich. Denn der deutschen Industrie entstünden massive Wettbewerbsnachteile. Anders ausgedrückt: Da hierzulande ein – Apel offenbar ganz und gar unverständlicher – „politisch-psychologischer Bann" auf der Atomenergie läge, könnten sich die Franzosen die Hände reiben. Gesetzt den Fall, auch die Energiewirtschaft würde in den Binnenmarkt einbezogen, könnten sie – Öko-Steuer hin, Öko-Steuer her – die Kilowattstunde Atomstrom zu Dumpingpreisen auf den europäischen Markt werfen, die deutsche Energiewirtschaft würde in Grund und Boden konkurriert. Das endgültige Aus für die hiesigen Stromkartelle ist aber ist das letzte, was Apel zulassen möchte. Sein Denken – wie auch das der konservativ-liberalen Regierung – ist unübersehbar geprägt von der Sorge um den „Wirtschaftsstandort Deutschland". Des weiteren kann es, so Apel, nicht angehen, die europäischen Grenzen auch für Strom zu öffnen, ohne zuvor die Umweltschutzstandards zu harmonisieren. Das aber müßte heißen: Gleiche Auflagen für alle und dies auf möglichst hohem Niveau. Sollte Deutschland auch künftig quasi im nationalen Alleingang den ökologischen

Umbau der Industriegesellschaft forcieren und weiterhin den Ausbau der Kernenergie blockieren, so wäre dies unweigerlich das endgültige Aus seiner Wettbewerbsfähigkeit auf dem europäischen und dem Weltmarkt. Und so hilft nur eins: Mitziehen, um ja wettbewerbsfähig zu bleiben; der Preis scheint kaum mehr eine Rolle zu spielen, der Zweck heiligt die Mittel. Und nicht zuletzt: Eine solche Politik, angepriesen als Sorge um Arbeitsplätze, kommt – in Zeiten der Rezession zumal – beim Wahlvolk gut an. Im O-Ton liest sich das so: „Für uns Deutsche mag die Erkenntnis schmerzhaft sein, daß die Zeiten der ökologischen und gesundheitspolitischen Besserwisserei unwiderruflich vorbei sind. Nur im Konvoi der Mitgliedstaaten der Europäischen Union läßt sich der Fortschritt durchsetzen. Und das ist gut so." (Apel 1994:79, 92)

Und auch der fiskalische Handlungspielraum schwindet drastisch. Darin sehen die kurzsichtigeren der Beobachter, daß eben nicht um neue Konzepte gerungen werden müsse, sondern einfach gespart. Richtig aber ist, daß knappere Ressourcen in allen Fällen nicht weniger, sondern mehr und strengeres Kalkulieren (und das heißt auch: Denken in Alternativen) erfordert. Selbst bei abnehmender Neuverschuldung steigt der Schuldendienst (Zinsen und Tilgung) in den nächsten Jahren enorm an, von 116,3 Mrd. DM im Jahre 1993 über geschätzte 244,8 Mrd. 1995 bis hin zu 283,8 Mrd. im Jahre 1997 (nach FAZ vom 22. Juni 1994, S. 17). Da die meisten Aufgaben mit der Verwendung finanzieller Mittel verbunden sind, der finanzielle Handlungsspielraum aber enger wird – und es sieht auf Länder- und kommunaler Ebene nicht anders aus –, scheint es gute Argumente für die Annahme zu geben, daß sich Politik noch mehr als bisher symbolisch konzentrieren wird. Für kürzeste Zeit aber nur ließe sich so die Legitimationskrise aufhalten, um sogleich und direkt in eine Krise des demokratischen Systems überzugehen.

Die Schwierigkeit bei der Beurteilung der zeitlichen und sachlichen Perspektiven demokratischer Prozesse, ihrer Widersprüche und Regressionen ist, daß auf der einen Seite Oberflächenphänomene, auf der anderen strukturelle Probleme zu verhandeln sind. Beide greifen ineinander, weil die Strukturprobleme die Anforderungsprofile an Politik prägen, die Gestaltung des Tagesgeschäftes die Reaktionen auf diese Anforderungen charakterisiert. Mit den Stichworten der Telekratie und den Anforderungen einer transnationalen Demokratie lassen sich beide charakterisieren.

Telekratie

In Italien revoltierte das Volk – und in Deutschland nahm man diesen Prozeß kaum zur Kenntnis. Die erste demokratische Revolution in Europa, die Personal und Organisationen austauschte, ohne die Grundstruktur des Systems anzutasten (und vielleicht doch weniger ein Elitenaustausch gewesen sein könnte, als dies heute beobachtet wird), konnte in den anderen europäischen Demokratien nicht viel Interesse finden. Das allein zeigt schon, wie wenig das allgemeine Bewußtsein von der Krise der Demokratie ausgebildet ist: Der Schein der Stabilität aber trügt.

Dabei wird Berlusconi, dem neuen Ministerpräsidenten, der die Wirren der Revolution nutzte, sich in das Zentrum der politischen Macht wählen zu lassen, nachgesagt, er symbolisiere als erster die Wandlung von Schrift zu Bild, Buch zu Fernsehen, Reflexion zu Unterhaltung im politischen System. Die Kombination aus Finanzmacht, Werbetechnik und Massen-Empathie, die ihn auszeichnet, paßt in eine *neue Zeit der Demokratie*, die stärker noch als die jetzige, eher langweilige und biedere Form auf Entertainment ausgelegt ist. Dann hätte Neil Postman wirklich recht, denn sollte dies die Zukunft sein, werden wir uns (und andere, wohl zuerst) zweifelsohne zu Tode amüsieren. Italien ist in der modernen Politik häufig unterschätzt worden, mehrfach schon wurden dort Entwicklungen vorweggenommen, die sich in anderen Staaten später ausgebildet haben. Auch im Bereich der privaten elektronischen Medien war Italien in den siebziger Jahren ein erstes Experimentierterrain; Entwicklungen dieser Branche sind hier weiter gediehen als in anderen Staaten. Die Verbindungen, die zwischen den Privatsendern SAT1 und (weniger) RTL und Helmut Kohl nachgezeichnet wurden, sind von eher provinzieller Natur, verglichen mit den italienischen Proportionen.

Gibt die Telekratie die Muster für künftige politische Entwicklungen vor? Niklas Luhmann hat auf eine der Konsequenzen aufmerksam gemacht: „Die Medien suggerieren in allen Programmbereichen, im Nachrichten- und Berichtwesen, in der Werbung und in der Unterhaltung hohe Freiheitsspielräume. Aber es sind typisch nicht die Freiheiten, die der Leser oder Zuschauer selbst nutzen kann, sondern es sind immer die Freiheiten der anderen. Die Art, wie die Freiheitsverteilung in der Gesellschaft gesehen wird, und wohlgemerkt: die zwanglose Freiheitsverteilung ist ein Produkt der Massenmedien. Die Freiheit wird unter Absehung ihrer zahlreichen Beschränkungen, also abstrakt vorgestellt: Man könnte sich für eine andere Europa-Politik entscheiden, dieses oder jenes Auto kaufen, diesen oder jenen Sekt trinken und sich wie Filmhelden oder Filmheldinnen verlieben oder sonstige aufregende Dinge erleben. Rückschlüsse auf das eigene Leben werden nahegelegt – und enttäuscht. Meinungen und Handlungsmöglichkeiten klaffen weit auseinander. Das muß nicht heißen, daß zwangsläufig Unzufriedenheit und Resignation entsteht. Aber ein politisches System, das unter solchen Bedingungen operiert, wird empfindlich gegen Enttäuschungen der Freiheitsillusionen, die doch ständig nachproduziert werden." (Luhmann 1994)

Damit ist nicht nur das Ende der politischen Utopien beschrieben, es scheint durch die Reproduktion medialer Erfahrungsmuster auch auf Dauer gestellt. Und doch wird die bewußtseinsprägende Kraft elektromedialer Sequenzen für die Re-Produktion politischer Mehrheiten allzu selten in Rechnung gestellt.

Transnationale Demokratie

Demokratie ist in der hochgradig verflochtenen OECD-Welt nur als transnationale möglich, als offenes Herrschaftssystem, das in enger Abstimmung und Anbindung anderer gesellschaftlicher Akteure, quasi als Akteurskonstellation existiert. Dabei gruppieren sich um die politisch-administrative Führung nicht nur die gesellschaftlichen Gruppen, die sich scheinbar nationalstaatlich zuordnen lassen, sondern auch die anderen, die zur Funktionsfähigkeit, Effektivität und Reproduktion der gesellschaftlichen Verhältnisse beitragen. Nur in diesem Kontext wird sich Demokratie als taugliches Steuerungsverfahren für politische Probleme entwickeln lassen. Aber ist transnationale Demokratie über den engen Bereich der ökonomischen Abstimmung (und diese Verfahren sind ja nicht allzu demokratisch gestaltet) hinaus überhaupt möglich?

Für den Bereich der Ökologie wurden eine Reihe an Vorschlägen ausgearbeitet, die darauf hinauslaufen, daß Umweltverschmutzung in Geldwerten bemessen wird und in Zertifikaten käuflich ist und zwischen den Akteuren gehandelt werden kann. Wenn das schon revolutionär ist, wie ist es dann mit den Bereichen, die sich nicht problemlos in Geldwerte übersetzen lassen, die sich nicht quantitativ messen lassen?

Die Frage nach der Zunkunft der transnationalen Demokratie erfordert Antworten, die über die gewohnten Grenzen der nationalen Mehrheitsdemokratie hinausgehen. Orientierungswissen steht hier nicht bereit, über die Fragen wird wenig nachgedacht, sie sind entweder mit dem Tabu des vorgeblich Antidemokratischen belegt oder mit Harmonievorstellungen verkleistert. Aber beide Tabuproduktionen gehen fehl: Letztere, weil alle demokratischen Formen Konfliktregime sein werden, die von unterschiedlichen Interessen geprägt werden; erstere, weil sich die nationalstaatlich organisierte Demokratie überlebt hat, auch wenn es dem politischen Personal – allen Evidenzen zum Trotz – noch nicht recht bewußt wird (werden will?). Eine typische Betriebsblindheit, die insofern nicht weiter stören muß, als sie problemunangemessen ist; aber anders als in bankrotten Unternehmen wird in politischen Systemen kein Unternehmensberater geholt, der die verkrusteten Strukturen durchleuchtet. Diese Aufgabe der Kontrolle überläßt man hierzulande den zu Kontrollierenden selbst. Die Gesellschaft verzichtet weitgehend auf ein Mitspracherecht in politischen Fragen, ein später etatistischer Reflex. Dieser kann nachhaltige Folgen haben, nämlich dann, wenn gesellschaftliche Gruppen weiterhin auf politische Einmischung verzichten und die politische Auseinandersetzung mehrheitsdemokratischen Profis, die sich zunehmend als politische Amateure erweisen, überlassen. Kommunikative Kompetenz, die Hauptfähigkeit des politischen Personals, verliert ihre Grundlage, wenn die Kommunikation unterbleibt, wenn sie um die falschen Fragen geführt wird, oder gar die von ihr verursachten Kosten den Nutzen übersteigen.

Problematisch ist vor allem, daß die Entwicklung weder des Parteiensystems noch der demokratischen Regierungsform überhaupt abzusehen ist.

Gewiß aber scheint zu sein: Gewißheiten lösen sich auf; die Demokratie in Deutschland steht vor Jahren der Neuorientierung.

Literatur

Hans Apel (1994): Der kranke Koloss. Europa – Reform oder Krise; Reinbek

Ulrich Beck (1976): Risikogesellschaft. Auf dem Weg in eine andere Moderne; Ffm

Ulrich Beck (1993): Die Erfindung des Politischen. Zu einer Theorie reflexiver Modernisierung; Ffm

Francis Fukuyama (1992): The End of History and the Last Man; New York

Anton-Andreas Guha (1993): Der Planet schlägt zurück. Ein Tagebuch aus der Zukunft; Göttingen

Jürgen Habermas (1972). Legitimationsprobleme im Spätkapitalismus; Ffm

Winfried Hassemer (1993): Innere Sicherheit im Rechtsstaat, in: vorgänge 124, S. 54ff.

Eike Hennig (1994): Die „Republikaner“: Korrekt oder political correct, das ist die Frage; in: vorgänge 127, S. 119ff.

Henner Hess (1993): Desorganisiertes Verbrechen; in: Eva Kampmeyer/Jürgen Neumeyer (Hg.): Innere Unsicherheit. Eine kritische Bestandsaufnahme; München, S. 95ff.

Thomas Leif/Jochim Raschke (1994): Rudolf Scharping, die SPD und die Macht. Eine Partei wird besichtigt; Reinbek

Niklas Luhmann (1994): Chirurg auf der Parkbank. Des Wählers Freiheit, eine Illusion, in: FAZ 9. Juni, S.35

Sönke Manns (1993): Organisierte Kriminalität: Abschied von einem Mythos; in: vorgänge 121, S. 6ff.

Elke Thiel (1993): Neuer Atlantizismus in der Wirtschaftskooperation, in: Albrecht Zunker (Hg.): Weltordnung oder Chaos? Beiträge zur internationalen Politik, Baden-Baden, S.262-273

Richard von Weizsäcker (1992): Im Gespräch mit Gunter Hoffmann und Werner A. Perger; Ffm

Burkhard Wehner (1992): Die Katastrophen der Demokratie, Darmstadt

Hans-Joachim Giegel

Demokratie nach dem Sozialismus

Alle demokratischen Revolutionen der Moderne haben im Moment ihres Gelingens in der zum Umsturz des alten Regimes entschlossenen Bewegung eine charismatisch gestimmte Begeisterung hervorgerufen und die gesellschaftlichen Gruppen mit stärksten Kohäsionskräften zusammengeschlossen. Im Augenblick der revolutionären Erhebung schien es immer, als sei die Einheit von Individuen und Gesellschaft wenn nicht hergestellt, so doch herstellbar und als wären die Mächte der Gesellschaft den Individuen unmittelbar verfügbar. Und mit der Idee der Demokratie verband sich die Hoffnung, daß diese Einheit in institutioneller Form zu sichern sei. Unvermeidlich tritt nach solchen Phasen revolutionärer Bewegung eine Phase der Veralltäglichung des Charismas ein. Aber die Gesellschaften unterscheiden sich danach, wie jene Augenblicke massenhafter Bewegung und Begeisterung fortwirken. In einigen Gesellschaften sind sie zur Grundlage eines nationalen Mythos geworden, der in vielen Formen symbolischer Praxis artikuliert und zelebriert wird. In anderen Gesellschaften wird der Sinn und das Gefühl für die Größe und Bedeutung des konstituierenden historischen Momentes zerstört und seine Spur im kollektiven Bewußtsein getilgt.

Auch in den massenhaften Bewegungen, die die DDR im Herbst 1989 erschütterten, finden wir jene extreme Intensivierung der Emotionen und Kommunikationen, die mit dem Durchbrechen der repressiven Kontrollen des alten Systems und der Freisetzung eines neuen gesellschaftlichen Aggregatszustandes ausgelöst wird. Man könnte meinen, daß diese Gesellschaft, die den Übergang zur Demokratie wollte und die sich im Gedanken der Demokratisierung als Gesellschaft neu fand, sich etwas von der Begeisterung des damaligen Augenblicks als eine Ressource des kollektiven Bewußtseins bewahrt haben müßte. Daß dies nicht und warum dies nicht der Fall ist, möchte ich im ersten Teil meiner Überlegungen behandeln. Meine These ist, daß in der sich rasch ausbreitenden Distanz zur Demokratie, die wir in den östlichen Ländern beobachten können, ein allgemeines Strukturproblem der Demokratie zum Ausdruck kommt, das aufgrund des Systemwechsels in besonderer Schärfe erfahren wird.

Das Thema „Demokratie nach dem Sozialismus" kann aber auch so verstanden werden, daß man danach fragt, wie nach dem Ende der Systemkonfrontation die Demokratie sich selber entwickelt und neu definiert. Hier möchte ich, und das wird den zweiten Teil meiner Überlegungen bilden, die These vertreten, daß unter den veränderten historischen Bedingungen sich Tendenzen zeigen, die, wenn sie sich verstärken würden, eine tiefgreifende Strukturveränderung der Demokratie in Deutschland zur Konsequenz haben müßten. Der abrupte Wechsel in der Erfahrung von Staatlichkeit, der sich in den neuen Bundesländern vollzogen hat, läßt sich durch bloßen Hinweis auf die eingetretenen institutionellen Veränderungen (die Einführung des Mehrparteiensystems, der freien politischen Wahl, einer gegenüber der Politik eigenständigen Justiz usw.) nicht zureichend erfassen. Schon gar nicht reicht es, den Wechsel als einen von einer undemokratischen zu einer demokratischen Verfassung zu beschreiben. Notwendig ist vielmehr, das spezifische Verhältnis zwischen Staat und Bevölkerung, wie es vor der Wende bestanden hat, mit dem zu konfrontieren, wie es sich nach der Wende entwickelt hat. Ich werde zunächst, um die begrifflichen Mittel zur Beschreibung dieses Wechsels zu gewinnen, in Anlehnung an grundlegende Modelle der Demokratie unterschiedliche Konzeptionen des Verhältnisses von Staat und Staatsbürger skizzieren. Mit Hilfe dieser Konzeptionen werde ich dann die realsozialistische Staatsform darstellen, anschließend die Demokratieform, wie sie mit der Wende in den neuen Bundesländern eingeführt wurde. Von hier aus lassen sich die Probleme deuten, die die Erfahrung einer neuen Politikform in den neuen Bundesländern mit sich brachte. Im letzten Teil werde ich dann einige Thesen zum Wandel der Demokratie in der Bundesrepublik entwickeln.

Modelle der Demokratie

Im diesem Abschnitt werde ich vier Modelle der Demokratie in ihren Grundzügen skizzieren: Dogmatischer Republikanismus, zivilgesellschaftlicher Republikanismus, liberaler Konstitutionalismus und egalitärer Pluralismus.[1] Ausgangspunkt ist die Differenz von republikanischer und liberaler Staatsauffassung.[2] Nach

1 Die Begrifflichkeit lehnt sich stark an die in *Cohen/Rogers* (1992: 397ff.) vorgenommene Typenbildung an.

2 Vgl. dazu auch *Habermas* (1992: 129ff., 326ff. und 359ff.) und *Michel-*

republikanischer Auffassung sind grundlegend die Prozesse der Gemeinschaftsbildung, in denen sich die spezifisch ethische Verfassung einer Gesellschaft herausbildet und die den konsensualen Charakter der politischen Diskurse verbürgen, durch die das „gemeinsame Wohl" definiert wird.[3] Erst auf dem Boden dieser ethischen Verfassung mit ihrer spezifischen Kultur und dem aus dieser sich speisenden Selbstverständnis der Bürger ergeben sich die Rolle und die diese Rolle definierenden Rechte des einzelnen Staatsbürgers. Insofern ist die Inanspruchnahme der subjektiven Rechte, auch der Staatsbürgerrechte immer verwiesen auf das grundsätzliche Einverständnis, das die Mitglieder einer zivilen Gemeinschaft verbindet.

Von hier aus verzweigt sich der Republikanismus und mündet in zwei Varianten: Im *dogmatischen Republikanismus*[4] nimmt der Republikanismus eine dogmatisch-monistische Form an. Zu den Grundlagen des Gemeinwesens gehört nach dieser Auffassung die verbindliche Orientierung der Bürger an einem substantiell bestimmten „gemeinsamen Wohl", an Wertgrundlagen, die den Sinn der gemeinsam geteilten Lebenspraxis bestimmen. Da die Subjektivität des einzelnen sich, ohne daß sie sich auf die identitätsstiftende gemeinsame Wertgrundlage stützt, gar nicht entwickeln kann, muß das „gemeinsame Wohl" vor aller Auseinandersetzung

man (1988). Da der Diskurs des Kommunitarismus weithin in den Bahnen des republikanischen Diskurses verläuft, werde ich ihn zur Explikation des letzteren heranziehen.

3 *Michelman* (1988: 1506) spricht von „disclosing a latent, pre-existent, actual societal consensus respecting the right terms of social ordering".

4 Mit dieser Begriffswahl wird nicht impliziert, daß es eine starke Tendenz innerhalb des republikanischen Diskurses geben würde, die Praxis einer zwanghaften Konvergenzpolitik zu rechtfertigen. Das Gegenteil ist der Fall. Es wird nur behauptet, daß eine Staatsform, die weit ab vom Hauptstrom des Republikanismus liegt, sich zu ihrer Legitimation auf bestimmte Prämissen berufen kann, die dem republikanischen Denken zugrunde liegen. Der dogmatische Republikanismus ist gewissermaßen der dunkle Schatten, der den in ganz andere Richtung zielenden Republikanismus begleitet, weshalb in der Kritik des Kommunitarismus stets auf diese Möglichkeit des Umschlagens einer „Republik" in das Gegenteil einer demokratischen Gesellschaft hingewiesen wird. Vgl. etwa *Buchanan* (1989: 871 u. 863), der von „risk of oblitering autonomy entirely and of dissolving the self into a concatenation of unreflective roles imposed by one's social position" spricht und daß „some one person or subset of the group has the ultimate say as to whether to exercise the right". Ebenso *Michelman* (1988: 1506), der eine „organicist culture .... denying plurality in public sphere" befürchtet.

der Bürger festgelegt sein. Bei der Frage, wie diese Festlegung erfolgt, denkt der Kommunitarismus an Prozesse der historisch langfristig erfolgenden Herausbildung einer kulturellen Formation. Darum wird im Hinblick auf die Bestimmung des gemeinsamen Wohls in der Regel die Macht von jeweils eine spezifische kulturelle Eigenart ausprägenden Traditionen genannt. Offen bleibt, wie und durch wen diese Tradition jeweils verbindlich definiert wird. Das läßt zumindest die Möglichkeit offen, dem politischen System – insbesondere wenn es sich explizit auf starke ideologische Traditionen stützt – diese Definitionsmacht zuzuschreiben. Nach diesem auf eine „hoheitliche Reethisierung“ (Frankenberg 1994a: 16) zielenden Verständnis fällt der politischen Macht die Aufgabe zu, im politischen Prozeß das gemeinsame Wohl zur Geltung zu bringen, was eine Abschirmung gegenüber den bornierten Anforderungen der Interessengruppen notwendig macht. (Cohen/ Rogers 1992: 406f)

Die zweite Variante, der *zivilgesellschaftliche Republikanismus*, geht im Hinblick auf die Moderne nicht mehr von einer generell anerkannten gemeinsamen substantiellen Basis von Überzeugungen und erst recht nicht von einer für das gesamte Gemeinwesen verbindlichen Lebensform aus. Angesichts des in der Moderne sich unvermeidlich durchsetzenden Pluralismus muß für das gemeinsame Ethos die Anerkennung der Selbsttätigkeit des Individuums, insbesondere auch in der Form des Rechts auf autonome Beiträge in den diskursiv angelegten Entscheidungsprozessen, in denen das Gemeinwohl definiert wird, konstitutiv sein. Damit gibt es für eine substantielle Festlegung des Gemeinwohls, bevor die Bürger sich diskursiv über dieses verständigt haben, keine Grundlage mehr. Das gemeinsame Ethos zieht sich auf den Schutz der diskursiven Kommunikationspraxis, in der die einzelnen ihre Autonomie zur Geltung bringen, zurück.[5]

Nach *liberaler Auffassung* sind fundamental die negativen Freiheitsrechte der Individuen, die diesen die Chance sichern, ihre privaten Interessen zu verfolgen. Die Gemeinschaftsbildung ist deshalb daran gebunden, diese Freiheitsrechte zur Geltung zu bringen. Deshalb muß der soziale und politische Mechanismus so beschaffen sein, daß diese Rechte geschützt werden. Entsprechend wird dem Subjekt in erster Linie die Freiheit zugesprochen, die seine individuelle Autonomie schützenden Rechte in Anspruch zu nehmen. Die Verfolgung der Privatinteressen bestimmt auch das politische Handeln: Im Bereich der Politik geht es darum, durch

5 *Wellmer* 1993: 184ff.

Erringung von Machtpositionen Privatinteressen zu fördern. Die Rechte des Individuums werden in dem in strategischer Einstellung geführten Kampf um diese Machtpositionen dadurch geschützt, daß ihnen gleiche politische Rechte eingeräumt werden.

Auch hier kommt es zu einer Verzweigung: Der *liberale Konstitutionalismus* behauptet den absoluten Vorrang der Individualrechte vor den mit der Gemeinschaft verbundenen Verpflichtungen. Die Individualrechte bilden eine Naturbasis, die durch die Gesellschaft nicht modifiziert werden darf. In der konsequentesten Fassung dieses Gedankens bedeutet das etwa, daß es keine Rechtfertigung für Redistributionsprozesse gibt: Auf das Einkommen, das ein Individuum mit den ihm rechtmäßig zur Verfügung stehenden Mitteln erzielt, hat nur es selbst einen Rechtsanspruch. (Nozick 1978) Daraus ergibt sich auf der politischen Ebene ein starker Vorbehalt des liberalen Konstitutionalismus gegenüber Interessengruppen. Diese sind ihrer Natur nach darauf gerichtet, sich über die Gewinnung von Anteilen am Staatshaushalt Ressourcen anzueignen, für die sie keine entsprechenden Leistungen erbracht haben. Mit dem Einfluß, den Interessengruppen im Staat erlangen, ist also die Gefahr verbunden, daß die Rechte anderer verletzt werden. Die Konsequenz, die der liberale Konstitutionalismus aus diesem Problem zieht, ist, den Eingriff des Staates in die Gesellschaft zu minimieren, wodurch die Chance der Interessengruppen, sich über den Staat Ressourcen anzueignen, drastisch reduziert wird. (Cohen/Rogers 1992: 397ff.)

Für den *egalitären Pluralismus* hingegen ist die Einräumung gleicher formaler politischer Rechte für alle Staatsbürger unzureichend, weil sich auch bei formaler Gleichheit ungleiche Chancen im politischen Machtkampf ergeben können und aufgrund der bestehenden sozialen Voraussetzungen tatsächlich ergeben. Daraus zieht der egalitäre Pluralismus die Konsequenz, daß besondere Vorkehrungen getroffen werden müssen, um die Ungleichheit in den Ressourcen, die einen Einfluß auf die Erringung von politischen Machtpositionen haben, auszugleichen. Neben der formalen Rechtsgleichheit müssen allen gesellschaftlichen Gruppen genügend Mittel zur Verfügung gestellt werden, daß sie mit gleicher Chance ihre Interessen im politischen Machtkampf vertreten können. (Cohen/Rogers 1992: 410ff.)

Die skizzierten Modelle der Demokratie unterscheiden sich in einer Vielzahl von Dimensionen. Eine dieser Dimensionen wird im folgenden eine wichtige Rolle spielen, nämlich das jeweils vorherrschende Konzept, wie Differenzen und Konflikte zwischen unterschiedlichen Gruppen politisch zu bearbeiten sind. Liberale Modelle haben eine starke Affinität zur *Konkurrenzpolitik*, republikanische zur *Konvergenzpolitik.*[6] Bei der *Konkurrenzpolitik* gehen die Bürger von der Differenz und dem Gegensatz verschiedener Interessengruppen aus und sehen eine Annäherung der Politik bzw. der politischen Elite an den „Willen des Volkes" nur in der Form, daß eine wie immer zustande gekommene Mehrheit der Bürger in der Wahl eine ihre Interessen artikulierende politische Elite an die Macht bringt. Der Prozeß der Angleichung der Politik an den Bürgerwillen läuft hier also erstens nur über die Wahl und zweitens ist er beschränkt auf die Angleichung der Politik an den Mehrheitswillen der Bürger. Dagegen wird der Minderheitswillen gezwungen, die Differenz, in der die Politik zu ihm bleibt, hinzunehmen. Diese bleibende Differenz ist kein Einwand gegen die Demokratie, sondern folgt konsequent aus der Tatsache, daß die Politik sich dem Mehrheitswillen fügt.[7]

Für eine *Konvergenzpolitik* sind Kommunikations- und öffentliche Deliberationsprozesse zentral, insofern diese die Chance eröffnen, gemeinsame Wertgrundlagen zu entdecken, auf die sich alle Bürger beziehen können. Wenn Interessen und Bedürfnisse nicht als unwiderruflicher Ausgangspunkt des politischen Prozesses verstanden werden, sondern als Voraussetzungen, die sich im Prozeß der Deliberation und Reflexion selber wandeln können, kann die Politik auch mit der Möglichkeit von Konvergenzprozessen rechnen. Und wie eine Vielfalt von Analysen zeigt, verhalten sich sowohl Staatsbürger wie insbesondere auch politische Eliten keineswegs durchgängig als Interessenmaximierer, sondern werden häufig in Prozessen der Deliberation überzeugt, das, was sie als Gemeinwohl ansehen, zu verfolgen.[8]

6 Mit diesen Begriffen versuche ich den Gegensatz zu bezeichnen, zu dessen Beschreibung *Mansbridge* (1990) die Begriffe „adversary democracy" und „unitary democracy" eingeführt hat.

7 Allerdings läßt sich dieses Modell nicht in reiner Form realisieren, weil der Mehrheitswille selbst kein einheitlicher ist. Bürger wählen aus ganz unterschiedlichen Gründen eine bestimmte Partei. Dann kann aber die Angleichung der Politik an den Mehrheitswillen wiederum nur bedeuten, daß die Regierungspartei ein Gesamtprogramm zu realisieren sucht, das in einer wie auch immer bestimmten Balance die unterschiedlichen Interessengruppen, die hinter dem Mehrheitsvotum stehen, berücksichtigt. So gesehen steckt in jeder Konkurrenzpolitik immer auch ein bestimmtes Ausmaß an Kooperationspolitik.

8 *Mansbridge* (1990: 16ff.). Ein offenes Problem, das dieses Modell belastet, besteht darin, wie zu verfahren ist, wenn sich eine gesellschaftliche Gruppe nicht dem generalisierten „vernünftigen" Willen anschließt. Folgt

Von diesen beiden Formen der Politik möchte ich eine dritte unterscheiden, in der Elemente der ersten beiden eine spezifische Verbindung eingehen, nämlich die *Kooperationspolitik*.[9] Zwar geht man bei dieser wie im ersten Modell vom Konflikt der Interessen aus und akzeptiert auch die Wahl als Entscheidungskriterium, aber nun soll die Politik nicht einfach der einen Seite im Konflikt zur Realisierung ihres Interesses verhelfen, sondern versuchen, zwischen den konfligierenden Positionen zu vermitteln. Die grundlegende Idee dabei ist, daß auf diese Weise ein Null-Summenspiel in ein Positivsummenspiel transformiert werden kann. Hier kommt es nicht nur darauf an, daß die richtige Regierung gewählt wird, sondern daß diese Regierung in einem sekundären Prozeß politische Programme entwickelt, die eine bessere Angleichung an das existierende gesellschaftliche Interessenprofil herbeiführen, als es die Wahl vermag. Entscheidend ist hier nicht die Bildung eines sich durchsetzenden Mehrheitswillens. Die siegreiche Partei lernt vielmehr, daß die maximale Befriedigung ihrer Interessen und die Nichtberücksichtigung der Interessen der Minorität sich nachteilig für sie selber erweisen kann. Kooperationspolitik heißt, daß im eigenen Interesse nicht die maximale Durchsetzung des eigenen Interesses verfolgt wird.[10] Diese Politikform setzt voraus, daß erstens die Interessen anderer Parteien richtig wahrgenommen werden, zweitens das Droh- und Schädigungspotential, das andere Parteien besitzen, zureichend erkannt wird und drittens die kompromißhaften Optionen gefunden werden, die über das Nullsummenspiel hinausführen können. Es ist unwahrscheinlich, daß diese Voraussetzungen erfüllt sind, solange die Parteien als isolierte Akteure eine Strategie der Interessenmaximierung verfolgen. Kooperationspolitik hängt deshalb davon ab, daß institutionelle Voraussetzungen geschaffen werden, die die Konfliktparteien zwingen, bei der Verfolgung ihrer Ziele in Verhandlungen einzutreten. Und zwar müssen diese Verhandlungen auf Dauer gestellt sein, damit die notwendige Vertrauensbasis geschaffen

man nicht dem dogmatischen Republikanismus, gibt es keinen Punkt jenseits der deliberativen Verfahren, von dem aus das gemeinsame Wohl definiert werden könnte. Soll also bei einem Dissens der Mehrheitswille machtmäßig durchgesetzt werden? Aber das wäre dann keine Konvergenzpolitik mehr.

9 Vgl. *Scharpf* (1988, 1993 u. 1994) und, aus dem Kontext der Korporatismusdiskussion, *Streeck/Schmitter* 1985a, *Streeck* 1991, *Schmitter* 1983 u. 1988.

10 *Willke* 1989: 121ff.

werden kann, ohne die es für jede Seite riskant wäre, nicht die maximale Durchsetzung der eigenen Interessen anzustreben. Kooperationspolitik ist also nur möglich, wenn entsprechende *kooperative Netze* geschaffen werden, die als Dauereinrichtung institutionalisiert sind.[11]

Die Staatsform realsozialistischer Gesellschaften

Das komplexe Verhältnis, das sich zwischen dem Staat der DDR und seiner Bevölkerung herausgebildet hatte, war in seinen Grundzügen am Modell des *dogmatischen Republikanismus* ausgerichtet. Ohne eine umfassendere Analyse dieser Staatsform auch nur anzustreben, möchte ich an ihr fünf Momente hervorheben und diese am Beispiel einer spezifischen Politik verdeutlichen, nämlich am Beispiel des staatlichen Wohnungsbaus und spezifischer der Wohnungsbaupolitik, wie sie seit dem Amtsantritt Honeckers im Jahre 1971 betrieben wurde. Die fünf Momente, die ich an dieser Politik beleuchten möchte, sind Homogenitätssicherung, politisches Gesamtkonzept (Verstaatlichung), staatliche Versorgung, Stagnation und Repression.

Die Form des dogmatischen Republikanismus prägte die politischen Verhältnisse in der DDR zunächst dadurch, daß in ihnen Wertorientierungen eine herausragende Bedeutung erlangten und unter den leitenden Wertorientierungen wiederum die *Idee der Homogenitätssicherung* eine absolute Dominanz besaß. Ob die gegen Parsons gerichtete These, daß in modernen Gesellschaften Werte keine dominante Rolle mehr spielen, für westliche Systeme zutrifft, braucht hier nicht entschieden zu werden, im Hinblick auf realsozialistische Länder ist sie eindeutig falsch. Für diese Länder besteht kein Zweifel, daß Wertorientierungen, und insbesondere der Wert der Homogenitätssicherung, eine überragende Rolle spielten. Die besonderen institutionellen Formen, die in diesen Ländern hervorgebracht wurden, die extrem hohe Anstrengung, mit der diese gesellschaftlich durchgesetzt wurden, das Beharren auf diesen institutionellen Formen, selbst wenn sie offenkundig wirtschaftlichen Notwendigkeiten widersprachen, die Mobilisierung aller Kräfte, die die Monopolpartei zur Verfolgung ihrer Ziele vornehmen mußte, vor allem auch die Ansprüche, die sie an

11 *Offe* 1989: 755ff., *Streeck* 1991. Der Aufbau solcher Netze, die Kooperationspolitik ermöglichen, wird gelegentlich mit dem Titel einer „Associative Democracy“ verknüpft. Vgl. *Cohen/Rogers* 1992.

sich selbst stellte, und die Restriktionen, die sie sich auferlegte, schließlich das große Ausmaß, in dem Repression ausgeübt, aber auch akzeptiert wurde, all dies und vieles andere läßt sich nur erklären, wenn man die Dominanz von Wertorientierungen unterstellt, die nicht einfach an strukturelle Erfordernisse oder spezifische Interessenkonstellationen sich adaptierten, sondern einen Eigensinn entfalteten.

Die Dominanz des Werts der Homogenitätssicherung hatte für die Ausgestaltung des politischen Systems unmittelbar zwei Konsequenzen: Erstens schien eine Sicherung homogener Lebensverhältnisse nur dann gewährleistet, wenn ein umfassendes, die ganze Gesellschaft einbeziehendes *politisches Gesamtkonzept* ausgebildet und mit entsprechender Durchsetzungsmacht ausgestattet würde. Zweitens mußten die Entwicklungstendenzen der funktionalen Differenzierung einer Kontrolle unterworfen werden, um insbesondere die Verselbständigungstendenzen, die mit dieser Differenzierung in Gang gesetzt werden, zu verhindern. Konkret bedeutete dies einerseits, daß alle politischen Willensäußerungen dem Zwang unterlagen, sich in den sich herausbildenden *Kollektivwillen einzufügen.*[12] Auch wenn dabei sich meistens die Direktiven eines Machtzentrums oder bestimmter Fraktionen dieses Zentrums durchsetzten, lag darin nicht das eigentliche Konstruktionsprinzip der politischen Machtausübung, sondern in dem Gedanken, die angestrebte Homogenitätssicherung durch eine Einheitsbildung des politischen Willens zu sichern.

Andererseits mußte der Primat der Politik in allen anderen Funktionsbereichen durchgesetzt werden, was entweder dazu führte, daß eine selbständige Entwicklung der Funktionssysteme ganz unterbunden wurde – das galt insbesondere für das Feld der Wirtschaft – oder aber den Funktionssystemen Entfaltungsspielraum und -richtung vorgezeichnet wurde. Der Homogenitätsgedanke führte so zu einer direkten oder indirekten *Verstaatlichung der Gesellschaft.*

Mit der Idee der Steuerung der Gesellschaft durch ein politisches Gesamtprogramm war der Gedanke der *Versorgung* der Bevölkerung durch den Staat verbunden. Im Versorgungsgedanken wurden Staat und Individuen in ein spezifisches Verhältnis zueinander gerückt. Weder brauchten noch durften die Individuen auf den Feldern der staatlichen Versorgung besondere Anstrengungen zur Realisierung ihrer Interessen unternehmen. Sie brauchten es nicht, weil der Staat auch ohne äußeren Druck, nämlich *aus einer*

12 *Berg/Möller* 1993: 226f.

inneren Verpflichtung heraus, die notwendige Versorgung sicherzustellen sich bemühte. Und sie durften es nicht, weil mit der staatlichen Versorgung das Mögliche und Legitime getan wurde. Darüber hinausgehende Forderungen und Ansprüche waren zwangsläufig dem Verdacht ausgesetzt, illegitime Sonderwünsche zu sein. Durch Versorgung wurde also Eigenaktivitäten der Staatsbürger vorgebeugt, die möglicherweise durch ihre eigene Dynamik über den festgelegten Zielpunkt hätten hinaustreiben können. Versorgung wirkte als eine präventive Maßnahme, mit der die Anforderungen der Bürger an den Staat so kanalisiert wurden, daß sie sich in dem festgelegten Korridor bewegten.[13] Gleichzeitig konnte die Politik der Versorgung auch dafür eingesetzt werden, um eine positive Bindung an die beschlossenen politischen Gesamtkonzepte und darüber hinaus an die staatliche Politik insgesamt zu fördern.[14] Mit der Versorgung waren auch bestimmte *Gratifikationen* (Karrierechancen, Privilegien) insbesondere für diejenigen verbunden, die bereit waren, sich auf der durch das politische Gesamtkonzept vorgezeichneten Linie zu bewegen.

Die *Stagnationstendenzen*, die in allen realsozialistischen Ländern aufgetreten sind, und ihre vielfältigen Ursachen können hier nicht genauer verfolgt werden. Verstaatlichung bedeutet nicht automatisch einen größeren Gestaltungsspielraum oder sogar ein größeres Machtpotential des Staates und schon gar nicht seine Fähigkeit zur effektiven Steuerung einer dynamischen Entwicklung. Der DDR-Staat konnte zwar mit seinen Machtmitteln an spezifischen Eingriffsstellen etwas in Gang setzen, aber damit hatte er keineswegs eine Kontrolle über den Gesamtprozeß. Vielfach war der Staat dem, was sich in der Folge seines Eingriffs entfaltete, hilflos ausgesetzt.[15] Insbesondere war er kaum zur Fehlerkorrektur in der Lage. Wenn Abweichungen vom Plan auftraten, wurden diese häufig nicht korrigiert, so daß anfänglich kleine Fehler sich im Gesamtprozeß zu hohen wirtschaftlichen Verlusten addieren konnten. Teilweise war Stagnation auch eine Folge der zu

13 Ich werde weiter unten darstellen, daß die Politik der Versorgung durch ein bestimmtes Formprinzip des sozialistischen Staates gestützt wurde: da der Staat sich vor aller Verteilung einen wesentlichen Teil des Sozialprodukts aneignete, konnte es so scheinen, als würde der Staat die Versorgung aus seinen Mittel bewerkstelligen.

14 Auch wenn diese Leistung des real-sozialistischen Staates im nachhinein noch einmal eine nostalgische Aufwertung erfahren hat, scheint mir die Behauptung übertrieben, daß „der autoritär-protektionistischen Fürsorge des Realsozialismus posthum ein moralischer Kredit eingeräumt wird, den sie zu Lebzeiten nie genossen hat." *Offe* 1994: 18. (Anders dagegen *Offe* 1994: 47f.)

15 *Offe* 1994: 15

einem verhängnisvollen Kreislauf führenden Eigenlogik des Versorgungsprinzips. Einerseits wurden bei stagnativen Tendenzen die finanziellen Grundlagen geschwächt, die ein auf Versorgung abzielendes politisches Programm benötigte, andererseits konnte gerade unter stagnativen Bedingungen das Ruder nicht herumgeworfen, mußte also das einmal in Gang gesetzte Programm unverändert weitergeführt werden, was wiederum die stagnativen Tendenzen verstärkte.

Schon in der Formung und Durchsetzung des politischen Gesamtkonzepts liegt ein repressives Moment.[16] Auch wenn die allgemeine Idee eines solchen Gesamtkonzepts durch die Wertorientierung der Homogenitätssicherung moralisch gestützt wird, ist damit die jeweils konkrete Spezifikation eines solchen Konzepts noch nicht legitimiert. Bei den unvermeidlichen Konflikten, die hier auftreten, kann die Linie eines einheitlichen Gesamtkonzepts nur durchgehalten werden, wenn alternative Spezifikationen als illegitim abgewiesen werden. Damit dies gelingt, werden einerseits Freiheitsrechte nur extrem restriktiv gewährt: Die Inanspruchnahme solcher Freiheiten steht unter dem Vorbehalt, daß sie mit dem staatlich definierten Gesamtwillen nicht kollidiert. Andererseits wird, da moralische Begründungen nicht ausreichen, um Abweichler zu diskreditieren, ein fiktiver Einheitswille demonstriert: Diese Funktion kann ein zentralistisch strukturiertes Politbüro erfüllen, insbesondere wenn es eine hohe personale Kontinuität aufweist. Unter dieser Bedingung kann es gelingen, durch eine Mischung von positiven Anreizen und Repression den offen opponierenden Widerstand und entsprechend die offen ausgeübte Repression klein zu halten. Problematisch wird dieser Integrationsmodus, wenn entweder die angebotenen Gratifikationen nicht mehr ausreichen, um die notwendige Loyalität zu erzeugen, oder in dem Maße, wie sich die stagnativen Tendenzen verstärken, zur Fiktion werden. Es wächst dann die Gefahr, daß eine repressive Abwehraktion größeren Ausmaßes eingeleitet wird, um den sich verbreiternden Widerstand zu demoralisieren.

Der dogmatische Republikanismus ist in seiner Gesamtstruktur durch eine zwangshafte *Konvergenzpolitik* bestimmt. Politik heißt hier, einen Punkt zu finden oder festzulegen, an dem die gesellschaftlichen Mitglieder auch bei Vorliegen von Differenzen konvergieren. Aufgabe der Politik ist es, diese Konvergenz herbeizuführen. Damit wird das Faktum der Differenz und der konfligierenden Meinungsbildung nicht schlechthin verdrängt. Aber Differ-

16 *Offe* (1994: 31) spricht von einem „funktionalen Zusammenhang von realsozialistischer Wirtschaftsweise und politischer Repression".

enz und abweichende Meinung werden nur insoweit als vernünftig anerkannt, wie sie fähig sind, sich im Prozeß der politischen Kommunikation auf den gemeinsamen Konvergenzpunkt zuzubewegen. Es gehört zum dogmatischen Konzept der politischen Gemeinschaft zu unterstellen, daß diejenigen, die dieser angehören und damit ihre Werte teilen, bei der Behandlung von politischen Sachfragen nicht anders können, als ihre besonderen, differierenden Meinungen in den Strom der allgemeinen Willensbildung einmünden zu lassen.

Zur Verdeutlichung, wie die genannten Elemente eines dogmatischen Republikanismus zusammenwirken, werfen wir einen Blick auf einen spezifischen Politiksektor, die *Wohnungspolitik.*[17] 1973 verkündete die Regierung der DDR ein über 20 Jahre angelegtes Wohnungsbauprogramm, mit dem bis zum Jahre 1990 3,5 Mio. Wohnungen gebaut und saniert werden sollten. Mit diesem Programm wurden der private Wohnungsbau und selbst die private Instandhaltung und Sanierung des Wohnungsbestandes weitgehend ausgeschaltet und die *Monopolstellung des Staates* im Bereich des Wohnungsbaus festgeschrieben. Alle Aktivitäten auf dem Feld des Wohnungsbaus und der Wohnungsversorgung konnten auf diese Weise in einem *Gesamtprogramm* zusammengefaßt werden.[18] Es gab auch *nur ein staatliches Programm*, d.h. es gab keine Chance, unterschiedliche Programme zu entwickeln und über konflikthafte gesellschaftliche Auseinandersetzungen eine Entscheidung zwischen diesen herbeizuführen.

Der Grundgedanke dieses Wohnungsbauprogramms und ganz allgemein der staatlichen Wohnungspolitik bestand darin, die Gesellschaft mit Wohnraum zu *versorgen*, und zwar in Form einer möglichst gleichen Zuteilung. Konkret hieß dies: Die Nutzer einer Wohnung wurden mit einer höchst möglichen Sicherheit ausgestattet. Tatsächlich gab es in der DDR ein fast uneingeschränktes Recht, in einer Wohnung, die man nutzte, auf Dauer zu bleiben. Auch die Wohnungspolitik war an dem Ziel ausgerichtet, die *Homogenität* der Gesellschaft zu sichern: Die Verfügung über Wohnraum sollte in der Gesellschaft nicht extrem differieren. Ein spezifischer Ausdruck hat dieses Gleichheitsprinzip in den eine Million Wohnungen (fast die Hälfte des Neubaus) gefunden, die in 125

17 Zum folgenden vgl. *Buck* (1993).

18 Kaum notwendig hinzuzufügen, daß wie alle Programme auch dieses nicht in sich geschlossen war. Insbesondere im Hinblick auf die Wohnungsversorgung bestanden Lücken, die dann auf der unteren Ebene den Parteiorganen eine besondere Definitions- und Entscheidungsmacht verschafften.

Großsiedlungen gebaut wurden. Die Parteiführung wollte damit eine schichtenmäßige Durchmischung der Wohnviertel erzielen. Tatsächlich wohnten auch die Parteikader im Plattenbau. Daß sie diese Politik mit einer anderen, barbarischen Homogenisierung, nämlich mit der Uniformierung von Baustil und Wohnungsgestaltung, zwangsweise verkoppelte, gehört zu den vielen Paradoxien des Sozialismus. Das Gleichheitsprinzip wurde zwar dadurch unterlaufen, daß, wie es hieß, Personen, „die sich durch herausragende Leistungen bei der Stärkung, Festigung sowie zum Schutz der ... Republik" verdient gemacht hatten, bevorzugt Wohnungen und insbesondere gute Wohnungen erhielten, aber es kam nicht zu einer ungebremsten Ausweitung der Privilegien für die herrschende Klasse. So läßt sich jedenfalls die auffällige Erscheinung deuten, daß viele repräsentative Villen in den Städten, über die der Staat das Verfügungsrecht gewonnen hatte, nicht von politischen oder anderen Eliten, sondern z.B. in Form von Kindergärten genutzt wurden. Homogene Versorgung liegt auch dem Gedanken zugrunde, daß Marginalisierungen unter allen Umständen zu verhindern seien. Es gab in der DDR weder durch Not erzwungene Obdachlosigkeit noch aus welchen Gründen auch immer entstandene Nicht-Seßhaftigkeit. Wer ohne Nachweis einer Wohnung im Freien schlafen wollte, wurde von der Polizei aufgegriffen und in für diese Fälle vorgesehene Unterkünfte eingewiesen.

Stagnative Tendenzen zeigten sich im Bereich des Wohnungsbaus darin, daß bis 1988 statt der vorgesehenen drei Millionen nur zwei Millionen Wohnungen gebaut oder saniert worden waren. Gleichzeitig war etwas eingetreten, was man zwar nicht intendiert hatte, aber zwangsläufiges Resultat der eingeschlagenen Politik war: In diesem Zeitraum wurde ungefähr eine Million Wohnungen aus dem Altbestand zerstört. Von dem verbleibenden Altbestand wurden höchstens zehn Prozent saniert. Den 2 Millionen neu gebauten und sanierten Wohnungen muß man also die 1 Million Wohnungen gegenüberstellen, die vernichtet wurden, und den Verlust an Bausubstanz, der beim Altwohnungsbestand in diesem Zeitraum eingetreten ist.

Hier wird sichtbar, wie sich ökonomische Zwangsgesetze auch gegenüber einem mit erheblichen Machtressourcen ausgestatteten politischen Willen durchsetzten. Nichts zeigt den stagnativen Engpaß, in den die Politik der DDR geriet, deutlicher als die auch in anderen Bereichen anzutreffende Tendenz, die Sanierung und Erhaltung des Bestandes zu vernachlässigen. Viele staatliche Programme konnten nur dadurch in Gang gesetzt werden, daß man buchstäblich aus der Substanz lebte.[19]

Schließlich die *Repression*. Mit repressiven Mitteln wurde verhindert, daß die in weiten Teilen der Bevölkerung vorhandene Kritik an dem Wohnungsbauprogramm und seiner Realisierung öffentlich im politischen Raum artikuliert wurde. Ganz ausgeschlossen war, daß die Kritik sich in einem politischen Gegenprogramm bündelte. Die repressive Ausschaltung der Kritik war aber letztlich ein Pyrrhussieg, denn da sie die politische Führung eines wichtigen Mechanismus der Fehlerkorrektur beraubte, erlaubte sie es ihr vor allem, falsche Programme ohne wesentliche Korrekturen durchzuziehen. Hinzu kam die *informationelle Repression*. Die Realität der schlechten Wohnungssituation und das Scheitern des Wohnungsbauprogramms wurden systematisch verschleiert. In den offiziellen Statistiken wurden, vor allem seit 1980, die Zahlen über die erreichten Leistungen im Wohnungsbau schlicht gefälscht. Teilweise lagen die ausgewiesenen Zahlen um 50% über den tatsächlichen. So kam es zu der grotesken Situation, daß zwar die Termine der Fertigstellung der geplanten Wohnungen um Jahre (zuletzt um vier Jahre) überzogen, gleichzeitig aber die Termine der offiziellen feierlichen Übergabe der Wohnungen pünktlich eingehalten wurden. Als Honecker im Oktober 1988 planmäßig die dreimillionste Wohnung übergab, ein in der ganzen DDR zumindest von den Medien enthusiastisch gefeiertes Ereignis, wußte er vielleicht selber nicht, daß erst 10 Monate später die zweimillionste Wohnung fertiggestellt wurde. Wie dieses Beispiel zeigt, endete der Versuch, eine Einheitskonzeption gewaltsam und repressiv gegenüber der gesellschaftlichen Differenzierung durchzusetzen, in der unüberbrückbaren Differenz von Einheitspolitik und Gesellschaft. Fiktiv wie diese Einheit war, konnte sie sich schließlich selber nur noch in der Fiktion darstellen.

Die Einstellungen, die die Bevölkerung der DDR gegenüber diesen verschiedenen Elementen staatlicher Politik entwickelte, wiesen, wie eine Reihe von Analysen gezeigt hat, in der Haupttendenz

19 Ebenso wurde der Staat Opfer seiner Subventionspolitik. Die extrem niedrigen Mieten waren vielleicht am Anfang eine sinnvolle sozialpolitische Maßnahme, am Ende trugen sie nur noch zur Zerstörung des Wohnraums bei und waren nicht einmal mehr sozialpolitisch zu rechtfertigen. Auch hier haben wir es nicht mit der Macht, sondern der Machtlosigkeit des Staates zu tun. Zwar wurde bis in die Spitze der politischen Führung hinauf eine Revision der falschen Subventionspolitik für sinnvoll gehalten, die fehlende Legitimation des Staates ließ aber einen solchen Schritt als zu prekär erscheinen. Der Staat war in diesem Punkt Gefangener seiner Bürger.

das folgende Muster auf. Die Unzufriedenheit mit der staatlichen Politik richtete sich vor allem auf die stagnativen Tendenzen in der Wirtschaft, die seit den achtziger Jahren unübersehbar waren und sich in einer hinter den Erwartungen zurückbleibenden, unzureichenden materiellen Versorgung niederschlug. Demgegenüber führte die vom System ausgeübte Repression nicht zwangsläufig zur Staatskritik, sondern nur dann, wenn sie manifest wurde. Solange sie als Repressionsandrohung funktionierte, konnte man gewissermaßen mit einer Zweiteilung der eigenen Existenz sich gegen sie immunisieren: Einerseits hatte man eine offizielle Existenz, die den Regeln der Einordnung in den vordefinierten politischen Gesamtwillen angepaßt war. Andererseits verschob man Bestandteile der eigenen Lebenspraxis, die in der offiziellen Existenz ausgeklammert bleiben mußten, in eine Privatexistenz, wo sie, solange sie dort eingekapselt blieben, relativ repressionsfrei entfaltet werden konnten.

Gegenüber der staatlich betriebenen Homogenitätssicherung und der Entwicklung staatlicher Gesamtkonzeptionen gab es kaum Widerstand. Hier hatte ein Gewöhnungsprozeß und die Macht des Faktischen ein nicht genau zu bestimmendes Maß an Akzeptanz erzeugt. Ganz sicher waren auch die Wertorientierungen, die die Homogenitätssicherung begründeten, im Bewußtsein der Bevölkerung stark verankert. Eine hohe Wertschätzung erfuhren vor allem Gleichheits- und Solidaritätsvorstellungen und daraus abgeleitet die Verpflichtung zu Konsensprozessen.[20] Auf diese Wertorientierungen konnte der Staat seine Legitimitätsansprüche stützen.[21]

Auch die Tatsache, daß der Staat eine extensive Politik der Versorgung betrieb, wurde, unabhängig von der Unzufriedenheit über

20 Was diese Wertorientierungen ihrem Inhalt nach bedeuten, ist nicht leicht zu erfassen. Denn sie sind eng an den Erzeugungskontext gebunden, aus dem sie stammen, nämlich der zwangsweisen Blockierung von Differenzierung, und von daher in ihrem Sinnpotential von tiefen Zweideutigkeiten durchzogen. Das gilt auch für all das, was affirmativ unter dem Titel der Alltagssolidarität in der DDR beschrieben wird. Bei genauerem Hinsehen erweist sich diese Solidarität häufig als Weiterführung und Widerspiegelung des falschen Einverständnisses, das die repressive Konvergenzpolitik erzwang, eine Art von moralischer Wohlanständigkeit, die man gewann, wenn man sich wechselseitig versicherte, daß man in den Grenzen und Schranken des Kollektivs verblieb. Vgl. dazu auch *Offe* 1994: 35, 250.

21 Dies wirkt heute noch in der Form nach, daß von zwei Dritteln der Ostdeutschen der Sozialismus als eine gute Idee, die nur schlecht ausgeführt worden ist, angesehen wird. *Feist/Liepelt* 1994: 603. Vgl. auch *Berg/Möller* 1993: 224 und 248.

das Niveau der Versorgung, akzeptiert. Einerseits bedeutete staatliche Versorgung eine Entlastung, die das Leben erleichterte und auch Raum für die Verfolgung von privaten Versorgungsstrategien eröffnete. Andererseits schuf sie das Gefühl der Sicherheit, daß in jeder Lebenslage mit staatlicher Unterstützung gerechnet werden konnte und damit eine Gefährdung biographischer Kontinuität ausgeschlossen war. Daß damit auch die Gefahr der Abhängigkeit und der Entmutigung von Eigeniniative verbunden war, wurde zumindestens in der Öffentlichkeit nicht diskutiert.

Demokratie in den alten und neuen Bundesländern

Demokratie in der alten Bundesrepublik: Die alte Bundesrepublik folgte nicht einem der oben skizzierten Demokratiemodelle in reiner Form. Vielmehr lassen sich bei ihr in einem spezifischen Mischungsverhältnis Züge verschiedener Modelle, sowohl des liberal-konstitutionellen wie des egalitär-pluralistischen und des zivilrepublikanischen, aber auch solche des technokratischen Modells entdecken.[22] Differenzen im Hinblick auf die Ausgestaltung von Demokratie finden wir zwischen unterschiedlichen Ebenen des politischen Prozesses, zwischen unterschiedlichen Politikarenen, zwischen unterschiedlichen Phasen einer Politikentwicklung und oft sogar im selben politischen Kontext. Wie in vielen westlichen Ländern ist die *liberale Komponente* und die ihr entsprechende Politikform der Konkurrenzpolitik stark ausgeprägt. Das gilt nicht nur im Hinblick auf den Mechanismus der Parteienkonkurrenz und der politischen Wahl. Dem liberalen Modell folgt der Staat auch in dem Punkt, daß er zumeist die Einflußmacht, die die gesellschaftlichen Gruppen aufgrund ihrer sozialen Ausgangslage besitzen, nicht beeinflußt und damit den Prozeß der Konversion von sozialer in politische Macht nicht korrigiert. Auch kann er immer wieder auf die Option zurückgreifen, die Eingriffstiefe seiner Maßnahmen zu vermindern, also auf die Gestaltung gesellschaftlicher Verhältnisse zu verzichten, und sich dadurch dem Druck gesellschaftlicher Interessengruppen zu entziehen.

Gleichzeitig gibt es aber auf einigen Feldern auch Bemühungen, die Einflußchancen unterschiedlicher gesellschaftlicher Gruppen zu egalisieren. Hier gibt es Ansätze eines *egalitären Pluralismus*.

22 Solche Mischungsverhältnisse sind in den modernen Gesellschaften die Regel. Vgl. etwa zur amerikanischen Verfassung *Michelman* 1988.

Zentral war in der Geschichte der Bundesrepblik der Versuch, den Gewerkschaften durch verschiedene gesetzliche Maßnahmen, z.B. durch die Einführung der Mitbestimmung, zu einer stärkeren Stellung gegenüber der Position der Arbeitgeber zu verhelfen. Aber auch andere Interessengruppen haben im Hinblick auf ihre Einflußstärke Unterstützung erfahren. So wird etwa damit experimentiert, in bestimmten Aushandlungsprozessen die Stellung der Umweltverbände zu stärken.[23]

Der *republikanischen* Tradition sind die Versuche zuzuordnen, politische Entscheidungen auf Wertorientierungen zu gründen, die als die des gesamten Gemeinwesens verstanden werden.[24] Republikanisch ist auch die Idee, nicht einfach Interessen zu aggregieren, sondern durch Konversion von Interessen diese auf die Grundlagen des gemeinsamen Wohls zu verpflichten.

Schließlich finden wir auch ein Muster von Politik, das den Gedanken einer demokratischen Vermittlung von Politik weitgehend ausblendet. Dies geschieht überall dort, wo in *technokratischer* Form Rahmenbedingungen gesetzt werden, die die Politik aus ihrer Erkenntnis heraus als unverzichtbare funktionale Voraussetzungen ansieht, die sie aber gleichwohl nicht in den politischen Verhandlungsprozeß einführen zu können glaubt, weil sie bei den Interessengruppen eine zu bornierte Verstrickung in ihre Privatinteressen unterstellt und keine zureichende Gemeinwohlorientierung erkennt.

Wegen dieser Verbindung von Elementen aus ganz unterschiedlichen Demokratiemodellen finden sich in der Bundesrepublik in den einzelnen Politikarenen auch ganz unterschiedliche *Formen der Vermittlung* zwischen den Interessengruppen. Auch wenn der Mechanismus der Konkurrenzpolitik, zumindest was die Oberfläche des politischen Prozesses anbelangt, eine besondere Prominenz besitzt, spielen Formen der *Konvergenz- und der Kooperationspolitik* keine geringe Rolle. Die alte Bundesrepublik hatte sogar ihren spezifischen Charakter darin, daß sie diese beiden Politikformen besonders intensiv einsetzte, was viel zur Effektivität und Stabilität des politischen Systems beitrug. Gestützt auf ein stark ausgebautes System von Verbänden, die im Prozeß staatli-

23 Vgl. dazu z.B. das in *Eichener/Voelzkow* 1991 diskutierte Beispiel.

24 Vgl. *Frankenberg* 1994a: 14ff. Auch solche Konsense sind, anders als Kommunitaristen unterstellen, kontingent und können bei einer Veränderung des kulturellen Kontextes revidiert werden. Das zeigt Frankenberg (1994b) am Beispiel der Orientierungen, die der Sozialpolitik zugrundeliegen.

chen Entscheidens gesellschaftliche Interessen zur Geltung bringen, konnten sich hier auf verschiedenen Feldern Mechanismen korporatistischer Regulation entfalten.[25]

Wichtig für das folgende ist der Hinweis, daß alle diese Vermittlungsformen spezifische Muster der *Exklusion* erzeugen. Je nachdem auf welche Grundlage sich eine Konvergenzpolitik stützt, können bestimmte Gruppen, dadurch daß sie nicht die Kriterien der Gemeinschaft erfüllen oder daß sie nicht das grundlegende „Einverständnis der Demokraten“ teilen, aus dem inneren Kreis des politischen Prozesses ausgeschlossen sein. Um in Formen eines kooperativen Korporatismus integriert zu werden, sind spezifische organisatorische Leistungen vorausgesetzt. Die Zugangsbedingungen verbessern sich, wenn eine Organisation relevante Teile eines Interessenlagers so an sich bindet, daß sie im Namen dieses Lagers agieren kann, und gleichzeitig so autonom gegenüber dieser ihrer Basis ist, daß sie in Verhandlungen mit anderen Akteuren kompromißfähig ist. Mit Organisationen, die diese Voraussetzungen nicht erfüllen, ist korporatistische Politik nicht möglich.[26] Schließlich ist für eine erfolgreiche Teilnahme an den Verfahren der Konkurrenzpolitik Voraussetzung, daß ein Interesse überhaupt organisationsfähig und zudem für die Bildung von Mehrheiten relevant ist. Nicht-organisationsfähige Interessen haben von vornherein keine Chance, in der Konkurrenzpolitik berücksichtigt zu werden.

Ausschlußtendenzen setzen sich auch infolge von Verselbständigungsprozessen politischer Eliten durch. Im republikanischen Modell herrscht Mißtrauen gegenüber Privatinteressen. Die Gemeinwohlorientierung, die staatlichem Handeln zugrundeliegen soll, muß paternalistisch gegenüber Privatinteressen durchgesetzt werden.[27] In ähnlicher Weise vollzieht sich der Ausschluß im technokratischen Modell: Bei der Entscheidung über die Erzeugung von gesellschaftlichen Rahmenbedingungen werden die Interessengruppen nicht einbezogen, weil sie, wie man argwöhnt, ihre Ziele nicht nach den funktionalen Notwendigkeiten auszurichten vermögen.

Demokratie nach der Wende: Obgleich die in der DDR praktizierte Form der Konvergenzpolitik einen hohen Grad der Repressivität aufwies, hatte dies nicht zur Folge, daß sich die DDR-Bevölkerung beim Wechsel des politischen Systems auf das Modell der

25 *Alemann* 1987, *Scharpf* 1993
26 *Schmitter* 1993: 917ff.
27 *Cohen/Rogers* 1992: 406ff.

Konkurrenzpolitik hin orientiert hätte. Die starke Bindung an die Werte der Solidarität und der Konsensbildung sorgte dafür, daß Konvergenzpolitik nicht als solche diskreditiert wurde. Was sich ändern mußte, war der repressive Charakter, den diese Politikform in der DDR aufgewiesen hatte. Auf dem Hintergrund der DDR-Kultur ergab sich also eine starke Neigung zu einer *libertären Konvergenzpolitik.*[28] Aus dieser Situation heraus war es folgerichtig, daß die ersten eigenständigen politischen Schritte des Ostens zu einer Politikform führten, die sich in besonderem Maße auf Konsensfindung und die sie ermöglichenden Lernprozesse stützte. Es war gerade dieser zentrale Stellenwert, den die Konsensfindung bei dieser Politikform erhält, der sie als eine höhere Form der Demokratie im Vergleich zur parlamentarischen erscheinen ließ.

Aus der Tatsache, daß diese Politik der Runden Tische gerade in der Umbruchphase geeignet war, viele wichtige Funktionen zu erfüllen (Haufe/Bruckmeier 1993), ist bisweilen geschlossen worden, daß sie als Alternative zur Konkurrenzdemokratie gelten könne. Daß dieser Anspruch ungerechtfertigt ist, zeigen Analysen des Schicksals der nach der Wende ins Leben gerufenen Runden Tische, die grundlegende Defizite dieser Politikform aufdeckten.[29] Sie setzten zwar entsprechend ihrer Intention Lernprozesse in Gang, aber diese führten nicht in jedem Fall zum Konsens. Gegenüber der Bildung von Konfliktfronten erwies sich die Politik der Runden Tische aber als hilflos.[30] Darüber hinaus konnte sie nie die Grenzen des lokalen Raums transzendieren, so daß, wenn es um großräumig wirksame Entscheidungen ging, schon aus diesem Grund die Verfahren des Runden Tisches demokratischen Ansprüchen nicht genügten. Es waren diese Mängel, die sie dem Ansturm

28 Daß sich diese durchaus mit traditionellen elitistischen Leitbildern politischer Führung verbinden kann, zeigen *Feist/Liepelt* 1994: 606ff.

29 Das hat auch zu einer realistischeren Ausprägung der Vorstellung geführt, daß die Demokratiepraxis der ostdeutschen Bürgerbewegung als Korrektiv der bundesrepublikanischen Demokratie dienen könnte. Es kann nicht um die Ersetzung der über Wahlen und Mehrheitsprinzip geregelten Konkurrenzdemokratie gehen, sondern um die schwierige Suche nach Möglichkeiten des Einbaus von Elementen einer Kooperationspolitik in den Rahmen der „adversary democracy". Vgl. *Haufe/Bruckmeier* 1993: 94 und 157. Zu den grundlegenden Problemen einer solchen Korrektur vgl. *Cohen/Rogers* 1992.

30 *Arato* (1991: 118) spricht von „pathologischen Folgen einer rein auf die civil society fixierten Strategie". Zur Notwendigkeit, kooperative Politik durch „harte" Institutionen, ein institutionelles „Exoskelett", zu stabilisieren, vgl. *Streeck* 1991: 30, 42.

des westdeutschen Parteiensystems gegenüber wehrlos machten und dem sie deshalb auch rasch erlagen.[31]

Man könnte nun der Ansicht sein, daß für diese Form der gescheiterten Konvergenzpolitik sich ein Ersatz anbot, nämlich die *Formen der Konvergenzpolitik und die Ansätze für eine korporatistische Kooperationspolitik*, wie sie als Elemente im westdeutschen Politiksystem enthalten sind. Tatsächlich gab und gibt es konvergenzpolitische und korporatistische Politikformen, die auf die Bewältigung der Probleme des Ostens gerichtet sind. Aber für das Problem des Aufbaus der Demokratie im Osten ist dieser Umstand relativ bedeutungslos geblieben, weil in diese Politikformen die ostdeutsche Bevölkerung nicht einbezogen ist. Sie finden abseits des Raums der erfahrenen Lebensverhältnisse statt und werden fast ausschließlich von Akteuren aus dem Westen realisiert. Zentrales Element der Konvergenzpolitik sind die hohen Zuwendungen, die über den Bund, die Sozialversicherungen und den Länderfinanzausgleich von West nach Ost fließen. Auch wenn diese Zuwendungen zu enormen Aufbauleistungen im Osten geführt und insgesamt das Finanzsystem im Osten vor dem Einsturz bewahrt haben, so sind die Ostdeutschen in diesen Prozeß nicht als entscheidungsbeteiligte Akteure einbezogen. Das gilt insbesondere auch für die Frage, wie diese Gelder im Osten verausgabt werden. Daß z.B. ein relevanter Teil dieser Gelder in Form der Unterstützung von Arbeitslosen, nicht aber etwa zur Subvention von Löhnen zur Sicherung von Beschäftigungsverhältnissen eingesetzt wird, ist keine Entscheidung, auf die der Osten einen Einfluß ausüben könnte.

Auch die Ansätze einer korporatistischen Politik, die sich auf die Probleme im Osten beziehen, sind nicht in der ostdeutschen Bevölkerung verankert. Wenn es hier wie etwa im Fall von Bischofferode um weitreichende industriepolitische Entscheidungen oder um Absprachen zwischen Politik und Wirtschaft zur Förderung der ostdeutschen Wirtschaft geht, so werden solche Prozesse fast ausschließlich vom Westen aus gesteuert.[32] Zum Teil ist eine

31 Befördert wurde dieser Zusammenbruch insbesondere auch dadurch, daß die ostdeutsche Gesellschaft in ihrer Mehrheit keinen Anspruch auf Beteiligung an den grundlegenden Transformationsentscheidungen erhob, sondern auf die höhere Vernunft der westdeutschen Politikeliten vertraute: „Helmut nimm uns an die Hand ..." Vgl. *Offe* 1994: 35, 53, 258. Der so geförderte exekutive Selbstlauf wird nun als Demokratiedefizit erlebt. *Offe* 1994: 260

32 *Seibel* 1992. Auch die von *Czada* (1994: 263ff.) beobachtete mit wachsendem Problemdruck erzwungene Erweiterung des Kreises der beteilig-

solche Politik schon deshalb nicht im Osten zu verankern, weil dort ein handlungsfähiger verbandlicher Unterbau sich nur allmählich entwickelt.[33] Was dann aber wiederum den Aufbau dieses Verbändesystems anbelangt, so gilt auch hier eine weitgehende Steuerung durch den Westen.[34] Das heißt aber, daß, nachdem die illusionären Formen der Konvergenzpolitik im Osten zusammengebrochen waren, die ostdeutsche Bevölkerung sich im wesentlichen nur mit der Politikform konfrontiert sah, auf die sie am wenigsten vorbereitet war, nämlich der Konkurrenzpolitik. Mit dem Zusammenbruch dieser ersten Phase der demokratischen Reorganisation wurde die DDR-Bevölkerung, ohne daß es zu auf die exzeptionellen Verhältnisse ausgerichteten Modifikationen gekommen wäre, mit dem Muster bundesrepublikanischer Politikgenerierung konfrontiert, das nun in seiner spezifischen Logik prozessierte und dabei insbesondere die in ihm angelegten Tendenzen der Exklusion entfaltete.[35]

Bezogen auf die obigen Dimensionen der in der DDR vorherrschenden zwanghaften Konvergenzpolitik bringt Konkurrenzpolitik durchweg gegensätzliche Resultate hervor. Dabei ist aber für die neuen Bundesbürger die Gewinn- und Verlustrechnung im Hinblick auf diesen Wechsel der Politikformen keineswegs eindeutig. *Konkurrenzpolitik hat in ihrer Sicht einen janusköpfigen Charakter.* Einerseits schafft sie sowohl die Voraussetzungen für

ten Akteure hat daran nichts grundsätzlich geändert. Nur in wenigen Fällen, z.B. bei der Einrichtung des sächsischen ATLAS-Projekts, waren ostdeutsche Akteure mit ausreichendem Einfluß an Verhandlungen beteiligt. Dazu *Seibel* 1994: 29ff.

33 *Offe* 1994: 44ff., 118, *Wiesenthal/Ettl/Bialas* 1992, *Wielgohs/Wiesenthal* 1994. Das Fehlen dieser intermediären Strukturen ist gerade beim Abstieg in ein „Tal der Tränen" verhängnisvoll, weil nur durch sie die Vertrauensbasis, ohne die einsichtiges Abwarten und funktional notwendige Geduld kaum zu stabilisieren sind, hergestellt werden kann. Vgl. *Offe* 1994: 76ff.

34 *Wiesenthal/Ettl/Bialas* 1992: 11ff., 22ff. Wie überhaupt das Führungspersonal in den neuen Bundesländern sich in vielen Bereichen aus dem Westen rekrutiert. Vgl. etwa die Hinweise bei *König* 1993: 44 und *Offe* 1994: 255f. Der Rückgriff auf externe Akteure wird auch durch die den Zeitraum für die Herausbildung neuer Funktionseliten extrem einengenden „Schocktherapie" gefördert. *Wiesenthal* 1993: 17

35 Dieser harte Übergang spiegelt sich in der Tatsache, daß entgegen dem zwischen 1990 und 1993 zu beobachtenden generellen Trend zu einer höheren Zufriedenheit in Ostdeutschland die Zufriedenheit mit den Möglichkeiten der politischen Betätigung stark zurückgegangen ist. Vgl. *Noll* 1994: 4

die Entwicklung wirtschaftlicher Effizienz und die Entfaltung gesellschaftlicher Dynamik, wie sie auch Restriktionen und Repressionen abbaut, die einer extensiven Inanspruchnahme von Freiheitsrechten im Wege stehen.

Andererseits bedroht sie gerade die Eigenschaften des politischen Prozesses, die die Bürger der DDR zu akzeptieren gelernt hatten oder die ihnen sogar unverzichtbar erschienen: Mit der Zulassung von gesellschaftlichen Differenzierungsprozessen ist einer Politik der Homogenitätssicherung der Boden entzogen; mit der Beschränkung der Politik auf bestimmte Politikmaterien und das Eindringen der Interessengruppen in die Politik, die konflikthaft ihre Interessen durchzusetzen versuchen, läßt sich in der Regel eine Gesamtpolitik nicht mehr formulieren; indem den Individuen die Verantwortung für die Gestaltung ihrer materiellen Reproduktion übertragen wird, verzichtet der Staat auf eine Politik der Versorgung und tritt auch sozialpolitisch nur auf den Plan, wenn andere die Initiative ergreifen und er damit unter Druck gesetzt wird. Darin liegt schon als Konsequenz, daß sich der Staat auch gegenüber Marginalisierungsprozessen, selbst wenn ganze gesellschaftliche Gruppen davon betroffen sind, gleichgültig verhalten kann.

Versucht man die Distanz, in der die Bevölkerung in den neuen Bundesländern zum Modell der Konkurrenzdemokratie steht, genauer zu beleuchten, stößt man insbesondere auf die im folgenden skizzierten Probleme.[36] Diese ergeben sich zum Teil daraus, daß schon gegenüber der Form dieser Politik Widerstände bestehen

36 Da es hier um die Erfahrung der Form der Politik geht, werde ich im folgenden nicht auf die Erfahrungen eingehen, die mit dem Wechsel der materiellen Lebensbedingungen (Arbeit, Wohnung, sozialpolitische Leistungen, Lebensstandard usw.) gemacht wurden. Natürlich ergeben sich auch aus diesen „materiellen“ Erfahrungen weittragende Konsequenzen für die Einstellung zu den neu eingeführten politischen Institutionen. Die empirische Grundlage für die folgenden Überlegungen sind biographische Interviews, die ich zusammen mit einer an der Universität Jena arbeitenden, von Mitarbeitern und Studenten gebildeten Projektgruppe geführt und ausgewertet habe. Da die Interviews keinen Anspruch auf Repräsentativität stellen können, kann es nur darum gehen, typische Muster von Erfahrungen und Deutungen aufzuzeigen. Die Daten, die über die Einstellung zum politischen System in standardisierten Befragungen erhoben worden sind, werde ich nur gelegentlich heranziehen. Erstens sind sie häufig nicht miteinander kompatibel und zweitens wird es, wenn man aus biographischen Interviews die Komplexität der Einstellungen zur politischen Realität erfährt, zum Problem, wie die Antworten auf standardisiert vorgegebene Fragen zu deuten sind.

(1,2), daß man keine Möglichkeit sieht, daß die eigenen Interessenpositionen in der Konkurrenzdemokratie erfolgreich eingeführt werden können (3,4), daß die in der DDR vom Staat praktizierte Versorgung hier nicht gewährleistet wird (5,6), und schließlich ergeben sie sich auch aus der Vermutung, daß die Konkurrenzdemokratie nur vorgetäuscht ist, gar nicht ihrer eigenen Idee entsprechend funktioniert (7).

1. Aus der Perspektive der in der DDR entwickelten politischen Kultur muß Konkurrenzpolitik nicht nur ungewohnt und fremdartig erscheinen, sondern auch *moralische Bedenken* hervorrufen. Die politische Kultur der DDR hatte mit ihrer wenn auch fiktiven Orientierung an einem Allgemeinwillen die Formulierung von Sonderinteressen als egoistisch erscheinen lassen und damit moralisch diskriminiert.[37] Auch in der Politik sollte das Bemühen vorherrschen, die eigenen Interessen mit denen anderer Gruppen abzugleichen. Solange diese moralische Diskriminierung weiter wirkt[38], ist auch Konkurrenzpolitik von ihr überschattet. Es gibt zumindest im Hinblick auf nahestehende Andere Hemmungen, Interessen zu formulieren, deren Durchsetzung die Schädigung der Interessen dieser Anderen zur Folge haben würde.[39] Aus dieser Perspektive ist auch die Konkurrenz der Parteien, vor allem die Kritik, mit der sie andere Parteien bekämpfen, von höchst zweifelhafter Qualität. Wer das Ideal einer durch Konsens gebildeten Kollektivität hat, wird mit dem Pluralismus von Parteien wenig anfangen können. Denn abgesehen davon, daß auch bei einem entfalte-

37 *Offe* 1994: 46, 254

38 Darauf deutet die schon erwähnte immer noch starke Orientierung an der Sozialismusidee hin sowie eine im Vergleich zu den westlichen Bundesbürgern deutlich stärkere Betonung der sozialstaatlichen Absicherung des Bürgers. Vgl. *Becker* u.a. 1992: 119ff.

39 Entsprechend befürworten die Ostdeutschen viel stärker den Minderheitenschutz als die Westdeutschen. *Feist/Liepelt* 1994: 604. Die Bedenken gegen Konkurrenzprozesse sind vor allem in der politischen Arena ausgeprägt, während die Konkurrenz auf dem Markt eher akzeptiert wird. Von der Zustimmung zur letzteren geht deshalb auch der stärkste Veränderungsdruck aus: bei denjenigen, die für sich eine Chance sehen, im Beschäftigungssystem und den in diesem unweigerlich eintretenden Differenzierungsprozessen erfolgreich abzuschneiden, findet sich häufiger eine deutliche Abkehr von der politischen Kultur der DDR und eine Akzeptanz der Konkurrenzdemokratie. Hier entwickelt sich eine Sicht des politischen Konflikts, die die sozialen Differenzierungen, die durch Konkurrenzpolitik bestätigt oder sogar verstärkt werden, unter dem Gesichtspunkt der Förderung gesellschaftlicher Entwicklung und nicht unter dem der Entwertung von Lebensverhältnissen auffaßt.

ten Pluralismus nicht gesichert ist, daß man unter den verschiedenen Parteien eine findet, die das eigene Interesse vertritt, so erscheint gerade dieser Pluralismus als einer der Gründe, warum es zu einer umfassenden Sicht der Gesellschaft als Kollektiv nicht kommt. Was die Konkurrenzdemokratie verspricht, daß über den Kampf der Parteien sich die Austarierung der Interessenpositionen vollzieht, muß von hier aus als ihr Grundübel erscheinen.

2. Ein weiteres prinzipielles Problem ergibt sich aus der mit der Konkurrenzdemokratie eintretenden Offenheit des politischen Systems. Wenn die Planung im realen Sozialismus einerseits zu einer rigiden Schließung der politischen Optionen führte, so verhinderte sie andererseits auch, indem sie die Lebenslage des Einzelnen festschrieb, daß es zu irrealen Erwartungen und daraus resultierenden Enttäuschungen kam. Demgegenüber erweist sich die Konkurrenzdemokratie, gerade für diejenigen, die mit ihr nicht vertraut sind, als ein *Mechanismus der Enttäuschungsproduktion.* Die neuen Bundesbürger haben rasch erfahren müssen, daß die neue Offenheit des politischen Systems nicht nur ein Gewinn, sondern gleichzeitig auch ein Risiko ist. Es besteht hier ein generelles Mißverhältnis zwischen der mit der Demokratie ausgesprochenen Einladung zur Anmeldung von Forderungen einerseits und der seltenen Erfahrung einer zufriedenstellenden Befriedigung dieser Forderungen andererseits. Dieses Mißverhältnis kommt insbesondere durch die Verfahrensweise von *konkurrierenden dissoziierten Interessengruppen* zustande. Diese Interessengruppen sind dadurch gekennzeichnet, daß sie ihre Interessen nicht miteinander abstimmen, erst recht keine Gesamtkonzeption entwickeln, sondern lediglich aus ihrer eigenen Perspektive heraus Interessen formulieren. Sie nehmen gewissermaßen die Einladung der Demokratie an die Interessengruppen ernst und betreiben, *ungebremst durch Ansprüche anderer*, ja ohne einen Deckungsvorschlag für die Kosten, die aus der Befriedigung der angemeldeten Interessen erwachsen würden, das Geschäft extensiver Interessenartikulation.[40] Die Strafe für dieses unkoordinierte und undisziplinierte Verhalten folgt auf dem Fuß. In der schließlich getroffenen Entscheidung werden fast alle angemeldeten Interessen abgewiesen. 15 Betriebe verlangen Erhaltungssubventionen, 2 werden unterstützt. Mehr als 10 Städte in Thüringen, so hört man, haben den Bau eines Flughafens beantragt, bis auf eine oder zwei werden alle frustriert werden.

40 *Lane* (1986: 399) spricht von einem „segmented accounting system".

In der alten DDR wurde die Artikulation individueller Interessen stark zurückgedrängt. Entsprechend wurde an den staatlichen Leistungen viel eher der Charakter des kollektiven Gutes betont. Jetzt dagegen, wo die individuellen Interessen ermutigt werden, ihre Forderungen anzumelden, muß die staatliche Entscheidung viel eher Enttäuschung und Frustration hervorrufen. *Die Demokratie dissoziierter, isolierter Interessengruppen bedeutet Einladung an alle und ablehnender Bescheid für die meisten.* Nun haben wir es nicht nur mit einer einzigen, sondern mit einer Fülle von staatlichen Einzelentscheidungen zu tun, weshalb es denkbar ist, daß die Verlierer in einem der Entscheidungsprozesse zu den Gewinnern in einem der übrigen werden. Aber auch diese Möglichkeit kann die in solchen Entscheidungsprozessen unvermeidlich erzeugte Enttäuschung kaum mildern. Denn in einer derartigen Abfolge von Entscheidungen steckt wiederum keine kollektive Vernunft, und das heißt, daß es prinzipiell unsicher bleiben muß, ob man irgendwann einmal mit seinen Interessen Berücksichtigung finden wird. Mit der Potenzierung der Risiken aufgrund der Sondersituation des Transformationsprozesses müssen sich die Gefühle der Unsicherheit und Enttäuschung, die der Risikocharakter der Konkurrenzdemokratie hervorruft, extrem verstärken.

3. Selbst wenn die Konkurrenzpolitik den neuen Bundesbürgern weniger fremd wäre, als sie es tatsächlich ist, so würde sich eine Distanz zu dieser Politikform schon aus dem Grund ergeben, daß die Chancen des Ostens, über Konkurrenz seine Interessen durchzusetzen, gering sind. Zunächst einmal ist allein schon durch die Tatsache, daß der Aufbau von Parteien und Verbänden vom Westen aus erfolgte, sichergestellt, daß die Interessengruppen des Ostens es nicht zum offenen Konflikt mit den Interessengruppen des Westens kommen lassen werden.[41] Zweitens operiert der Osten aus der Position einer „strukturellen Minderheit" (Abromeit 1993: 284) heraus, was seine Chancen, in konflikthaften Prozessen für seine Positionen Mehrheiten zu gewinnen, stark reduziert.[42]

41 *Wiesenthal* 1993: 7f.

42 Diese Unterlegenheit bestand bereits in den Verhandlungen zu den Vereinigungsverträgen. Wenn *Korte* (1994: 205) meint: „Die ostdeutschen Verhandlungspartner konnten sich mit zentralen Forderungen ... durchsetzen" – als ein Beispiel nennt er die Eigentumsfrage –, so wird das durch seine eigene Analyse der Verhandlungen nicht gestützt, sondern eher widerlegt. Vgl. *Korte* 1994: 174ff.,179f.,201. Vgl. auch die sich auf die Eigentumsfrage konzentrierende Darstellung der Verhandlungen bei *Dahn* 1994: 72ff.

4. Darüber hinaus ist aber Konkurrenzpolitik für die neuen Bundesbürger deshalb ein unsicheres Feld, weil es keine historisch gewachsenen Strukturen der Interessenrepräsentation gibt. Den neuen Strukturen der Interessenvertretung, die durch Transplantation westlicher Parteien und Verbände im Osten entstanden sind, fehlen die Bindungen zu den Bürgern, die erst aufgrund langer historischer Erfahrungen sich entwickeln. Darum besteht bei den neuen Bundesbürgern eine besondere Unklarheit darüber, *welche der Parteien* bzw. Parteiprogramme das eigene Interesse am besten trifft. Erstens ist es schwierig, unter Absehung von Wahlkampfversprechungen, denen man nicht mehr vertraut, ein spezifisches Profil der Parteien auszumachen. Zweitens besteht unabhängig von der Frage der Profilierung der Parteien Unsicherheit darüber, welche Effekte die unterschiedlichen Parteiprogramme erzeugen würden. Das gilt insbesondere im Hinblick auf das Problem des wirtschaftlichen Aufschwungs in den neuen Ländern. Schließlich herrscht vielfach die Auffassung, daß zumindest die beiden *großen Parteien keine Alternative* mehr formulieren, was es ausschließt, daß über die Wahl eine stärkere Orientierung der Regierung an den eigenen Interessen erzwungen werden könnte.[43] Alles dies zusammengenommen führt im Osten zu einer „Vertretungslücke“ (Abromeit 1993), die den Zugang zur Konkurrenzdemokratie erheblich erschwert.[44]

5. Die Erfahrung der neuen Bundesbürger, daß ihnen durch Beteiligung an der Konkurrenzdemokratie wenig neue Chancen zuwachsen, ist deshalb so gravierend, weil sie gleichzeitig damit

43 Im Sommer 1992 meinen 80% der Bürger im Osten, daß die bestehenden Parteien ihre Interessen weniger stark oder überhaupt nicht vertreten. *Berg/Möller* 1993: 218. Auch die auf extrem hohe Werte gestiegene Wahlenthaltung drückt die Ratlosigkeit und Indifferenz gegenüber den Parteien aus.

44 Aufgrund dieses und anderer Faktoren, die die Durchsetzungsfähigkeit ostdeutscher Interessen einschränken, sollten die politischen Kontrollerwartungen hier niedriger als im Westen liegen. Im Unterschied zu einer in der ersten Jahreshälfte 1990 durchgeführten Untersuchung, die gleiche politische Kontrollerwartungen in West und Ost ermittelte, ergab eine Untersuchung vom Herbst 1991, daß diese Kontrollerwartungen im Osten bei allen Altersgruppen mit Ausnahme der ab 60jährigen niedriger lagen als im Westen. Vgl. *Fuchs/Klingemann/Schöbel* 1991: 41 und *Gluchowski/Zelle* 1993: 249. Anfang 1993 meinen 82% der Ostdeutschen, daß sie keinen Einfluß auf die Politik haben. *Der Spiegel* 3/1993: 62. In einer weiteren Befragung von 1993 werden starke Vorbehalte gegenüber der Realität der Demokratie geäußert. *Kaase* 1993: 378, 381.

konfrontiert werden, daß jetzt vieles von dem, was der DDR-Staat ihnen an Sicherheit bot, und ganz allgemein die Verpflichtung des Staates zu einer umfassenden Versorgung der Bevölkerung verlorengeht. Auch in bezug auf den Staat der DDR hatten die Bürger erhebliche Zweifel, ob dieser tatsächlich durch die von ihm programmatisch verkündetete Intention der Versorgung der Bevölkerung in seinem Handeln geleitet wurde. Mit dem Übergang zur Demokratie hat sich dieses Mißtrauen nicht verringert, sondern eher noch verstärkt. Als besonderes Problem erweist sich hier die Struktur staatlichen Entscheidens. Der Staat der DDR hatte in vielen Bereichen versucht, seine Tätigkeit mit Hilfe von übergreifenden *Gesamtkonzeptionen* zu steuern, das Wohnungsbauprogramm ist dafür ein Beispiel. Wegen seines umfassenden Charakters hatte in einem solchen Programm gewissermaßen jeder seinen Platz. Auch wenn nicht immer Gleichheit der Lebensverhältnisse das dominierende Ziel war, so wurde doch jeder berücksichtigt. Es gab keine staatlichen Entscheidungen, die an einigen Stellen die Lebensverhältnisse begünstigt, an anderen Stellen dagegen Existenzkrisen herbeigeführt hätten.

In der Politik westlicher Demokratien ist demgegenüber der Anteil von Gesamtkonzeptionen bei politischem Entscheiden sehr viel geringer. Viel häufiger finden sich Entscheidungen, die Intervention an bestimmten Stellen mit Indifferenz allem anderen gegenüber verbinden. Wenn etwa eine Regierung beschließt, in Schwierigkeit geratene Betriebe zu unterstützen, ist eine solche Entscheidung nicht Teil einer Gesamtkonzeption, die auf die Gestaltung von Produktion und Arbeitsverhältnissen in der Gesellschaft insgesamt ausgerichtet wäre, vielmehr bezieht sie sich nur auf bestimmte Orte der Intervention. Dabei besteht das dadurch eintretende Risiko nicht nur darin, daß nur wenige in der Konkurrenz Erfolg haben, sondern daß die Unterlegenen, auch wenn sie in eine existentiell bedrohliche Situation geraten, keine Unterstützung erfahren und eventuell sogar marginalisiert werden. All das zusammengenommen verbindet sich in den Augen der ostdeutschen Bürger zu der Erfahrung, daß die Demokratie zu einer *wirklichen Kollektivität nicht in der Lage* ist. Ihr Geschäft scheint nurmehr darin zu bestehen, einzelne Interessen zu befriedigen.

6. Bei der Enttäuschung über die westliche Demokratie spielt auch die unterschiedliche Form, in der der Staat sich die für seine Tätigkeiten erforderlichen Mittel aneignet, eine wichtige Rolle. Durch das spezifische Verhältnis von Politik und Wirtschaft, wie es bei einer marktwirtschaftlichen Verfassung besteht, erscheinen die

Ressourcen, die der Staat in seinem Handeln einsetzt, als *Abzug von den privaten Einkommen.* Die privaten Einkommen sind gewissermaßen schon in dem Besitz des einzelnen, erscheinen als sein Besitzrecht, bevor der Staat eintritt und von ihnen Abzüge vornimmt. Die Einkommen des Staates haben deswegen immer einen prekären Charakter, denn sie erscheinen als Beschneidung eines Rechtes, das eigentlich dem einzelnen zusteht.[45] Der DDR-Bürger erfuhr demgegenüber staatliches Handeln ganz anders. Da der Staat sich von vornherein einen großen Teil des Sozialprodukts aneignete und nur den Rest in Form von Einkommen an die Privaten weitergab, konnte die Steuerlast extrem niedrig gehalten werden.[46] Der Bürger sah sich erst gar nicht als Besitzer eines Einkommens, das er dann mit dem Staat hätte teilen müssen. Den kollektiven Ausgaben wurde damit gewissermaßen ein Recht für sich zugesprochen, sie erschienen nicht als Abschöpfung einer Quelle, die an ganz anderer Stelle entspringt. Der DDR-Staat war deshalb ständig versucht, *seiner Tätigkeit den Schein eines Geschenkes* an die Gesellschaft zu verleihen, wohingegen die erste Aktion des demokratischen Staates eine ist, die sich leicht dem Verdacht des Raubes aussetzt, vor allem weil die staatliche Aneignung gesellschaftlicher Ressourcen hier nicht mehr mit der Intention einer umfassenden Versorgung verbunden ist.

In jedem Fall weiß der Bürger in der Demokratie, daß ihm mit Sicherheit etwas genommen wird, aber er hat keine Sicherheit, daß er für diesen Verlust kompensiert wird. Und er weiß auch, daß niemand ihm helfen kann, seinen gerechten Anteil zu erlangen, wenn nicht er selber. Nicht durch einen aus dem Motiv der Gerechtigkeit heraus selber tätig werdenden Staat, sondern allenfalls durch die Anmeldung und energische Vertretung seiner Interessen im politischen Raum kann hier etwas zu seinen Gunsten bewegt werden.

45 *Lane* 1986: 392

46 1980 belief sich in der DDR bei einem Bruttosozialprodukt von 234 Mrd. Mark die Gesamtsumme der Bruttolöhne und -gehälter auf 87 Mrd. Mark, das sind 37%. Zum gleichen Zeitpunkt betrug die Gesamtsumme der Bruttolöhne und -gehälter in der BRD 680 Mrd. DM bei einem Bruttosozialprodukt von 1485 Mrd. DM, das sind 46%. In der DDR betrugen die Abgaben in Form von Lohnsteuern und Beträgen an die Sozialversicherungen 12 Mrd. Mark (das entspricht 14,3% der Bruttolohnsumme), während sie sich in der BRD auf 192 Mrd. DM (das sind 28,3% der Bruttolohnsumme) beliefen. (*DIW (Hrsg.)*: Handbuch DDR-Wirtschaft. Reinbek 1984: 140, 388ff., Statistisches Jahrbuch 1984 für die BRD: 573). *Przeworski* (1991: 119) berichtet für die Sowjetunion einen Anteil von 37% der Löhne am Bruttosozialprodukt.

7. Bei alldem entwickelt sich ganz zwangsläufig der Verdacht, daß die Konkurrenzdemokratie ohnehin nur eine Fassade ist, hinter der sich das wirkliche Geschehen versteckt. Unterstellt, daß die eigene Interessenposition legitim ist, aber sich dennoch nicht oder nicht zureichend im politischen Prozeß durchsetzt, liegt die Schlußfolgerung nahe, daß statt legitimer sich hier illegitime Interessen durchsetzen. Nicht Verfahren, in denen die Legitimität von Interessen fair gewertet wird, entscheiden hier über den Ausgang, sondern, so die Vermutung, die mit einer privilegierten sozialen Stellung und insbesondere mit der Verfügung über Reichtum verbundenen Machtressourcen. Dieser Verdacht wird denn auch noch dadurch bestärkt, daß der Staat in bestimmten Situationen ganz offen und systematisch bestimmte Interessengruppen *privilegiert.* Das zeigt sich etwa in Situationen einer schwachen Konjunktur oder einer strukturellen Krise, wie sie im Osten besteht, in denen der Staat alle Anstrengungen darauf richtet, die Kapitalseite zu stärken. Natürlich wird diese Privilegierung immer mit der Behauptung verbunden, daß sie letztlich allen zugute kommen würde, weil sie nicht die Konsumtion, sondern die produktiven Kräfte der Begünstigten stärken würde. Aber solche Zusammenhänge sind keineswegs evident, sie sind schon wissenschaftlich umstritten und erst recht für das Alltagsbewußtsein nicht zu überblicken. Es ist immer ein schwer zu ertragendes Paradox, daß es denen, denen es gut geht, noch besser gehen muß, damit auch andere eine Chance bekommen können. Zumal niemand wissen kann, ob er am Ende dieser langen Produktionsschleife wirklich zu denjenigen gehört, die ihre Chance erhalten. Wenn aber dieses funktionale Argument nicht überzeugt, muß die staatliche Privilegierung als ein Prozeß illegitimer Bereicherung erscheinen. In ähnlicher Weise kann auch ein illegitimes Bereicherungsstreben der Politik selber als Grund für die Aushebelung demokratischer Verfahren erscheinen.

Als letzte der Politikformen, mit denen die ostdeutsche Bevölkerung nach der Wende konfrontiert wurde, muß die *„etatistisch-diskretionäre“*, technokratische Politikform genannt werden.[47] Es entsprach der exzeptionellen Situation, daß dieses Politikmuster nach dem Oktober 1989 eine vorher in dieser Form nicht denkbare Aufwertung erfuhr. Im ersten Halbjahr 1990 wurden von wichtigen Entscheidungen viele allein durch die Exekutive, ohne Absprache mit anderen politischen Akteuren, erst recht ohne Absprache mit den organisierten Interessengruppen getroffen. Auch nach

47 „Die Vereinigung konnte als ein Managementproblem behandelt werden.“ *Czada* 1994: 266. Vgl. auch *Offe* 1994: 98, 263ff. und *Seibel* 1992.

der Vereinigung hat dieser Politikstil noch lange Zeit seine exzeptionelle Stellung behaupten können. Vor allem in sich krisenhaft zuspitzenden Situationen griff man öfter auf ihn zurück. (Seibel 1992) Gleichzeitig wurde mit der Verabschiedung einer Reihe von Gesetzen, etwa der „Beschleunigungsgesetze“, sichergestellt, daß der Primat der Exekutive sich auch im Bereich der Normalpolitik ausbreiten konnte. Aus der Natur dieser Politikform ergibt sich von selbst, daß sie kaum als „Schule der Demokratie“ angesehen werden kann. Dies um so mehr, als ein Grund für den Einsatz dieser Politikform der war, die Interessenartikulation, wie sie sich in Ostdeutschland entwickelte oder entwickeln konnte, aus dem Prozeß der Politikgenerierung herauszuhalten.[48] Deshalb ist es kaum übertrieben, in der technokratisch exekutierten Politik „eine Kontinuität status quo ante, nämlich zum autokratischen Paternalismus des SED-Regimes“ zu sehen. (Offe 1994:263)

Wandlungstendenzen der Demokratie in der Bundesrepublik

Die Bundesrepublik bis ’89: Daß die ostdeutschen Bürger nach dem Wechsel des politischen Systems vor allem mit Konkurrenzpolitik, dem Kampf dissoziierter Interessengruppen und einer technokratisch etatistisch betriebenen Politik konfrontiert sind, könnte man als ein Übergangsphänomen verstehen. Tatsächlich weicht die alte Bundesrepublik erheblich von diesem Demokratiemodell ab, so daß man sie sogar als ein Gegentypus zu diesem Modell ansehen könnte. Wäre also nicht zu erwarten, daß die Struktur der Demokratie in den neuen Bundesländern sich der der alten Länder angleichen wird? Bevor man diese Frage zu beantworten sucht, ist es notwendig, die Entwicklungstendenzen der bundesrepublikanischen Demokratie selber zu untersuchen.[49]

Ich will zunächst mit wenigen Strichen *die* Züge der Demokratie der alten Bundesrepublik hervorheben, die nicht dem Modell der Demokratie dissoziierter Interessengruppen entsprechen. In dem heterogenen Strukturmuster der bundesrepublikanischen Politik

48 Die Exekutive argwöhnte, daß die Interessen der Ostdeutschen zu sehr durch das mit der Politik der Etablierung einer möglichst marktgerechten Ordnung kollidierende Ziel der Absicherung von Besitzständen bestimmt waren.

49 Im folgenden Abschnitt greife ich in einer überarbeiteten Fassung auf Überlegungen zurück, die ich in *Giegel* 1993 entwickelt habe.

sind, wie schon erwähnt, auch Momente einer *Kooperationspolitik* enthalten. Dieser kommt sogar, auch im Vergleich zu vielen anderen westlichen Ländern, ein besonderes Gewicht zu.[50] Der Interessenkampf, wie er in der alten Bundesrepublik ausgetragen wurde, war deshalb häufig nicht ein Kampf zwischen isoliert für sich handelnden Gruppen. Es gab vielmehr Organisationen, nämlich Verbände, Parteien, Regierungen usw., die zielstrebig daran arbeiteten, Koalitionsnetze zwischen Interessengruppen aufzubauen und den Kampf der Interessen auf die in solchen Netzen vorgesehenen Bahnen umzudirigieren. Im günstigen Fall haben solche netzartigen Verknüpfungen von unterschiedlichen Interessengruppen den Effekt, daß jede Gruppe einen Vorteil darin sehen kann, ihr unmittelbares Interesse zu restringieren, weil sie sich damit einen Kooperationsgewinn versprechen kann. Man kann sich dies am Verhältnis von reicheren und ärmeren Stadtteilen zueinander verdeutlichen. Würden die reicheren Stadtteile ihre Steuern nur in ihren Stadtvierteln investieren, würde dies in den ärmeren rasch zur Ghettobildung führen. Fühlen sie sich dagegen den ärmeren gegenüber zu Ausgleichsleistungen verpflichtet, so könnte in diesen wenigstens eine zur Stabilisierung der sozialen Verhältnisse erforderliche Infrastruktur geschaffen werden. Der letztere Fall bedeutet für die reicheren Stadtteile nicht nur eine Restriktion ihrer unmittelbaren Interessen, sondern bringt ihnen auch einen Kooperationsgewinn: Mit der Stabilisierung ärmerer Stadtteile wird die Stadt insgesamt wohnlicher, man wird nicht von den Folgeproblemen einer Slum- und Ghettobildung belastet, es entsteht keine Fluchtbewegung aus der Stadt heraus usw. Die Erfolgsformel für solche Kooperationen lautet also: partielle Interessenrestriktion und Kooperationsgewinn.[51]

Netze dieser Art sind nicht leicht aufzubauen, denn sie funktionieren nur, wenn einer der interagierenden Gruppen mit einer Vorleistung beginnen kann, und dazu wird wiederum ein Vertrauenskapital benötigt, das nicht ohne weiteres verfügbar ist. Wenn aber solche Netze einmal eingerichtet sind und funktionieren, sind sie die Basis für weitere positive Entwicklungsmöglichkeiten. In sozialer, sachlicher und zeitlicher Hinsicht kann der Raum erweitert werden, für den die Akteure Verantwortung zu übernehmen sich in der Lage sehen. (Offe 1989: 765) In

50 *Alemann* 1987, *Scharpf* 1993.

51 Ein anderes Beispiel ist der Versuch, Firmen, die für sich genommen eine sehr unterschiedliche wirtschafltiche Effizienz aufweisen, zu einer für beide nützlichen Kooperation zu bewegen, die gleichzeitig den Rückstand der schwächeren Firma vermindert. (*Streeck* 1991)

der sozialen Dimension zwingt Netzwerkbildung die Akteure dazu, in ihren Strategien der Interessenverfolgung stärker die Interessen anderer zu berücksichtigen. Das kann dann etwa, wie das Beispiel zeigt, verhindern, daß Differenzierungsprozesse sich so ungehemmt verschärfen, daß Marginalisierungen auf breiter Front erfolgen.[52] In der sachlichen Dimension kann durch Netzwerkbildung die Bereitschaft gesteigert werden, die Problemsicht über das jeweils punktuell verfolgte Interesse hinaus zu erweitern. Wenn beispielsweise ein Autofahrer isoliert seine Interessenposition definiert, wird er alles unterstützen, was das Autofahren zeit- und kostengünstig macht. Wenn er aber in ein Kooperationsnetz einbezogen ist, von dem aus für einen größeren Raum die Parameter des Verkehrs verändert und insbesondere auch alternative Verkehrsmöglichkeiten angeboten werden können, steigt die Chance, daß er seine Ausgangsperspektive verändern und auch einem Versuch der Reduktion des Autoverkehrs zustimmen könnte. Aus einem übergreifenden Netz heraus wird in dieser Weise eine Erweiterung der Interessenperspektive und eine Suche nach Lösungen für ganze Interessenbündel unterstützt. Schließlich kann eine solche Erweiterung der Akteursperspektive auch in der Dimension der Zeit erfolgen. Wenn ein Arbeitnehmer nicht weiß, was ihn morgen erwartet, muß er in tariflichen Auseinandersetzungen die Gunst der Stunde so nutzen, daß eine maximale Lohnsteigerung durchgesetzt wird. Gibt es aber Koalitionsnetze zwischen Gewerkschaften und Arbeitgebern kann z.B. an schwierigen Punkten der Konjunktur auch eine geringere als die maximal mögliche Lohnsteigerung von ihm akzeptiert werden, wenn nämlich durch die kooperative Vernetzung mit hoher Wahrscheinlichkeit sichergestellt ist, daß durch diesen Verzicht sich auch *seine* Chancen bei einer späteren Entwicklung der Konjunktur verbessern.

In der alten Bundesrepublik haben sich solche kooperativen Beziehungen nicht nur zwischen Gewerkschaften und Arbeitgebern herausgebildet, sondern auch andere Verbände und auch die Parteien waren auf verschiedenen Ebenen und in verschiedenen Bereichen am Aufbau solcher Netze beteiligt. Äußerlich hat dies seinen Ausdruck darin gefunden, daß sich in der Bundesrepublik die Verbandsstruktur so intensiv entwickelt hat wie in nur wenigen westlichen Gesellschaften. Stärker als viele andere Gesellschaften hat sie Momente einer assoziativen Demokratie in sich aufgenommen.[53]

52 Zur Politik des Ausgleichs als Folge kooperativer Netzwerkbildung vgl. *Streeck* 1991: 46ff.

53 Dabei ist das Verhältnis von korporatistischen Institutionen zur Demokratie nicht spannungsfrei. In jedem Fall fördert Korporatismus mit Sicher-

Dabei ist zu beachten, daß in der alten Bundesrepublik eine Reihe von *Voraussetzungen* existierten, die den prekären Vorgang des Aufbaus kooperativer Netze erleichterten. Zu diesen Voraussetzungen gehören gesellschaftliche Kohäsionszonen, insbesondere in Form von tradierten Milieus[54], eine Wachstumsdividende, die als Verteilungsmasse zur Verfügung steht, und ein relativ begrenzter, überschaubarer Problemdruck, der von funktional spezialisierten Organisationen bewältigt werden kann. In diesem Szenarium spielt Wachstum eine zentrale Rolle, weil es gleichzeitig für mehrere wichtige Probleme eine Lösung bietet. Vor allem machen es die realisierten Wachstumsdividenden für die Akteure leichter, ihnen eventuell zugemutete Differenzierungsprozesse hinzunehmen, weil sie hoffen können, daß ein relativer Positionsverlust durch Wachstumsgewinne kompensiert wird. Man muß gewissermaßen nicht an jedem Punkt alles auskämpfen, weil man immer mit einer weiteren Runde rechnen kann, in der sich neue Verteilungschancen bieten.[55] Ein wesentlicher Teil der Stabilität der Bundesrepublik, die sie auch im Vergleich mit anderen westlichen Ländern erreicht hat, ist auf die Bildung solcher kooperativer Netze über die ganze Gesellschaft hinweg zurückzuführen.

Veränderung der Funktionsbedingungen der bundesrepublikanischen Demokratie: In den letzten 10 bis 15 Jahren hat sich die Ausgangslage für die Entwicklung der Demokratie in der Bundesrepublik tiefgreifend verändert. In diesem Zeitraum haben sich sämtliche der genannten Voraussetzungen, die eine assoziative Demokratie begünstigen, weitgehend aufgelöst. Individualisierung, Differenzierung der Lebensstile, Auflösung traditionaler Milieus, Pluralisierung kultureller Orientierungen u.ä. haben die im vorpolitischen Raum wirkenden gesellschaftlichen Kohäsionskräfte stark geschwächt. Durch die verstärkte internationale Konkurrenz sinkt in der Tendenz die wirtschaftliche Wachstumsrate und damit auch die zur Verteilung verfügbare Wachstumsdividende. Gleichzeitig wird Wachstum, vorher Mechanismus der Problemlösung, selber zum Problem. Im selben Zeitraum ist der *Problem-*

heit nicht die Fähigkeit und Chance des einzelnen Bürgers, seine Interessen im politischen Prozeß selber zu vertreten. *Schmitter* 1983: 926.

54 Zur Bedeutung von klar geschnittenen „cleavages" für korporatistische Verhandlungssysteme vgl. *Streeck/Schmitter* 1991: 146

55 Für den Korporatismus der siebziger Jahre war die Wachstumsdividende auch wegen seiner engen Bindung an eine Keynesianische Beschäftigungspolitik erforderlich.

druck, dem die westlichen Demokratien ausgesetzt sind, dramatisch angestiegen. Probleme wie die Zerstörung der Umwelt, die Bedrohung durch die neuen Risikotechnologien, die Bevölkerungsexplosion, die Verschuldungskrise der 3. Welt usw. verlangen eine um Dimensionen erweiterte, vor allem auch für viel größere Zeiträume empfindliche Folgenberücksichtigung gesellschaftlichen Handelns und eine Problembearbeitungskapazität, die der Komplexität und Vernetztheit der Probleme entspricht. Angesichts aller dieser Veränderungen kann sich die Politik nicht mehr darauf verlassen, daß eine bloße Fortschreibung alter Lösungsstrategien ausreicht. In vielen Bereichen sind Prozesse *grundlegenden Umsteuerns* bis hin zur Einleitung tiefgreifender Strukturtransformationen zwingend erforderlich. Die Risiken eines solchen Umsteuerns und die abwehrende Haltung der Gesellschaft diesen Anforderungen gegenüber gehören nun selber zu den Kernproblemen der weiteren gesellschaftlichen Entwicklung.

Wie reagiert das politische System der Bundesrepublik auf diese neue Situation und die von ihr ausgehenden Herausforderungen? Für eine definitive Diagnose mag es noch zu früh sein, aber es lassen sich eine Reihe von Erscheinungen benennen, die auf einen weitreichenden Richtungswechsel hindeuten. Das heißt nicht, daß die Akteure mit einer übergreifenden Gesamtkonzeption planvoll den Strategiewechsel vollziehen – die Reaktionsweise ist eher die eines kurzfristig angelegten Krisenmanagements –, vielmehr scheint sich die Richtungsänderung über den kumulativen Effekt von Einzelentwicklungen durchzusetzen.

Unter den vielfältigen Suchprozessen nach neuen Problemlösungen scheinen zwei Tendenzen eine besondere Bedeutung zu gewinnen. Einmal kommt es zu einem Umbau korporatistischer Politik. Während der ältere Korporatismus sich auf die Nachfrage- und Verteilungsdimension der Ökonomie (Einkommenspolitik) sowie auf die Herstellung von Produktionsvoraussetzungen (Arbeitsplatz, Qualifikation) konzentrierte, werden jetzt korporative Netze aufgebaut, die die Reorganisation der Produktion selber zum Gegenstand haben.[56] Die Initiative zu einer solchen kooperativen Politik, die meist auf der Ebene der Regionen angesiedelt ist[57], kann von unterschiedlichen Seiten ausgehen. Sie ist darauf gerichtet, Firmen, Gewerkschaften, staatliche Administration, teilweise auch wissenschaftliche Einrichtungen zu gemeinsamen

56 *Streeck* 1991: 21ff.,47f.
57 *Wellmer* 1993: 184ff.

Projekten im produzierenden Sektor zusammenzuführen, um dort synergistische Effekte zu erzielen.

Im dem Maße, wie die Anstrengungen kooperativer Politik sich auf die Seite der Produktion verlagert haben, ist sie in jenen Politikfeldern, in denen es zu wichtigen gesellschaftspolitischen, für das Verhältnis der gesellschaftlichen Gruppen zueinander folgenreichen Entscheidungen kommt, auf dem Rückmarsch. Hier finden sich kaum noch Anstrengungen, auf der Grundlage korporatistischer Arrangements Konsense zu suchen. Ob es die Frage der Beschaffung von ausreichenden Arbeitsplätzen oder die Frage der Einkommensverteilung zwischen den verschiedenen gesellschaftlichen Gruppen oder die Frage der Statussicherung der Arbeitslosen[58] anbelangt, in allen solchen für die Sozialintegration zentralen Problembereichen kommt es zu keiner kooperativen Verständigung zwischen den relevanten Akteuren mehr. Inzwischen ist sogar die korporative Struktur des Tarifverhandlungssystems bedroht.[59] Nach dieser Seite hin hat sich deutlich eine *Erosion der assoziativen Struktur* vollzogen. Die Politik wirkt dem Verlust von gesellschaftlichen Kohäsionskräften nicht entgegen, sie sucht keine neuen Solidaritätspotentiale zu erschließen, sondern fördert die Tendenz der Verselbständigung dissoziierter Interessengruppen und der Entsolidarisierung. Vor diesem Hintergrund erhält die etatistisch, diskretionäre Politik, wie sie im Osten betrieben wird, noch eine zusätzliche Bedeutung. Sie wiederholt strukturell auf ganz anderer Grundlage, was sich im Westen durchsetzt: Innovation im Bereich der Systemintegration unter Inkaufnahme von Verlusten im Bereich der Sozialintegration (Wiesenthal 1993: 11) Konkret verstärkt sie das Muster einer „Gesellschaftspolitik“, die sich immer mehr auf die Mechanismen einer Konkurrenzpolitik stützt.[60] Tatsächlich sind viele Entscheidungen im Zuge der Herstellung der deutschen Einheit auch mit von diesen betroffenen

58 Von besonderer Brisanz: der Versuch, die Arbeitslosenhilfe auf zwei Jahre zu begrenzen.

59 Ein Krisensymptom ersten Ranges ist die gerade im Osten zu beobachtende Fluchtbewegung der Unternehmer aus den Arbeitgeberverbänden. Vgl. dazu *Schroeder* 1993 und vorsichtiger *Wiesenthal/Ettl* 1994: 8f.

60 „Als ein weiterer Eckstein der bundesrepublikanischen ‚polity‘ wird mit Sicherheit das System des ‚kooperativen Föderalismus‘ und der ‚Politikverflechtung‘ mit seiner flexiblen Gewalten- und Ressourcenverteilung in Mitleidenschaft gezogen ... die Vereinigung droht auch, wegen des von ihr ausgelösten gewaltigen Zeit- und Kostendrucks, diese eingespielte Mechanik der horizontalen und vertikalen Interessenvermittlung empfindlich zu stören.“ *Offe* 1994: 266f.

westdeutschen Akteuren, insbesondere den Gewerkschaften, nicht abgestimmt worden. Das gilt etwa für die Erhebung (oder Nichterhebung) des Solidarzuschlags ebenso wie für den Einsatz der (vor allem mit Beiträgen von westdeutschen Arbeitnehmern finanzierten) Sozialversicherungen zur Abfederung der Folgen der im Osten betriebenen Industriepolitik.[61]

Mit der Erosion von Kooperationspolitik müssen aber alle die Gewinne verlorengehen, die auf der Grundlage dieser Politikform bisher erzeugt worden sind. Je weniger die einzelnen Interessengruppen in funktionale Koalitionen eingebunden werden, um so weniger können sie darauf vertrauen, daß in krisenhaften Situationen das Gesamtgefüge stabilisiert wird, und um so mehr müssen sie damit rechnen, daß einseitig Entscheidungen gefällt werden, die ihre Position bedrohen. Diese Situation führt zu Blockaden. Zunächst muß sie bei allen Akteuren die Bereitschaft vermindern, soziale Ausgleichsprozesse zu akzeptieren, weil jeder im unklaren darüber ist, ob seine eigene Position gesichert ist. Damit wird ein Differenzierungsprozeß gefördert, der den Abstand von reich und arm, von oben und unten, von Arbeitsplatzinhabern und Arbeitslosen usw. stärker als jemals zuvor vergrößert und der auch vor der Marginalisierung ganzer Bevölkerungsgruppen nicht halt macht. Blockiert wird aber auch die Bereitschaft, sich in der sachlichen und zeitlichen Dimension auf komplexe Lösungsstrategien einzulassen. Das gilt sowohl für diejenigen Gruppen, die über weniger, wie für diejenigen, die über mehr Machtressourcen verfügen. Wer aufgrund eines Machtdefizits sich darauf konzentrieren muß, seine eigene Position abzusichern, wird sich kaum an einer umfassenderen Problemdefinition und einer weiter gespannten Folgenberücksichtigung beteiligen. Das läßt sich exemplarisch am Beispiel der Umweltpolitik zeigen. Gesellschaftliche Diskurse etwa, die eine ökologisch ruinöse Verwendung von Einkommen problematisieren und die eine Umschichtung von Teilen des Einkommens für die Bewältigung der Umweltprobleme einleiten wollen, vermögen nur dann eine politische Relevanz zu gewinnen, wenn den Bürgern aufgrund institutionell abgesicherter Kooperation die Sicherheit vermittelt wird, daß der nach dieser Vorstellung einzuziehende Teil ihres Einkommens tatsächlich dem genannten Zweck zugeführt wird und darum dieser Abzug für sie kein Verlust an Lebensqualität bedeutet. Sobald diese Rahmenbedingungen entfallen, finden solche Diskurse keine Resonanz mehr. Nachdem in den achtziger Jahren in diesem Bereich wenigstens teilweise eine Aus-

61 *Ganßmann* 1993: 199ff.

weitung der Problemsicht in der Bundesrepublik erkennbar war, führt der nun härter werdende Interessenkampf, der noch zusätzlich durch Konfliktkosten belastet wird, genau in die entgegengesetzte Richtung.[62]

Aber auch bei jenen Gruppen, die über eine stärkere Machtposition verfügen, sinkt, sobald sie aus den Bindungen einer Kooperationspolitik entlassen sind, die Bereitschaft und Fähigkeit zu komplexen Problemlösungen. Unter nicht-kooperativen Bedingungen verfügen sie nämlich über die Alternative, Strategien einzusetzen, deren Wirksamkeit wesentlich darauf beruht, daß Probleme auf schwächere Gruppen abgewälzt werden. Das läßt sich beispielhaft an jener Politik verfolgen, die besonders in krisenhaften Situationen, aber keineswegs nur dann, zu den zentralen Aufgaben von weltmarktoffenen Gesellschaften gehört, nämlich der Politik der Sicherung der internationalen Konkurrenzposition. Hier müssen zwei grundsätzlich unterschiedene Formen der Politik auseinandergehalten werden, die Produktivitätskonkurrenz einerseits, die Verzichtskonkurrenz andererseits. Bei der ersteren geht es darum, durch Steigerung der Produktivität die eigene Position zu verbessern. Die Konkurrenz wirkt hier so auf die Konkurrenten ein, daß diese eine unökonomische Produktion aufgeben und sich die technisch günstigste Produktionsform aneignen. Darum ist der schließlich eintretende Gesamteffekt für alle positiv.

Ganz anders stellt sich die Sache bei der Verzichtskonkurrenz dar. Hier werden zur Gewinnung eines Konkurrenzvorteils Ressourcen, die Lebensqualität bedeuten, geopfert, z.B. Lebenszeit in Arbeitszeit verwandelt. Die (paradoxe) Devise der Verzichtskonkurrenz lautet, daß man, um noch reicher werden zu können, Reichtümer der Lebenspraxis opfern müsse. Auch hier drängt die Konkurrenz auf Verallgemeinerung: Wenn einer anfängt, seine Lebenszeit zu opfern, werden kurz oder lang die anderen nachfolgen müssen. Nicht die Einsparung überflüssiger Kosten, sondern das Opfern wertvoller Ressourcen setzt sich dann auf allen Seiten

62 Man muß nur die jetzt durch hohe Steuerentlastung durchgesetzte Verbesserung der Konkurrenzposition des LKW-Verkehrs, die zu Lasten der Schiene gehen wird, die bewußt herbeigeführte Ausweitung des Autoverkehrs, den massiven Ausbau von Straßen und Autobahnen im Rahmen des Bundesverkehrswegeplans oder die völlige Vernachlässigung des Energiesparens und die sinkende Förderung von alternativen Energieformen nehmen, um zu dem Schluß zu kommen, daß gegenwärtig den Prozessen der Naturzerstörung wieder weithin freien Lauf gelassen wird, mit Folgen, die in den nächsten 20 bis 30 Jahren nicht zu korrigieren sein werden.

durch. Am Ende hat keiner seine Konkurrenzposition verbessern können, aber alle haben einen Teil ihrer Lebensmöglichkeiten aufgegeben. Wir haben es hier mit einer ökonomischen Aufrüstung zu tun, die wie die militärische selbstdestruktiv ist. Bei der Entscheidung, ob eher der Weg der Produktivitätskonkurrenz oder der der Verzichtskonkurrenz beschritten wird, ist Kooperationspolitik ein entscheidender Faktor. Je schwächer diese Politikform ausgebildet ist, um so eher die Neigung, auf die Verzichtskonkurrenz auszuweichen. Auch in der Bundesrepublik wird in den letzten Jahren immer häufiger, ohne daß die darin liegende Paradoxie auffallen würde, die Forderung erhoben, daß man, um noch reicher werden zu können, wichtige Reichtümer der Lebenspraxis opfern solle. Ob es das freie Wochenende ist, eine relativ kurze Arbeitszeit, eine angemessene Entlastung und Versorgung im Krankheitsfall, die in den letzten Jahrzehnten gewonnene Urlaubszeit, alles wird zur Disposition gestellt, um die Konkurrenposition zu verbessern.

Die Bundesrepublik hat in den siebziger Jahren durch verschiedene Maßnahmen, z.B. die Verkürzung der Arbeitszeit, nicht alle Möglichkeiten der Verbesserung ihrer Konkurrenzposition genutzt. Sie hat mit diesen kleinen Schritten der ökonomischen Abrüstung andere Länder zumindest nicht zusätzlich unter Druck gesetzt und ihnen damit den Spielraum gelassen, ihrerseits auf Maßnahmen zu verzichten, die die Konkurrenz weiter anheizen würden. Andere Länder (wie z.B. Japan) sind zumindest motiviert worden, über Maßnahmen der ökonomischen Abrüstung nachzudenken. Mit den jetzt durchgeführten und erwogenen wirtschafts- und sozialpolitischen Maßnahmen wird die Bundesrepublik dagegen zu den Ländern zählen, die eine *ruinöse Aufrüstungsspirale* in Gang setzen.

Insgesamt wird mit der Schwächung der Kooperationspolitik eine Entwicklung eingeleitet, an deren Ende eine Gesellschaft stehen wird, die eher der amerikanischen als der der alten Bundesrepublik ähneln wird. Gegen die bisweilen geäußerte Erwartung, bei alldem handele es sich nur um einen zeitlich befristeten Anpassungsprozeß, der nach einer eintretenden Aufschwungsbewegung wieder korrigiert werden könnte, spricht, daß die sich wechselseitig verstärkenden Effekte der jetzt betriebenen Politik rasch bis zu dem Punkt entwickeln könnten, an dem, wie gerade das amerikanische Beispiel deutlich macht, kaum eine Chance besteht, den Rückweg anzutreten. Es bilden sich hier nämlich *paradoxe und selbstdestruktive Zirkel* heraus, die immer wieder einen problematischen Ausgangspunkt und damit den gesamten falschen Kreislauf reproduzieren. Das zeigt sich etwa beim *Verlust der gesellschaftlichen Kohäsion.* Wenn dieser Verlust nicht ausgeglichen wird, wird es schwierig, gruppen- und lagerübergreifende Problemlösungen zu entwickeln. Das wiederum führt zu solchen eindimensionalen Strategien, die auch die Verstärkung von Ungleichheit und von Marginalisierung als Mittel der Steigerung ökonomischer Effektivität einsetzen wollen. Aber mit der Vernachlässigung der Frage nach der sozialen Gerechtigkeit werden die verbleibenden Kohäsionskräfte noch weiter geschwächt.

Paradox ist dieser Zirkel darüber hinaus, weil auf diese Weise die angestrebte ökonomische Erholung gerade nicht erreicht werden kann. Wenn die Wirtschaftspolitik Reagans eines gezeigt hat, dann dies, daß die Zerstörung gesellschaftlicher Kohäsion und die Marginalisierung von Teilen der Bevölkerung zwar an bestimmten Stellen eine Kostenentlastung für die Wirtschaft herbeiführen kann, gleichzeitig aber Kooperationsgewinne und damit eine wichtige Ressource für den Neuaufbau des Produktionssystems vernichtet. Auch in Deutschalnd scheint die Politik nun in eine Verfassung zu geraten, aus der heraus sie kurzfristig zu gewinnende Vorteile zu realisieren sucht, während sie gleichzeitg dabei mitwirkt, die tiefer liegenden Realisierungsbedingungen eines längerfristigen Erfolges zu zerstören.

In einen paradoxen Zirkel führt auch, wie wir gesehen haben der Versuch, durch *Opfern von Lebensqualität* die Ökonomie zu effektivieren. Es ist zu kurzfristig gedacht, wenn man hier nur an die unmittelbar zu erzielenden Konkurrenzvorteile denkt und nicht an den letztlich sich einstellenden Gesamteffekt. Wenn in einem der miteinander konkurrierenden Länder die Arbeitszeit verlängert wird, Umweltstandards herabgesetzt werden, der überregionale Schwertransport zu Lasten der Umwelt verbilligt wird usw., ist dies für andere Länder ein Signal, mit den gleichen Strategien zu antworten. Das wiederum wird den problematischen Ausgangspunkt, den Konkurrenzdruck, noch einmal verschärfen, so daß man es zwangsläufig mit höheren Dosen derselben Mittel versuchen muß. Aber wenn ein Krankheitserreger sich gegen das Gift immunisiert, mit dem er bekämpft wird, richtet letztlich auch die Steigerung der Giftdosis nichts mehr aus.[63] Paradoxerweise führen

63 Es ist schwer zu sehen, wie dieser ruinöse Zirkel der ökonomischen Aufrüstung durchbrochen werden könnte, es sei denn, die besser positionierten Länder würden durch einseitige ökonomische Abrüstung vorangehen. Aber dies wiederum setzt erst recht voraus, daß Formen der kooperativen Politik eingesetzt werden, in diesen Ländern und zwischen ihnen.

die jetzt gewählten Konkurrenzstrategien in eine Situation, in der sich bestimmte Fehler des zusammengebrochenen sozialistischen Systems reproduzieren. Es ist, als habe sich die westliche Demokratie mit dem Virus angesteckt, der sich als besonders gefährlich für das untergegangene System erwiesen hat: *Der ruinöse Umgang mit den Beständen.* Auch im Westen besteht, gerade wegen der Mobilisierungsanstrengungen für die Ökonomie, die Gefahr, daß man aus der Substanz lebt, sowohl aus der Substanz der natürlichen Umwelt wie auch aus der Substanz der noch vorhandenen gesellschaftlichen Kohäsion. Man verkonsumiert sowohl die für spätere Generationen zu hinterlassende Erbschaft der natürlichen Lebensgrundlagen wie die Ressourcen der Solidarität. Die Kraft scheint zu schwinden, die notwendig wäre, um die vorhandene Substanz zu sichern, und erst recht die Fähigkeit, die verbrauchte Substanz zu ersetzen.[64]

Es gibt noch einen weiteren Sachverhalt, der auf den untergegangenen Sozialismus zurückweist. Zu den verschiedenen in ihrem Gewicht schwer zu bestimmenden Faktoren, die der alten Bundesrepublik ihre relativ erfolgreichen Problemlösungsstrategien vermittelt haben, gehörte sicher auch das Faktum, daß die Bundesrepublik mit einer sozialistischen Gesellschaft konfrontiert war.[65] Dies hat jedenfalls dazu beigetragen, daß in dem Schwanken zwischen differenten strategischen Optionen diejenige einen Vorsprung erhielt, die die Regulierung der Gesellschaft über den schwierigen Weg der Kooperation zwischen verschiedenen gesellschaftlichen Lagern vorantreiben wollte. Es ist nicht ganz falsch, wenn gesagt wird, daß die bundesrepublikanische Demokratie ein Stück Sozialismus internalisiert hat. Man könnte von hier aus sogar vermuten, daß die moderne Demokratie ein hohes Maß an Kohäsion nicht aus sich erreichen kann, sondern nur, wenn sie von außen unter Druck gerät. Nur eine solche Herausforderung setzt vielleicht im Inneren die Kräfte frei, die die zentrifugalen, zu einer Überdifferenzierung neigenden Tendenzen bändigen können. Mit dem Wegfall dieser Herausforderung, die die sozialistischen Gesellschaften für die wohlfahrtsstaatliche Demokratie darstellten, ist diese vielleicht sogar der Chance beraubt, ihre optimalen Möglichkeiten zu entwickeln. Sie bedurfte der anderen Systemform, nicht nur um im Vergleich besser zu erscheinen, sondern auch weil sich ihre spezifischen Vorzüge überhaupt erst in der Systemkonfrontation herausgebildet haben. Es könnte

64 *Greven* 1993
65 *Offe* 1994: 282ff.

sein, daß die westlichen Demokratien nicht in der Lage sind, die zusätzlichen Kräfte, die ihr aus der Systemkonfrontation zuwuchsen, jetzt aus ihrem Inneren, aus ihrer eigenen Substanz zu generieren. Das würde bedeuten: Die westlichen Demokratien geraten in bedrohliche Problemlagen, nicht nur nachdem, sondern auch weil die sozialistischen Länder aufgehört haben zu existieren. Auf die deutsche Konstellation bezogen hieße das: Die DDR rächt sich an der Bundesrepublik dadurch, daß sie nicht mehr existiert.

Die westlichen Gesellschaften leben nicht nur aus der Substanz, sondern sie verspielen auch die *Zeitreserven*, über die sie verfügen. Manchmal werden Lösungen dadurch gefördert, daß man den Problemdruck sich verstärken läßt. Aber in der fundamentalen Frage des Umsteuerns der Gesellschaft auf diesen Mechanismus zu setzen, wäre fatal. In vielen Problembereichen scheint die Entwicklung rasch auf eine finale Problemsituation zuzusteuern.[66] In dem Maße, wie man sich einer solchen dramatischen Situation nähert, verliert man in einem steigenden Maß Handlungsoptionen. Man wird insbesondere gerade der Optionen beraubt, die ein relativ sanftes Umsteuern bewirken könnten, dafür aber sehr viel Zeit benötigen. Die Zeit vor dem Notstand, in der noch übersichtliche, geplante Umkehrbewegungen eingeleitet werden könnten, bleibt ungenutzt. Am Ende wird in einer Situation, in der der Pegel der Konfliktintensität rasch steigen müßte, nur noch eine unkontrollierbare, in ihren Folgen nicht abschätzbare Rettungsaktion möglich sein. Für diese letzte, extrem explosive Situation sind die demokratischen Institutionen aber mit Sicherheit nicht ausgelegt.

Der Richtungswechsel der Politik, der hier analysiert wurde, vollzieht sich gegenwärtig als eine Tendenz, die sich noch nicht zur vollen Konsequenz entwickelt hat. Die vorgenommene Analyse bleibt schon aus dem Grund unvollständig, weil sie die Kräfte nicht einbezogen hat, die dieser Tendenz entgegenwirken. Zu fragen wäre, ob und wie sich hier Initiativen, die über aussichtsreiche alternative Konzepte verfügen, entfalten können, ob sie vielleicht aus vielen kleinen Einzelinitiativen sich allmählich bilden und ob daraus vielleicht soziale Bewegungen entstehen, die aus dem Bewußtsein einer unvermeidlichen Umkehr auch die erforderliche innere Konsequenz entwickeln.

66 Am deutlichsten ist dies bei der Erschöpfung von materiellen Ressourcen, bei der (nur schwer zu revidierenden) fortschreitenden Veränderung der Erdatmosphäre u.ä. Schwieriger ist es, eine „Erschöpfung" von für die Stabilisierung gesellschaftlicher Ordnung notwendigen sozialen „Energien" zu erfassen.

In jedem Fall wird, wer das Scheitern des Sozialismus begriffen hat, ihn als Lösung für die Probleme, die moderne Gesellschaften zu bewältigen haben, nicht mehr anbieten können. Selbst mit der Formel Sozialismus plus Demokratie wird nur verdeckt, daß ein konzeptionell durchdachter Vorschlag als Deckung für diese Formel nicht existiert, geschweige denn ein kollektiver Akteur, der in dieser Richtung suchen würde. Demokratie wird, auch zur Bewältigung der Probleme, die sie selber erzeugt, eine Demokratie nach dem Sozialismus sein müssen – mit all ihren Gefahren.

Literatur

Abromeit, H. (1993): Die „Vertretungslücke". Probleme im neuen deutschen Bundesstaat. In: Gegenwartskunde 42: 281-292

Alemann, U. von (1987): Organisierte Interessen in der Bundesrepublik. Opladen

Arato, A. (1990): Revolution, Civil Society und Demokratie. In: Transit, H.1: 110-126

Becker, U./Becker, H./Ruhland, W. (1992): Zwischen Angst und Aufbruch: das Lebensgefühl der Deutschen in Ost und West nach der Wiedervereinigung. Düsseldorf/Wien/New York/Moskau

Berg, F./Möller, B. (1993): Umbruch zur Demokratie – Kontinuität im politischen Verhalten. In: Reißig, R. (Hrsg.): Rückweg in die Zukunft: Über den schwierigen Transformationsprozeß in Ostdeutschland. Ffm/New York: 217-152

Brumlik, M./Brunkhorst, H. (Hrsg.) (1993): Gemeinschaft und Gerechtigkeit. Ffm

Buchanan, A. (1989): Assessing Communitarian Critique of Liberalism. In: Ethics 90: 815-52

Buck, H.F. (1993): Die Sozialpolitik der SED am Beispiel des Wohnungsbaus. In: Deutschlandarchiv 26: 503-510

Cohen, J./Arato, A. (1992): Civil Society and Political Theory. Cambridge/Mass.

Cohen, J./Rogers, J. (1992): Secondary Associations and Democratic Governance. In: Politics and Society 20: 393 – 472

Czada, R. (1994): Schleichwege in die „Dritte Republik". Politik der Vereinigung und politischer Wandel in Deutschland. In: PVS 35: 245-270

Dahn, D. (1994): Wir bleiben hier oder Wem gehört der Osten. Reinbek

Eichener, V./Voelzkow, H. (1991): Umweltinteressen in der verbandlichen Techniksteuerung. Dortmund

Feist, U./Liepelt, K. (1994): Auseinander oder miteinander? Zum unterschiedlichen Politikverständnis der Deutschen in Ost und West. In: Klingemann, H.-D./Kaase, M. (Hrsg.): Wahlen und Wähler. Analysen aus Anlaß der Bundestagswahl 1990. Opladen: 575-611

Frankenberg, G. (1994a): Auf der Suche nach der gerechten Gesellschaft. Bemerkungen zur Fortsetzung der Kommunitarismus-Debatte. In: Frankenberg, G. (Hrsg.): Auf der Suche nach der gerechten Gesellschaft. Ffm: 7-21

Frankenberg, G. (1994b): Solidarität in einer „Gesellschaft der Individuen"? Stichworte zur Zivilisierung des Sozialstaats. In: Frankenberg, G. (Hrsg.): Auf der Suche nach der gerechten Gesellschaft. Ffm: 210-223

Fuchs, D./Klingemann, H.-D./Schöbel, C. (1991): Perspektiven der politischen Kultur im vereinigten Deutschland. Eine empirische Studie. In: Aus Politik und Zeitgeschichte B 32: 35-46

Ganßmann, H. (1993): Einigung als Angleichung? Sozialpolitische Folgen des deutschen Einigungsprozesses. In: Prokla 23: 185-203

Giegel, H.-J. (1992): Diskursive Verständigung und systemische Selbststeuerung. In: Giegel, H.-J. (Hrsg.): Kommunikation und Konsens in modernen Gesellschaften. Ffm: 59-112

Giegel, H.-J. (1993): Demokratie in der Krise. In: vorgänge 123: 44-53

Gluchowski, P./Zelle, C. (1992): Demokratisierung in Ostdeutschland. Aspekte der politischen Kultur in der Periode des Systemwechsels. In: Gerlich, P. u.a. (Hrsg.): Regimewechsel. Wien u.a.: 231-274

Greven, M.Th. (1993): Ist die Demokratie modern? Zur Rationalitätskrise der politischen Gesellschaft. In: PVS 34: 399-413

Habermas, J. (1992): Faktizität und Geltung. Ffm

Haufe, G./Bruckmeier, K. (Hrsg.) (1993): Die Bürgerbewegungen in der DDR und in den ostdeutschen Bundesländern. Opladen

Heinze, R.G./Schmid, J. (1994): Industrieller Strukturwandel und die Kontingenz politischer Steuerung: Mesokorporatistische Strategien im Vergleich. Verf. Ms. Bochum

Honneth, A. (Hrsg.) (1992): Kommunitarismus. Eine Debatte über die moralischen Grundlagen moderner Gesellschaften. Ffm/New York

Kaase, M. (1993): Innere Einheit. In: Weidenfeld, W./Korte, K.-R (Hrsg.): Handbuch zur deutschen Einheit. Bonn: 372-383

König, K. (1993): Die Transformation der öffentichen Verwaltung. In: Pitschas, R. (Hrsg.): Verwaltungsintegration in den neuen Bundesländern. Berlin: 29-46

Korte, K.-R. (1994): Die Chance genutzt? Ffm/New York

Lane, R. (1986): Market Justice, Political Justice. In: American Political Science Review 80: 383-402

Mansbridge, J. (1990): The Rise and Fall of Self-Interest in the Explanation of Political Life. In: Mansbridge, J. (ed.): Beyond self-interest. Chicago: 3-22

Mayntz, R. (1994): Policy-Netzwerke und die Logik von Verhandlungssystemen. In: Héritier, A. (Hrsg.): Policy-Analyse. Opladen: 39-56

Michelman, F.I. (1988): Law's Republic. In: Yale Law Journal 97: 1493-1537

Noll, H.-H. (1994): Steigende Zufriedenheit in Ostdeutschland, sinkende Zufriedenheit in Westdeutschland – Indikatoren zur „subjektiven Lage der Nation". In: Informationsdienst Soziale Indikatoren 11 (Januar): 1-6

Nozick, R. (1978): Anarchie, Staat, Utopia. München

Offe, C. (1989): Fessel und Bremse. In: Honneth, A. (Hrsg.): Zwischenbetrachtungen. Ffm: 739-774

Offe, C. (1994): Der Tunnel am Ende des Lichts. Ffm

Offe, C./Preuss, U.K. (1991): Political Institutions and Moral Resources. In: Held, D. (Hg.): Political Theory Today. Stanford: 143-171

Przeworski, A. (1991): Democracy and the Market, Cambridge

Scharpf, F.W. (1988): Verhandlungssysteme, Verteilungskonflikte und Pathologien der politischen Steuerung, in: Schmidt, M.G. (Hrsg.): Staatstätigkeit. PVS-Sonderheft 19: 61-87

Scharpf, F.W. (1993): Versuch über Demokratie im verhandelnden Staat. In: Czada, R./Schmidt, M.G. (Hg.): Verhandlungsdemokratie – Interessenvermittlung – Regierbarkeit. Opladen: 25-50.

Scharpf, F.W. (1994): Positive und negative Koordination in Verhandlungssystemen. In: Héritier, A. (Hrsg.): Policy-Analyse. Opladen: 57-83

Schmalz-Bruns, R. (1992): Die Konturen eines neuen Liberalismus. Zur Debatte um Liberalismus, Kommunitarismus und Civil Society. In: PVS 33: 662-672

Schmalz-Bruns, R. (1994): Reflexive Demokratie. Die demokratische Transformation moderner Politik. Verf. Ms. Hamburg

Schmitter, P.C. (1983): Democratic Theory and Neocorporatist Practice. In: Social Research 50: 885-928

Schmitter, P.C. (1988): Corporative Democracy: Oxymoronic? Just Plain Moronic? Or a Promising Way out of the Present Impasse? Verf. Ms.

Schroeder, W. (1993): Die politische Blockade der Arbeitgeberverbände. In: Die neue Gesellschaft/Frankfurter Hefte 40: 485-488

Seibel, W. (1992): Notwendige Illusionen: Der Wandel des Regierungssystems im vereinten Deutschland. Journal für Sozialforschung 32: 337-361

Seibel, W. (1994): Strategische Fehler oder erfolgreiches Scheitern? Zur Entwicklungslogik der Treuhandanstalt 1990-1993. In: PVS 35: 3-39

Streeck, W. (1991): On the Institutional Conditions of Diversified Quality Production. In: Matzner, E./Streeck, W. (Hrsg.): Beyond Keynesianism. The Socio-Economics of Production and Employment. London: 21-61

Streeck, W./Schmitter, P.C. (1985): Community, market, state – and associations? The prospective contribution of interest governance to social order. In: Streeck, W./Schmitter, P.C. (Hrsg.): Private Interest-Government. Beyond Market and State. London/Beverly Hills/New Delhi 1985: 1-29

Streeck, W./Schmitter, P.C. (1991): From National Corporatism to Transnational Pluralism: Organized Interests in the Single European Market. In: Politics and Society 19: 133-164

Sunstein, C.R. (1988): Beyond the Republican Revival. In: Yale Law Journal 97: 1539-1590

Wellmer, A.: Bedingungen einer politischen Kultur. In: Brumlik, M./Brunkhorst, H.(Hrsg.) (1993): Gemeinschaft und Gerechtigkeit. Ffm: 173-196

Wiesenthal, H./Ettl, W./Bialas, C. (1992): Interessenverbände im Transformationsprozeß. Arbeitspapiere der AG TRAP, 92/3, Berlin

Wiesenthal, H. (1993): Blockaden, Asymmetrien, Perfektionsmängel: Ein Vergleich der Repräsentationschancen sozialer Interessen im Transformationsprozeß. Arbeitspapiere der AG TRAP, 93/5, Berlin

Wiesenthal, H./Ettl, W. (1994): Tarifautonomie in de-industrialisiertem Gelände: Report und Analyse eines Institutionentranfers im Prozeß der deutschen Einheit. Arbeitspapiere der AG TRAP, 94/2, Berlin

Willke, H. (1989): Systemtheorie entwickelter Gesellschaften. Weinheim/New York

Christian Fenner

Das Ende der Sozialdemokratie: beschleunigt durch die Einigung?

„In fünf bis zehn Jahren wird Deutschland seine makroökonomischen Ungleichgewichte ausbalanciert und den Wohlfahrtsstaat schneller zurückgestaut haben als ohne den Schock der Vereinigung."
Alain Minc: „Am wenigsten preußisch"; in: Der Spiegel 52 (1993), 13

1906 stellte Werner Sombart die berühmte Frage: „Warum gibt es in den Vereinigten Staaten keinen Sozialismus?" Ersetzen wir „Sozialismus" treffender durch „keine sozialdemokratische Partei"[1] und fragen 1994: „Warum haben, ganz gegen alle Erwartungen, sozialdemokratische Parteien in den postrealsozialistischen Ländern bisher so schlecht abgeschnitten?", so können Antworten aus sozialdemokratischer Sicht womöglich noch bestürzender ausfallen als die sehr plausiblen, die Sombart gab. Obwohl mehrere hundert Millionen Menschen siebzig bzw. vierzig Jahre unter dem ideologischen Banner des Sozialismus und einer zur Staatsmacht geronnenen organisierten Arbeiterbewegung lebten, scheint – so die Argumentation – die „schlecht ausgeführte", sonst aber „gute Idee" des Sozialismus über keine ausreichende Kraft mehr zur organisatorischen Neuformierung verfügt zu haben. Weder das in Umfragen häufig genannte „Schwedische Modell", noch die deutsche Sozialdemokratie ließen es den meisten Wählern geraten erscheinen, wenn es denn überhaupt sozialdemokratische Angebote gab, an deren Erfolge anzuknüpfen. Sollte sich also der so paradoxe Spruch vom „Überholen ohne Einzuholen" doch noch – auf allerdings verquere Weise – bestätigen?

Wenn schon „nachholende Modernisierung"[2], würde dann nicht der direkte Sprung zu Markt und Kapital, zu Eigentum und Privat-

1 *W. Sombart*: Warum gibt es in den Vereinigten Staaten keinen Sozialismus?, Tübingen 1906; vgl. auch *A.O. Hirschman*: Abwanderung und Widerspruch, Tübingen 1974. Auf den allereinfachsten Nenner gebracht: Der Glaube an kollektive Lösungen kann nicht entstehen, solange sich individuelle Auswege und Lösungen anbieten.

2 Zur Problematik dieses Begriffs *K. Müller*: Nachholende Modernisierung?, in: Leviathan 2 (1991), S. 261-291. Siehe auch den guten Überblick bei *H. van der Loo/W. van Reijen*: Modernisierung, München 1992.

rechtsordnung ohne die zügelnden Hürden sozialdemokratischer Bedenken und gewerkschaftlicher Gegenmacht sich als schnellste und fortschrittlichste Lösung erweisen?[3] Ist es nicht wahr, daß ein rasender Kapitalismus in Südostasien fast ohne Sozialdemokratie, ja ohne Demokratie überhaupt, mit höchsten Wachstumsraten aufwarten kann? Warum sollte man sich nicht an dem Land orientieren, das sich niemals auf den Irrweg des „Sozialismus" begeben hatte und das dieses Jahrhundert wahrscheinlich wie kein zweites geprägt hat? Hatten nicht Reagan, Bush und Thatcher gezeigt, daß Gewerkschaften und Labour-Party offensichtlich Auslaufmodelle waren? Und sehen wir nicht auch, daß das Europa des gemeinsamen Marktes ohne wirklichen Einspruch von Gewerkschaften und Sozialdemokratie auf „Sozialcharta" und politische Demokratisierung verzichtet hat?[4] Sprechen nicht prominente Sozialwissenschaftler im Westen schon seit geraumer Zeit vom Ende des sozialdemokratischen Jahrhunderts, vom Niedergang der Sozialdemokratie oder vom Ende eines „sozialdemokratischen Konsensus"?

Zugegeben, das mögen rhetorische Fragen eher virtueller Akteure sein, aber nicht nur. Denn die Frage, ob der im Westen diskutierte und bestrittene Niedergang der Sozialdemokratie durch „1989" einen Schub in die eine oder andere Richtung erfahren würde, kann nicht losgelöst von den Chancen sozialdemokratischer Politik in postkommunistischen Ländern beantwortet werden.[5] Auch wenn ich mich am Ende auf die Sozialdemokratie konzentrieren möchte, die, durch institutionelle Ausweitung auf ein postkommunistisches Gebiet, in direkte Konfrontation mit posttotalitärer Schwäche gestellt, einen Sonderfall darstellt[6], scheint es mir sinnvoll, die schon vor 1989 geführte Kontroverse um das „Ende des sozialdemokratischen Jahrhunderts" abermals aufzunehmen. Deshalb werde ich zunächst die Argumente der „Ende des sozialdemokratischen Jahrhunderts"-These zusammenfassen,

3 Die ersten neuen Regierungen in Ungarn und Polen; von dem Tschechen *V. Klaus* wird immer wieder zitiert: „Marktwirtschaft ohne Zusatz"! Allerdings: das Sicherheitsverlangen der „Modernisierungsverlierer" wird eine Rückkehr „sozialistischer" Parteien wahrscheinlich machen, nicht aber eine wie auch immer geartete Planwirtschaft.

4 Vgl. *H. Schauer*: Gewerkschaften im Umbruch, in: *H. König u.a. (Hg.)*: Sozialphilosophie der industriellen Arbeit, Leviathan SH 11 (1990), S. 449-467.

5 Vgl. C. Offe: Der Tunnel am Ende des Lichts, Frankfurt/M.-New York 1994.

6 *H. Wiesenthal*: Sturz in die Moderne. Der Sonderstatus der DDR in den Transformationsprozessen Osteuropas, in: *M. Brie/D. Klein (Hg.)*: Zwischen den Zeiten, Hamburg 1992, S. 162-188.

sodann die Einwände gegen die Niedergangsthese prüfen und schließlich meine These erörtern: „1989“ bzw. die deutsche Einigung wird mit großer Wahrscheinlichkeit die „Ende des sozialdemokratischen Jahrhunderts“-These mit zusätzlicher Schubkraft versehen.

Kernargumente der These vom Ende des sozialdemokratischen Jahrhunderts

Ralf Dahrendorf hat seine radikalen Behauptungen zehn Jahre vor dem historischen Zusammenbruch des Realsozialismus zum erstenmal aufgestellt und in vielerlei Varianten bis heute wiederholt; auch seine jüngsten Version fügt „1989“ kein systematisch neues Argument hinzu.[7] Die Thesen vom Niedergang, gar vom Ende des sozialdemokratischen Jahrhunderts bzw. des sozialdemokratischen Konsensus, die übrigens keineswegs alle das gleiche meinen, scheinen durchaus auf eigenen Beinen zu stehen. Dabei war Dahrendorf nicht der erste, der vom Elend oder gar vom Ende der Sozialdemokratie gesprochen hat – aber vielleicht hat die Sombartsche Frage ihn inspiriert, das Thema immer wieder anzuschlagen, weil die Zukunft der westlichen Demokratien ihm eher auf dem Weg der USA als dem der europäischen Wohlfahrtsstaaten zu liegen scheint?

Wie dem auch sei, die Frage nach der Bedeutung des „Endes der Arbeiterbewegung“ für die Politik der Urpartei aller Parteien, der deutschen Sozialdemokratie, hatte Theo Pirker schon in den fünfziger Jahren angeschlagen.8 Und es war nicht zuletzt die kurzlebige Renaissance der marxistisch inspirierten Sozialismusdebatte im Zuge der Studentenrevolte, die einen Herbert Marcuse oder den unverdächtigen André Gorz „Abschied vom Proletariat“ nehmen ließen.[9]

Martin S. Lipset sprach zehn Jahre später vom Ende einer Mission, ein Wort, das die Witwe von Willy Brandt nach 1989 im Feuilleton der FAZ kühl aufgriff, verbunden mit der nicht ganz so kühlen Freude, daß die Linksintellektuellen endlich das Subjekt ihres Geschichtsbildes verloren hätten.[10]

7 *R. Dahrendorf*: Die Sozialdemokratie ist am Ende ihrer Kunst, in: Die Zeit 14(1992), S. 33-34.

8 *Th. Pirker*: Vom „Ende der Arbeiterbewegung“, in: *R. Ebbighausen/F. Tiemann (Hg.)*: Das Ende der Arbeiterbewegung in Deutschland?, Opladen 1984, S. 39-51.

9 *A. Gorz*: Abschied vom Proletariat, Frankfurt/M. 1980.

10 *S.M. Lipset*: Whatever Happened to the Proletariat? A Historic Mission

Aber Dahrendorf ist viel radikaler. Das in der westlichen wie östlichen Welt symbolische Jahr 1968, sei, so sehr sich auch seine Protagonisten dagegen sträuben werden, der letzte Triumph der Sozialdemokratie und einer menschlichen Vision vom „Demokratischen Sozialismus" (CSSR) gewesen, zugleich aber auch der Anfang vom Ende. Zum letzten Mal wurde im Zeichen sozialistischer Großtheorien und den universalistischen Werten der Französischen Revolution der Sozialdemokratie eine Debatte aufgedrängt, die viele „rechte Sozialdemokraten" – und Konservative sowieso – für ein Unglück hielten. Aber die Befindlichkeiten dieser Spezies wären nicht der Rede wert gewesen, hätte nicht die sogenannte Ölkrise schlagartig Bedeutsameres deutlich gemacht: die (Finanz-) Krise des Sozial- und Wohlfahrtsstaates!

Trotz aller radikalen Liberalität, die Dahrendorf von Neokonservativen trennt, gehört er zu der Gruppe von gewichtigen Wohlfahrtsstaatskritikern, die – Mitte der siebziger Jahre – als „Trilateral Commission" die Unregierbarkeit, „Big Government" (R. Rose), kurz: „The Crisis of Democracy" beschwören.[11] Der umsichgreifende Hedonismus, die sogenannte Anspruchsinflation, der Mechanismus der Wettbewerbsdemokratie werden für die ökonomisch-politische Blockade verantwortlich gemacht. Oder wie es S. Huntington unmißverständlich ausdrückte: Das, was die Marxisten fälschlicherweise der kapitalistischen Ökonomie zuschreiben, sei in Wirklichkeit Produkt demokratischer Politik. Dahrendorf bezeichnet dieses als Ergebnis eines „sozialdemokratischen Konsensus", den Konservative, Sozialdemokraten und – mit mentalen Vorbehalten – Liberale nach dem Zweiten Weltkrieg entwickelt hätten. „Es fällt schwer", schreibt Dahrendorf in seiner jüngsten Version, „diejenigen beim Namen zu nennen, die dem sozialdemokratischen Konsensus nicht anhängen: Sozialdemokraten und Freie Demokraten in Deutschland, Labour, Liberaldemokraten und Konservative in Großbritannien. Zu ihnen gehört der ganze pento-

Unfulfilled, in: Encounter 56 (1981), S. 18ff. *B. Seebacher-Brandt*: Hält nicht mehr, was lange gehalten hat? In: FAZ v. 15.4.93. Die These von einer säkularen Rechtsentwicklung der Sozialdemokratie vertritt *S.M. Lipset*: No Third Way: A Comparative Perspective on the Left, in: *H.D. Klingelmann/R. Stöß/B. Wessels (Hg.)*: Politische Klasse und politische Institutionen, Opladen 1991, S. 57-106. Über das Dilemma der Sozialdemokratie nach 1989 siehe: *Ch. Lemke/G. Marks (Hg.)*: The Crisis of Socialism in Europe, Durham/London 1992.

11 *M. Crozier/S. P. Huntington/I. Watanuki*: The Crisis of Democracy, New York 1975.

partito der Koalitionspartner von Christdemokraten und Sozialisten in Italien und der größte Teil der beiden politischen Blöcke in Frankreich (wie übrigens auch in den Vereinigten Staaten von Amerika, die allerdings ... einen etwas anderen Weg beschritten haben.)"[12]

Diesen Konsens verkörpert der „anständige, rechte Sozialdemokrat", eine idealtypische Kombination von vier Haltungen, die zugleich den Grundbestand der Modernität ausmachten: Die Notwendigkeit von Wachstum durch Steigerung der Produktivität zur Verbesserung des Lebensstandards der Arbeiter, das Motiv der Gerechtigkeit und der Gleichheit der Chancen, die Akzeptanz der demokratischen Institutionen als Instrument der Veränderung läßt ihn zu ihrem überzeugtesten Verteidiger werden. Im Bereich der Werte und Kultur ist er der Hauptbefürworter der Rationalität im Weberschen Sinne; von der Buchhaltung, über die Bürokratie bis zu Wissenschaft und Technik. Die Stärke dieser Aussage liegt in ihrer Globalität: Das sozialdemokratische Programm habe sich zu Tode gesiegt; seine Erfolge repräsentieren die Interessen der Mehrheitsklasse; auch die bürgerlichen Parteien repräsentieren den status quo (deren „Sozialdemokratisierung" bedürfte einer eigenständigen Analyse[13]). Denn die meisten sozialdemokratischen Forderungen wurden von bürgerlichen Regierungen oder von großen Koalitionen durchgesetzt. Ohne das schiere Vorhandensein sozialdemokratischer Parteien hätten Veränderungen nicht stattgefunden; aus der Opposition haben sie mehr erreicht als in der Regierung. Das konnten sie, weil sie eine „große Kraft" der Zeit repräsentierten. Die neuere Geschichte kennt keine erfolgreichere Version bürgerlicher Gesellschaft als die sozialdemokratische. Diese Version aber habe sich erschöpft und begänne seine kontraproduktive Wirkung zu entfalten. Die Folgen des sozialdemokratischen Konsensus habe zu Entmutigung von Initiative und Innovation geführt, zu Bürokratie, Korporatismus, Steuer- und Wohlfahrtsstaat, geradewegs ins „Gehäuse der Hörigkeit". Die Überforderung der und durch die Demokratie drohe zu einem Legitimationsschwund der politischen Macht zu werden. Radikaler Wandel muß her, und der kann nur von Minderheiten kommen.

12 *R. Dahrendorf*: Der moderne soziale Konflikt, Stuttgart 1992, S. 245/6 – Die erste Version stammt aus dem Jahre 1978 „Am Ende des sozialdemokratischen Konsensus", in *ders.*: Lebenschancen, Frankfurt/M. 1979, S. 147-166.

13 Vgl. z.B. *M.G. Schmidt*: Allerweltsparteien in Westeuropa?, in: Leviathan 3 (1985), S. 376-397.

Das ist gewiß ein vergröbertes, sieht man sich die Facetten jedoch genauer an, durchaus ein eindrucksvolles, ja sogar faires Bild – gemalt mit liberalem Pinsel, der den elitären Zug gar nicht verbergen will. Doch ein paar Anmerkungen seien schon hier angefügt – Globalität hat auch Nachteile. Wenn wir ernst nehmen, was Dahrendorf sagt, daß im Westen fast alle Sozialdemokraten sind, dann möchte man doch gerne genauer wissen, welche *spezifische* Rolle die linken Parteien in den letzten einhundert Jahren spielten? Dann möchte man wissen, warum der Strom des sozialdemokratischen Konsensus so selten bei den sozialdemokratischen Parteien selbst zusammenfloß und damit dem Original kaum eigenständige numerische Mehrheiten verschaffte? Und wenn sie schon eigenständige Mehrheiten in Parlamenten erreichten, was in der Geschichte sämtlicher Wahlen seit 1920 höchst selten vorkam[14], dann bedeutete das noch längst nicht die Macht, die für einen Umbau der Gesellschaft nötig wäre, wie Peter Glotz, noch 1988 auf einem Parteitag der SPD nüchtern feststellte. Einen radikalen Politikwechsel, wie ihn Ms. Thatcher mit ihren „adversary politics" betrieb, hätten sich Sozialdemokraten niemals erlauben können. Mehrheitsfähig im emphatischen Sinne eines Mandats „für Sozialismus", das ist die Linke nie gewesen; wo gab und gibt es denn einen „sozialdemokratischen Konsens", der nicht vom „rechten", sondern auch nur von „reformistischen" Sozialdemokraten bestimmt wurde? Wird man da nicht eher daran erinnert, daß selbst der Vorsitzende der Sozialistischen Internationale, Willy Brandt, glaubte, Ralf Dahrendorf die Frage zurückgeben zu müssen, was denn so sozialdemokratisch an diesem Jahrhundert gewesen sei?[15]

Fast könnte es einem vorkommen, als wenn der Liberale Dahrendorf es sich mit der Bestimmung des „sozialdemokratischen Konsensus" etwas zu einfach gemacht hat. Das Wörtchen „sozial" oder Sozialstaat scheint ihm, wie fast allen Liberalen, Schwierigkeiten zu bereiten.[16] Wenn es für einen „sozialdemokratischen

14 Vgl. Tabelle 28 „Stimmanteile sozialdemokratischer Parteien in 19 Ländern (1920-1991)", in: „Parteien" (V) von *F.G. Castles*, in: Lexikon der Politik, Bd. 3 „Die westlichen Länder" (hrsg. v. M. G. Schmidt), München 1992, S. 316-326.

15 *R. Dahrendorf*: Das Elend der Sozialdemokratie, in: Merkur 12 (1987), S. 1021-1038, (h. S. 1022).

16 Als neuestes Beispiel, von der FAZ enthusiastisch rezensiert: Das Buch des Leiters des Forschungsinstituts der „Arbeitsgemeinschaft Selbständiger Unternehmer" *G. Habermann*: Der Wohlfahrtsstaat. Die Geschichte eines Irrwegs, Berlin 1994, in dem es gegen konservative („Soziales Königtum") und sozialdemokratische („soziale Demokratie") Sozialstaats-

Konsens" nicht mal mehrheitsfähiger sozialdemokratischer Parteien bedarf (wie in den USA, den Niederlanden, der Schweiz, Kanada, Italien und selbst Deutschland), dann ist wirklich nicht einzusehen, warum es unter den gegebenen Bedingungen rational sein sollte, sozialdemokratische Parteien im Transformationsprozeß zu bevorzugen. Offensichtlich meinte Dahrendorf mit seiner Rede vom Ende des sozialdemokratischen Konsensus entweder, daß das Aufkommen neuer Parteien und geändertes Wahlverhalten auch ein Ende der Anpassungsbereitschaft bürgerlicher Parteien signalisiere, d.h., daß *sie* vom sozialdemokratischen Konsensus abrücken müßten. Oder, daß neue Parteien und Gruppen diesen Konsensus aufbrechen würden.

Ex negativo bekommt der sozialdemokratische Konsens doch noch eine Schlagseite: Denn einer Seite der Träger des Konsensus traut Dahrendorf aus subjektiven und objektiven Gründen ein Aufbrechen nicht mehr zu – und das ist natürlich die Sozialdemokratie! Und so war es gewiß kein Zufall, daß Dahrendorf zum gleichen Zeitpunkt, als er zum erstenmal die These vom Ende des Konsensus verkündete, auch die These vom Ende der Arbeitsgesellschaft, das organisierende Prinzip der Arbeiterparteien, in die Debatte warf; zur gleichen Zeit also, als die Grünen in Deutschland und Margaret Thatcher in England einen politischen Paradigmenwechsel ankündigten. Die Grünen, indem sie das Paradigma der „Lebensweise" neben das der (Um-)Verteilung materieller Güter setzten (Raschke), Ms. Thatcher, indem sie zeigte, daß mit der Machtressource „politische Mehrheit" ein radikaler Politikwechsel hin zur Angebotspolitik und damit ein „breaking of the socialdemocratic mould" tatsächlich möglich war. Im Lichte dieser Überlegungen erscheinen die eingangs gestellten Fragen eher bestätigt denn widerlegt: Neue Parteien drängen seit den siebziger Jahren auf den politischen Markt; Steuer- und rechte Protestparteien, insbesondere aber linkslibertäre „Grüne", die allesamt am Stimmenanteil der Sozialdemokraten nagen.[17] Sowohl industrie- und wachstumskritische als auch neoliberale wachstumsfreundliche Positionen stellen die Basis des ominösen „sozialdemokratischen

vorstellungen geht. Vgl. dagegen die völlig andere Sicht von *F. Ewald*: Der Vorsorgestaat, Frankfurt/M. 1993 (zuerst franz. 1986).

17 *H.G. Betz*: Krise oder Wandel? Zur Zukunft der Politik in der postindustriellen Moderne, in: APuZ 11(1993), S. 3-13. *R. Stöß*: Rechtsextremismus und Wahlen in der Bundesrepublik, in: ebd., S. 50-61. *J. Raschke*: Soziale Konflikte und Parteiensystem, in: APuZ 49 (1985), S. 22-39.

Konsensus" lange vor 1989 in Frage. Aus der Sicht „nachholender Modernisierung" bietet sich dieses auslaufende Modell zur Übernahme als wenig erfolgversprechend an. Oder gibt es Anzeichen, daß Dahrendorf unrecht haben könnte? Könnten nicht die Erfolge posttotalitärer sozialistischer Parteien ihn nicht nur empirisch widerlegen, sondern auch den sozialistischen/sozialdemokratischen Parteien in postkommunistischen Ländern Mut machen?[18]

Einwände: Kein Niedergang der Sozialdemokratie!

Überraschenderweise gibt es nur wenige Publizisten und Wissenschaftler, die der These vom Niedergang der Sozialdemokratie, sieht man von ihren glühenden Anhängern ab, widersprochen haben, während die Zahl der Dahrendorfschen Trittbrettfahrer weiterhin zunimmt.[19] Ein paar wackere und kluge Verteidiger haben sich dennoch gefunden, W. Merkel, K. Armingeon und Helga Grebing gehören dazu.[20] Seit Jahren ficht insbesondere W. Merkel einen mit allen theoretischen und empirischen Wassern gewaschenen Kampf gegen die Niedergangsthese. Dabei bildet Dahrendorf nur einen Ausgangspunkt. Intensiver noch geht es gegen Paläo- und Neumarxisten, Neokonservative und Liberale, Regulationstheoretiker und Post-Fordisten, gegen die Vertreter von public- und rational choice Ansätzen.[21] Wie sehen die Hauptargumentationslinien aus?

18 Auf einer Tagung des Friedrich-Ebert-Stiftung in Moskau im Juli 1993 fand jenseits aller programmatischen, organisatorischen und institutionellen Fragen ein überragendes Interesse das Referat des Spaniers Prof. Sotelo, als er berichtete, daß die PSOE aus dem Nichts heraus ihren großen Wahlerfolg organisierte!

19 Nur ein Beispiel: *P. Flores d'Arcais*: Die europäische Sozialdemokratie – eine Kraft der Vergangenheit, in: FR vom 13.6.1992 (zuerst in MicroMega, Rom).

20 *W. Merkel*: Niedergang der Sozialdemokratie?, in: Leviathan 1 (1990), S. 106-133; *ders.*: Machtressourcen, Handlungsrestriktionen und Strategiewahlen, in: PVS 1 (1993), S. 3-28; *ders.*: Ende der Sozialdemokratie, Frankfurt/M.-New York 1993. *K. Armingeon*: Sozialdemokratie am Ende?, in: ÖZP 4 (1989), S. 321-345. *H. Grebing*: Zusammenfassende Thesen zum sogenannten „Ende der Arbeiterbewegung in Europa", in: *dies./ Th. Meyer (Hg.)*: Linksparteien und Gewerkschaften in Europa, Düsseldorf 1992, S. 247 ff.

21 *W. Merkel*: Kritik der Theorien vom „Ende des sozialdemokratischen Jahrhunderts", in: *Grebing/Meyer (Hg.)*, a.a.O., S. 47-80 und *ders.*: After the Golden Age. Is Social-Democracy Doomed to Decline?, in: *Lemke/ Marks (Hg.)*, a.a.O., S. 136-170.

Am meisten stören W. Merkel an den Niedergangstheoretikern deren expliziter oder verborgener Determinismus und ein linear fortgeschriebener universeller Geltungsanspruch. Als gemeinsame Schwäche verbinde sie eine rein statische Wahrnehmung der sozialdemokratischen Parteien. Diese tauchten eher als Objekte denn als Akteure auf; deren Fähigkeit, sich der Umwelt anzupassen und auf sie einzuwirken werde systematisch vernachlässigt. Ganz ähnliche Vorbehalte formuliert auch die Haushistorikerin der SPD, Helga Grebing. Merkel versteht sich als empirischer Nominalist: Er stellt fest, daß es sozialdemokratische oder sozialistische Parteien gibt, daß sie bei Wahlen oder in der Regierung durchaus noch erfolgreich sind und das könne man, so Armingeon, auch von den Gewerkschaften sagen. Folgende kategoriale Annahmen und argumentative Grundmuster lassen sich aus seinen zahlreichen Aufsätzen und der jetzt erschienenen Habilschrift herausdestillieren: Jede gehaltvolle Analyse sozialdemokratischer Politik muß Machtressourcen (Wählerstärke, Regierungsbeteiligung und Gewerkschaftsmacht) mit einer Restriktionsanalyse und den Strategiewahlen der Akteure verbinden. Meist aber werden nur die strukturellen Restriktionen von den verschiedenen Ansätzen in den Vordergrund gehoben.

Ökonomie: Die Begrenzung nationaler Handlungssouveränität durch die fortschreitende Globalisierung der Gütermärkte und Unternehmen, die Verselbständigung der Finanzmärkte, führten zu einem Verlust der Zinssouveränität und damit zu einer Blockade nationaler keynesianischer Koordination.

Sozialstruktur und Interessenlagen: Der Wandel der Sozialstruktur, die Ausdifferenzierung von sozialen Schichten, Milieus und Lebensstilen, der sogenannte Wertewandel und die damit einhergehende Neudefinition von Interessenlagen führt zu einer *Heterogenisierung kollektiver Akteure*: Bürgerinitiativen, neue Parteien und Verbändedifferenzierung, sowie weitere Erschwernis der dialogischen Handlungslogik der Gewerkschaften vergrößern – nehmen wir Punkt 2 und 3 zusammen – das *elektorale Dilemma*: Die scheinbar erweiterten Handlungsspielräume der Parteiakteure machen Koalitionsbildungen schwerer und die Wahrscheinlichkeit absoluter Mehrheiten geringer.

Institutionen: Die zunehmende funktionale Differenzierung und Eigenlogik gesellschaftlicher Subsysteme: Die Art der industriellen Beziehungen, der staatlichen Verwaltung, der Föderalismen, die Rolle der Notenbanken, erlauben keine politische Steuerung mehr durch den Staat, dessen Handlungsfähigkeit für sozialstaatliche, ökonomische und arbeitsmarktpolitische Maßnahmen (für „mehr Gerechtigkeit" und „gleiche Lebensverhältnisse") unabdingbar ist.

Politische Kultur und Konfliktregelungsmuster: Nicht zuletzt hat sich gezeigt, daß die Soziokultur und der Wandel der Deutungskultur erheblichen Einfluß auf die hegemonialen politischen aber auch z.B. wirtschaftswissenschaftlichen Diskurse ausüben und damit Handlungsschranken als auch Optionen über die veröffentlichte Meinung entstehen. Die massenhafte Vielfalt privater Fernsehsender, neuer Medien, Heimvideos sind mit ihrer privatisierenden Wirkung für traditionelle sozialdemokratische Anliegen weniger förderlich.

Zeit: Der politische „kairos", die Sequenzen politischer Macht- und Institutionenbildung, der Zeitpunkt der Industrialisierung, die Kumulation oder Dehnung von Konflikten, die Vor- und Nachteile von Pionier- und Nachzüglergesellschaften bilden eigenständige, bedeutsame Faktoren für erfolgreiche und weniger erfolgreiche sozialdemokratische Politik. Nimmt man diese sechs Punkte zusammen, so ist keineswegs ausgemacht, daß diese Restriktionen allein linken Parteien zum Nachteil gereichen.

Vorerst aber soll es nur um die Dahrendorfthese gehen. Merkel geht am elaboriertesten vor. Er möchte differenzieren! Er will – neben seinen theoretischen Auseinandersetzungen – im Vergleich dreier sozialistischer Nachzüglerparteien (Frankreich/Spanien/Griechenland) und vier etablierter sozialdemokratischer Parteien (Schweden/Norwegen/Finnland/Österreich) zeigen, ob es Unterschiede im Durchsetzungsvermögen, in den Politikergebnissen und Leistungsprofilen zwischen dem Zeitraum 1945-1974 und 1974-1990 gibt. Zur Erklärung reicht ihm der offensichtliche Machtressourcenansatz (Korpi/Esping-Andersen) nicht aus. Zur Erfassung der jeweiligen Opportunitätsstruktur, also den Handlungskorridoren sozialdemokratischer Regierungspolitik, muß eine Verbindung von system- und handlungstheoretischen Überlegungen hergestellt werden. Die ambivalente Wirkung der Strukturen zur Begünstigung oder zum Nachteil von Handlungschancen und für Strategiewahlen der Akteure, läßt sich nur in aufwendiger Kombination aller Faktoren erkennen.

Ich gehe nicht auf die Ergebnisse im einzelnen ein, sondern zitiere aus Merkels Fazit, in dem er die Argumente zusammenfaßt, die für und gegen die Niedergangsthese sprechen: „Trotz der Wahlerfolge, trotz (meist) parlamentarischer Mehrheiten und alleiniger Regierungsverantwortung reichten für die sozialistischen

Regierungen Südeuropas die politischen Machtressourcen nicht aus, um die negative Kumulation von *Restriktionen*, die sich einer sozialdemokratischen Wirtschafts- und Beschäftigungspolitik entgegenstellten, zu überwinden. Die erheblichen wirtschaftlichen Modernisierungsdefizite, fehlende Institutionen und die besonderen politischen Kulturen erwiesen sich dabei als die schwerste Hypothek. Und es waren gerade die wirtschaftlichen, institutionellen und politisch-kulturellen Faktoren, die sich in Schweden, Norwegen, Österreich und Finnland als *Ressourcen* sozialdemokratischen Handelns erwiesen. Sie schoben sich gewissermaßen als Filter zwischen Regierungsmacht und Politikergebnisse. Dadurch schwächten sie die von der Erosion der sozialdemokratischen ‚Regierungsmacht' ausgehenden Wirkungen auf die Politikergebnisse erheblich ab."[22]

Ohne Zweifel zeigen die Ergebnisse ein differenzierteres Bild als Dahrendorfs Globalthese. Auf den ersten Blick müssen die numerischen Erfolge der „Linken" in Frankreich in den achtziger Jahren beeindrucken und insbesondere die Stabilität der PSOE nach der Regierungsübernahme 1982 müssen interessieren, schließlich war und ist Spanien ebenfalls ein „posttotalitäres Transitionsland". Sieht man genauer hin, rücken folgende Bedenken in den Vordergrund: Was die verheerende Niederlage der französischen Sozialisten betrifft, kann Merkel auf den begrenzten Zeitraum seines Untersuchungsdesigns verweisen; und für die Wirklichkeit darauffolgender Zeiten kann der Empiriker ja nun tatsächlich nichts. Spannender ist der spanische Fall. Spanien mußte auch zurück zur Demokratie finden, nicht aber zu Privatrechtsordnung und Kapitalismus; allerdings hatte dieser seine Wettbewerbsfähigkeit unter Franco verloren und die verbesserte sich in den ersten sieben Jahren „bürgerlicher" Regierungen nicht nennenswert. Umso aufsehenerregender erscheint die Rolle der PSOE als erfolgreicher Modernisierungsagentur Spaniens, die dem Kapital den Anschluß an die EG- und an das Weltmarktniveau öffnete. Was waren die Kosten?

Die in der Zeit des Umbruchs (1974-76) als programmatisch linkssozialistisch angetretene PSOE verwandelte sich in kurzer Zeit in eine marktradikale sozialliberale Partei. Äußere Restriktionen, Monetarismus und neoklassische Angebotspolitik ließen an eine eigenständige keynesianische Steuerungspolitik nicht denken. Die seit 1982 mit absoluter Mehrheit regierenden Sozialisten paßten sich an; aber auch der zweite Wahlsieg 1986 brachte keine

22 *W. Merkel*: „Machtressourcen ..." a.a.O., S. 25.

„sozialdemokratische Wende". Selbst auf einem zentralen Feld sozialdemokratischer policies, dem Arbeitsmarkt, führten Deregulierungsmaßnahmen alter, francistischer Arbeitsplatzsicherung zu einer Arbeitslosenquote von zwanzig Prozent; weitere zwanzig Prozent arbeiten nur mit zeitlich befristeten Verträgen. Auch die erhebliche, ungleiche Vermögens- und Eigentumsverteilung bei einer der niedrigsten Steuerquoten in Europa evozieren kein „sozialdemokratisches" Handeln: „Spaniens Sozialisten sind in einer Phase an die Macht gekommen, in der ihnen die ... Rahmenbedingungen und das sozioökonomische Entwicklungsniveau wenig mehr gestatteten, als Staat, Wirtschaft und Gesellschaft zu modernisieren."[23]

Immerhin, „modernisieren" wollen die Osteuropäer auch, und wenn Modernisierungspolitik nicht einmal zu ernsthaften Wahlverlusten führt, dann leuchtet sogar Merkels zentrales Argument ein: Die Anpassungsfähigkeit der Parteiakteure begründet auch eine „rationale, funktional-elektorale" Strategiewahl, die auf Arbeitslose und (sehr schwache) Gewerkschaften keine Rücksicht mehr zu nehmen braucht. Wenn „sozialistische" Akteure nicht nur nicht anders können als nichtsozialdemokratische (Modernisierungs-)Politik zu betreiben und, da sie es nicht müssen, sogar wollen, dann stellt sich allerdings die Frage, welche „Notwendigkeiten" sozialdemokratische Politik, bzw. Wahl im Transitionsprozeß zwingend machen sollen.[24]

Was sagen uns die relativen Erfolge der vier anderen Vergleichsländer? Liefern sie Hinweise, daß unter gegebenen Umständen und/oder im Hinblick auf zukünftige Entwicklungen es sich doch lohnen könnte, auf die Karte „Sozialdemokratie", vom „sozialdemokratischen Konsens" nicht zu reden, zu setzen; daß die Chancen der Sozialdemokratie doch so schlecht nicht sind, daß von Niedergang, bzw. vom Ende des sozialdemokratischen Konsensus zu sprechen doch eher voreilig war und ist? Dazu eine kritische Bemerkung vorweg: Leider übergeht der Vergleich ausgerechnet die beiden, bzw. drei Länder, die Dahrendorf wohl vornehmlich im Kopf gehabt haben mag: Deutschland und Großbri-

23 PVS, 4(1989), S. 652

24 Daß die Situation in den postkommunistischen Ländern anders aussieht, weil die Bedingungen für eine funktionierende Marktwirtschaft, Kapitalismus, Demokratie und Privatrechtsordnung erst geschaffen werden müssen, bringt *C. Offe* dazu, von einem geradezu „funktionalen Bedarf" an sozialdemokratischen Parteien zu sprechen, s. „Der Tunnel am Ende des Lichts", a.a.O., S. 290.

tannien! In beiden Ländern war die Sozialdemokratie im fraglichen Zeitraum noch acht bzw. sechs Jahre an der Regierung. Daß der italienische PSI als Mitregierungspartei im vierten großen und dazu noch südlichen Land als Vergleichspol zu Frankreich keine Erwähnung findet, ist unter dem Aspekt der „sozialdemokratischen Konsensuspolitik" der DC, der Aufsplitterung der Linken und dem Zerfall des „pentopartito" sehr bedauerlich. Denn einen Beweis an vier kleinen Ländern zu führen, für die etwas andere politisch-kulturelle Konfliktregelungsmuster gelten, das ist im Hinblick auf alle Widerlegungsabsichten nicht sehr überzeugend – sehen wir davon ab, weil außerhalb des selbstdefinierten Untersuchungsraums, daß die Wahlniederlage der erfolgreichsten Sozialdemokratie der Welt, der schwedischen SAP, das von ihr mitgetragene Austerity-Programm der bürgerlichen Koalitionsregierung und der „unschwedische" Anstieg der Arbeitslosenzahlen auf früher undenkbare zwölf Prozent einem Menetekel gleichkommt.

Wie auch immer, Merkel bietet uns für die Erfolglosigkeit der südlichen Sozialisten und der relativen Erfolge der nördlichen Vergleichsländer eine Erklärung an, die Claus Offe „Konservatismus aus Komplexität" nennt. D.h., die Faktoren Zeit, Stand der Ökonomie, politische Kultur und die „ererbten" durch Institutionalisierung verfestigten policies, haben im Falle der Südländer „negativ", im Falle der Nordländer „positiv" zu Buche geschlagen. Auch hier ist es kein Zufall, daß Merkel gegenüber den „Deterministen" selber nur konservative Argumente ins Feld führen kann: Die sozialdemokratisch geprägten „Wände" der Handlungskorridore haben sich als haltgebender gegenüber den von außen kommenden Restriktionen erwiesen als ein sozialdemokratischer Handlungswille in der Lage war, erst einmal sozialdemokratische Wände überhaupt zu errichten. Der Faktor „Zeit", also ein früher industrieller „take-off" mit einer sich quasi parallel entwickelnden, starken Arbeiterbewegung, eine lange Regierungszeit und die gut dreißig Jahre andauernde Nachkriegsprosperität, haben den noch in den Traditionen, Werten und Interessenlagen der (Industrie-)Arbeiterschaft stehenden sozialdemokratischen Parteien des Nordens (incl. Österreich) ermöglicht, ein wohlfahrtsstaatlich bestimmtes politisch-kulturelles Konfliktregelungsmuster zu institutionalisieren, das den Zwang zur Anpassung an weltmarktbestimmte intervenierende Faktoren verzögert hat.

Ohne Zweifel erweist sich das Syndrom um den Faktor „Zeit" als gut geeignet, die Differenzen zwischen erfolgreichen und weniger erfolgreichen sozialdemokratischen Parteien zu erklären. Ein vorläufiges Fazit mit den Argumenten Merkels könnte lauten:

Das von Dahrendorf dramatisierte „Ende des sozialdemokratischen Jahrhunderts“ findet nicht statt, da es weiter Parteien geben wird, die diesen Namen tragen; große Anpassungsflexibilität vorausgesetzt, werden sie alsw soziallliberale Modernisierungsparteien und/oder als Garanten gegen einen allzu willkürlichen Abbau des Sozialstaates ihrer „sozialen Reputation wegen“ weiterhin benachteiligte Klientel vertreten. Aber auch die These vom Niedergang der Sozialdemokratie läßt sich kaum halten, da es schwer fällt, eine Grenze anzugeben, von der an Stimmenverluste der sozialdemokratischen oder anderer Linksparteien als säkularer Niedergang bezeichnet werden können, zumal daran zu erinnern ist, daß in etlichen Ländern der säkulare Stimmendurchschnitt kaum je dreißig Prozent betragen hat und dennoch auch dort Sozial- bzw. Wohlfahrtsstaaten etabliert worden sind. Auch auf die eingangs gestellte Frage nach den Auswirkungen von „1989“ auf die Niedergangsthese könnte Merkel antworten, daß man nicht ausschließen kann, daß in Ländern „nachholender kapitalistisch-demokratischer Modernisierung“ wie immer geartete sozialdemokratische Parteien entstehen und – folgen wir Offe – geradezu entstehen müssen, was immer sozialdemokratische Substanz heißen mag. Nun bleibt allerdings zu fragen, ob Dahrendorf damit bereits als widerlegt gelten muß und ob nicht hier schon sich die Erörterung meiner durch 1989 (Wiedervereinigung) beschleunigten Ende des sozialdemokratischen Jahrunderts-These erübrigt? Hätte es nicht genügt, allein die Dahrendorf-These stark zu machen und diese mit der Lage der SPD nach 1989 zu konfrontieren? Die folgenden Abschnitte soll deutlich machen, warum es des Umwegs bedurfte und bedarf.

„1989“

Die deutsche Vereinigung wird mit großer Wahrscheinlichkeit die These vom Ende des sozialdemokratischen Jahrhunderts bestätigen. Bisher habe ich eher die starken Seiten meiner Kontrahenten Dahrendorf und Merkel betont, aber auch schon ein paar Zweifel angemeldet. Deren größtes Manko sehe ich darin, daß beide keine Grenze bzw. keine „essentials“ sozialdemokratischer Politik anzugeben bereit sind, zugespitzt, daß sich beide nicht ernsthaft mit dem stärksten Einwand auseinandergesetzt haben, wie er in der Frage Willy Brandts zum Ausdruck kam: Was denn so sozialdemokratisch an diesem Jahrhundert gewesen sei? Von der Beantwortung dieser normativen, praktisch-politischen, historischen und prognosehaltigen Frage hängt die Validität der Dahrendorfschen These und von Merkels Widerlegungen viel stärker ab, als sich beide klarmachen. Hilfreich wäre gewesen, etwa Esping-Andersens „Politics against Markets“ und „Three Worlds of Welfare Capitalism“ oder auch M. Alberts „Kapitalismus contra Kapitalismus“ unter diesem Aspekt besser auszuschöpfen.[25]

Die bei Esping-Andersen entwickelten Typen zur Unterscheidung von liberalen, konservativen oder sozialdemokratischen Wohlfahrtsstaats- bzw. Kapitalismus-Modellen bei Albert geben uns Parameter an die Hand, die es ermöglichen, nicht nur differenzierter und spezifischer den ominösen „sozialdemokratischen Konsens“ zu qualifizieren, sondern auch, wie, wo und ob „1989“ eher zum Vor- oder Nachteil spezifischer sozialdemokratischer Politik gereichen wird; insbesondere aber warum die nunmehr weltweite Ausweitung des „siegreichen Kapitalismus“ dabei eine zentrale Rolle spielen wird.

Das wird unmittelbar deutlich in der Auflistung von Esping-Andersens Grundbedingungen sozialdemokratischer Wohlfahrtsstaatsregime: Aufhebung des Waren-Charakters (decommodification) von Arbeit (Vollbeschäftigung), Institutionalisierung von Solidarität („Cultivate cross-class solidarity“), inhaltliche und numerische Koalitionsbildung über die Arbeiterklasse hinaus, genereller Universalismus (mehr gleiche Freiheit durch gleiche soziale Rechtsansprüche/Umverteilung sozialer Rechtsansprüche). Mit den Worten Esping-Andersens:

> „Social democratic class formation, therefore, is first and foremost a struggle to decommodify labor and stem market sovereignity in order to make collective action possible. Only when workers command resources and access to welfare independently of market exchange can they possibly be swayed not to take jobs during strike actions, underbid fellow workers, and so forth. Where the market is hegemonic, the labor movement's future depends on its ability to provide an ‚exit‘ for workers that concomitantly ensures collective solidarity.“[26]

Neben dem eben beschriebenen sozialdemokratischen Regime lassen sich je nach qualitativ unterschiedlichen Arrangements zwischen Staat, Markt und Familie zwei weitere Arten von Wohlfahrtsstaatsregimen finden: das liberale (minimiert decommodifi-

25 *G. Esping-Andersen*: Politics Against Markets, Princeton 1985, *ders.*: Three Worlds of Welfare Capitalism, Princeton 1990; *M. Albert*: Kapitalismus contra Kapitalismus, Frankfurt/M.New York 1992.

26 *Esping-Andersen*, a.a.O., S. 31.

cations-effects, Beispiele: USA, Kanada, Australien, partiell Großbritannien) und das (christlich)-konservativ-korporatistische (Bewahrung von Statusdifferenzen; leistungsfähig trotz geringer vertikaler Umverteilung; Subsidiaritätsprinzip; familienzentriert mit geringer Sicherung von Hausfrauen, Beispiele: Österreich, Deutschland, Frankreich, Italien). Natürlich finden sich in der Wirklichkeit keine reinen Fälle, dennoch lassen sich für unser Problem als herausragende Charakteristika sozialdemokratischer Wohlfahrtsregime folgende Eigenheiten hervorheben: Die eigentümliche Verbindung von Wohlfahrt und Arbeit, d.h. eine politisch-kulturelle Verpflichtung zur Vollbeschäftigung. Das „Recht auf Arbeit" bekommt den gleichen Status wie das Recht auf Eigentum und auf sozialen Schutz. Ein solidarisches, universelles und „decommodifying"-Regime ist bestrebt, soziale Probleme zu minimieren, muß dafür aber hohe Steuereinnahmen sichern; und das geschieht am besten dadurch, daß die größtmögliche Zahl von Männern *und* Frauen einer Erwerbsarbeit nachgeht. Die Brisanz dieser Charakterisierung sozialdemokratischer essentials leuchtet in unserem Zusammenhang unmittelbar ein: Dahrendorfs Typ des „rechten Sozialdemokraten" erscheint minimalistisch, personalistisch („Haltungen"!), wenig strukturell und ahistorisch. Die Vernachlässigung entscheidender Interaktionskonstellationen zwischen Staat – Markt – Arbeit und Familie (sei es der Grad von Arbeiterklassenformierung, Zeitpunkt der Institutionalisierung und Struktur der möglichen Klassen- bzw. Parteienkoalitionen) würde Dahrendorf lediglich erlauben, von einem Konsens mehr oder weniger *sozialer Verpflichtungen*, nicht aber von einem *sozialdemokratischen* Konsensus, zu sprechen. (Dieser definitorische Einwand wird nicht dadurch entkräftet, daß unter diese Kategorie nur wenige Staaten fallen und damit ist auch nicht gesagt, daß Dahrendorfs Prognose falsch ist.)

Merkels Widerlegungen vernachlässigen die eben genannten Interaktionskonstellationen nicht. Der Vorteil seines Untersuchungsdesigns liegt darin, daß er mit Spanien, Griechenland und Portugal posttotalitäre Nachzüglerfälle aufgegriffen und damit die völlig anders gelagerten Probleme postkommunistischer Sozialdemokratie quasi antizipiert hat. Wenn seine (defensiven) Erklärungsmuster „Konservatismus aus Komplexität" und „Zeit" sich als entscheidender Faktor für Art und Entstehung (sozialdemokratischer) Wohlfahrtsstaatsregimes herausstellt, dann läßt sich die für unsere These bedeutsame Voraussage machen: Keine „modernisierende Nachzüglergesellschaft" bzw. sozialdemokratische Partei wird die Faktorensequenzen (der Institutionalisierung, der Klassenformierung etc.) vorfinden, an die sich die Akteure (und sei es im Zeitraffer) halten könnten; nicht nur, weil die entsprechenden Kollektivakteure (zentral: die Verbindung von Sozialdemokratie und Gewerkschaften) fehlen, sondern auch, weil sie sich einer Umwelt gegenüber sehen, in der das Verhältnis von Staat, Weltmarkt und Arbeit als negative Restriktionen erfahren werden.

Liefern uns also doch Sombarts Antworten für die USA eine Art vorweggenommener Beschreibung unserer Zukünfte? Steuern wir auf einen Kapitalismus bzw. kapitalistische Demokratien zu, in denen Sozialdemokratie ihrer essentials und Ziele vollends verlustig geht, bzw. diese gar nicht erst zum Tragen kommen?[27]

Die Frage nach dem Schicksal sozialdemokratischer Parteien in Nachzüglerländern soll hier nicht weiter diskutiert werden; sie mußte aber aufgeworfen werden, weil „1989" mit dem Fortfall der Systemkonkurrenz und der gleichzeitigen Ausdehnung des kapitalistischen Marktprinzips auf nunmehr fast die gesamte Welt, eine Annahme verbunden werden muß, die auf den einmaligen Sonderfall Deutschland, bzw. die deutsche Sozialdemokratie zielt und damit auf unsere These. Diese Annahme lautet: Wird eine Welt mit weniger „kapitalismuszähmenden" sozialdemokratischen Parteien und Gewerkschaften eine Art negativen „spill-over"-Effekt auf die Politik etablierter sozialdemokratischer Parteien ausüben? Konkreter: Wird der bereits durch Anpassungselastizität gekennzeichnete Modernisierungskurs der westdeutschen SPD durch das Aufeinandertreffen mit der noch nicht etablierten postkommunistischen Parteienlandschaft im Zuge der nachholenden Modernisierung der Ex-DDR eher gestärkt oder eher abgeschwächt?

Im Rückblick auf den bisherigen Gang der Argumentation, muß ich, was die Ex-DDR als Nachzüglerland betrifft, Korrekturen vornehmen. Die neuen Bundesländer sind mit dem Institutionengeflecht einer funktionierenden westlichen Demokratie überzogen worden. Das betrifft die Marktwirtschaft, Privatrechtsordnung, die Verwaltung, Parlamentarismus und Föderalismus etc. – Strukturen also, die einen erheblichen Anpassungszwang auf die noch verbliebenen Reste älterer politischer Kultur der DDR ausüben wer-

27 Der Austro-Marxist *J. Hindels* spricht bereits 1974 von einer „Sozialdemokratie ohne Sozialismus", d. h. von der Aufgabe der Vision einer „neuen Gesellschaft". – Der Großverleger R. Murdoch verkündet im „Spiegel" (32/1994, S. 128): „Die Modernisierung der Welt ist in Wahrheit eine Amerikanisierung".

den.[28] Entscheidend dazu beitragen wird, daß durch die gleichzeitige Übertragung des westdeutschen Systems sozialer Sicherung und zusätzlicher Transferzahlungen die sozialen Kosten der Systemtransformation im Verhältnis zu den anderen postkommunistischen Gesellschaften auf ein (immer noch großes) Minimum reduziert werden.[29]

Interessanterweise hat die Mehrheit der DDR-Bürger in den ersten beiden freien Wahlen sehr deutlich zum Ausdruck gebracht, daß sie die Erfüllung ihrer Wünsche eher von der Union als von den Sozialdemokraten erwarteten. Dabei hatten etliche Umfragen die West-SPD in ihrem Glauben bestärkt, daß sie quasi bruchlos an die großen Zeiten ihrer Hochburgen im Osten vor 1933 würde anknüpfen können. Insbesondere das, wenn auch qualitativ mit Mängeln behaftete universelle System der Bereitstellung öffentlicher Güter, die fehlende Arbeitslosigkeit, relativ geringe Einkommensungleichheit und die fast vollständige Erwerbsbeteiligung der Frauen (vgl. die Parallelen mit dem Typen des sozialdemokratischen Wohlfahrtsregimes oben!) ließ manche hoffen, daß die SPD zur strukturellen Mehrheitspartei in ganz Deutschland aufsteigen könnte.[30] Das fürchtete wohl auch die Union, die deshalb entgegen der verbalen neoliberalen Wende ganz opportunistisch sich ihrer sozialpolitischen Kompetenz erinnerte und schon nicht mehr erwartete „soziale Wohltaten" verteilte (von den Renten bis zur Pflegeversicherung). Selbst eine vorher nie gesehene keynesianische Arbeitsbeschaffungspolitik fand Eingang in ihre Machtsicherungsstrategie. Die nominell herrschende Arbeiterklasse der DDR wählte mehrheitlich „rational" die Partei des Kapitals. Sie drückte damit unbewußt und zutreffend aus, daß das „rheinische Modell" des Kapitalismus (M. Albert) in seiner konservativ christlich-sozialen Version als durchaus erfolgreich wahrgenommen worden

28 *Ch. Fenner*: Which Factors encourage or hinder democratic Legitimacy in the former GDR?, erscheint im Protokoll der Tagung „Value Orientations, political Behaviour and democratic Legitimacy" im September 1993 in Visegrad, Budapest 1994.

29 *C. Offe*: Akteure und Agenda der Reform, in Transit 6 (1993), S. 63-86.

30 Zur Frage der Ähnlichkeit des „institutionellen Wohlfahrtsstaatssystems" der DDR mit dem (sozialdemokratischen) Modell des „Sozialstaatspostulats" (H.H. Hartwich), das sich auch in der „Sozialcharta der DDR" von 1990 wiederfindet und der Gegenposition, des (bürgerlich) „residualen Modells", das im deutsch-deutschen Staatsvertrag festgeschrieben wurde, siehe *A. Murswieck*: Probleme und Optionen der sozialpolitischen Integration, in: *U. Liebert/W. Merkel (Hg.)*: Die Politik zur deutschen Einheit, Opladen 1991, S. 227-242.

ist. Dem christlichen Solidarismus der Ungleichen hatte die SPD mit ihrem defensiven Solidaritätsverständnis und den Einheitsvorbehalten wenig entgegenzusetzen.[31]

Entsozialdemokratisierung der deutschen Sozialdemokratie?

Statt des erwarteten Sieges in der Volkskammerwahl erhielt die Ost-SPD gerade einmal die Hälfte der CDU-Stimmen (21% : 40,9%), und das für die West-SPD schlechteste Wahlergebnis seit 1957 wurde in der ersten gesamtdeutschen Bundestagswahl (35,7%) selbst durch den leichten Anstieg im Osten (24,3 %) auf insgesamt 33,5 % gedrückt. Geradezu inverse Strukturen, was den Anteil von Arbeitern an der Wählerschaft betrifft (50% : 25%), völlig disproportionale Mitgliederzahlen (900 Tsd. : 30 Tsd.), das fast vollständige Fehlen eines linken und ökologischen Flügels, all das macht es der sich weiterhin mit aller Kraft „modernisierenden" SPD-West schwer genug, einen Solidarpakt in den eigenen Reihen zu schließen: sie muß eine Sprache für zwei Wählermärkte finden, und das im Westen immer noch sozialdemokratisch geprägte Vorfeld der Gewerkschaften fehlt, ja wird sogar mit Argwohn betrachtet.[32]

Angesichts der in Deutschland zutage tretenden Konflikte zwischen Umverteilungserwartungen im Osten und deren erkennbaren Grenzen im Westen, zwischen der von der SPD grundsätzlich akzeptierten Deregulierung und Privatisierung im Westen und der Notwendigkeit zur Intervention im Osten, zwischen einer nach Westen gewandten zivilen und individualistischen Gesellschaftskultur und einer erst langsam aufbrechenden Staats- und Gemeinschaftskultur, fällt es der westdominierten SPD noch schwerer, mit

31 *Ch. Fenner*: Das Ende des Provisoriums Bundesrepublik. Reaktionen einer postnationalen Gesellschaft auf die Anmutung des Nationalen, in: *W. Süß (Hg.)*: Die Bundesrepublik in den achtziger Jahren, Opladen 1991, S. 307-320

32 Sowohl in Mecklenburg-Vorpommern als auch in Sachsen wurden prominenten DGB-Gewerkschaftern vordere Plätze auf den Landeslisten verweigert. Die Sozialministerin von Brandenburg, R. Hildebrandt, meinte, daß die SPD-Ost nie Volkspartei werde und der Landesvorsitzende, *St. Reiche*, schrieb in einem Artikel über das Organisationsmodell „SPD 2000": „Eine tapfere Illusion – in uns lernt die West-SPD ihre eigene Zukunft kennen.", in: Berliner Stimme vom 10.4.1993, S. 6.

einem auch für den Osten abgestimmten Programmangebot aufzutreten[33] – von der Konkurrenz der PDS ganz abgesehen.

Die Chance etwa, an die von den „sozialistischen" Wohlfahrtsstaatssystemen im Osten ausgehenden Impulse für den so häufig angekündigten „Umbau des Sozialstaates" anzuknüpfen, wird die SPD weder wagen noch wollen und können. Im Gegenteil, mit der Betonung der Grenzen des Sozialstaates durch die Parteivorsitzenden Engholm, Scharping und auch Lafontaine, hat sich die SPD von der Vision eines umverteilenden Wohlfahrtsstaatsregimes à la Schweden (oder eigener früherer Reformvorstellungen z.B. bezüglich einer Einheitsversicherung) verabschiedet.[34] Sie bleibt gefangen in dem seit Bismarck christlich-sozial-konservativ bestimmten Sozialstaatskonsensus. (Und die Frage bleibt, ob selbst dieser „dritte Weg" der „sozialen Marktwirtschaft" von der Union eingehalten werden kann? – Dahrendorf sieht hier das Ende des Konsensus.)

Weder SPD noch Gewerkschaften können als Promotoren einer spürbaren und politisch-relevanten Minderung ökonomischer Ungleichheit gelten; auch das ist einer der „Erfolge" des die Statusdifferenzen betonenden deutschen Sozialstaatssystems. Das „sozialdemokratische Jahrhundert" wird in Deutschland auch dann nicht beginnen, wenn die SPD absolute Mehrheiten erreichen sollte. Die diagnostizierten Restriktionen für eine sozialdemokratische Politik „against markets" sind inzwischen größer geworden als selbst das pragmatische Wahlprogramm von 1994 erkennen läßt.[35]

33 Das Dilemma des „magischen Wählervierecks" (traditionelle Arbeitnehmer, SPD Funktionseliten, sozialdemokratische Postmaterialisten und sozialdemokratische Rechtspopulisten) würde durch die Erweiterung durch ein spezifisch „fünftes Osteck" völlig überfordert, oder, wie ein enger Mitarbeiter von R. Scharping in einem persönlichen Gespräch sagte: „17 Mill. NRWler sind für die SPD wichtiger als 15 Mill. Ostdeutsche"!

34 „Die ‚Grundsatzentscheidung', die Hans Apel formulierte, sieht er (Scharping) auch so: ‚Sind wir die Partei der Modernität und des wirtschaftlichen Fortschritts, die auch für soziale Gerechtigkeit steht? Oder wollen wir den Sozialstaat, die Wiederherstellung aller sozialen Errungenschaften der sozial-liberalen Koalition mit zusätzlichen Wohltaten ...?', zitiert bei *Th. Leif/J. Raschke*: Rudolf Scharping, die SPD und die Macht, Reinbek 1994, S. 220.

35 Um kein Mißverständnis aufkommen zu lassen, die sozialdemokratischen Parteien haben natürlich die Funktionen des Marktes längst akzeptiert. Es ging (und geht) allein darum, wo und ob nicht bestimmte Bereiche der Politik allein der Marktregulierung überlassen bleiben sollen; das gilt nicht nur für den Arbeitsmarkt (s.w.u.), sondern auch für die Kultur, den Sport, das Wohnen und allen sonstigen gemeinnützigen Institutionen wie der Post, der Bahn, den Universitäten etc.. Vgl. dazu die noch recht optimistischen Aussagen zum Bremer (Berliner) Programm der SPD von *Th.*

Dennoch wird die SPD im Osten Stimmen gewinnen. Ob dabei ein ähnlich „rationales Nutzenkalkül" („Einheit"/"Kapital") auszumachen sein wird, wird im gegebenen Fall belanglos sein. Denn der Wunsch nach „Arbeit-Arbeit-Arbeit" (SPD-Wahlslogan 1994), und selbst zugeschriebene Kompetenzvorsprünge in Sachen Gerechtigkeit, werden angesichts inzwischen allbekannter Informationen über die Grenzen politischer Arbeitsmarktsteuerung und Umverteilung von der SPD kaum erfüllt werden können.

Hinzu kommt, daß selbst eine gelingende Industriepolitik in den neuen Bundesländern die radikale Abwicklung der Großindustrie nicht wird umkehren wollen noch können; das hat mittelfristig bedeutsame (sozialstrukturelle) Folgen für Gewerkschaften und SPD. Insbesondere die mit modernsten Technologien entstehenden kleinen Betriebe werden, wie eh, ein schwieriges Rekrutierungsfeld für die Gewerkschaften darstellen. Der von den eher hochqualifizierten Arbeitnehmern geforderte „Zwang zur Individualisierung" befördert die Tendenz, Interessen eher im „exit" als in kollektiven Lösungen zu suchen, bzw. sich einer Politik des betrieblichen Mikrokorporatismus anzuschließen. Flächendeckende Tarifabschlüsse werden durchlöchert und jegliches Umverteilungsverlangen erschwert.[36]

Für die sozialdemokratische Akteursseite sieht es also schlecht aus, es sei denn, man kürte „Anpassungsfähigkeit" zum neuen *essential* der Sozialdemokratie. Sollte sich das als unumgänglich

Meyer: Brauchbares und Unbrauchbares, in: Die Neue Gesellschaft/ Frankfurter Hefte 11(1989), S. 1029-1031. Das von Lafontaine inspirierte Wahlprogramm 1990 ist dagegen durch eine radikale Marktwende gekennzeichnet!

36 Die enormen Mitgliederverluste des DGB im Osten sind nicht nur der Arbeitslosigkeit geschuldet, sondern auch der verlustig gegangenen Servicefunktionen des FDGB. Die Zuordnung von SPD und DGB („Koalition") nehmen im Osten 49% (Westen 12%) nicht wahr. Siehe: B. Weßels: Gruppenbindung und rationale Faktoren als Determinanten der Wahlentscheidung in Ost- und Westdeutschland, in: *H.-D. Klingelmann/ M. Kaase (Hg.)*: Wahlen und Wähler, Opladen 1994, S. 123-157 (hier: S. 134). – Auch für die westdeutschen Teile und damit dem Gesamt-DGB sieht es nicht gut aus. Eine vom DGB in auftrag gegebene Studie fördert deprimierende Ergebnisse zutage: Von 45% auf 72% ist der Anteil derer gestiegen, die eine Mitgliedschaft definitiv ausschließen; 40% (Osten: 54%) erwägen einen Austritt; der Anteil jugendlicher Mitglieder ist von 1979 bis heute von 17% auf 9,6% gesunken. Daß es in den meisten Industrieländern (USA!) den Gewerkschaften noch viel schlimmer geht, kann nur ein schwacher Trost sein.

erweisen, dann heißt es, von der Vorstellung einer zunehmend gerechteren Gesellschaft, vom „Demokratischen Sozialismus" Abschied zu nehmen. Diskurse über „Gerechtigkeit" und mehr gleiche Freiheit werden Theoretiker weiter beschäftigen und auch als Defensiv- und Mahnposition (Ökologie!) nicht ganz sinnlos sein – immer aber unter den sich neu formierenden Imperativen der „Verwertungsbedingungen des Kapitals".[37]

Tatsächlich hat „1989" eine sich schon länger ankündigende Wende im funktionalen Verhältnis von „Arbeit" und „Kapital", von Markt und Staat und damit auch unabsehbare politische Folgen für alle Formen von Gemeinschaft, Gesellschaft und Solidarität herbeigeführt.[38] Jetzt gewinnt die oben erwähnte Gleichzeitigkeit der Dahrendorfschen Thesen vom „Ende des sozialdemokratischen Jahrhundert" und vom „Ende der Arbeitsgesellschaft" Plausibilität.

„Arbeit" enthielt in der sozialdemokratischen Programmatik und Philosophie immer einen auch praktisch-kritischen Handlungsbezug im Sinne politisch-emanzipatorischer Praxis; der Arbeitsprozeß bedeutete immer auch einen politischen Bildungs- und Bewußtseinsprozeß. Dieses Doppelverständnis von Arbeit hat sich spätestens mit dem „Ende der Arbeiterbewegung" verengt, bzw. geteilt: Die „Erosion des Arbeitsbegriffs um seinen kommunikativen, praktischen Gehalt, die Disjunktion von Naturbearbeitung und Bildung/Sozialisation/Politik bedingt fortan die Dominanz der Perspektive von Arbeit gemäß einer produktionstechnischen Rationalisierung, geprägt durch die Kapitalbestimmungen und gemäß der analytischen Trennung von Arbeitsprozeß und sozialen Folgewirkungen".[39] War es das Bestreben der Gewerkschaften, gegen

37 Ich meine damit nicht, daß ökonomische Funktionserfordernisse unmittelbar politisches Handeln determinieren. Vgl. *G. Vobruba*: Bedeutungsverluste von Staatsgrenzen, in: ÖZP (1993), S. 85-92.

38 Der Zentralstaat hat längst seine exekutiven Steuerungsfunktionen zugunsten von Aushandlungsprozessen aufgrund gestiegener gesellschaftlicher Handlungsfähigkeit (W. Streeck) verloren. Sozialdemokratische (universalistische) Umverteilungspolitik bedarf aber des nicht nur „hoheitlichen" Staates, weil das Machtungleichgewicht zwischen Gewerkschaften und Wirtschaftsverbänden nur zentral halbwegs kompensiert werden kann. Nicht zufällig sieht F. Scharpf (Arbeits-)Verteilungsprobleme (nicht die zwischen Kapital und Arbeit – die sind durch die internationalen Kapitalmärkte fixiert) bei einer auf Steigerung der Unternehmenserträge gerichteten sozialdemokratischen Angebotspolitik allein auf die Arbeitnehmer zukommen. *F. Scharpf*: Sozialdemokratische Krisenpolitik in Westeuropa, Frankfurt/M.-New York, 1987, S. 332/3.

39 *F. Naschold*: Politik und politische Institutionen in neokorporatistischen

die ungleichen Gesetze des Marktes die „politische Ökonomie" der Arbeiter(-klasse) zu setzen, d.h. die Arbeitsmärkte „gegen den Markt" zu vermachten, zum physischen Überleben und zur Verteidigung ihrer sozialen und kulturellen Lebensbedingungen, so versuchte der politische Arm, die Arbeiterparteien (nachdem sie ihr radikales Ziel, die Abschaffung der Lohnarbeit, aufgegeben hatten), durch staatlich politische Herrschaft Randbedingungen herzustellen, um die Verfügungsmacht des Kapitals im Mikrobereich (Betrieb), im Mesobereich (Tarifparteien) und im Makrobereich (staatlich keynesianische Steuerung) einzuschränken und damit Standards des sozialen Fortschritts zu setzen, hinter die niemand mehr zurückfallen können sollte. „Arbeit" als das Selbst konstituierende gesellschaftliche Leitnorm mußte also heißen: „Vollbeschäftigung", ein „Recht" für alle, zu arbeiten. Vollbeschäftigung sichert die Macht und damit die Freiheit der abhängig Arbeitenden gegen die Effizienzzwänge des Marktes. Aus der „defensiven" Solidarität der Klasse(n) erwüchse so eine Solidarität der ganzen Gesellschaft. Die prekäre Lage, in die beide Arme der Arbeiterbewegung gerieten, rührte – natürlich schon vor „1989" – daher, daß die viel früher einsetzende Ausweitung des Wählermarktes seitens der Partei auf die Arbeitenden, die sich (subjektiv) nicht als Gegner der Markt und Kapitaleffizienz verstanden, auch eine programmatische Lockerung der „politics against markets" nötig machte.

Mit der Universalisierung des (Welt-)Arbeitsmarktes, der Segmentierung, Sektoralisierung und Individualisierung werden auch die Gewerkschaften zur Abkehr vom umfassenden Solidarprinzip gezwungen. Die nur noch interessen-instrumentell verstandenen Arbeitsverhältnisse stehen der Formierung solidarischer Moral entgegen, die sich ja immer auch auf Ehre und Würde des „kleinen Mannes" bezog. Das „Kapital" und der Markt können niemals solidarisch sein (Sartori). Deren nationalgesellschaftliche Zähmung wird hinfällig, wenn Güter und Arbeitsmärkte den nunmehr weltweit wirkenden Kriterien „wirtschaftlicher Effizienz" unterliegen. Der ökonomische Weltbürgerkrieg zerstört Demokratie, die nur als Sozial-/Wohlfahrtsstaat möglich ist.[40] Die Rückkehr des

und Public-Choice Ansätzen, in: *H.H. Hartwich (Hg.)*: Macht und Ohnmacht politischer Institutionen. (= Tagungsbericht vom 17. Wissenschaftlichen Kongreß der DVPW 1988 in Darmstadt), Opladen 1989, S. 210-221. (hier S. 214)

40 *C. Koch*: Marktherrschaft. Von den kommenden Umwälzungen in Westeuropa, in: Merkur 1(1993), S. 1-14. Oder: *A. de Swaan*: „The welfare

vorpolitisch Nationalen ist nur eine Antwort auf das Schwinden einer durch Konflikte hindurch konsensuell zusammengehaltenen Gesellschaft; Kapitalismus braucht keine Demokratie (Katznelson). Oder ist ein Wiedererstarken der demokratischen Frage anstatt über „Arbeit" durch „Kommunikation" zu erwarten? Kann der Appell an die Interessen „rational Handelnder" zu Solidarität führen, wenn egalitäre-umverteilende Politik ihre Mehrheitsfähigkeit und ihre kollektiven Akteure verliert? Diese kräftigen Sätze und Fragen charakterisieren ziemlich genau das, was etliche Kritiker seit „1989" umtreibt.

Die Wiedervereinigung „läuft" nur über die eingeforderte nationale und nicht über gesellschaftliche Solidarität. Als Meister der westdeutschen Besitzstandswahrung erweisen sich nicht zuletzt Gewerkschaften und SPD-geführte Länder.[41] Vollbeschäftigung ist mit dem Hinzukommen der (effektiv) vier Millionen Arbeitslosen der Ex-DDR weiter entfernt, und damit die Krise der Arbeitsgesellschaft näher denn je; folgen wird eine Krise des Systems sozialer Sicherheit.[42] Die neue Melodie ist längst angeschlagen: die allenthalben geführten Debatten um die Konkurrenzfähigkeit des „Standortes Deutschland" richten sich keineswegs mehr allein gegen sozialdemokratische und gewerkschaftliche „Irrwege". Auch der konservativ-christlich-soziale Sozialstaat steht in der Kritik: Die CDU als „beste SPD aller Zeiten" muß sich sagen lassen, daß

state is essentially exclusive and anti-international", zitiert nach *Vobruba*, a.a.O.

41 Siehe dazu: *Ch. Fenner*: „Eroberst Du fremdes Land, lege deine Hauptstadt dorthin", in: vorgänge 121(1993), S. 18-24. „Nicht die ‚neue Solidarität', die Meyer nach der deutschen Vereinigung in den Gewerkschaften anmahnte, sondern das ‚Prinzip der Konkurrenz jeder gegen jeden' und ein ‚mitleidloser Egoismus' kennzeichnen nach seiner Beschreibung den Alltag im vereinten Deutschland". *U. Füssel/J. Roitsch*: Mann des Ausgleichs mit Ahnungen für den Aufbruch, in: FR vom 11./12.5.1994.

42 *H. Schauer*: Gewerkschaften im Umbruch, a.a.O., S. 462f. Eine seltene Stimme: *N. Piper*: Arme Reiche, reiche Arme?, in: Die Zeit 22(1994), S. 23. Jede Bundesregierung wird von den „Besserverdienenden" höhere Lasten fordern müssen; „It is always the Haves who demanded too much" (Fred Hirsch) Nicht mehr die Ausbeutung ist das Problem der „sozialen Frage", sondern die Ausgrenzung der Arbeitslosen, der Jugendlichen, der „gefährlichen Klassen", die ohne haltgebende linke Parteien und Gewerkschaften allerdings keine Subjekte politischen Handelns mehr sein werden; ihre Anomie erzeugt Gewalttätigkeit. Siehe dazu die brillante Studie von *F. Dubet/D. Lapeyronnie*: Im Aus der Vorstädte. Der Zerfall der demokratischen Gesellschaft. Stuttgart 1994

jeder Vorschlag gegen die Ausbeutung des sozialen Systems solange sinnlos sei, solange die politische Klasse die große Illusion, Freiheit und Gleichheit mache jeden gut, im Kopfe hat; zu früheren, „gesamteuropäischen Grundüberzeugungen" sei zurückzukehren: „Die Sicherung der eigenen Existenz ist jedes Menschen Zuchtmeister – diese uralten, unverzichtbaren Zusammenhänge betont neuerdings nachdrücklich Präsident Clinton" – das Wahlkampfidol der westdeutschen SPD![43]

Die „Rückkehr" zum Vorbild der sich eher zur Ein-Drittel-Gesellschaft bewegenden USA mag ja durchaus „funktionieren", aber ein sozialdemokratisches Jahrhundert läßt sich damit nicht beginnen; und dort, wo es schon begonnen hatte, kann stellvertretend resümiert werden: Die Niederlage (1991) der erfolgreichsten Sozialdemokratie der Welt, Schwedens SAP, muß als Menetekel gelten. Der Wahlerfolg 1994 ändert nur wenig an dieser Aussage, da auch jetzt nicht an eine Rückkehr zu ‚alten' sozialdemokratischen Politikmustern gedacht werden kann. Das 75er Programm hatte noch ganz im Zeichen des Nexus von „Arbeit und Freiheit" gestanden. Die achtziger Jahre testeten nochmal die Grenzen kapitalistischer Wirtschaft mit ihren „Arbeitnehmerfonds". Die alte normative und organisatorische Machterzeugungsfähigkeit der Arbeiterbewegung konnte den „Systemwechsel" kraft der Trägheit der Institutionen verzögern. Das neue Programm aber legt größten Wert auf „Effizienz, Markt, Individualismus und Qualität des Lebens". Das zeigt, daß das moralisch-ethische Prinzip sozialistischer Solidarität der gemeinsamen Verantwortung und gegenseitigen Verpflichtung und der Versuch seiner Übertragung auf die gesamte Gesellschaft am individualistischen Leistungsprinzip gescheitert ist. Ich vermute, es wird sich nicht wiederbeleben lassen. Der Schritt aus der skandinavischen Nische ins Europa der EU ist ein deutlicher, konsequenter Schritt. Diese Tatbestände müssen zu denken geben. Wenn selbst in Schweden eine Vorsorge für mehr Gerechtigkeit in der Marktwirtschaft, die sich im Zeichen der Freiheit entfaltet, nicht mehr möglich ist, so ist das umso bedenklicher, als uns genau dieses Problem – die Notwendigkeit eines „Sozialismus im Kapitalismus" (Lepenies) – in den nächsten Jahren einholen wird.[44]

43 *M.L. Schwarz-Schilling*, in: MUT 1(1994), zitiert nach *A. Baring*: Wurzel des Übels, in: FAZ vom 21.4.1994.

44 In seiner Rezension von Merkels „Sozialdemokratie am Ende?" glaubt H. Bude (Die Wiederkehr der Sozialdemokratie; in: Merkur 6/1994).

Eike Hennig

Versagt die Opposition? Über brachliegenden Protest und geschwätzige Alternativen

> „Die Rahmenbedingungen der Politik in Deutschland und Europa haben sich entscheidend verändert. Dieser politische Gezeitenwechsel kommt in allen politischen Feldern und auf allen politischen Ebenen zum Ausdruck ... Wir können den humanen Charakter unserer Gesellschaft bewahren, wenn wir unsere Kräfte auf das Wesentliche konzentrieren und in den entscheidenden Politikbereichen neue Impulse setzen."
> (Rheinland Pfalz, Erneuerung mit ruhiger Hand, 54)

Felder, Ebenen und Bereiche: Wo wird oppositionelle Politik betrieben? Hessen, Frankfurt a.M., Rheinland-Pfalz, Niedersachsen, Saarland, Nordrhein-Westfalen (von Hamburg, Bremen, München, Brandenburg ganz zu schweigen). Was stellen diese „roten", „orangenen" oder „rot-grünen" Beispiele den „schwarzen" bzw. „blau-schwarz-gelben" Partien der Republik tatsächlich an praktizierter Opposition gegenüber bzw. was sind an diesen Stätten oppositioneller Macht diejenigen wesentlichen Impulse, die den humanen Charakter bewahren? Wo, bitte, sind der Radweg oder die Transrapid-Stelzen hin zur „zukunftsorientierten Politik" und zum „breiten politischen Konsens" (um weitere Versatzstücke der Scharpingschen Rheinland-Pfalz-Broschüre zu zitieren). Späßchen beiseite: Zu fragen ist nach „Opposition" und „Alternativen", denn schwerlich kann's so weitergehen, wie es eine außengeleitete „Erlebnisgesellschaft" will oder Lynnyrd Skynnyrd in „Don't Ask Me No Questions" besingen:

> „I love the money and I love my brand new car./ I like drinkin' the best of whiskey and playin' in a honky tonk bar./ But, when I come off the road, well, I just gotta have my time/ 'cause I got to find a break in this action/ else I'm gonna lose my mind./ So don't ask me no questions and I won't tell you no lies./ So don't ask me 'bout my bus'ness and I won't tell you goodbye."

Teils enttäuscht (über den Oppositionsverzicht der SPD, die Tyrannei der Werte und die schiere Koalitionssehnsucht bei den Grünen, über vertane intellektuell-politische Chancen also), teils spekulativ und auf schmalem Grund, teils (jedoch nur im Mittelteil) „wissenschaftlich“ soll hier das weite Thema der „Opposition“ (gegen die Regierung und *vested interests* und Lebensstile in „der“ Gesellschaft) angesprochen werden. Im Angesicht von Postmoderne, Post-Fordismus und Post-Histoire gibt es dabei selbstverständlich nurmehr plurale Oppositionsangebote, ebenso wie auch „der“ Protest ein von „rechts“ bis „links“ schillerndes Gesicht angenommen hat. „Opposition“ ist im folgenden also immer als „Oppositionen“ zu lesen und wird hier vor allem auf Äußerungen etc. von SPD und Grünen bezogen.

Der Zustand dieser Opposition ist schlecht, personell wie programmatisch enttäuschend, verspielte reale Möglichkeiten säumen vor allem seit 1992/93 bzw. seit der verlorenen Bundestagswahl 1990 den Weg der Opposition, obwohl die Regierungskoalition ihren Wahlsieg vom Dezember 1990 wahrlich nicht als einen strahlenden „politischen Mehrwert“ auf den legitimen Besitz legaler Macht hat einsetzen können. Vor allem seit dem asylpolitischen Kompromiß der SPD, aber auch seit den Halbheiten des von den Grünen vorgelegten Einwanderungsgesetzes (das sich um die Frage stiehlt, wem und wievielen das Recht einzuwandern eröffnet wird) verdichtet sich die enttäuschende Vorgeschichte der Bundestagswahl 1993 (Hennig 1993a) und gibt wesentliche Impulse an die politische Rechte und an die Verwertung eines von den „Republikanern“ besetzten ethnisch-wohlstandschauvinistischen „Protests“ frei (Hennig 1992, 1993b). Von „rot“ und „grün“ wird Opposition mit einem regierungsfähig und -willig formierten Auftreten identifiziert. Die öffentlich-diskursive und parteiinterne Entfaltung oppositionell-kritischer Modelle unterbleibt und wird seitens der Oligarchien als öffentlichkeitsschädlicher Flügelstreit stigmatisiert. Selbst die SPD-Linke – traditionell wäre von dort am ehesten wirtschaftspolitische Opposition zu erwarten – redet über „ein neues gesellschaftliches Zukunftsmodell“ (H. Peter) oder über die „Notwendigkeit eines nationalen Lastenausgleichs“ (R. Hickel), ohne aber ihr Verständnis des „ökologisch-sozialen Umbaus der Industriegesellschaft“ näher auszuführen. Wenn die politische Ökonomie einer neuen Akkumulationsstrategie von Deindustrialisierung, Tertiarisierung und globaler Konkurrenz wie Verlagerungen als ein Zentralgebiet oppositioneller Modelle und Analysen begriffen wird, wenn dann nach der politischen Kultur und politischen Psychologie als dem situativen Kontext sozioökonomischer Spaltungs- und Wandlungsprozesse gefragt wird, wenn ferner die Elektorate von SPD und Grünen hinsichtlich „materialistischer“ und „postmaterialistischer“ Einstellungen ausdifferenziert werden sollen (im Mittelteil dieses Beitrages), dann reichen die Beschwörungsformeln des Wiedergewinns wirtschaftspolitischer Kompetenz und allgemein der Wende nicht aus. Seitens der Grünen hören wir: „Wir wollen, verdammt noch mal, Regierungsverantwortung übernehmen" (M. Birthler), oder: „Wir wollen regieren, wollen es ganz dringend" (F.O. Wolf), aber Joschka Fischers Mahnung: „Wir müssen aufhören, unsere Endziele in den Vordergrund zu schieben" wird nicht beherzigt (Geis 1994). Opposition wird nicht als Aufgabe zur rationalen Begründung und öffentlichen Diskussion kritischer Gegenmodelle aufgefaßt, sondern verkommt zum Wende-Appell, rot-grün sei die „einzige reele Reformregierung" (L. Vollmer). Opposition verzichtet damit aber auch auf die Aufgabe, den sich an real vorhandenen Problemen bildenden „Protest" zu kultivieren und zu „intellektualisieren" (die REPs zeigen, was aus einem solchen sich selbst überlassenen, politisch brachliegenden „Protest" wird).

Opposition verleiht Protest eine Stimme in der parlamentarischen Politikarena; Opposition meint Kritik, Aufklärung und öffentliche Kontroverse mit einer Chance zur Bewußtseinsbildung, d.h. zum Ausstieg aus selbstverschuldeteter oder außengeleiteter Unmündigkeit. Opposition gehört insofern zum freiheitlichen Gemeinwesen (W. Euchner). Das parlamentarische Regierungssystem beeinflußt aber zugleich oppositionelles Verhalten und preßt es zwischen die Pole der kompetitiven Kooperation (SPD) und der punktuellen Fallorientierung einer Opposition aus Prinzip (Grüne); die FDP verleiht sich den Anschein von Notwendigkeit, wenn sie moderierende Oppositionsakzente ins Regierungslager hineinträgt. Opposition stellt also den obwaltenden Strukturen und den von der Regierung zu verantwortenden Bedingungen für politisches, soziales, ökonomisches und kulturelles Leben einen Gesamtentwurf oder einzelne issue-bezogene Korrektive gegenüber, Opposition beinhaltet also viel mehr als eine Schatten- oder Möchte-Gern-Regierung. Opposition ist der Entwurf möglichst vielschichtiger, rationaler Gegenmodelle und -rechnungen, die die materiellen Interessen wie kulturell-psychischen Einstellungen der anvisierten Korrekturen berücksichtigen. Ein föderales System der *checks and balances* eröffnet zudem die Chance, daß Opposition den praktischen Nutzen ihrer Projekte zeigt. Anders als intellektuelle und journalistische Kritik wirbt Opposition öffentlich (nicht nur als parlamentarische Kritik am Regierungshandeln); zur Einlösung ihres Konzeptes will Opposition auf Zeit mit Herrschaft betraut werden.

Die Zuweisung legitimer Herrschaft ist Sache des Souveräns, wobei sich der mündige Staatsbürger an den Personen und Verlautbarungen von Regierung und Opposition orientiert, um (als Subjekt konventioneller Politik) zu wählen und allgemeines Vertrauen zu delegieren. Parteien sollen qua Grundgesetz zwar nur mitwirken, wenn Herrschaftstitel auf Zeit verteilt werden, faktisch aber besteht ein Parteienmonopol für die Umsetzung von Protest in Opposition oder in die Bestätigung von Regierungshandeln. Schon auf die Wahlprogramme und die Kandidatenauswahl sowie erst recht auf das Aushandeln der Wahlergebnisse, d.h. auf Koalitionsbildungen und Regierungsprogramme, haben Wähler keinen Einfluß. Politischer Protest wird vielfach nicht eingelöst, sondern – wenn überhaupt – sachlich und zeitlich vertröstet. Andererseits nimmt Opposition ohne Protest Züge einer inzüchtigen Selbstdarstellung der „politischen Klasse" an, gesellschaftlicher Protest ist eine notwendige Herausforderung vor allem der politischen Opposition, während etablierte Interessen eher mit parteiinternen Vorteilsnahmen ein Bündnis eingehen und zu Entfremdung, Stellvertreterhandeln und apparativer Erstarrung führen. Opposition schwindet, wenn praktikable Gegenentwürfe und kritisch-informierte Öffentlichkeiten fehlen. Schon aus Eigeninteresse muß Opposition daher an Pluralität, Zivilgesellschaft, Protest und diskursiver Demokratie interessiert sein. Opposition schwindet, wenn politisch-kritischer Realismus verkümmert. Sei es, daß angesichts des „Endes der Geschichte" Alternativen zum Parlamentarismus, liberaler Demokratie und kapitalistischer Marktwirtschaft tabuisiert bzw. als Rückfall in totalitäre Vergangenheiten perhorresziert werden; sei es, daß die Opposition selbst die Brisanz ihrer Themen im Kontext von Universalismus und Partikularismus – z.B. beim Umgang von Mehrheit und Minderheiten, zum Verhältnis von (National-)Staat und supranationalen Bünden bzw. Zusammenschlüssen sowie zur Beziehung von Nationalökonomie, Globalisierung und Weltmarkt – wertpolitisch mit der Beliebigkeit hohler Phrasen zerredet und so die Dialektik der Moderne mit ihren Nachtseiten ausklammert.

Brachliegende Brisanz und die unter der Fassade einer Status-quo-Kosmetik liegenden Entzündungsherde sozialer Spaltungen und Ausgrenzungen markieren alternative oder reaktionäre Protestpotentiale, die – wie politische Subkulturen von rechts und links zeigen – politische Entfremdung und Isolation pflegen. Brachliegender Protest kennzeichnet diejenigen Sachpunkte und Trägergruppen, denen gegenüber Opposition versagt. Entfremdung und Isolation trocknen die Opposition aus, so wie sie die Zivilisierung des Protests weg von roher Empörung und offener Erregung angesichts unfaßbarer Skandale und apokalyptischer Krisenszenarien behindern. Die schwierige Arbeit der Opposition(en) besteht darin, programmatisch, personell und kommunikativ derartigen negativen Ausdrucksformen des rapiden Wandels der politischen Ökonomie, politischen Kultur und politischen Psychologie Räume und Angebote einer kritisch-realistischen Politik gegenüberzustellen. Analytisch zwischen dem Wünschbaren und Machbaren, zwischen Sehnsucht und Routine, zwischen Entwurf/Soll und Realität/Ist, zwischen visionärer Wende und alltäglichem Trott, zwischen Umkehr und Ad-hoc-Lebensstil etc. die Spannweite und die ökonomischen, kulturellen und psychischen Kosten angesichts institutioneller wie normativer Möglichkeiten auszuloten, ist Thema der Opposition.

Gegenwärtig verkümmert Opposition, weil sie diese Spannweite lediglich antippt. Bestenfalls werden lineare und eindimensionale Gleichungen – die simpelste Form eines Modells mit nur zwei Variablen – verkündet. Opposition resigniert angesichts der vielbeschworenen „Komplexität“ vielfach „vernetzter“ „Probleme“ und „Prozesse“ und zerrinnt in den Stilformen der Personalisierung, der Skandalierung, der wertpolitischen Beschwörung und des Populismus. Regierungsamtliche Lernpathologie einerseits, brachliegende und abgespaltene Protestpartikel sowie eine versagende Opposition andererseits bezeichnen die dominanten falschen Formen zur „Reduktion vom Komplexität“, vor allem aber versagt die Opposition bei der Übersetzung von „Protest“ und „Zukunftsangst“ in rationale öffentliche Auseinandersetzungen über Inhalte, zeitliche Schritte und Kosten einer Politik des kritischen Realismus.

Keine Opposition: Der Regierungswechsel als Prinzip Hoffnung

Die Demokratie ist repräsentativ; direkt ist ein gravierendes Mißtrauen gegenüber den/allen Parteien, wie gegenüber den Personen in Führungspositionen. Das anwachsende Mißtrauen ergreift von 1992 auf 1993 alle; selbst die Anhänger von SPD und FDP äußern sich 1993 negativ. Besonders unzufrieden aber sind – neben den Nichtwählern – die Sympathisanten der Grünen und REPs.

Vertrauen in die Parteien 1992 und 1993
Meinung aller Befragten und der Personen mit bes. Wahlabsicht

Skalenmittelwerte (Skala von -5 bis +5) L+B

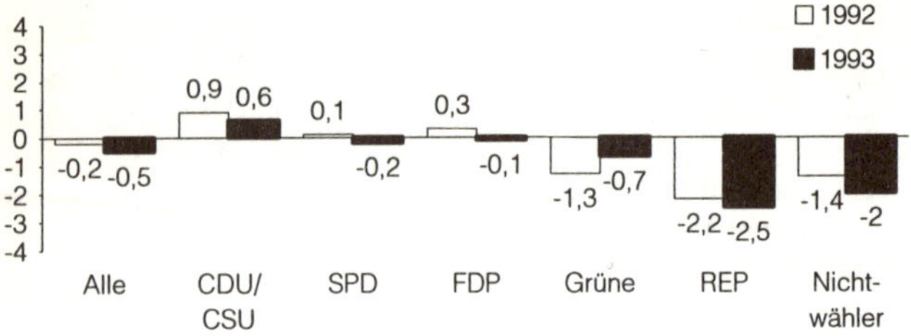

Ipos, Einstellungen zu aktuellen Fragen (Feldforschung: Mai 1992 + 1993)

In diesem allgemeinen Mißtrauensklima gegenüber dem langjährigen Primat der Parteien tobt – so Dirk Käsler (taz v. 8.5.1993, 10) – das Schlachtfest gegen Parteien und die „politische Klasse", beiden werden Entfremdung und Skandale vorgehalten. Opposition wäre gefordert, um diesen Unmut politisch ins Spiel zu bringen, Oppositionsparteien (vor allem die SPD) aber trudeln mit im Mißtrauenssog. Joschka Fischer erklärt es angesichts dieser dilemmatischen Lage für die Grünen zur „Hauptfunktion ..., den Oppositionsmechanismus in dieser Republik wieder zum Tragen zu bringen", dieser Mechanismus sei nämlich „Voraussetzung für ein solides Regieren" (Fischer in Mitbestimmung 7/8-93, 7). SPD und Grüne hoffen auf ein deutliches Regierungsmandat seitens der Wählermehrheit. Es ist jedoch unklar, ob die Zufriedenheit mit der Opposition ausreicht, um diese zum Regieren zu bringen.

Opposition wäre gefragt, wenn der Regierung mit Mißtrauen begegnet wird. Nicht nur ein parteipolitischer Machtwechsel wäre notwendig, wenn die gegenwärtige Krise der Ökonomie und politischen Kultur nicht nur politisch, sondern auch strukturell politisch-ökonomisch, politisch-kulturell und politisch-psychologisch aufgefaßt wird. Vom Schwinden der Opposition ist dann die Rede, wenn die sachlichen Notwendigkeiten am Angebot der politischen Apparate gemessen werden. Das geringe Vertrauen in die Parteien und die große Unzufriedenheit mit Regierung und Opposition sind Ausdruck dieser Schere zwischen dem politischen Angebot und den Empfindungen über sachlich gebotene Änderungen oder über die tatsächliche Krisentiefe.

Zufriedenheit mit Regierung und SPD
Mittelwerte einer Skala von -5 bis +5
Januar 1993-März 1994

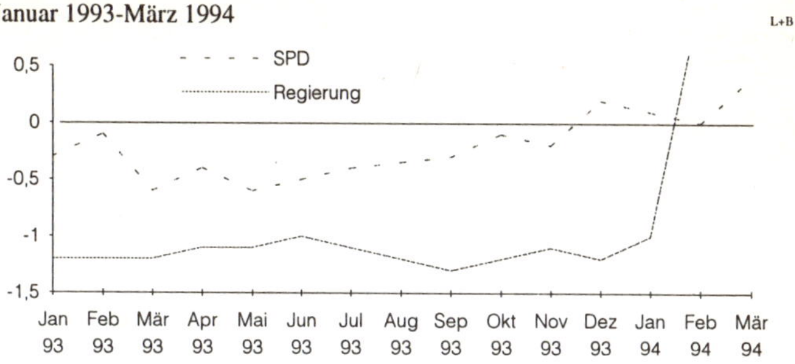

Quelle: FGW Politbarometer 1/93-3/94

Hier soll gezeigt werden, wie Teile der „politischen Klasse" den Angriff der Parteiverdrossenheit zurückweisen, indem sie mit dem Eingeständnis ihrer Dummheit kokettieren und auf Mitleid setzen. Diese Haltung führt dazu, daß diese Generation „betroffener" Politiker zwar Opposition macht, Regierungsmehrheiten anstrebt, sachliche Opposition, d.h. den Entwurf kritischer (Gegen-)Konzepte, aber „verlernt" hat. Im Verbund mit einem Blick auf die Binnendifferenzierungen der Wählerschaften von SPD und Grünen soll abschließend angedeutet werden, wie (sachliche) Opposition verkümmert. Am Beispiel (zugegeben) einiger weniger Äußerungen oppositioneller sogenannter Spitzenpolitiker wie Joschka Fischer und Rudolf Scharping soll gezeigt werden, wie analytische Alternativen durch Wunschbilder und schiere Fragestellungen bzw. Denkanstöße verdrängt werden. Opposition wird auf den Gestus vergleichsweise beliebiger Bekundungen entlang allerdings festliegender stilistischer Codes und verbal-progressiver Sprachspiele reduziert, während analytisch-oppositionelle Gegenkonzepte die Begründung und öffentliche Kontroverse alternativer Modelle und Gegenrechnungen voraussetzen würden.

Nur nicht überschätzen!

Ja: Der „politische Gezeitenwechsel" hat alle politischen „Felder" und „Ebenen" ergriffen, so lesen wir in der rheinland-pfälzischen Halbzeitbilanz von Rudolf Scharping. Aber: „Erneuerung mit ruhiger Hand" heißt (tröstlich): „Wir können den humanen Charakter unserer Gesellschaft bewahren", indem wir neue Impulse setzen (was Scharping selbstverständlich für sich beansprucht). Sozialdemokratische Quintessenz derartiger Impulsarbeit und Pilotprojekte ist es, die Politik könne „allfällige Strukturveränderungen“ zwar nicht bewirken, aber sie könne „den Dialog“ anregen. Damit wird eine Reaktion der SPD auf die Kritik an Politikern und Parteien ersichtlich: Politik wird als beliebiges postmodernes Gesprächsangebot definiert; Politiker spielen den Ball der Kritik zurück, indem sie öffentlich mit ihrem eigenen Un-Vermögen kokettieren. Aus der Kritik der „politischen Klasse“ zieht diese den Schluß, an Mitleid zu appellieren und auf das Realitätsprinzip zu setzen.

„Echt“: In diesem kostenlos verschickten Mitgliedermagazin der evangelischen Landeskirche von Hessen-Nassau klärt Johannes Rau – seit langem ein Fachmann des versöhnenden Wortes bzw., anders ausgedrückt: ein Fachmann des Übersehens objektiver Spaltungen und Polarisierungen – darüber auf, wie plump man von der Defensive zur Offensive übergeht: Politische Entfremdung gibt es nicht (Rau: „Abgeordnet sein heißt, für eine Zeitlang kontrolliertes Mandat wahrnehmen zu dürfen, aber das entfernt mich nicht von den Menschen“); ein guter Politiker überschätzt sich nicht angesichts „einer Komplexität der Probleme“ (Rau: „Ich habe mich nicht überschätzt, aber viele haben sich überschätzt“); Politik sagt nicht mehr, was sie kann (nichts – wegen der „Sorgen der Menschen“ und der „Armutsentwicklung in Deutschland“ vertröstet Rau mit Caritas und Diakonie); eine offensive (aus Politikerkreisen als glaubwürdig und beispielgebend vorgestellte) Politik gibt gleich zu, daß sie von nichts eine Ahnung hat und nichts kann. Im O-Ton Rau liest sich dieser Argumentationsgang so: „Es passiert viel, aber da allzu viele Politiker (immer aber die anderen, E.H.) dazu neigen, immer mehr Themen anzusprechen, als sie lösen können, entsteht diese Lücke. Wenn die Politik mal wieder deutlich machte, sie ist nur ein kleines (uns aber teures, E.H.) Segment im Alltagsleben, sie kann das Glück der Menschen nicht sichern, sie kann die Risiken des einzelnen nicht völlig absichern, Arbeitsplätze kann sie nicht sichern, sie kann da nur sozial absichern und den Strukturwandel anstoßen. Wenn die Politik mal sagen würde, was sie kann und was sie nicht kann, würde das, was sie kann, positiver aufgenommen.“ (Echt, 1/1994, 11)

Johannes Rau verfügt also über die sozialdemokratisch-politische Alchemie, die Nichts in Gold verwandelt: Einmal weist man mit Chuzpe alle Kritiken ins Reich der Verdächtigungen zurück, zum anderen setzt man auf Mitleid und gibt offen zu, daß man nichts kann, weil alles so komplex sei. Positiv wird der beurteilt, so hofft Rau, der aus seinem Nicht-Wissen eine Tugend macht und auf allgemeine Menschlichkeit gegenüber der vermaledeiten, von allen verabscheuten Komplexität setzt.

Gestrige sozialdemokratische Technokratie ging davon aus, Wissen sei Macht, Möglichkeiten regulativer Politik seien gegeben. Probleme erschienen als lästiges Übel, wogegen jedoch das Kraut des Denkens gewachsen sei. Die Lösung der Probleme wurde dabei strikt finalistisch gesucht; es gab die eine richtige Lösung, um Problemen als den Produkten des Zusammentreffens von Dummheit und bornierten Interessen „cool“ gegenzusteuern. Sozialdemokratische Staatsmänner solcher Tage gefallen sich in der Attitüde von Sozial- und Politikingenieuren und wecken bis heute entsprechende nostalgische Sehnsüchte. Ein einmal gespieltes Niveau strahlt noch immer als ein entliehener Heiligenschein auf die Sozialdemokratie aus. Die Grünen beginnen ihren partei- und bundespolitischen Einstieg erst zum Ende dieses politischen Stiles. Lange verzehren sie sich im Streit zwischen Fundamentalos und Realos und vergessen ihre Aufgabe, den technokratischen Wunschtraum der SPD angesichts komplexerer Probleme und einer entfinalisierten Weltsicht wieder aufzugreifen und entsprechend der geänderten Realität(ssicht) neu zu formulieren. Das keynesianische Fundament der SPD zerbricht angesichts der Globalisierung von Finanzströmen, Produktion und Vermarktung, aber selbst das Realogrün z.B. des vom SPD-Linken Horst Peter als „ministrabel und damit auch anpassungsfähig“ bezeichneten Joschka Fischer entspricht nicht den Schwierigkeiten der Globalisierung, der Erosion des nationalstaatlichen und -ökonomischen Handlungsrahmens sowie der Konkurrenz von Ökologie, Ökonomie und privater Wohlstands-/Konsum-/Erlebnisorientierung. Fischer transponiert lediglich die sozialdemokratische Technokratie vom Dozieren Alt-Kanzlers Helmut Schmidt zur umgangssprachlichen Griffigkeit, die distanzierten Sprachspiele eines Fachmannes weichen den Witzchen und der gespielten Betroffenheit eines politischen Ichs; der reale Kern sozialdemokratischer Politikregulierung wird nicht aufgegriffen und mit den neuen Problemlagen konfrontiert.

Angesichts der neuen Problemfülle, des Politikverdrusses und der Politikerschelte pflegt man als kluger Politiker politische Bescheidenheit; Politiker werben mit ihrer Begrenztheit. Sie wollen glauben machen, sie seien wie alle – nicht ganz moralisch (nicht ganz korrupt), nicht ganz schlau (nicht ganz dumm). Insofern sind solche Politiker „populistisch“, sie biedern sich an (z.B. als „Anwalt der kleinen Leute") und träumen vom Bad in allgemeiner Menschlichkeit. Egal ob Jude, Christ oder Moslem, alt oder jung, Germane oder Migrant, so klärt uns Cohn-Bendit (1993) in der „Frankfurter Rundschau" auf: „Wenn wir die Wertediskussion ehrlich führen, (ringen wir) im großen und ganzen um die gleichen Werte." Na denn, auf in die „Stunde der Wahrheit" und die „Wertedebatte", wir haben sowieso nur „den Hauch einer Chance". So verlautbart Daniel Cohn-Bendits Silvesterbotschaft.

Mit der Rau'schen Alchemie und dem Cohn-Bendit'schen Blick „auf eine komplexe Welt der Widersprüchlichkeit (und) der ungleichzeitigen Entwicklungen" als Arena für die Wertedebatte verbindet sich zumeist eine weitere Entlastungsstrategie. Die Welt ist nicht nur (seit gestern) so komplex (als hätte es die teilweisen Entzauberungen seit Karl Marx, Max Weber und Sigmund Freud nie gegeben), daß der Politiker/die Politik nichts oder nur wenig tun kann (vor allem, wenn man seit drei Legislaturperioden vom Amt aus Schaden vom deutschen Volk abwenden will/soll), zusätzlich wird die Welt auch nur noch als mediale Konserve und Zurichtung wahrgenommen. Keiner hätte etwas gegen die Linien „stark und gerecht" (SPD) und „sicher in die Zukunft" (CDU), wenn sich nicht die Politiker manchmal übernehmen würden (so Rau), wenn sie insbesondere aber nicht so schlecht dargestellt und so überspitzt-ungerecht beurteilt würden. Deutschland könnte „erst richtig" Deutschland werden, wie es Manfred Stolpe schon im Sommer 1990 weitsichtig angekündigt (oder angedroht?) hat (Spiegel 27/1990, 53), alles wäre also gut, wenn es nicht das Volk und die Medien gäbe. Das Volk wird dabei meistens als irregeleitet und moralisch desorientiert (weil übersteigert) vergleichsweise moderat zur Ordnung gerufen. Wie Rau („Ich habe mich nicht überschätzt") sind politische Akteure größtenteils davon überzeugt, sie hätten niemals nichts (richtig) Falsches getan. Hans Eichel z.B. hält, auf dem Höhepunkt der Lotto-Affäre, „die Leistungen der Regierung in Ordnung", seine „Sachpolitik" sei „überzeugend", ein „bißchen" ändern müsse man „wohl" „die Darstellung unserer Arbeit". Die Politikerschelte wird also zurückgegeben, indem dem Volk vorgehalten wird, wie falsch seine übersteigerten Ansprüche seien. Selbst eine grüne Spitzenpolitikerin wie Antje Vollmer bedauert – antizipatorisch – den „luxurierenden Verbrauch von Eliten"; Hubert Kleinert wie Oskar Lafontaine und Claus Leggewie kritisieren, daß Politiker zur „Projektionsfläche" werden und geißeln nicht die Korruption und Vorteilsnahme, sondern den auflagenorientierten Populismus der Medien. Schlimmstenfalls sind wir als Menschen alle gleich, d.h. aus postmodern zynischer Optik, wir alle sind gleich schlecht und unwissend: „Politik ist zwar wirklich so schlimm, wie Lieschen Müller es immer befürchtet hat – aber Lieschen ist keinen Deut besser", so tröstet der Professor seine Politiker (Leggewie in Hofmann/Perger 1992, 85), „während um uns herum aus der neuen Weltordnung das Chaos zu werden droht" (Kleinert in Hofmann/Perger 1992: 222). Joschka Fischer kann sich da am 16.3.1994 im ZDF nur noch „eine richtig neue Gründerzeit" wünschen.

Grüne Hemdsärmeligkeit, ökologisch oder wohlfahrtsstaatlich vorgetragenen worst-case-Szenarien und sozialdemokratische Voten für einen „nationalen Beschäftigungspakt gegen Rezession und Massenarbeitslosigkeit" unterscheiden sich nurmehr durch Sprachspiele und Stilmerkmale von jenem Ruf nach „Taten" und „Führung", für den die FAZ sich begeistert, Das Fehlen analytischer Konzepte korreliert allseitig mit der Beschwörung des handlungsfähigen Staates, dem seitens der zur Regierung drängenden SPD von Ingrid Matthäus-Maier die Aufgabe des „sozialen Konsenses" bzw. von Scharping diejenige der Bestimmung ökonomischer „Wachstumsfelder" und von Arbeit, Chancengleichheit und Zukunft im „Lebensstandort Deutschland" aufgebürdet wird. Ein sozialdemokratischer Ruheständler wie Karl Schiller (Spiegel 2/1994, 96) fordert ebenfalls „eine tatsächliche Politik der volkswirtschaftlichen Strenge", deren Themen jedoch im Unterschied zu den SPD-Regierungsaspiranten Deregulierung und „ordnungspolitische Bereinigung" sein sollen; last not least kämpft auch Schäuble (FAZ vom 24.12.1993, 8) gegen die „Bedenken", die dem Handeln gegenüberstehen. Schäuble will „Vorsorge" für jedwede innen- und sicherheitspolitische „Horrorszenarios" treffen und lastet diese Aufgabe dem Staat auf. Pluralismus und Zivilgesellschaft, die demokratische Organisation also von Interessen und Normen aus der Gesellschaft, treten in den Hintergrund; der Staat wird zum Zentrum der Aktionen für Ordnung, Sicherheit und Gerechtigkeit. Am ehesten brechen noch die Grünen aus dieser Sichtweise aus und verknüpfen ihre Zielwerte der Ökologie und des Universalismus mit der Gesellschaft, während sich sozialdemokratische und neokonservative Konsenspolitik gleichermaßen mit dem Staat verbindet, sich aber hinsichtlich der anvisierten Ziele des Kampfes gegen die „Gerechtigkeitslücke" oder der Pflege der nationalen Identität in einer „Schutz- und Schicksalsgemeinschaft" (W. Schäuble) unterschieden. Konkurrenzfähige Arbeitsplätze z.B. prognostiziert Matthäus-Maier als Folge zum einen staatlicher Investitionen in „zukunftsträchtige Produktion" und andererseits flexibler Arbeitszeitregelungen. Sie streitet für die Quadratur des Zirkels, nämlich für einen Arbeitsplatzabbau ohne Entlassungen sowie für einen „wetterfest" umgebauten Sozialstaat und verbindet diese Ziele primär nicht mit pluralistischen Prozessen der Interessenformulierung, sondern mit einer staatlichen Umorganisation. Opposition und Regierung setzen also auf den modernisierten „General Dr. von Staat" (Th. Mann), um die Gesellschaft von oben mit ihren Ideen zu beglücken.

„Prima Klima für die SPD" oder „Rot-Grün liegt in der Luft"

Wahlkampf: „Da erhöht sich nicht unbedingt die konzeptionelle Denkfähigkeit", stellt Heide Simonis fest (Spiegel 7/1994, 49). Spätestens Ende 1993 aber begann der Wahlkampf. Mit dem Hinweis auf das SPD-Klima faßt der „Spiegel" eine EMNID-Umfrage vom Oktober 1993 zusammen, von jener lauen Luft redet Joachim Raschke (taz vom 15.2.1994, 10). Die SPD, so EMNID, profitiere vom „Überdruß an der Ära Kohl" – d.h. aus eigener Kraft liegt sie gar nicht gut im Rennen –, vorrangig sei, daß sich viele Wähler von des Kanzlers CSU/CDU/FDP-Koalition verabschieden wollen. Der Fraktionschef der Grünen im Landtag Baden-Württembergs, Fritz Kuhn, überzieht diesen Hinweis auf die Enttäuschung, wenn er (in der taz vom 3.12.1993, 10) betont, die CDU bzw. das „wohlstandschauvinistische Bündnis von CDU und FDP", „diese zynische Gurkentruppe", habe „durch Heitmann und VW die Bundestagswahlen schon verloren." Ebenso hat der Spiegel (38/1992, 18ff.) Kohl die Regierungsfähigkeit abgesprochen und, indirekt, die vormals (1977) antisozialdemokratisch-konservativ geführte Regierbarkeitsdebatte erneuert. Klar ist EMNID zufolge, daß wirtschafts- und geldpolitische Fragen – ehemals die solide Kompetenzbank für FDP und CDU – die Enttäuschung über Waigel, Kohl und Kinkel nähren. Raschke dagegen hofft auf die eigene Kraft der Oppositionen und auf die Überzeugung ihrer drei (grün vorgetragenen) Projekte „Neuer Energiekonsens", „Ökologische Steuerreform" und „Offensive Ausländerintegration". Diese Frage ist offen, bestimmt aber maßgeblich die Wahlchancen der Opposition und entscheidet darüber, ob der Stimmungaufschwung der SPD (seit Ende 1993) sich in Wählerprozente ummünzen läßt. Schon im Frühsommer 1994 knickt dann aber der Trend ab; politische Pfunde wuchern eben nicht (vgl. die Nachbemerkung).

SPD (und Grüne) bewegen sich in einem Feld unklarer Konturen; ist es doch unbekannt, ob der „unabweisbare Wunsch nach einer neuen gemeinschaftsstiftenden Identität „ (L. Probst) und das wahlbestimmende Thema Wirtschaftspolitik/-krise von den Wählern sentimental-national (so Schäubles Hoffnung, für die er kräftig klappert) oder interessenorientiert „politisch-ökologisch“, „industriepolitisch-fordistisch“ oder „industriepolitisch-modernistisch“ interpretiert wird, ist es doch unklar, wie sehr die Wähler die Demokratie vom privaten Konsum und Wohlstand oder von universell-demokratischen Normen her gutheißen und ob sie mehr oder weniger Staat haben wollen (wobei sich Ost und West gravierend unterscheiden). Werden der nächste „Aufschwung“ oder das „Abfedern“ der gegenwärtigen Krise bevorzugt materialistisch und etatistisch interpretiert und also mit einer Bestandsgarantie des individuellen Wohlstands und einer nationalstaatlich-keynesianischen Staatstätigkeit verknüpft, oder wird die Strukturkrise entweder stärker mit ökologischer Transformation (zumeist im nationalstaatlichen Rahmen) oder mit Modernisierungsvergleichen im internationalen Rahmen der Globalisierung verbunden, so lassen sich die Fragen formulieren, die die Wählerschaft hinsichtlich ihrer Reaktionen auf das aktuelle polit-ökologische Desaster unterscheiden. Dabei divergieren zusätzlich die Positionen in Ost und West, indem mehrheitlich die Einstellungen in den neuen Bundesländern stärker materialistisch und dirigistisch geprägt sind. Die Akkulturationsdifferenz von Ost und West markiert also eine zweite Achse, die das sowieso schon komplexe politisch-ökonomische Wunschgemälde noch weiter ausdifferenziert. Ein Blick auf die Interessenten von SPD und Grünen wird zudem zeigen, daß sich diese Elektorate deutlich hinsichtlich ihrer Einstellungen in einzelne Gruppen unterscheiden lassen. Die Arbeit der Opposition(en) spielt sich also in einem vielschichtigen und mehrdimensionalen Raum ab, dem selbst das Bild der Spagat nicht entspricht; angemessen wäre eher Vishnu mit vier Armen, zehn Inkarnationen und fünf Interpretationsschulen.

Im Osten koppelt eine Wählermehrheit den erwünschten Wirtschaftsaufschwung und die soziale Absicherung bevorzugt an staatliche Aktivitäten wie Preiskontrolle, Beschäftigungsprogramme und Arbeitsplatzgarantie; der Glaube an die Omnipotenz regulativer Politik ist wenig erschüttert. Dies gilt auch für die SPD-Linke, die eine „aktive staatliche Beschäftigungspolitik“ bzw. eine „antizyklische Wirtschafts- und Sozialpolitik“ fordert, sie aber – anders als der fordistische Osten – wie die Grünen mit den Werten einer ökologischen Transformation der Industriegesellschaft verknüpft. „Industriepolitisch-fordistisch" werden Grundversorgungsgarantien, Großaufträge der öffentlichen Hände, Subventionen und Entlassungssperren gefordert und dem Staat überantwortet. Regulativ fallen auch die „politisch-ökologischen" Vorstellungen zur „ökologischen Modernisierung" aus, die über staatliche Umverteilungspolitik (und über einen, steuerpolitisch erzwungenen, privaten Komsumverzicht) ein umweltverträgliches Wachstum (Scharping) oder sogar eine Deindustrialisierung bzw. „eine Ökologisierung unserer gesamten Lebens- und Produktionsweise" (F. Kuhn) befürworten (wobei Globalisierung und Tertiarisierung sowieso zu Deindustrialisierung führen und entscheidend für den Arbeitsplatzabbau verantwortlich sind). „Industriepolitisch-modernistische" Konzepte dagegen betonen vor dem Hintergrund globaler Konkurrenz eine pro-kapitalistische angebotsorientierte Politik; soweit der Staat angesprochen wird, fallen ihm bildungs- und infrastrukturelle Modernisierungsaufgaben zu. Vor allem hinsichtlich des staatlichen Engagements im weiten Bereich der Sozialpolitik unterscheiden sich die Konzepte, wobei die modernisierende Industriepolitik stärker auf Privatisierungen, Subsidiarität und Kommunitarismus setzt und die Sozialleistungsquote (1993 von 34% des Bruttosozialproduktes) entscheidend zurückdrängen möchte. Bei diametral abweichenden Ausgangswerten und Zielen hinsichtlich der Industriestruktur ähneln sich sozialpolitisch die ökologischen und fordistischen Vorstellungen, indem beide dem Staat ein hohes Maß an Umverteilung und Daseinsfürsorge überantworten. Politik, definiert von den Fachleuten der Vision und Avantgarde – sprich: den Grünen – in der „Rolle des Hoffnungsträgers der Gesellschaft" (L. Vollmer), bestimmt den Maßstab und wird nicht als ein Subsystem neben anderen bewertet; klar formuliert dies (frei nach Nietzsche und Carl Schmitt) der Grünen-Vorstandssprecher Ludger Vollmer (taz vom 24.2.1994, 10[1]): „Unsere

1 Vgl. dagegen *Ralf Fücks* in taz vom 26.2.1994, 10, der die „Maximalforderungen" der „Kraftmeierei" zurückweist. Fücks verweist auch auf die Erfahrungen und Kompetenzen, die die Grünen auf lokaler und landespolitischer Ebene gewonnen haben. Seine Kritik an Ludger Vollmer skizziert im Umriß die Linien, die eine Opposition des kritischen Realismus abzuarbeiten hätte. Seitens der SPD vgl. z.B. *Michael Müllers* Plädoyer für „die Wiederherstellung des Politischen"(!) in: FR vom 24.6.1993, 11. Als entsprechende Detailthematisierung, worauf Fücks und Müller verzichten, sei hingewiesen auf: *Fritz W. Scharpf*, Von der Finanzierung der Arbeitslosigkeit zur Subventiuonierung niedriger Erwerbseinkommen, in: Gewerkschaftliche Monatshefte 7/1993, 433-443 (FR vom 4.8.1993, 16)

Konzepte müßten technisch machbar sein, wenn der politische Wille dahinterstünde. Vom heute existenten Mehrheitswillen ... dürfen wir sie nicht abhängig machen. Denn den wollen wir ja verändern. Wer sich zu billig anbietet, läuft Gefahr, als wertlos zu gelten."

Ein Blick auf die Sympathisantenpotentiale von SPD und Grünen soll nun einiges Licht auf Differenzen der Wählerschaften werfen. Entspricht dem Dilemma der oppositionellen Zielwerte auch ein vielschichtiges Einstellungsspektrum der entsprechenden Wähler? (Vorweg: Ja!) Gefragt wird: Welcher kleinste gemeinsame Nenner zeichnet sich von den Sympathisanten her ab? Wie groß sind zentrifugale Tendenzen im rot-grünen Oppositions„lager" bzw. sogar innerhalb der einzelnen Elektorate? Wie handlungs(un)fähig ist vor allem die SPD angesichts der Differenzen ihres Wählerlagers? Erst der Blick auf die Differenzen innerhalb der Interessenten gibt Auskunft über die Schwierigkeiten der Oppositionen, deren „postmaterialistische" und universalistische Zielsetzung mit bedeutenden „materialistischen" Einstellungskomponenten innerhalb der Wähler zu rechnen hat. Der Opposition stellt sich damit eine Vermittlungs- und Bildungsaufgabe an der sie bislang scheitert, indem sie bei linearen und bivariaten Gegenthesen stehen bleibt.

Um den zitierten Fragen nachzugehen, wird eine Umfrage des Mannheimer „Instituts für Praxisorientierte Sozialforschung" (ipos) herangezogen.[2] Mit zeitlichem Bezug auf das Frühjahr 1992 und nur auf den Westteil der Bundesrepublik werden Einstellungen derjenigen Personen betrachtet, die auf die „Sonntagsfrage" antworten, sie würden SPD oder Grüne wählen. Dieser Personenkreis von 545 SPD- und 115 Grünen-Sympathisanten – in einer für

2 Es handelt sich um folgende Untersuchung: Institut für praxisorientierte Sozialforschung (ipos), *Manfred Berger/Matthias Jung/Dieter Roth* (Mannheim): Einstellungen zu aktuellen Fragen der Innenpolitik 1992 in Deutschland. Ergebnisse jeweils einer repräsentativen Bevölkerungsumfrage in den alten und neuen Bundesländern. Die Untersuchung wird seit 1984 jährlich im Auftrag des Bundesministers des Innern durchgeführt. Vom BMI wird der gleichnamige Bericht (1992: 118 + 12 S.) als Manuskript verteilt. Die hier vorgestellte Sekundäranalyse der ipos92-Umfrage benutzt einen vom Zentralarchiv für empirische Sozialforschung an der Universität zu Köln der Interdisziplinären Arbeitsgemeinschaft „Nationalsozialismus" an der Gesamthochschule Kassel (M. Kieserling) zur Verfügung gestellten Datensatz. Die Analyse erfolgt mit dem Programmpaket SPSS 6.00Win und bezieht sich auf die 1546 Interviews, die in der Zeit vom 12. bis 29. Mai 1992 im Westen Deutschlands einschließlich West-Berlins durchgeführt worden sind.

die wahlberechtigte Bevölkerung repräsentativen Umfrage – wird hier *nicht* herangezogen, um auf die Grundgesamtheit der SPD/ Grünen-Wähler zu schließen[3], sondern um, bezogen auf Einstellungen (nicht auf Lebensstile – dazu Vester 1993 auf einer Datenbasis von 1991), Binnendifferenzen dieser Wählergruppen anzudeuten. Es darf vermutet werden, daß solche Unterschiede die Grundgesamtheiten der SPD- und Grünen-Wähler durchziehen und (mit) eine Basis des SPD-Spagats bzw. grüner Lagerbildungen und rot-grüner Differenzen über eine fordistische oder modernisierende Wirtschaftspolitik abgeben. Die im Frühjahr 1993 durchgeführte Untersuchung ipos93 deutet an, daß die 1992er Befunde auch 1993 gelten dürften. Zugenommen hat der allgemeine Unzufriedenheitspegel, so daß die Differenz als eine weitere Delegitimierung des politischen Systems und vor allem der Parteien aufgefaßt werden kann.

Die SPD- bzw. Grünen-Sympathisanten 1992 im Westen der BRD werden hinsichtlich der Zufriedenheit oder Unzufriedenheit allgemein mit der Demokratie bzw. mit dem ganzen politischen System (ipos 92: 29; ipos 93: 28) unterschieden, wobei – wie an anderer Stelle ausführlich gezeigt (Hennig 1994) – vor allem die unzufriedenen Teile der Elektorate von Anomie geprägt sind. Insgesamt weist ipos 92 1005 (65%) Personen als zufrieden und 533 (34,5%) als unzufrieden aus. Diesbezüglich gibt es also kaum Unentschiedene. 379 der potentiellen SPD-Wähler (69,5%) sind mit der Demokratie im allgemeinen zufrieden, 165 (30,3%) sind unzufrieden. Bei den Grünen weichen diese Werte erheblich ab und betragen 56 (48,7%) bzw. 57 (49,6%) Zufriedene bzw. Unzufriedene. Die potentiellen Wähler der Grünen untergliedern sich also nahezu gleichgewichtig in diese beiden Gruppen. Neben den Nichtwählern und den REP-Anhängern zählen die Sympathisanten der Grünen zu den Unzufriedensten, während die SPD-Klientel mit zwei Dritteln Zufriedenen erheblich demokratiezufriedener ist.

3 Laut ipos92 entscheiden sich 35,3% der Wähler für die SPD und 7,4% für die Grünen. Bei der Bundestagswahl 1990 entfielen auf diese Parteien 35,7% bzw. 4,8%. Bezogen auf die Gesamtheit der ipos92-Untersuchung und auf die Fehlerspannweite eines 95%igen Konfidenzniveaus beträgt die Schwankungsbreite rund ±3% (im „schlechtesten" Fall bei Angaben etc., für die 50% der Befragten stimmen). Bezogen auf die Untergruppen der SPD- bzw. Grünen-Sympathisanten beträgt die max. Schwankung ±4 bzw. ±10%, wenn diese Untergruppen als eigenständige Bezugsgruppen von Schätzungen auf die Grundgesamtheiten aufgefaßt würden. Vgl. *H. Hoinville/R. Jowell*, Survey Research Practice, Aldershot Hants 1989, S. 69. Allgemein dazu *J. Bortz*, Statistik, Berlin u.a. 1989, S. 111ff.

Nichtwähler und Anhänger der Grünen und der REPs sind sich übrigens vergleichsweise einig in den Ergebnissen einer harschen Kritik an der Bundesregierung; allein partei-politikfernere Institutionen wie Gerichte und die Polizei werden positiv eingeschätzt (Hennig 1994).

Neben der grundsätzlichen Einstellung zum demokratischen System werden die Anhänger der SPD und der Grünen hinsichtlich ihrer Einstellung zu sozialen Bedingungen (Bildungschancen, Aufstiegsmöglichkeiten, Gleichberechtigung, wirtschaftliche Lage, Schutz vor Kriminalität) und zu Einrichtungen des öffentlichen Lebens (Gerichte, Landes-, Bundesregierung, Bundestag, Parteien, Gewerkschaften) befragt (ipos 92: 14ff., 40ff.).[4]

Die Differenzen sind groß: zwischen und innerhalb der Parteien bzw. Wählergruppen. Bezüglich der Institutionen sind die Grünen im Schnitt um 10 Prozent skeptischer. Vor allem die Einstellung zum Bundestag scheidet SPD und Grüne. Selbst die mit dem System an sich zufriedenen Anhänger der Grünen begegnen dieser Einrichtung überwiegend mit geringerem Vertrauen. In jedem Fall weisen SPD-Sympathisanten mehr Institutionenvertrauen auf, wobei sie vor allem Landesregierungen, Gerichten und dem Bundestag deutlich mehr Vertrauen entgegenbringen als die Grünen. Allgemein aber gleichen sich die Anhänger beider Parteien, indem sie bezüglich der geschilderten Fragen vermittels dreier gemeinsamer Faktoren, d.h. dreier impliziter (als empirische Einzelvariable nicht meßbarer) Einstellungsbündelungen, beschrieben werden können. Den positiv beurteilten Gewerkschaften und den abgelehnten (partei-)politisch beeinflußten Einrichtungen (Bundesregierung, Parteien) stellen alle Anhänger von SPD und Grünen neutrale (Gerichte) oder politisch positiv besetzte Institutionen (Landesregierung, Bundestag) gegenüber. Die signifikanten Differenzen bezüglich des Vertrauens zum Bundestag resultieren aus der positiven Einstellung der SPD-Befürworter.

4 Die Zufriedenheitsfragen werden recodiert, um die zentrale Antworttendenz besonders deutlich hervortreten zu lassen. Alle positiven oder negativen Antworten werden zusammengefaßt, die entsprechenden differenzierenden Skalen also aufgehoben, um allgemein die Zustimmung oder Ablehnung der Parteianhänger bezüglich einzelner Institutionen etc. hervorzuheben.

Vertrauen in Institutionen und Organisationen seitens derjenigen Anhänger von SPD und Grünen, die mit dem demokratischen System an sich zufriedenen sind

Vertrauen in	SPD	Grüne	Differenz SPD – Grüne
Polizei	83,4	66,1	17,3
Gerichte	60,0	34,8	25,2
Bundestag	46,1	25,2	20,9
Gewerkschaften	47,3	31,3	16,0
Bundesregierung	31,7	14,8	16,9
Landesregierung	52,7	24,3	28,4
Parteien	32,9	13,0	19,9

Lesebeispiel: 83,4% der Sympathisanten der SPD (gegenüber 66,1% der Grünen-Anhänger) vertrauen der Polizei. Die Antworten erfolgen auf einer 11teiligen Skala von -5 (vertraue nicht) bis +5 (vertraue voll); hier sind alle Vertrauensnennungen von +1 bis +5 zusammengefaßt worden, um die allgemeine Tendenz zum Ausdruck zu bringen.

Geringes Vertrauen von SPD-Anhängern zu öffentlichen Einrichtungen
(Quelle = ipos 1992) L+B

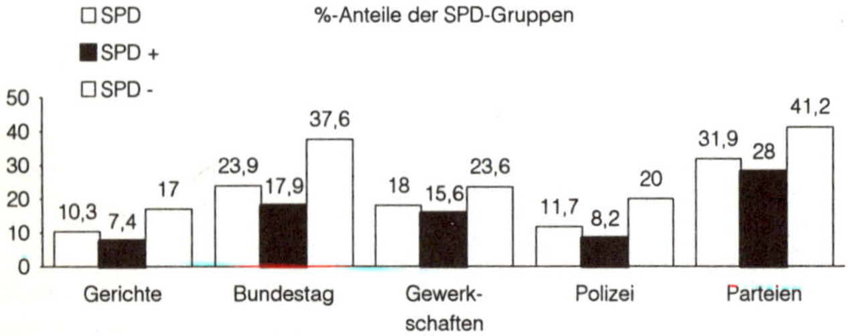

SPD = alle SPD-Sympathisanten (N=545), SPD + bzw. - =SPD-Anhänger, die zufrieden (N=379) oder unzufrieden (N=165) mit der Demokratie im allgemeinen sind

Geringes Vertrauen von Anhängern der Grünen zu öffentlichen Einrichtungen

(Quelle = ipos 1992)

L+B

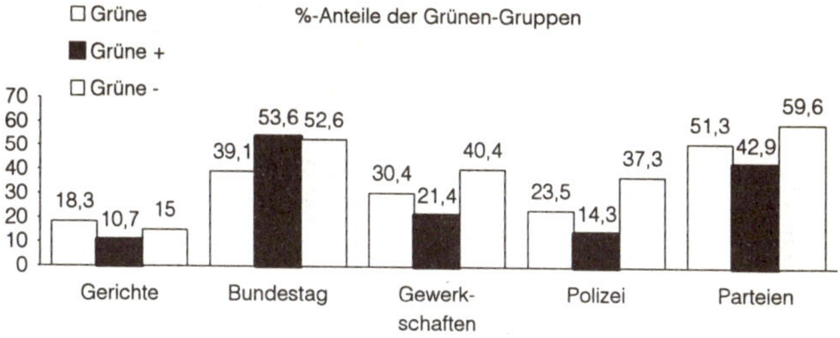

Grüne = alle Sympathisanten der Grünen (N=115), Grüne + bzw. - = Anhänger der Grünen, die zufrieden (N=56) oder unzufrieden (N=57) mit der Demokratie im allgemeinen sind

Bezüglich der Zufriedenheit mit sozialen Werten bzw. Zielen – ipos (92: 14 ff.) spricht von „gesellschaftlichen Bedingungen" – ähneln sich ebenfalls auf einen ersten Blick die Anhänger von SPD und Grünen. Eine gemeinsam für beide durchgeführte Faktorenanalyse unterscheidet zwei Komplexe. Ein „postmaterialistischer" Faktor (dem die SPD stärker zuneigt) verbindet Zufriedenheit mit Bildung, Aufstieg und Gleichberechtigung und steht einem „Materialismus"-Faktor der positiven Bewertung der wirtschaftlichen Lage und des Schutzes vor Kriminalität gegenüber. Allerdings ist auch der Postmaterialismus-Faktor von einer Orientierung an materiellen Chancen, am Aufstieg, nicht frei, so daß eine „output"-Orientierung beide Faktoren verklammern dürfte. Die Bildungs- und Aufstiegschancen werden sehr ähnlich (nämlich positiv) beurteilt – selbst von den demokratieunzufrieden eingestellten Anhängern der Grünen –, während Gleichberechtigung, wirtschaftliche Lage und Schutz vor Kriminalität deutlich abweichend gesehen werden. Vor allem die Untergruppen der Grünen unterscheiden sich deutlich hinsichtlich ihrer Zufriedenheit mit der wirtschaftlichen Lage, was auf eine unterschiedliche Verarbeitung der für die Grünen typischen Statusinkonsistenz hinweist. Grüne- und SPD-Sympathisanten unterscheiden sich ferner hinsichtlich ihrer Bewertung des Schutzes vor Kriminalität. Hier sind die Sozialdemokraten – mit den unzufriedenen Grünen – deutlich weniger zufrieden, als dies für die Grünen gilt. Offensichtlich besteht die Differenz darin, daß Anhänger der Grünen – im Unterschied zu denen aller anderen Parteien (ipos92: 16; ipos93: 16) – weniger am Kriminalitätsschutz herummäkeln bzw. zunehmende Kriminalität weniger als ihr Thema auffassen. Besonders kritisch äußern sich diesbezüglich die REP-Anhänger, während die Befürworter von CDU und SPD dem allgemeinen Durchschnitt entsprechen. (Auffällig ist, vgl. ipos92: 17, ipos93: 17, daß der Osten querbeet mit dem Schutz vor Kriminalität sehr unzufrieden ist.)

Ipos92: Zufriedenheit der Anhänger von Grünen und SPD mit Wirtschaftslage, Bildungschancen, Schutz vor Kriminalität

L+B

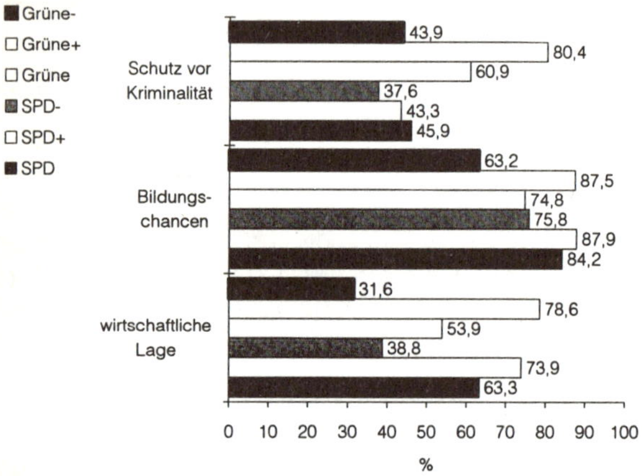

Grüne und SPD: Durchschnittswerte, Grüne+ und SPD+ bzw. Grüne- und SPD- = Anhänger dieser Parteien, die mit dem demokratischen System im allgemeinen zufrieden bzw. unzufrieden sind.

Zusammenfassend: Die Anhänger von SPD und Grünen unterscheiden sich erst auf den zweiten Blick, dann aber deutlich. Die Grünen begegnen allen Institutionen mit mehr Mißtrauen, vor allem hinsichtlich der Bewertung des Bundestages wird dieser Unterschied zu den Sozialdemokraten manifest. Hinsichtlich der Werte und Ziele gibt es bemerkenswerte Diskrepanzen bezüglich der Bewertung der wirtschaftlichen Lage und des Schutzes vor Kriminalität. Diese Differenzen haben Bedeutung, wenn die sozialdemokratische Politik bzw. Programmatik – mit Blick auf die eigene Klientel – Ökonomie und Kriminalität, „materialistische“

Themen also, stark betont und Politik kaum dezentral und basisorientiert, sondern primär regierungspolitisch definiert wird. Umgekehrt wirken Grüne-Positionen, die „post-materialistische" Akzente setzen, sprengend, während das von Grünen-Spitzenpolitikern vertretene Primat der Regierungsbeteiligung *sans phrase* dem SPD-Raster entspricht, um dann aber hinsichtlich des Gegensatzes einer fordistischen Wirtschaftsbelebung oder einer ökologischen Transformation Differenzen hinsichtlich divergierenden Einstellungen zur Wirtschaftslage anzusprechen. Diesbezüglich deuten sich abweichende Akzente in den Elektoraten an, wobei vor allem die Grünen zusätzlich durch stärkere interne Spannungen zwischen ihren demokratiezufriedenen und -unzufriedenen Teilen charakterisiert werden.

Ein jeweils isolierter Blick auf beide Elektorate soll vor allem auf die Binnendifferenzen zwischen den demokratiezufriedenen bzw. -unzufriedenen Teilen der Anhängerschaft hinweisen. Vor allem „die" Sympathisanten der Grünen zeichnen sich hinsichtlich latenter interner Bruchlinien aus (wie bzw. wann sich diese Spannungen manifestieren, läßt sich dabei nicht folgern).

Bemerkenswert ist es, daß „Materialismus" – d.h. derjenige Faktor, der das Vertrauen in die Wirtschaftslage und in den Schutz vor Kriminalität zusammenfaßt – auch für die Anhänger der Grünen eine wichtige Rolle spielt. Die Anhänger beider Parteien sind zwar vorrangig „postmaterialistisch" eingestellt, so daß Bildung, Aufstieg und Gleichberechtigung eine bedeutende Rolle spielen, aber unterhalb dieser Gemeinsamkeit beginnen innerhalb der Parteigruppierungen und auch zwischen den Anhängern von SPD und Grünen die Unterschiede. Erhebliche Unterschiede ergeben sich vor allem auch aus der großen Varianz, mit der die Anhängerschaften ihre Zufriedenheit mit der wirtschaftlichen Lage ausdrükken: In beiden Fällen – vor allem aber unter Anhängern der Grünen – schwindet diese Wirtschaftszufriedenheit auf rund ein Drittel. Diejenigen Anhänger beider oppositioneller Parteien, die mit dem demokratischen System an sich unzufrieden sind, tragen einen relevanten Anteil einer materialistischen Output-Orientierung in die Einstellungsmuster hinein. Zufriedenheit gegenüber der wirtschaftlichen Lage äußern 74% der demokratie-zufriedenen und 39% der demokratieunzufriedenen SPD-Anhänger bzw. 79% der zufriedenen und 32% der unzufriedenen Sympathisanten der Grünen. Unzufriedenheit bzw. Erwartungen können sich in der SPD-Anhängerschaft mit einer gewerkschaftlichen Interessenhaltung verbinden – dies gilt auch für Teile der Grünen-Befürworter –, vor

Faktorenanalyse der Grünen-Sympathisanten
Dargestellt werden die Determinanzanteile der 3 Faktorenanalysen

L+B

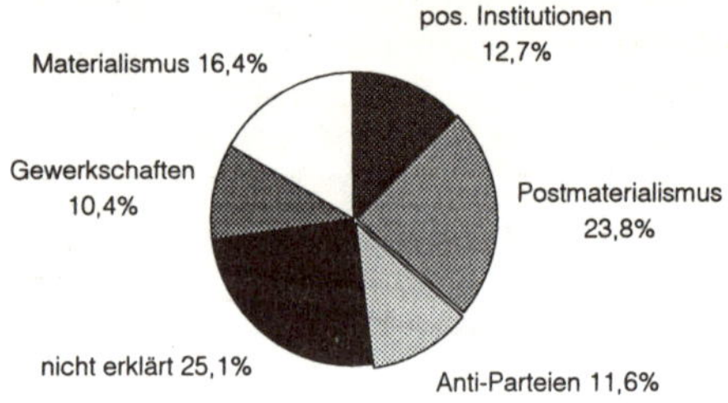

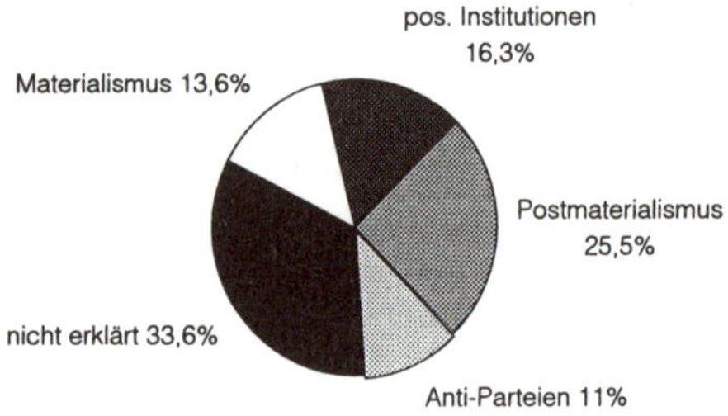

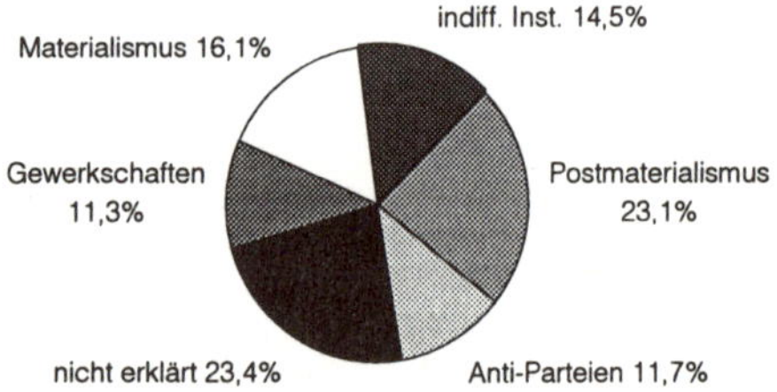

Kreis 1 zeigt die Faktorenanalyse aller Grünen-Sympathisanten, Kreis 2 diejenige für zufriedene, Kreis 3 die für unzufriedene Anhänger der Grünen.

Faktorenanalyse der SPD-Sympathisanten
(ipos92, BRD-W.)

	SPD Durchschnitt	SPD „Zufriedene“	SPD „Unzufriedene“
N	545	379	165
Varianzdetermination	61,5%	69,0%	65,6%
Varimax-Iterationen	8	8	7
Faktoren und Determinanzanteile:			
I:	19,6% „Postmaterialismus“	20,0% pos. Institutionen (einschl. Parteien)	21,3% „Postmaterialismus“ m. Schutz v. Kriminalität
II:	17,0% Pos. Institutionen (m. Parteien)	15,0% „Postmaterialismus“	17,3% neg. Institutionen (m. Parteien)
III:	8,6% neutr. Institutionen (Gerichte, Polizei)	9,3% neutr. Institutionen u. Landesregierung	9,8% neutr. Institutionen u. Landesregierung
IV:	8,3% „Materialismus“	8,6% „Materialismus“	8,6% Gewerkschaften
V:	7,9% Gewerkschaften	8,2% Gewerkschaften	8,5% wirtschaftl. Lage
VI:		7,8% Gleichberechtigung	

Faktorenanalyse der Grünen-Sympathisanten
(ipos92, BRD-W.)

	Grüne Durchschnitt	Grüne „Zufriedene“	Grüne „Unzufriedene“
N	115	56	57
Varianzdetermination	74,9%	66,4%	76,6%
Varimax-Iterationen	6	5	18
Faktoren und Determinanzanteile:			
I:	23,8% „Postmaterialismus“	25,5% „Postmaterialismus“	23,1% „Postmaterialismus“
II:	16,4% „Materialismus“	16,3% pos. Institutionen (Gerichte, Gewerkschaften, Bundest.)	16,1% „Materialismus“
III:	12,7% pos. Institutionen (Bundestag, Gerichte)	13,6% „Materialismus“	14,5% indifferente Institutionen (Gerichte+, Bundestag-)
IV:	11,6% Anti-Parteien	11,0% Anti-Parteien	11,7% Anti-Parteien
V:	10,4% Gewerkschaften		11,3% Gewerkschaften

Faktorenanalyse der SPD-Sympathisanten
Dargestellt werden die Determinanzanteile der 3 Faktorenanalysen

L+B

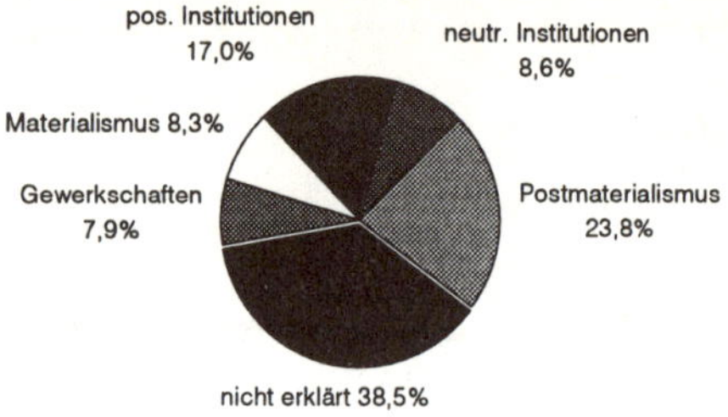

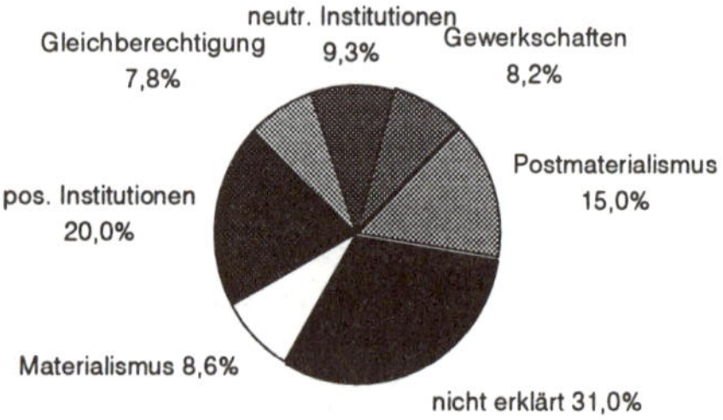

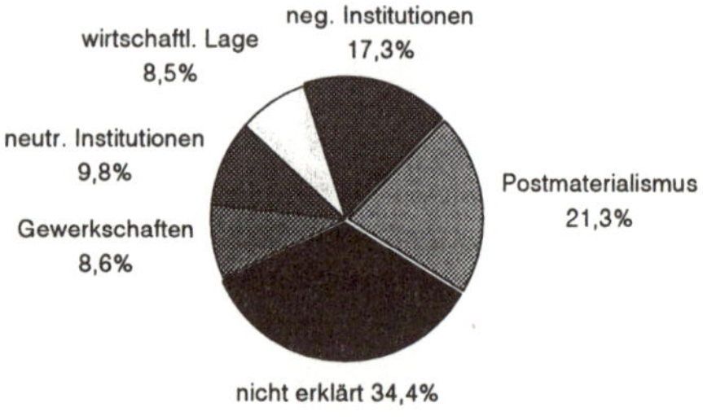

Kreis 1 zeigt die Faktorenanalyse aller SPD-Sympathisanten, Kreis 2 diejenige für zufriedene, Kreis 3 die für unzufriedene SPD-Anhänger.

allem aber treffen sie auf ein höheres Vertrauen in politische wie „neutrale“ (d.h. parteipolitisch wenig(er) beeinflußte) Institutionen (wie Gerichte und die Polizei). Für die Anhänger der Grünen spielen dagegen Institutionen eine negativere Rolle; zusätzlich verstellt ihnen ein gegen Parteien gerichtetes Mißtrauen weitere Möglichkeiten, die Unzufriedenheit mit der Wirtschaftslage konventionell zu artikulieren.

Konstruiert man aus den Eindrücken dieser Faktorenanalyse ein Muster, mit dem oppositionelle politische Programme, Wahlkampfstrategien und Erwartungen seitens der Klientel von SPD und Grünen wahrgenommen und auf bestehende Einstellungen bezogen werden, so dreht es sich um ein fragiles Gleichgewicht von „postmaterialistischen“ und „materialistischen“ Akzenten. Politik wird vom Ertrag her betrachtet, wobei Sozialdemokraten von ihrer Einstellung zu Institutionen her konventioneller erscheinen. Bemerkenswert aber ist es, daß auch die Sympathisanten der Grünen – vor allem die Teilgruppe derjenigen Anhänger, die mit dem demokratischen System an sich unzufrieden ist – „materialistischen“ Einstellungen eine vergleichsweise große Bedeutung beimessen. Die hieraus zu folgernde „Mischung“ von universellen und partikularen, konventionellen und unkonventionellen, „materialistischen“ und „postmaterialistischen“ Einstellungskomponenten kennzeichnet eine Quadratur des Kreises, der die Schwierigkeiten des partei-/programmpolitischen Spagats korrelieren. Für die Pogrammaussagen und Politiker von SPD und Grünen hätte dies zur Folge, daß eine sorgfältig begründete und analytisch zu vertretende Abwägung von hedonistischen, postmaterialistischen und materialistischen Akzenten vorzutragen wäre. Komponenten der Selbstverwirklichung, Umweltorientierung und Statusorientierung ist gleichzeitig Rechnung zu tragen, um ein „Gleichgewicht“ zwischen öffentlicher Umverteilung und privater Besitzstandswahrung ebenso wie zwischen Staat, Gesellschaft, Gruppen und Individuum zu gewährleisten. Angesichts der komplexen Binnenstrukturen der Klientel scheiden jedenfalls solche politischen Konzepte aus, die entweder die Ökonomie oder die Ökologie verabsolutieren oder die die (Folge-)Kosten der propagierten Werte – wie Umwelt und Gerechtigkeit – nicht berücksichtigen.

Den Differenzen innerhalb der Klientel hätte also ein realistisches und abwägendes Oppositionskonzept zu entsprechen, dessen Überlegungen zur Abwägung zwischen dem Wünschbaren und dem Machbaren Gegenstand öffentlich-demokratischer Kontroversen sind. Das statistische Nebeneinanderstellen von materiellen wie postmateriellen Akzenten und Faktoren in den Programmen wie in den Einstellungsmustern der oppositionellen Wählerschaften selbst sollte so zur Verbindung von gesellschaftlichem Protest und parteipolitischer Opposition führen, indem die Gewichtung bzw. Abwägung individueller wie sozialer und gesellschaftlicher wie staatlicher Komponenten einer „politisch-ökonomischen Ökologie" zu diskutieren wäre. Die materiellen und postmateriellen Bestandteile der Programme und Einstellungen würden so in ein Konzept einmünden, das die Zielkonzeption mit ihren Folgekosten und -wirkungen möglichst umfassend abhandelt. Am Beispiel des Individualverkehrs mögen die folgenden Stichworte das Anspruchsniveau eines derartigen oppositionellen Konzepts umschreiben; so wären widersprüchliche Forderungen wechselseitig und bewußt in Beziehung zu setzen z.B. hinsichtlich des Individualwohlstands (dem privaten Einkommen nach Abzug der Steuern), der gesellschaftlicher Leistungsbilanz (in Abwägung z.B. von Arbeitsplätzen, Ausgaben für Straßen und Verkehrsfolgen), der politischen Folgen (in puncto Steueraufkommen, Arbeitsmarkt- und Verkehrspolitik), der ökonomischen Bedingungen (der Automobilindustrie, die zu den größten Arbeitgebern gehört, und allgemein einer post-fordistischen Produktion und Dienstleistungsindustrie, die auf Mobilität und Flexibilität setzt), einer globalen Wettbewerbslage sowie einer Kostenbilanz im Fadenkreuz der avisierten Schadstoffreduktion, der ökonomischen und politischen Folgekosten bzw. Kostenumschichtungen und der hedonistischer Mobilität.

Opposition ist also ohne eine politisch-ökologische Ökonomie undenkbar und setzt als analytisches Oppositionskonzept schwierige, vielschichtige und rationale Gleichungen zwischen Werten, individuellen und sozialen Ansprüchen und politischer Akzeptanz voraus. Gegenüber diesem Katalog mit seiner Forderung nach Kalkulation und Öffentlichkeit bezeichnet z.B. J. Fischers Hinweis auf „die von uns (von wem?, E.H.) nicht beeinflußbaren Rahmenbedingungen" „eines verantwortlichen Politikkonzepts" mit den unverzichtbaren Bestandteilen „Finanzierbarkeit, Machbarkeit, Mehrheitsfähigkeit, rechtliche Schranken, außenpolitische Rücksichtnahmen" nur einen Arbeitskatalog am Anfang eines oppositionellen Konzepts. Das Konzept selbst wird durch Beschwörung elementarer Parameter nicht eingelöst. Wie aber sieht das Gleichgewicht von spürbaren Mineralsteuererhöhungen und spürbaren Verbesserungen im öffentlichen Nahverkehr aus? Wie verlaufen jene Kommunikationen im „Mittelstand", die dieser „Mittelschicht" zur Einsicht verhelfen sollen, daß „die eigene Interessenlage ... nicht allein engstirnig materiell" definiert werden kann? Bis zu welchem Punkt also ist (bei schwindenden staatlichen Verteilungsmöglichkeiten, höheren Schuldendiensten und einem kleiner werdenden gesellschaftlichen Mehrprodukt) die Statusinkonsistenz eines Teils der grünen Wähler zu belasten, ohne daß es „weiter abwärts (geht) bis zu dem Punkt, an dem auch der Mittelstand begreift, daß es so nicht weitergeht"? Typisch für den Verzicht auf Opposition ist es, daß Fischer all' diese Fragen lediglich aufwirft (in der taz vom 19.3.1994). Opposition aber endet nicht mit diesen Fragen, sondern beginnt dann, wenn die entsprechende „Dialektik der Aufklärung" mit ihren Widersprüchen zwischen instrumenteller und humanistisch-kritischer Vernünftigkeit öffentlich und rational abgewogen wird.

„Konsensuelle Investitionsdemokratie": Dies und das, von jedem was!

„Stringente Oppositionspolitik" stößt schnell an Grenzen, weil sie aus dem komplexen Einstellungs- oder Programmix jeweils ein Element übersteigert. So betont der aufs Mit-Regieren erpichte Joschka Fischer die Linie einer „postmaterialistischen" Transformation (ohne die Statusinkonsistenz, den „Materialismus" in Teilen seiner Klientel und eine volkswirtschaftliche und internationale Gesamtperspektive zu berücksichtigen). Als „Anwalt der kleinen Leute", dies die SPD-Richtung seit der hessischen Kommunalwahl vom 7.3.1993 – forciert durch den als „Industriepolitik" ausgegebenen niedersächsischen Fordismus im Vorfeld der Landtagswahl vom 13.3.1994 – setzt Rudolf Scharping auf „die Tugenden des ‚Wir'" und auf den en detail nicht ausgeführten Ausgleich zwischen „ökonomischer Stabilität" und „sozialer Gerechtigkeit" bzw. auf „Bekämpfung der Arbeitslosigkeit und die Wiederherstellung sozialer Gerechtigkeit". Er wünscht und will alles Gute: Multikulturalität, zivilisierte Gesellschaft, Stabilität, Gerechtigkeit, „gemeinschaftlichen Zusammenhang"; ohne von den Widersprüchen, Abwägungen und Akzenten zu reden, verdoppelt Scharping das Einstellungsprofil seiner Klientel und begeistert sich – in einem taz-Interview (19.3.1994, 15) – für ein magisches Dreieck: „Modernisierung der Volkswirtschaft, intelligente Organisation der Arbeit und Modernisierung der staatlichen Tätigkeit, inklusive der sozialstaatlichen". Andernorts – im Frankfurter Allgemeinen

Sonntagsblatt vom 27.3.1994 – vergißt er auch nicht, die Förderung von „Investitionen in neue Produkte, neue Arbeitsplätze" anzusprechen. Alle Details dieser zwischen Fordismus, Ökologie und globaler Modernisierung changierenden Rede bleiben offen. Klar ist nur, Scharping braucht alle: „Die SPD muß stärkste Partei werden, sonst wird sich an der Politik in Deutschland nichts zum Besseren ändern", teilt er der FAZ-Sonntagszeitung mit. Da trifft er sich mit Fischers Koalitionsorientierung und vergißt die Unbillen des Zieles. Gemeinsam aber ist diesen Regierungsadepten von SPD und Grünen, daß sie die Widersprüche der Akkumulationsstrategien eines auf Massenarbeit, Massenkonsum und Wohlfahrtsstaatlichkeit setzenden Fordismus, des „ökologisch orientierten Wachstums" (Scharping) oder des „ökologischen Umbaus" bzw. der „kräftigen ökologischen Erneuerung" (so Fischer in einem taz-Interview am 19.3.1994) bzw. der von (postfordistischen) Globalisierungstendenzen „des" Kapitals ausgehenden Modernisierung weder entfalten und noch berücksichtigen. Die Konflikte über die Zielperspektive bzw. die Abwägung über die Folgekosten der von Fischer fetischisierten „Experimente" – „Endlich Experimente. Das ist die Devise" (Fischer) – oder die Suche nach jenem Gitternetz der „Modernisierung", das Scharping als Komplexitätsvorbehalt verbal beschwört[5] , werden nicht ausgetragen. Ebensowenig wird klar, auf welche Einstellungskomponenten der Anhängerschaften man zählt bzw. wie man die Widersprüche

5 Hierzu äußert sich Scharping in einem taz-Interview (19.3.1994, 15) folgendermaßen (bevor er dann sein Karl Schiller nachempfundenes magisches Dreieck erwähnt): „Ökonomie und Ökologie sind untrennbare Bestandteile der Zukunftsentwicklung ... Wirtschaftliche Entwicklung heißt umweltgerechtes Wachstum, heißt aber auch Modernisierung der Volkswirtschaft, heißt auch Modernisierung des Sozialstaates, heißt auch Senkung der Arbeitskosten, heißt auch intelligente Organisation der Arbeit. Es gibt Leute, die glauben, man könne die wirtschaftliche Entwickung quasi von einem archimedischen Punkt aus betreiben. Ich halte dies in einer hochkomplizierten arbeitsteiligen Gesellschaft, die stark vernetzt ist, für ein ziemlich primitives Denken." Sehr intelligent schwadroniert Scharping also für *muddling through*, die pluralistische Konfliktvermeidungsstrategie zu Zeiten eines großen, staatlich umzuverteilenden Mehrprodukts. Was Arbeitsteilung, Vernetzung, Komplexität mit einem Mangel an Parametern zu tun haben, für die übrigens Scharping inflationär Zeugnis ablegt, bleibt Scharpings Geheimnis. Rationales Entscheidungshandeln kann aus dieser Aneinanderreihung von „heißt auch"-Formulierungen kaum abgeleitet werden. Da ist Fischers „roter Faden" schon fast luzide: „Wie organisieren wir die notwendigen Zukunftsinvestitionen, damit wir der Sozialstaat Bundesrepublik bleiben können?" (Mitbestimmung 7/8-93, 7).

zwischen „Arbeitnehmern“ und „besitzenden Schichten“ (Fischer) so thematisieren möchte, daß keine „allein engstirnig materiell“ definierte „Interessenlage“ (Fischer) befördert wird. Einig angesichts all' dieser Offenheit sind sich die Oppositionskräfte aus SPD und Grünen nur in drei allgemeinen Punkten: Man will in die „ökosoziale Reformkoalition“ (Fischer) oder schlicht erst einmal „stärkste Partei“ werden.

Jenseits dieses Machtwillens beginnt die „kreative Phase“ – nach den Wahlen und den Programmparteitagen – auch für Joschka Fischer „erst in den Koalitionsverhandlungen.“ Scharping ist sich bewußt, „daß die Verpflichtung eines Bundeskanzlers weit über die Verpflichtung gegenüber der eigenen Partei hinausgeht“ (FR vom 5.3.1994, 14), um von den Wählern, dem Souverän, gleich ganz zu schweigen. Ökolinke weisen heute schon einmal – vorsichtshalber, damit nur keiner auf dumme Gedanken kommt – auf den Kassensturz hin: „Nach der Wahl müssen wir uns erst mal die leeren Kassen angucken und dann sehen, was davon noch machbar ist“ (F.O. Wolf in taz vom 17.1.1994, 3). Kapitalistische Akkumulationsstrategien und die politisch-ökonomischen Kosten- und Güterabwägungen in der „konsensuellen Investitionsdemokratie“ Joschka Fischers sind tabu, weil – so Fischer – „die Ökonomie als Schlachtfeld zwischen rechts und links nicht mehr taugt“ (Die Mitbestimmung 7/8-93, 7). (Scharping wird sich über ein solches Ausmaß an vorwegnehmenden Realismus freuen, mag er doch hoffen, auf einer solchen Basis ließe sich ein Deal machen in Sachen Lauschangriff, Blauhelme, Öko-Umstiegs-timing usw. usf.). SPD ebenso wie die „Bündnisgrünen“ wollen ihr „verantwortliches Politikkonzept“ durch Umverteilungen finanzieren, wobei die „neue Lastenverteilung“ (Fischer) bzw. „soziale Gerechtigkeit“ (Scharping) durch einen höheren Anteil der „Besserverdienenden“ am „Umbau unseres Sozialstaats“ (Fischer) oder an der „Lastenverteilung für die innere Einheit“ (Scharping) gedeckt werden soll. Wer zu diesen „besitzenden Schichten“ gehört (und sich also im Kohlschen „kollektiven Freizeitpark“ wohlfühlt oder als Kinkelscher „Leistungsträger“ abplagt), da triumphiert Scharpings „Fahrlässigkeit“ beim Beziffern einer Untergrenze von 50 oder 60 Tsd. Mark Jahreseinkommen für Ledige oder 100 oder 120 Tsd. für Verheiratete; Fischer legt sich bezüglich solcher Petitessen erst gar nicht fest. In jedem Fall wird die Schere zwischen öffentlicher Verschuldung, hohen gesetzlich festgelegten öffentlichen Ausgaben und dem Geldvermögen (1992) der privaten Haushalte in Höhe von 250 Mrd. DM (davon allein 109 Mrd. DM bei Banken) als bequeme Finanzierungsquelle für „die ökologische und soziale Erneuerung Deutschlands“ (Fischer) entdeckt.

Dem regierungsamtlichen Mechanismus des Sozialabbaus und der Leistungsforderung stellt die Opposition die Mechanik der Umverteilung vom Privaten zum Öffentlichen gegenüber. Vom Programm einer „umfassenden Ökologisierung des Wirtschaftslebens“ bleiben vor allem die Details eines „finanzpolitischen Reformkonzepts“ übrig. Ohne die Entkoppelung von Wachstum, Arbeitsplätzen und privatem Einkommen oder die Globalisierung der Kapitalmärkte zu berücksichtigen, setzen vor allem die Linken bei den Grünen und der SPD auf steuerpolitische Umverteilungsmaßnahmen. Nicht investierte Gewinne, Erhöhungen der Hebesätze der Erbschafts- und Vermögenssteuer, Anhebung des Einheitswertes von Gebäuden, Einführung von Ergänzungs- und Arbeitsmarktabgaben und Investitionshilfen stehen auf der staatlichen Wunschliste, um Strukturpolitik durch die Umverteilung abgeschöpfter privater Reichtümer zu kompensieren. Die Anti-Krisenrezepte erreichen damit im Spektrum von Lohnkürzungen, Sozialabbau, Beschäftigungsprogrammen und Umverteilung ein Grad an Einfachhheit, das mit der Komplexität der Krise negativ korreliert (dazu Single 1994).

Eine Präzisierung, die über wohlklingende Gemeinplätze wie „Europäisierung unserer Gesellschaft“ (Fischer) oder „Multikulturalität“ und „Respekt vor anderen Auffassungen“ (Scharping) hinausgeht und eine Rückkopplung der Konzepte an die Bruchlinien in den Anhängerschaften sowie an die Vermischung „materialistischer“ und „postmaterialistischer“ Komponenten im Meinungsbild der Anhängergruppen unterbleiben. Johannes Raus Predigt ist also den Spitzenpolitikern noch nicht zu Gehör gekommen. Noch weiter aber geht Ingrid Matthäus-Maier, denn sie verspricht am 20.1.1994 im Bundestag nicht weniger als „alles Menschenmögliche (zu) tun, um den notwendigen Strukturwandel in unserer(?) Wirtschaft voranzubringen und zukunftssichere Arbeitsplätze zu schaffen.“

Nach so viel Auslassungen über den „Mittelpunkt unserer Politik“ (Matthäus-Maier) scheint es angebracht, mit Joschka Fischers Pathos abzuschließen: „Auf keinen Fall und unter keinen Umständen darf eine grüne Regierungsbeteiligung in Bonn in einem Debakel enden. Wir würden damit eine gewaltige historische Schuld auf uns laden. Wir machen Politik in Deutschland, vergessen wir das nie. Das Land taugt nicht für Abenteuer.“ (in taz vom 13.1.1994, 10).

Na denn: Auf zur kritisch-realistischen Oppositionsarbeit! Alles herunterhängen, aber präziser fassen und analysieren, alternative Modelle anbieten und in öffentlichen Diskussionen vertreten! Wie Kohl gegen Kohl anzutreten, löst die Forderung eines „verantwortlichen Politikkonzepts" nicht ein; es geht nicht um „alles Menschenmögliche", sondern um – „Opposition".

Nachbemerkung vom 27./28. August 1994

Der vorstehende Text wurde am 11. April den Herausgebern zugestellt. Nach Abschluß des Manuskripts ist z.B. das viel schönere, grundsätzlich positive Porträt über „Rudolf Scharping, die SPD und die Macht" von Thomas Leif und Joachim Raschke erschienen (Reinbek b. Hamburg, Mai 1994, vorgestellt bzw. rezensiert in der FR und der FAZ am 2. 5. und in der taz am 7.5.). Leif und Raschke stehen ganz im Bann des Frühjahrshochs der SPD, die von Scharping, nach dem schön-moralisierenden Zögerer Engholm, diszipliniert (kujoniert) wird und unter ihm zum Erfolg verurteilt sei. In dieser SPD-Hoch-Zeit stoßen sich Leif und Raschke nicht an dezisionistisch eingefärbten Schwafeleien, so daß Scharping (S. 226f., 247) im Interview neben „Mut, Vision, Tapferkeit" auch sein „dauerhaft organisiertes Engagement" herauskehren kann: „Eine auf Dauer angelegte Politik braucht auch dauerhafte Anstrengungen, dauerhafte Institutionen und selbstverständlich den Dialog mit Bürgergruppen, neuen Bewegungen und dergleichen mehr" (oder weniger ?).

Seitdem ist viel passiert: Rudolf Scharping (und die SPD) ist noch ungeschickter aufgetreten, als ich dies im Frühjahr annehmen konnte (wollte?). Es ist offensichtlich geworden, daß Scharping zu früh gestartet ist, daß er seine Anfangserfolge nicht gegen Kohl gewonnen hat, daß sein Anfangsbonus vielmehr einem Meinungsklima geschuldet war, als er sich in der SPD durchsetzt (und nahezu jede Diskussion aus der Partei herausnimmt). Zu dieser Zeit tritt Scharpings gewichtiger Kontrahent noch nicht an, weil z.B. die Arbeit der Konjunkturmanipulation noch andauert. So ist der Frühbonus Scharpings dem Innenleben seiner Partei geschuldet, diesbezüglich hat er tatsächlich, wie Leif/Raschke (S. 10) meinen, „den Machtbonus des letzten Aufgebots" auf seiner Seite, auch gründet sich das frühe Erwarten auf kurzfristigen Tagträumen Unions- wie Kohl-überdrüssiger Intellektueller und Kommentatoren sowie auf Schimpfereien von Bossen und Wirtschaftsberichten gegen eine unberechenbar werdende und ihre Ökonomiekompetenz verspielende CDU/CSU/FDP. Also: Der Frühbonus wird Scharping geschenkt, ist nicht selbst erworben. Je mehr Scharping während des beginnenden Wahlkampfes und vor der Europawahl zum allgemein nachgefragten Kanzlerkandidaten avanciert, desto mehr offenbar er sich und redet sich um seinen Kopf und Kragen, desto deutlicher tritt das Oppositionsdefizit hervor und wird, moderat, von den Grünen und auch von der FR erwähnt.

Die SPD kürt Scharping wie weiland die Kaiser des Heiligen Römischen Reiches deutscher Nation, indem sie die stärksten Kontrahenten Schröder und Lafontaine zurückstellt. Scharping, ein „intellektueller Schwamm" (Leif/Raschke: 57) – was immer das sei –, dankt der Partei, indem er bis zur Präsentation des Regierungsprogramms Führung und Klarheit suggeriert. Scharping lebt davon, daß die SPD glaubt, sie hätte die Bundestagswahlen seit 1983 deshalb verloren, weil sie diskutiert habe und nicht geschlossen angetreten sei. Scharping setzt deshalb auf Führungsstärke und hofft, so der SPD und einer heimlich autoritären Öffentlichkeit zu gefallen. Außerhalb seiner Partei aber wird Scharping bald als zögerlich und unbeständig wahrgenommen (Tempolimit, PDS), schnell zeigt sich, daß er wenig sagt, daß er schnell getroffen reagiert (nach der Wahl des Bundespräsidenten). Vor allem zeigt das schlechte Abschneiden der SPD im Beitrittsgebiet, wie schnell die Basis von Scharpings Mehrheitshoffnung schmilzt und breiter Verunsicherung Raum gibt. Rapide bröckeln dann die Vorschußlorbeeren und jenes Prinzip Hoffnung, seit das Konjunkturbild seitens der Union, der Wirtschaftsinstitute und einer Presse vom „Spiegel" bis zur FAZ im Frühsommer wieder schöner gemalt wird. Es gehört zum Versickern von Opposition, daß weder die SPD noch die Grünen diese Farbkorrektur vom Grauschleier zum Zartrosa dadurch korrigieren, daß sie die Malaise einer aktuellen, postfordistischen Konjunktur als die Parallelität von Aufschwung und Arbeitslosigkeit sowie von „Erlebnisgesellschaft" und Segregation bzw. Fragmentierung charakterisieren. Hohe Sokkelarbeitslosigkeit ist und wird in der deindustrialisierten „Zwei-Drittel-Gesellschaft" mit ihrem global importierten Rationalisierungsdruck kein Mangelgut, ebenso wie die Kluft zwischen Kern- und Randbelegschaften schroff bleiben und wohl noch tiefer werden wird.[6] Die von SPD und Grünen propagierten steuerstaatli-

6 Selbst die Phalanx der sozialdemokratischen Bürgermeister vermag es nicht, die Öffentlichkeit über die Schattenseiten von Ökonomie und Finanzwirtschaft bzw. über die Dialektik der Standortdiskussion und der

chen Umverteilungspläne im Zeichen nationaler „Gerechtigkeit" entbehren so der politisch-ökonomischen Basis, so wie ihnen politisch-psychologisch die Ängste gegenüber der importierten Kreativität und den niedrigeren Kostenstrukturen fremder Forscher und Entwickler ebenso wie politisch-kulturell die in der BRD wenig, in der DDR schon gar nicht zivilisierten Umgangsformen mit der „Fuzzigkeit" (C. Leggewie) von Multikulti entgegenschlagen. Die Kultur von Opposition und kritischer Analyse wäre gefragt, um diese Schere zwischen Realität und Reformansprüchen abzuarbeiten.

Wenn ein taz-Kommentator am 26.8.1994 (S. 10) schreibt: „Im Windschatten der oppositionellen Misere gerät die Frage nach der Politikfähigkeit der Union vollends aus dem Blick", dann möchte ich dem ebenso zustimmen wie (zähneknirschend) dem in derselben Zeitung am selben Tag (S. 13) zitierten Urteil Lambsdorffs über Scharping als einen „Meister der Profillosigkeit": „Er muß noch üben, der Herr!" Ohne in intellektuellen Hochmut verfallen zu wollen, meine ich, daß diese Kritik bereits im Frühjahr 1994 formulierbar gewesen wäre. Diese Feststellung weist auf die Grünen (und auf die SPD wie die Gewerkschaften), die diese Kritik hätten leisten können.[7] Die Betrachtung eines oppositionslosen Parlamentarismus und Pluralismus darf deshalb nicht bei der allfälligen, aber wohlfeilen Scharping-Kritik stehenbleiben. Lambsdorffs Mahnung zur Übung mag Scharping selbst beherzigen oder in den Wind schlagen, viel wichtiger ist es, wie und wann SPD und Grüne (und „Teile" der bundesdeutschen Öffentlichkeit) ihre oppositions- und kritiklose Lernpathologie aufheben.

Welches sind die Linien eines realistischen oppositionellen Pluralismus, der – so Scharping (im Interview mit Leif/Raschke: 229,

Hilfe zum Lebensunterhalt aufzuklären, sondern beläßt es – wenn überhaupt – beim Menetekel über den „Quantensprung in Richtung amerikanischer Großstädte", beim nostalgischen Gegenbild einer „solidarischen Stadtgesellschaft" und der Beschwörung eines „gewaltigen politischen Kraftakts" zum „gerechten Ausgleich zwischen den unterschiedlichen Bevölkerungsschichten" (so G. Kronawitter im Spiegel 15/1993, S. 47ff.); die sozialdemokratisch geführte Finanzmetropole Frankfurt a.M. dokumentiert die reale Krise einer SPD, die keinen Kämmerer mehr stellen kann, und die auf den kurzfristig wirksamen Verkauf städtischer Guthaben als Trostpflaster gegen die weglaufenden Schulden und Sozialhilfen setzt.

7 Vgl. die Hinweise in: Die Kommunalwahl in Hessen, in: vorgänge 122, Juni 1993, bes. S. 6. – Dagegen geht *C. Leggewie* (wie vordem schon *K.O. Hondrich*) davon aus, die Politikwissenschaft hätte nichts gesagt: Wozu Politikwissenschaft?, Darmstadt 1994.

231) – „die Rückkehr(?) zu den gesellschaftlichen Hauptproblemen“(?) nicht mit der „Mitte“ gleichsetzt? Wie kann die „Verdrossenheit“ über bzw. die „Unzufriedenheit“ mit den gegenwärtigen Herrschaftsträgern, vor allem auch mit den Parteien und dem Bundestag, nicht in autoritäres bzw. aggressiv-apathisches Rebellentum, sondern in demokratisierende Kritik und Analyse einmünden?[8] Wie kann die interne, in obigem Beitrag angedeutete[9] , Vielschichtigkeit der Anhänger von SPD und Grünen oppositionell so „gebündelt“ werden, daß demokratisierende Kritik angesichts der Struktureffekte einer globalen Kapitalverwertung mit ihren Auswirkungen auf die nationale Ökonomie und Ökologie „mehrheitsfähig“ wird? Wie kann eine „wohlstandschauvinistische“ Mehrheit aus ihren nationalen Grenzen so „abgeholt“ werden, daß Reformen, Zivilität und Interventionen in den Selbstlauf der Kapitalverwertungsprozesse öffentlich diskutabel werden? Wie können der vielfältig dokumentierte Verlust an Opposition und an politischer Analyse rückgängig gemacht werden? – Solche Fragen stellen sich für die Zeit nach der Bundestagswahl 1994, wenn Scharping hauptberuflich wieder Ministerpräsident sein wird und J. Fischer (hoffentlich) aus dem Bundestag, die Republik mit Witz, Schlagfertigkeit und Bildern einer ökologischen (National-) Ökonomie im Steuerstaat über den grauen Alltag im Deutschland Schäubles hinwegtäuscht ...

Je mehr Opposition versickert, je mehr der Mangel an realistisch-realitätsüberschreitenden Alternativen dominiert, je weniger also der national-ökonomische „Wohlstandschauvinismus“ innerhalb sogar der keineswegs eindimensionalen Sympathisantenkreise von SPD und Grünen ernstgenommen wird, je mehr die Armseligkeit der Analysen durch *political correctness* überspielt wird, desto mehr spielen sich personale Alternativen vom Radfahrer, Freizeit-Kicker und dem gemütlich-beschlagenen Dicken in den Vordergrund und verflüchtigen Politik (bei aller Renaissance bzw. Allgegenwart „des Politischen“). In der personalisierten Arena aber haben Juniorkonkurrenten schlechte Karten, triumphiert der politische Mehrwert auf den realen Besitz legaler Macht, werden

8 Vgl. dazu meinen Beitrag in *Schroeder/Kowalsky (Hrsg.)*, Rechtsextremismus, Opladen 1994.

9 Der nach Abschluß des Manuskriptes editierte Datensatz der Umfrage zur Innenpolitik (ipos93) zeigt, daß die für 1992 aufgezeigten Bruchlinien 1993 nicht abgeschliffen worden sind, sondern daß vielmehr die Zeichen der internen Widersprüche wie der zunehmenden Unterstützung des politischen Systems klar an Gewicht gewinnen.

die Kreise (Vorteilsnahmen) der Macht befindlichen Gratifikationsnetzwerke viel zu wenig gestört. Ohne kritische Analysen, die als Opposition in die Öffentlichkeit getragen wird, bleiben selbst die „materialistisch" orientierten Teile der Klientel von SPD und Grünen dem Status quo verhaftet. Ohne daß die Zufriedenheit mit der Regierung entscheidend anwächst, schmilzt in dieser oppositionslosen Arena der Personalisierung und Ikonographie das Zutrauen in die auf ihre Spitzenkandidaten reduzierte Opposition. Die mit dem Politbarometer (1 bis 8/94) der Forschungsgruppe Wahlen erhobene Zufriedenheitsskala zeigt dies deutlich, ohne daß von der SPD, den Grünen, Scharping und/oder Fischer eine Antwort zu hören wäre:

Zufriedenheit mit Regierung und SPD-Opposition
(Mittelwerte einer Skala von -5 bis +5)

		Zufriedenheit mit Regierung	Opposition
1994:	Januar	- 1,0	0,1
	Februar	- 0,9	0,0
	März	- 0,9	0,4
	April	- 0,6	0,2
	Mai	- 0,4	0,3
	Juni[10]	- 0,1	0,0
	August	0,0	0,1

Literatur

Cohn-Bendit, Daniel (1993): Wir brauchen eine antiautoritäre Wertedebatte!, in: FR v. Silvester, ZB 2
Fischer, Joschka (1993), Interview in: Die Mitbestimmung, Juli/Aug., 6-9
Fischer, Joschka (1994): Die Bündnisgrünen vor der Entscheidung, in: taz v. 13.1., 10
Fischer, Joschka (1994), Interview in: taz v. 19.3., 14
Geis, Matthias (1994): Zögernd auf dem Weg zur Macht, in: taz v. 21.2., 12
Hennig, Eike (1992): Rechter Extremismus, in: vorgänge 120, Dez., 31-39
Hennig, Eike (1993a): Regierungsfähigkeit um jeden Preis?, in: vorgänge 121, März, 40-45
Hennig, Eike (1993b): Die Rückwirkung der REPs, in: links 281, Okt., 30-32

10 Im Juli wird die Befragung nicht durchgeführt.

Hennig, Eike (1994): Politische Unzufriedenheit, in: Kowalsky, Wolfgang/Schroeder, Wolfgang (Hg.): Rechtsextremismus, Opladen

Hofmann, Gunter/Perger, Werner A. (Hg.) (1992): Die Kontroverse, Frankfurt

ipos (1992): Einstellungen zu aktuellen Fragen der Innenpolitik 1992 in Deutschland, Mannheim

ipos (1993): dass. 1993, Mannheim

Landesregierung Rheinland-Pfalz (1993): Erneuerung mit ruhiger Hand. Eine Zwischenbilanz der Landesregierung Rheinland-Pfalz 1991-1993, Mainz

Rau, Johannes: (1994), Interview in: Echt, 1. Quartal, 10/11

Scharping, Rudolf (1994), Interview in: taz v. 19.3., 15

Scharping, Rudolf (1994), Interview in: Frankfurter Allgemeine Sonntagszeitung v. 27.3., 3

Single, Erwin (1994): Abschied vom Korporatismus, in: taz v. 21.2., 10

Vester, Michael u.a. (1994): Soziale Milieus im gesellschaftlichen Strukturwandel, Köln

Thomas von Winter

Interessenverbände im gesellschaftlichen Wandel

Verbände teilen sich mit Parteien, sozialen Bewegungen und Medien die Aufgabe, zwischen Gesellschaft und Staat, Bürgern und Entscheidungseliten zu vermitteln. Ihre spezifische Funktion besteht darin, daß sie die materiellen und ideellen Interessen verschiedener gesellschaftlicher Gruppen aufgreifen und nach Maßgabe ihrer organisationsbezogenen Eigeninteressen in die politische Willensbildung einbringen. Verbände berufen sich zwar gelegentlich auf das Gemeinwohl, auch ist nicht ausgeschlossen, daß sie ihr Handeln von Fall zu Fall an übergeordneten gesellschaftlichen Belangen orientieren, von ihrem Primärzweck her handelt es sich bei ihnen jedoch um Organisationen, die den Nutzen ihrer Mitglieder mehren wollen.

Verbände entstehen überall dort, wo die Möglichkeiten, Interessen und Bedürfnisse im Rahmen von solidarischen Gemeinschaften oder auf privaten Märkten zu realisieren, an ihre Grenzen stoßen, dort also, wo also ein Bedarf an kollektiven Gütern existiert. Solche Güter können zwar auch in verbandlicher Eigenregie oder – wie beispielsweise in Tarifverhandlungen – durch zwischenverbandliche Aushandlungsprozesse erstellt werden, in der Regel ist ihre Produktion jedoch an staatliche Normsetzung gebunden. Verbände wirken daher auf das politische System ein, um im Prozeß der Transformation von Interessen in Recht (Fijalkowski 1989: 69) den Belangen ihrer Klientel Geltung zu verschaffen. Die Rolle der einzelnen Verbände nimmt in diesem Prozeß der Interessenvermittlung ganz unterschiedliche Formen an; sie ist abhängig von der Zahl der Mitglieder, der Art der repräsentierten Interessen und dem Ausmaß der innerverbandlichen Interessenheterogenität. Die Verwirklichung der Verbandsziele wird daher bestimmt von der innerorganisatorischen Integrationsfähigkeit sowie von der Fähigkeit, Mitglieder zu rekrutieren und zu mobilisieren. Es gilt also, das von ihnen repräsentierte Interessenspektrum durch Aggregation und Selektion so zu bündeln, daß ein überschaubarer Kanon von Zielen entsteht, der dem politischen System gegenüber als Paket konsistenter Forderungen präsentiert werden kann. Diese Funktion emanzipiert die Verbände bzw. die Verbandsführungen ein Stück weit von den Interessen des einzelnen Mitglieds. Gleichwohl kann die Verbandstätigkeit auf Dauer nur aufrechterhalten werden, wenn es gelingt, Mitglieder zu erhalten bzw. neue Mitglieder in der jeweiligen Zielgruppe zu mobilisieren.

Die intermediäre Rolle, wie sie den Verbänden im Rahmen der demokratischen Willensbildung zugedacht ist, kann durch einen Funktionswandel der Verbände wie auch durch gesellschaftlichen Wandel in Frage gestellt werden. Drei verschiedenen Aspekten eines solchen Wandels soll im folgenden nachgegangen werden:

1. Interessenvermittlung durch Verbände beinhaltet nicht nur eine quasi neutrale Vermittlungsleistung, sondern stellt immer auch einen Akt der Machtentfaltung dar. Daran wäre wenig auszusetzen, wenn die verschiedenen Interessenverbände in ihrem Zusammenwirken jene Funktion erfüllen würden, die ihnen die Pluralismustheorie in ihren optimistischen Varianten zugedacht hat. Durch Bedingungen wie freie Verbandsbildung, Gruppenkonkurrenz und Mehrfachmitgliedschaften würde ein System von sich gegenseitig kontrollierenden Mächten etabliert, das den Staat vor dem Zugriff einzelner mächtiger Akteure schützt (vgl. Kleinfeld/Löbler 1993: 30f). Verbandseinflüsse erscheinen jedoch immer dann problematisch, wenn entweder die gedachte Interessen-Balance gestört ist oder aber einzelne Verbände übermächtig zu werden drohen oder wenn diese Organisationen insgesamt ihren Einfluß soweit ausdehnen, daß die Funktionsfähigkeit der Verfassungsorgane bedroht ist. In Deutschland existiert eine von konservativen Politikwissenschaftlern und Staatsrechtlern begründete Tradition, Interessengruppen prinzipiell mit Argwohn zu betrachten und sie als ein eher störendes Element der demokratischen Willensbildung anzusehen (vgl. Scheuner 1985: 143f). Die Auseinandersetzung mit den Argumenten dieser Verbandskritiker soll hier als Grundlage für Überlegungen zu Macht und Einfluß von Verbänden wie auch zur demokratischen Legitimität ihres Handelns dienen.

2. Analysen zur Sozial- und Wertestruktur der Gesellschaft diagnostizieren seit längerem eine zunehmende Ausdifferenzierung von Lebens- und Interessenlagen. Die Großgruppengesellschaft, die eine mehr oder minder eindeutige Zuordnung von Individuen zu deutlich voneinander abgrenzbaren Klassen oder Schichten erlaubte, löst sich allmählich auf (vgl. Beck 1986). An ihre Stelle treten zum einen neue Muster einer fast stufenlosen vertikalen Ungleichheit, zum anderen eine Reihe horizontaler Disparitäten, die das Gefüge der Verteilung von Einkommen und Vermögen

überlagern. Hinzu kommt, daß die verschiedenen Interessen nicht mehr unmittelbar aus objektiven sozialen Strukturen resultieren, sondern vielfach Korrelate von Lebensstilen und Wertüberzeugungen darstellen, die – in Grenzen – frei gewählt sind (vgl. Hradil 1987). Es zeichnet sich auf mehreren Ebenen eine Pluralisierung von objektiven Lebensbedingungen und subjektiven Lebensentwürfen ab, die auch das System der Interessenvermittlung nicht unberührt läßte. Es stellt sich daher die Frage, ob und inwieweit diese Prozesse eine Erweiterung bzw. Zersplitterung des Verbandssystems zur Folge haben und wie insbesondere die etablierten Großverbände mit der zunehmenden Interessenheterogenität umgehen.

3. Im Zuge der sozialen Differenzierungsprozesse zeichnet sich zudem ab, daß Gruppenzugehörigkeiten ihren lebensweltlichen Bezug verlieren. Pluralisierung erzeugt nicht nur mehr Vielfalt, sondern versetzt die gesamte Gesellschaft in Bewegung und löst damit die einzelnen Gesellschaftsmitglieder aus ihren angestammten emotionalen Bindungen und Solidargemeinschaften heraus. Wohlstand und Armut, abhängige Beschäftigung und Selbständigkeit, Sozialleistungsbezug und Arbeitseinkommen bezeichnen zwar kollektive Tatbestände, die die gesellschaftliche Realität nach wie vor prägen, sie werden aber von den Einzelnen nurmehr als individualisierte Existenzformen erlebt. In diesem Kontext bezeichnet Individualisierung einen Prozeß, in dessen Verlauf sich die ständisch geprägten Sozialmilieus und traditionelle Lebensformen auflösen und durch typische standardisierte, aber zusammenhanglose Ungleichheits- und Abhängigkeitserfahrungen ersetzt werden. Auch korporative Akteure wie die Verbände können nicht mehr wie selbstverständlich an kollektiv vorgefertigte Sinndeutungsmuster anknüpfen, sondern sind gezwungen, Zielgruppenstrategien zu entwickeln, die auf die spezifischen Belange der potentiellen Mitglieder zugeschnitten sind. Hier stellt sich die Frage, wie die Verbände auf die veränderten Erwartungen reagieren und ob sie in der Lage sind, das emotionale Defizit, das sich in den Beziehungen zwischen Mitgliedern und Verbänden auftut, durch neue Formen von Organisationsanreizen auszugleichen.

Die Macht der Verbände

Als Organisationen, die sich explizite auf Partialinteressen und eben nicht oder nur ausnahmsweise auf das „Ganze“ beziehen, sind die Verbände vor allem von konservativer Seite angegriffen worden und haben sich bei Politikwissenschaftlern und Staatsrechtlern dieser Couleur sogar zu einem bevorzugten Objekt ihrer pluralismuskritischen Betrachtungen entwickelt. Die konservative Kritik richtete sich zunächst gegen die Verbände in ihrer Gesamtheit, insbesondere gegen ihr Bestreben, nicht nur von außen auf politische Entscheidungsprozesse einzuwirken, sondern sich im Staatsapparat selbst einzunisten. Billigte man ihnen einerseits zu, kompetente und letztlich für die Regierungsarbeit unverzichtbare Zuträger von Informationen aus den unterschiedlichen gesellschaftlichen Bereichen zu sein, so unterstellte man ihnen andererseits, durch übermäßige Gestaltungsansprüche die Handlungsfähigkeit des Staates zu untergraben. In seiner berühmt gewordenen Studie über die „Herrschaft der Verbände?" (1955) ist Theodor Eschenburg bereits in den fünfziger Jahren zu dem Schluß gekommen, daß die staatlichen Institutionen im Begriff seien, sich unter dem allgegenwärtigen Einfluß der organisierten Interessen in ein Konglomerat von „Verbandsherzogtümern" aufzulösen. Für Eschenburg sind die zahlreichen Fälle, in denen es den Verbänden gelingt, auf fachliche wie personalpolitische Entscheidungen von Ministerien in Bund und Ländern unmittelbar Einfluß zu nehmen, Anzeichen für das Heraufdämmern eines „Gefälligkeitsstaates", der nurmehr die Aufgabe erfüllt, seine verschiedenen Klientelen zu bedienen. Die konservative Verbandskritik der sechziger und siebziger Jahre knüpfte zwar an Eschenburgs Gedanken an, ging aber von dessen pauschalisierender Betrachtungsweise ab. Im Hinblick auf die Frage, was noch als legitimes Verbandshandeln anzusehen sei, wurde nunmehr eine Unterscheidung getroffen zwischen solchen Verbänden, die sich darauf beschränken, sozusagen im Vorhof der eigentlichen politischen Entscheidungssphäre zu wirken, und solchen, die mittels ihrer Vetomacht selbst politische Entscheidungsgewalt ausüben (vgl. Böckenförde 1977: 229; Kielmannsegg 1979: 164). Den ersteren gestand man durchaus zu, ihre Ansprüche an den Staat zu richten und sich zu deren Durchsetzung notfalls auch des Mittels der Druckausübung zu bedienen. Auch wenn man nach wie vor ein starkes Unbehagen an einer als „gruppenbündlerisch" bezeichneten politischen Willensbildung verspürte, erschien es angesichts der Entwicklung des Staates zu einem wohlfahrtsstaatlichen System doch unausweichlich, daß sich die Interessengruppen zur Realisierung ihrer Ziele ins politische Geschehen einmischten (vgl. Weber 1985: 68f). Aus konservativer Sicht ist die Schwelle der Illegitimität doch dann überschritten, wenn Verbände einerseits die Fähigkeit besitzen, politische Entscheidungen entweder selbst zu fällen oder vom Staat zu erzwingen, andererseits aber nicht für die Folgen dieser Entscheidungen einstehen zu müssen. Diese Situation wird im Falle der Tarifpartner als gegeben angesehen. Der Staat sei in seinem Handeln so stark von der Kooperationsbereitschaft der Großverbände abhängig, daß er Gefahr laufe, von den „organisierten Partikularinteressen" überwältigt zu werden. Als die bei weitem größte Gefahrenquelle gilt dabei – und das ist der Kern dieser neueren konservativen Verbandskritik – das Wirken der Gewerkschaften. Ihnen allein traut man zu, die staatlichen Institutionen in ihrer Entscheidungsfähigkeit lahmzulegen. Da nur ihnen Machtmittel wie Kooperations- und Leistungsverweigerung in der Auseinandersetzung mit dem Staat in einem umfassenden Sinne zu Gebote stünden, könnten sie als die stärkste Vetomacht in der pluralistischen Demokratie angesehen werden (vgl. Kielmannsegg 1977; Böckenförde 1979).

Die konservativen Kritiker haben zwar teilweise mit Recht auf einige problematische Entwicklungen in der Verbandsrealität aufmerksam gemacht, ihre zugespitzten Thesen erwiesen sich jedoch als kaum haltbar. Problematisch erscheint die Kritik zunächst hinsichtlich ihrer normativen Voraussetzungen, weil sie von einer den Stellenwert der öffentlichen Institutionen überhöhenden, letztlich vormodernen Staatsauffassung ausgeht. Wo der Staat als Instanz betrachtet wird, der „die umfassende Entscheidungsgewalt innerhalb ihres Gebietes „ zukommt (Böckenförde 1979: 237) und die sich als neutraler Schiedsrichter gegenüber den gesellschaftlichen Kräften betätigt, muß das Wirken der Verbände, so sie von den ihnen zustehenden demokratischen Rechten extensiven Gebrauch machen, als illegitim und anmaßend gelten. Jegliche Einschränkung der idealtypisch angenommen staatlichen Handlungsautonomie, die auf Einwirkungen der organisierten Interessen zurückzuführen ist, wird hier als Anzeichen für eine „Übermacht der Verbände" gewertet. Die Pluralismustheorie hat diese Überlegungen und insbesondere den Gedanken der staatlichen Neutralität mit Recht zurückgewiesen und dem die Auffassung entgegengesetzt, daß die staatliche Entscheidungsbildung in demokratischen Gesellschaften nichts anderes sein kann als ein Prozeß, in dem um einen Ausgleich zwischen den verschiedenen Gruppeninteressen gerungen wird. Demnach wäre es als ein konstitutives Merkmal der Demokratie anzusehen, daß die soziale Vielfalt der Gesellschaft nicht nur über die Mechanismen von individueller Wahlhandlung und Repräsentation zum Ausdruck kommt, sondern vermittelt über die Verbände auch die Form eines Gruppenpluralismus annimmt, der die Funktionsweise des politischen Systems unmittelbar prägt. Auch in diesem (normativen) Modell behält der Staat insoweit seine Souveränität, als ihm die Aufgabe zufällt, die die Konfliktaustragung regulierenden Verfahrensnormen festzusetzen und dafür zu sorgen, daß die Auseinandersetzungen zwischen den verschiedenen Gruppen zu politischen Kompromissen führen (vgl. Kremendahl 1977: 89f, 135, 194f).

Empirisch steht die konservative Verbandskritik schon deshalb auf schwachen Füßen, weil die Macht der organisierten Interessen letztlich weniger weit reicht, als man aufgrund der permanenten Einflußversuche und auch angesichts von vielen Fällen gelungener Einflußnahme annehmen könnte. Jedenfalls läßt sich die These vom „Gefälligkeitsstaat" in den zahlreichen empirischen Untersuchungen über die Rolle der Verbände in der politischen Willensbildung nicht erhärten. Zudem haben die Verbände überall dort, wo sie dauerhaft am politischen Entscheidungsprozeß mitwirken und auch kaum übergangen werden können, die Funktion der klassischen pressure group weitgehend eingebüßt. Besonders deutlich wird dies in den korporatistischen Arrangements, die vordergründig vor allem die Begrenzung der staatlichen und die erhebliche Ausweitung der verbandlichen Macht symbolisieren. Die unmittelbare Einbeziehung in staatliches Entscheidungshandeln hat für die Verbände nämlich den Preis, daß sie für den output solcher institutionalisierten Kooperationen auch eine politische Mitverantwortung übernehmen müssen. Ihre Handlungsfähigkeit ist dadurch insofern eingeschränkt, als sie nun nicht mehr ohne Rücksicht auf die politischen Folgen Maximalforderungen vertreten können, sondern gezwungen sind, sich gegenüber der eigenen Mitgliedschaft, dem Staat und der Öffentlichkeit gleichermaßen zu rechtfertigen. Denn der Korporatismus funktioniert nach einer Austauschlogik, die nur dann zu Ergebnissen führt, wenn beide Seiten, Staat und Verbände, auf einen Teil ihrer Autonomie verzichten. Der Funktionswandel, den die Verbände im Zuge ihrer Inkorporierung in die Politikproduktion durchlaufen, tritt vor allem in den Fällen zutage, in denen der Staat sie nicht bloß in sein Handeln einbezieht, sondern originäre Kompetenzen an sie abtritt. In diesen Fällen eines sogenannten „private interest government" legen die Verbände die ihnen zugewiesene Rolle eines bloßen Vermittlers von Interessen vollends ab und verwandeln sich in Agenturen, die in eigener Verantwortung Steuerungsaufgaben – in der Regel bei der praktischen Umsetzung gesetzlicher Bestimmungen – wahrnehmen (vgl. Streeck/Schmitter 1985).

Ebenso wie die Übermachtsthese entbehrt auch die These von der strukturellen Machtüberlegenheit der Gewerkschaften weitgehend einer empirischen Grundlage. Es läßt sich sicherlich kaum bestreiten, daß in der Phase der sozialliberalen Koalition zeitweise eine sehr enge Beziehung zwischen den Gewerkschaften und der SPD als der führenden Regierungspartei bestand. Aus diesem Befund ein generelles Urteil über die Machtverteilung im Verbandssystem abzuleiten, erscheint jedoch – und erschien schon damals – in zweifacher Hinsicht unzulässig. Zunächst ist festzuhalten, daß es sich bei dem privilegierten Zugang der Gewerkschaften zu dem politischen Entscheidungszentrum um eine vorübergehende Zeiterscheinung handelte, die an besondere politische und wirtschaftliche Bedingungen geknüpft war. Bis zur Mitte der sechziger Jahre standen die Gewerkschaften als politischer Machtfaktor weitgehend im Schatten der Wirtschaftsverbände und der katholischen Kirche, jener Organisationen also, die sich bei den Christdemokraten besonderer Wertschätzung erfreuten. Erst durch den Eintritt der SPD in die Regierung und mehr noch nach der Bildung der sozialliberalen Koalition wurden die Gewerkschaften zu einem maßgeblichen politischen Faktor, der speziell der sozialpolitischen Reformgesetzgebung zu Beginn der siebziger Jahre seinen Stempel aufdrückte. Schon in der Endphase der sozialliberalen Koalition zeichnete sich jedoch ab, daß die Einflußmöglichkeiten der Gewerkschaften nicht nur von der Regierungsbeteiligung der Sozialdemokraten, sondern auch von den wirtschaftlichen Rahmenbedingungen abhängen. Mit der fiskalisch bedingten Abnahme der politischen Gestaltungsspielräume setzte jener bekannte Entfremdungsprozeß zwischen SPD und Gewerkschaften ein, der gleichermaßen Ausdruck für und Folge von schwindendem Einfluß auf die Regierungspolitik war. Nach dem Regierungswechsel von 1982 rückten die Gewerkschaften dann vollends wieder ins zweite Glied der Verbänderiege. Das Ergebnis der Auseinandersetzungen über den sogenannten Streikparagraphen (AFG 116) ist als historische Niederlage der Gewerkschaften zu werten, die die engen Grenzen ihres politischen Aktionsradius unter den veränderten politischen und ökonomischen Gegebenheiten exemplarisch deutlich machte. Die zeitweilig exponierte Stellung der Gewerkschaften erweist sich also allenfalls als Ergebnis einer spezifischen historischen Situation, nicht aber als Anzeichen eines untergründig stets vorhandenen Machtvorsprungs.

Problematisch an dem Verdikt über die Gewerkschaften erscheint jedoch nicht nur die allzu zeitbezogene Argumentation, sondern auch die Vernachlässigung der gesellschaftlichen Grundlagen, aus denen sich der politische Einfluß der Verbände herleitet. Wenig treffsicher erweist sich die konservative Verbandskritik dort, wo sie den sichtbaren Zugang zur politischen Entscheidungsebene zum Hauptkriterium für die Verteilung von Einfluß im Verbändesystem erhebt. Denn anders als es die Kritiker des gewerkschaftlichen Einflusses glauben machen wollten, ist die Zahl der Abgeordneten und Minister, die den Arbeitnehmerorganisationen angehören, kein verläßlicher Indikator für die Reichweite der Gewerkschaftsmacht (vgl. Böckenförde 1979: 234f), sondern allenfalls ein Hinweis auf die Bereitschaft der politischen Elite zur symbolischen Interessenberücksichtigung. Als mächtig erweisen sich Verbände nämlich erst dann, wenn es ihren Protagonisten in den politisch wichtigen Ämtern gelingt, die eigene Programmatik in Regierungspolitik umzusetzen. Das Ausmaß der politischen Macht eines Verbandes läßt sich somit weniger an der personellen Repräsentanz auf der politischen Entscheidungsebene, als vielmehr daran messen, ob und inwieweit er in der Lage ist, über die Mobilisierung seiner Ressourcen die Prioritätensetzung auf der politischen Agenda mitzubestimmen. Ausschlaggebendes Kriterium für das politische Einflußpotential wäre demnach im Anschluß an Offe (1990) die Organisations- und Konfliktfähigkeit eines Verbandes. Legt man dieses Kriterium bei der Betrachtung der Verbändelandschaft zugrunde, so fällt als erstes die mangelnde organisatorische Repräsentanz der sozial marginalisierten artikulationsschwachen Gruppierungen sowie der allgemeinen Interessen ins Auge. Fehlende Organisationsressourcen auf der einen und der unspezifische, nicht gruppengebundene Charakter des Interesses auf der anderen Seite tragen dazu bei, daß ein wichtiger Teil des gesellschaftlichen Interessenspektrums zu einer eigenständigen Vertretung seiner Belange nur in sehr eingeschränktem Maße in der Lage ist. Gemessen an der Konfliktschwäche dieser Gruppen handelt es sich bei den Gewerkschaften in der Tat um Großverbände mit erheblichem Machtpotential. Es hieße jedoch, die bestehenden Asymmetrien in der Verbändelandschaft fehlzudeuten, wollte man die interessenpolitische Rolle der Gewerkschaften mit der der Arbeitgeber gleichsetzen und zwischen diesen beiden Akteuren und den nur schwach organisierten Gruppen einen Gegensatz konstruieren, wie dies im Zusammenhang mit der von konservativer Seite aufgeworfenen sogenannten „Neuen Sozialen

Frage" geschehen ist. Gewerkschaften vertreten zwar in erster Linie die Einkommens- und Beschäftigungsinteressen von Arbeitnehmern und geben diesen durchaus Vorrang vor den Interessen nichterwerbstätiger Gruppen, sie machen sich jedoch ähnlich wie die Wohlfahrtsverbände vielfach auch zum Anwalt schwacher und allgemeiner Interessen und tragen so dazu bei, die aus der ungleichen Resourcenverteilung resultierenden Asymmetrien abzubauen. Umgekehrt wird das Machtpotential der Gewerkschaften dadurch relativiert, daß bei der Bestimmung der Organisationsziele sehr unterschiedliche Interessen zu berücksichtigen sind. Die Gewerkschaften stehen in weit stärkerem Maße als die Unternehmerverbände vor dem Problem, zwischen unterschiedlichen Zielprioritäten innerhalb der Mitgliedschaft sowie zwischen Mitgliederinteressen einerseits und den Interessen der Gesamtorganisation andererseits vermitteln zu müssen. Während bei den Unternehmern und ihren Verbänden das Interesse an einer Verbesserung der Gewinnaussichten einen einheitlichen Bezugspunkt für die Verbandspolitik bildet, ist die Politik der Gewerkschaften stets das Ergebnis eines komplizierten und widerspruchsvollen Prozesses der Aggregation von individuellen und kollektiven, kurzfristigen und längerfristigen, Lohn- und Beschäftigungsinteressen (vgl. Heinze 1981: 47ff.). Gewerkschaftliche Politik unterliegt somit spezifischen, aus der Binnenstruktur der Organisation resultierenden Restriktionen, die sich in der gesellschaftlichen Interessenkonkurrenz als Handikap erweisen. Die Unternehmerverbände sind zwar keineswegs von inneren Widersprüchen und Problemen der Interessenaggregation frei (siehe unten), sie verfügen aber im Vergleich zu den Gewerkschaften über einen strukturellen Machtvorteil.

Pluralisierung

In demokratischen Gesellschaften erscheint es ebenso unausweichlich wie legitim, daß verschiedene gesellschaftliche Gruppen sich zu Verbänden formieren und über diese auf politische Entscheidungsprozesse einzuwirken versuchen. Verbände sind kaum die „heimlichen Herrscher", als die sie zuweilen dargestellt werden, sie verfügen aber über vielfältige Möglichkeiten, Entscheidungsprozesse zu verzögern oder zu beschleunigen und Gesetzesvorhaben entweder zu torpedieren oder auch erst in Gang zu setzen. Die Verbände haben dabei den Staat nicht usurpiert, sondern sind – ähnlich wie die Parteien – mehr und mehr in die politischen Institutionen hineingewachsen. In demokratietheoretischer Perspektive ist diese Entwicklung insofern problematisch, als sie dazu führt, daß die mächtigen Verbände sich zu Quasikartellen zusammenschließen und so die Berücksichtigung von schwachen und allgemeinen Interessen bei der politischen Entscheidungsfindung verhindern können. Die zunehmende Staatsnähe insbesondere der Großverbände wirft darüber hinaus aber auch die Frage auf, ob in diesem Prozeß nicht die ursprünglich vorhandene Bodenhaftung – also die Fähigkeit, gesellschaftliche Interessen tatsächlich zu repräsentieren – verlorengeht. Diese Frage wird umso drängender, je mehr die Gesellschaft selbst sich wandelt und die Bedingungen, unter denen Mitglieder rekrutiert, Interessen aggregiert und selektiert werden können, sich verändern.

Großverbände zeichnen sich in aller Regel durch eine heterogene Mitgliedschaft aus, die in innerverbandlichen Willensbildungsprozessen auf gemeinsame Organisationsziele hin zu integrieren ist. Die Integrationsaufgabe ist jedoch umso schwieriger zu bewältigen, je mehr sich die gesellschaftlichen Interessen ausdifferenzieren und je größer die Gegensätze zwischen ihnen werden. Die Herausbildung immer neuer Interessenlagen ist eine Begleiterscheinung von Modernisierungsprozessen, die seit der Entstehung eines freien Vereinswesens zu Beginn des neunzehnten Jahrhunderts in einer permanenten Zunahme der Zahl der Vereine und Verbände ihren Niederschlag gefunden hat. Jeder neue Modernisierungsschub bewirkt eine weitere Ausdifferenzierung gesellschaftlicher Funktionsbereiche und damit auch eine Vervielfältigung von Gruppen und Interessen. Wie sich an der ständig länger werdenden Lobbyliste des Deutschen Bundestages ablesen läßt, schaffen die gesellschaftlichen Pluralisierungsprozesse immer neue Bedürfnisse nach spezialisierter Interessenvertretung, die sich in einer zunehmenden Erweiterung des Verbändespektrums vor allem im wirtschaftlichen und sozialen Bereich niederschlagen. Soweit diese Zunahme der Interessenvielfalt ein Ausdruck von Wachstums- und Wohlfahrtseffekten ist, läßt sie die Funktionsfähigkeit der Großverbände jedoch im wesentlichen unberührt. Modernisierungsbedingte Pluralisierung beinhaltet in erster Linie eine Ausdifferenzierung und Spezialisierung von Interessen, hat aber kaum die Entstehung grundlegend neuer Konfliktlagen zur Folge. Die Mehrzahl der neu entstehenden Verbände tritt denn auch nicht als Konkurrent der etablierten Akteure auf, sondern erfüllt eher eine das bisherige System der Interessenvermittlung ergänzende Funktion. Um die Bestandssicherheit zu erhöhen, schließen sich nicht wenige der Neulinge sogar einer der bestehenden Dachorganisationen an. Im Inneren der Großverbände hat die modernisierungsbedingte Pluralisierung zwar einen vermehrten Koordinationsbedarf und auch eine Zunahme der Spannungen zur Folge, die Gefahr von Fraktionierungen oder Abspaltungen hat sich daraus aber nicht ergeben. Dies zeigt sich beispielhaft bei den DGB-Gewerkschaften, aber auch etwa beim Deutschen Bauernverband.

Angesichts der berufsstrukturellen Ausdifferenzierung der Arbeitnehmerschaft, die sich nicht zuletzt in der Zunahme der Angestelltenberufe niederschlägt, wäre anzunehmen, daß sich die Gewerkschaften vor zunehmende Integrations- und auch Rekrutierungsprobleme gestellt sehen. Folgt man den modernisierungstheoretischen Hypothesen eines Teils der Gewerkschaftsforschung, so müßte die Heterogenisierung der gewerkschaftlichen Klientel eine innerorganisatorische Fragmentierung und Konfliktverschärfung und eine Verbesserung der Mobilisierungschancen für Konkurrenzverbände zur Folge haben. Diesem Ansatz zufolge wäre es insbesondere wenig erstaunlich gewesen, wenn sich die DAG als Statusorganisation der Angestellten stärker hätte etablieren können. Entgegen solchen Erwartungen haben die DGB-Gewerkschaften jedoch ihre einheitliche Organisationsstruktur gewahrt und auch ihre Fähigkeit behalten, über Status- und Berufsunterschiede hinweg Mitglieder allein aufgrund ihrer Arbeitnehmereigenschaft zu gewinnen. Trotz der Mobilisierungsdefizite im Bereich der Angestellten hat der DGB sich als dominante Arbeitnehmerorganisation behauptet, die die Konkurrenz der kleinen Berufsverbände wie auch der DAG kaum zu fürchten braucht (vgl. Armingeon 1988: 133f). Ähnliche Entwicklungen wie Organisationsbereich der Gewerkschaften sind in der Mitgliedschaft des DBV zu beobachten. Auch hier zeichnen sich Differenzierungsprozesse ab, die eigentlich zu einer Aufsplitterung der bäuerlichen Interessenvertretung hätten führen müssen. Im Zuge der Spezialisierung der Landwirtschaft sowie ihrer Aufsplitterung in Voll-, Zu- und Nebenerwerbsbetriebe sieht sich der DBV mit einer zunehmenden Heterogenität von Ansprüchen konfrontiert, die die Formulierung übergreifender Verbandsziele erheblich erschwert. Gleichwohl hält der DBV ein Quasimonopol im Bereich der bäuerlichen Interessenvertretung, das bis heute niemals ernstlich gefährdet gewesen ist. Organisationsgrade von über neunzig Prozent in den Landesverbänden deuten darauf hin, daß die verschiedenen Gruppen von Bauern den DBV ungeachtet seiner auf großagrarische Interessen ausgerichteten Verbandspolitik als konkurrenzlosen Sachwalter ihrer Interessen ansehen (vgl. Heinze/Voelzkow 1992: 128ff.).

Modernisierungsbedingte Pluralisierung äußert sich darin, daß neue, aber nicht mit den etablierten Akteuren konkurrierende Verbände entstehen und daß die Aggregation und Selektion von Interessen in Großverbänden schwieriger und konfliktreicher wird. Bislang ist den Großverbänden aus diesem Prozeß heraus aber keine ernsthafte Konkurrenz erwachsen, weil es große Teile der neuen Funktionsgruppen, rationalem Kalkül folgend, vorziehen, Mitglieder der etablierten Akteure zu werden oder zu bleiben. Eine Gruppierung, deren Interessen sich von den Interessen einer anderen Gruppierung innerhalb eines Großverbandes abheben, wird sich von diesem nur dann abwenden, wenn sie eine Chance sieht, durch die Gründung einer eigenen spezialisierten Organisation ihre Ziele wirksamer realisieren zu können. Ob sie sich zu diesem Schritt entschließt, hängt davon ab, wie sie ihre eigene Konfliktfähigkeit im Vergleich zu dem spezifischen Interessenberücksichtigungspotential in dem heterogen strukturierten Großverband einschätzt. Dabei gilt es zu berücksichtigen, daß die Konfliktfähigkeit als die Fähigkeit, mit der Zurückhaltung systemrelevanter Leistungen zu drohen, sich aus zwei verschiedenen Quellen speist, nämlich der großen Zahl der Beteiligten auf der einen Seite und der Positionierung einer Gruppe an einer strategischen Stelle des gesellschaftlichen Gefüges auf der anderen Seite. Großverbände müssen einerseits unterschiedlichen Interessen Rechnung tragen und können sich daher niemals in vollem Umfang für nur eine der repräsentierten Funktionsgruppen engagieren, sie verfügen andererseits aber wegen des großen Mitgliederkreises über eine erhebliche politische Schlagkraft. Mitglieder einer tendenziell abwanderungsbereiten Funktionsgruppe haben also zu entscheiden, ob ihre spezifische Konfliktfähigkeit ausreicht, um im Rahmen eines spezialisierten Konkurrenzverbandes ihre Interessen wirkungsvoller als in dem heterogenen Großverband zur Geltung zu bringen.

Großorganisationen wie dem DGB und dem DBV scheint es gelungen zu sein, ihre Verbandspolitik an das sich ausdifferenzierende Interessenspektrum anzupassen und damit zu verhindern, daß wichtige Teilgruppen der Mitgliedschaft sich von ihnen abwenden. Bemerkenswert ist dies vor allem bei den DGB-Gewerkschaften, die – anders als der DBV – nicht an ideologische und soziale Traditionsbestände als gemeinsame Orientierung der verschiedenen Zielgruppen anknüpfen können. Dies gilt vor allem für das schwierige Verhältnis zwischen Gewerkschaften und Angestellten. Der DGB hat in dieser Gruppierung zwar eine Rekrutierungsdefizit, er verliert hier aber trotz forschreitenden berufsstrukturellen Wandels nicht weiter an Boden. Außerdem wenden sich diejenigen Angestellten, die eine Mitgliedschaft im DGB ablehnen nicht dem Konkurrenzverband DAG zu, sondern verfolgen in ihrer Mehrzahl eine Strategie der individuellen Interessenrealisierung. Schwerer tun sich die Gewerkschaften mit einer Neuorientierung gegenüber nichterwerbstätigen Zielgruppen, weil sie hier gezwungen sind, von ihrem erwerbs- und arbeitszentrierten Selbstverständnis Abschied zu nehmen. Denn sie können den wachsenden Ansprüchen der Senioren, die nicht mehr nur passive Beitragszahler sein wollen, und der Jugend, die gegen starre Gewerkschaftsstrukturen aufbegehrt, nur dann gerecht werden, wenn sie ihre Aktivitäten im außerbetrieblichen Bereich verstärken.

Veränderungen in der gesellschaftlichen Interessenstruktur resultieren nicht nur aus Modernisierungsprozessen, sondern sind gerade in neuerer Zeit auch Nebeneffekte sozialer, ökonomischer und ökologischer Krisen. Im wirtschaftlichen Bereich wird das Interessengefüge umso heterogener, je mehr die Diversifizierung der Branchen von einer sich vertiefenden Kluft zwischen prosperierenden und notleidenden Wirtschaftszweigen überlagert wird. Gleichzeitig zeigt sich innerhalb des einzelnen Unternehmens und Betriebes, daß der technische Fortschritt die Belegschaften zunehmend in Rationalisierungsgewinner und Rationalisierungsverlierer spaltet. Diese Spaltung setzt sich auf den Arbeitsmärkten fort und äußert sich hier in einer äußerst ungleichen Verteilung von Arbeitslosigkeitsrisiken. Während ein Teil der erwerbsfähigen Bevölkerung entweder dauerhaft arbeitslos ist oder ständig zwischen Arbeitslosigkeit und vorübergehender Beschäftigung hin und her pendelt, befindet sich die Mehrheit der Arbeitnehmer in sicheren, allenfalls von kurzen Arbeitslosigkeitsepisoden unterbrochenen Beschäftigungsverhältnissen. Da die Zahl der Benachteiligten wie auch der Grad ihrer sozialen Ausgrenzung steigt, bildet sich allmählich eine neue Unterschicht heraus, die der Masse der Wohlstandsbürger gegenübersteht.

Die Integrationsprobleme, mit denen sich die Großverbände angesichts dieser Art der Pluralisierung konfrontiert sehen, erlangen insofern einc neue Qualität, als die ihnen zugrundeliegenden Interessendifferenzen nicht auf eine sozusagen horizontale soziale Differenzierung bezogen sind, sondern sich aus einer vertikalen Gesellschaftsspaltung herleiten. Hier werden Verteilungskonflikte sichtbar, die sich durch eine bloße Diversifizierung und Erweiterung des innerverbandlichen Interessenspektrums nicht überdecken lassen. Vielmehr muß nun in schwierigen und teilweise schmerzhaften internen Abstimmungsprozessen entschieden werden, wie weit man den Interessen der Krisenverlierer – der notleidenden Branchen, der Rationalisierungsopfer, der Arbeitslosen – entgegenkommen will. In erster Linie ist das neue Konfliktpotential ein Problem der Gewerkschaften, die mehr und mehr in einen Spagat zwischen Arbeitnehmer- und Arbeitsloseninteressen, Lohn- und Beschäftigungsinteressen gezwungen werden. Ihr spezifisches Dilemma besteht dabei darin, daß sie von ihrem primären Organisationszweck her Arbeitnehmerverbände sind und um der Bestandssicherung willen auch bleiben müssen, daß aber, wenn sie die Interessenvertretung von Arbeitslosen allein den caritativen Organisationen überlassen, wie sie es lange Zeit getan haben, ihr Einfluß in dem ständig größer werden Erwerbssegment der zwischen Arbeit und Arbeitslosigkeit Wechselnden allmählich schwindet. Um die zeitweilig aus dem Erwerbssystem Ausgegliederten als Mitgliederklientel zu erhalten, sind die Gewerkschaften etwa seit Mitte der achtziger Jahre dazu übergegangen, Arbeitslosen nicht nur den Verbleib, sondern auch den nachträglichen Beitritt bzw. eine Mitgliedsanwartschaft – jeweils mit stark vermindertem Beitrag – zu ermöglichen. Da die Partizipationschancen für Arbeitslose jedoch kaum erweitert worden sind, hat sich ein Prozeß zunehmender Entfremdung zwischen dieser Gruppierung und den Gewerkschaften eingestellt, der sich auch in einem Rückgang der Mitgliederzahlen niederschlägt. In Ostdeutschland hat nach anfänglichen Rekrutierungs- bzw. Stabilisierungserfolgen sogar ein regelrechter Mitgliederexodus stattgefunden, der hauptsächlich auf die hohe Arbeitslosigkeit zurückzuführen ist. Während die Mehrzahl der Arbeitslosen, die den Gewerkschaften den Rücken kehren, sich in eine individualisierte Privatexistenz zurückzieht, sieht eine mobilisierungsfähige Minderheit eine Organisationsalternative in den selbstorganisierten Zusammenschlüssen der westdeutschen Arbeitslosenbewegung bzw. in dem weitgehend auf Ostdeutschland beschränkten ALV. Diese Verbände bzw. verbandsähnlichen Organisationen versuchen zwar, sich politisch Gehör zu verschaffen und den Gewerkschaften ihren Monopolanspruch auf die Vertretung aller arbeitnehmerbezogenen Belange streitig zu machen, sie erfüllen jedoch in erster Linie eine soziale Dienstleistungsfunktion und können daher die Repräsentationslücke, die sich im Hinblick auf Arbeitsloseninteressen im Verbändesystem auftut, kaum füllen.

Krisenbedingte Spannungen betreffen zwar in erster Linie die Gewerkschaften, machen sich aber auch in anderen Großverbänden bemerkbar. So sehen sich nicht zuletzt die Arbeitgeberverbände einer zunehmenden Kritik von Seiten solcher Mitglieder ausgesetzt, die sich in einer schwierigen Ertragslage befinden und deshalb verstärkt nach den interessenpolitischen Gegenleistungen der Verbände für ihre Beitragszahlungen fragen. Die angespannte wirtschaftliche Gesamtsituation und die zunehmende Auseinanderentwicklung von Märkten trägt auch dazu bei, daß der lange Zeit latent gebliebene Konflikt zwischen der mittelständischen und der Großindustrie stärker zum Tragen kommt. Die These von der „nomologischen Struktur" der Unternehmerinteressen, wie sie von Offe/Wiesenthal entwickelt worden ist, trifft somit allenfalls auf wirtschaftliche Schönwetterperioden zu und muß im Hinblick auf Krisenbedingungen modifiziert werden. Sobald die Unterschiede in den Ertragsbedingungen verschiedener Wirtschaftszweige ein bestimmtes Maß überschreiten, droht auch der Konsens zu zerbrechen, der die Wirtschaftsverbände in ihrer Interessenpolitik normalerweise auszeichnet.

Während die gesellschaftlichen Krisenerscheinungen bei den Großverbänden eine Krise der Interessenvermittlung ausgelöst haben, eröffnet die krisenbedingte Pluralisierung für andere, zum Teil neu entstandene Akteure zusätzliche Chancen der Interessenrealisierung. Mit der Zunahme sozialer und vor allem ökologischer Probleme, die im Zuge eines um sich greifenden Wertewandels eine veränderte Deutung erfahren, gewinnt im Spektrum der intermediären Organisationen ein Typ von Zusammenschluß an Boden, der vom Selbstverständnis wie von der Struktur her zunächst wenig mit den etablierten Verbänden gemein hat. Entstanden aus der Kritik an den Großverbänden und deren selektivem Umgang mit der gesellschaftlichen Interessenvielfalt sind die Neuen Sozialen Bewegungen zu einem eigenständigen Faktor im System der Interessenvermittlung geworden, der, ohne die klassischen Mittel des Lobbying zu nutzen, zeitweise erheblichen Einfluß errungen hat. Das Konglomerat der Selbsthilfegruppen, selbstorganisierten Zusammenschlüsse von Sozialstaatsklientelen, Umweltgruppen usw. nimmt sich der bislang vernachlässigten schwachen und allgemeinen Interessen an und zeigt Wege auf, wie man durch Umgehung der bei der Bildung der traditionellen Verbände auftretenden Motivations- und Ressourcenprobleme zu einer durchaus wirksamen Zielrealisierung gelangen kann. Darüber hinaus hat vor allem die Umweltbewegung gezeigt, daß sich allgemeine Interessen auch in einem konventionellen Sinne als organisierbar und konfliktfähig erweisen, wenn sie von hochmotivierten politischen Unternehmern und engagierten mobilisierungsbereiten Bürgern artikuliert und nachdrücklich vertreten werden. Das zumindest zeitweise Erstarken der Bewegung beinhaltet daher nicht zuletzt einen partiellen Abbau der dem System der Interessenvermittlung innewohnenden Asymmetrien. Außerdem gibt sie in dem Maße, wie sie eine spezifische Form der Institutionalisierung hervorgebracht hat, ein Beispiel dafür ab, daß es zu den oligarchischen Binnenstrukturen der etablierten Verbände praktikable demokratische Alternativen gibt.

Individualisierung

Die Funktionsfähigkeit der Interessenverbände als intermediäre Organisationen hängt nicht nur von ihrer Integrationskapazität, sondern in ganz elementarer Weise auch davon ab, inwieweit sie in der Lage sind, Mitglieder zu rekrutieren, längerfristig an sich zu binden und für organisationsinternes Engagement zu mobilisieren. Die Rolle der einfachen Mitglieder mag zwar marginal erscheinen, wenn man ihr tatsächliches Partizipationsverhalten betrachtet und ihre Einwirkungsmöglichkeiten an der Norm innerverbandlicher Demokratie mißt. Immerhin verfügen sie grundsätzlich aber über die Optionen von Abwanderung und Widerspruch und können damit Signale setzen, auf die die Verbandsführungen reagieren müssen. Denn bei aller Selbstherrlichkeit können die Verbandsoligarchien ihr Machtspiel nur dann inszenieren, wenn die kleinen Mitspieler, die Mitglieder, zumindest einen minimalen Einsatz in Form von Geld und Beteiligungsmotivation leisten.

Prozesse der Rekrutierung und Mobilisierung vollziehen sich solange relativ problemlos, wie das „nackte Interesse" (Marx), das den Zweck der Organisation definiert und auch den Umgang der korporativen Akteure miteinander bestimmt, im Verhältnis zwischen dem Verband und dem einzelnen Mitglied nur eine untergeordnete Rolle spielt. Denn anders, als es die Olsonsche „Logik des kollektiven Handelns" unterstellt, haben sich die organisationswilligen Bevölkerungsteile in ihrer Entscheidung, einem Verband beizutreten oder weiter anzugehören, lange Zeit nicht primär von rationalen Nutzenkalkülen, sondern von den verschiedensten „sozialen" Motiven leiten lassen. Wo stabile und homogene soziale Kontexte bestehen oder Gruppierungen durch das Band gemeinsamer historischer Erfahrungen zusammengehalten werden, können Verbände einen Bestandteil spezifischer Subkulturen bilden, können Organisationen für ihre Mitglieder zu einer zweiten Heimat werden. Solche kulturell abgestützten Verbandsbindungen hat es im Arbeitermilieu gegeben und gibt es teilweise immer noch, sie sind aber auch typisch etwa für die Kriegsopferverbände, deren traditionelle Klientel durch Solidaritätserlebnisse in der Kriegs- und Nachkriegszeit geprägt ist. In beiden Fällen sind es vor allem soziale Anreize – also die Möglichkeit, sein Zugehörigkeitsgefühl auszudrücken, Kontakte und Geselligkeit zu pflegen – die den Einzelnen zum Beitritt veranlassen. In dem Maße, in dem sich die traditionellen Milieus auflösen und die hergebrachten Sozialnormen an Effizienz verlieren, läßt jedoch auch die Bindungsfähigkeit der Verbände nach. Auch wenn der Organisationsgrad der Verbände nicht unmittelbar sinkt, kommt es doch zu einer „affektiven Verarmung" im Verhältnis von Verband und Mitgliedern (vgl. Streeck 1987: 474f), die sich in Treueverlusten und zunehmender Fluktuation niederschlägt. Das „Vereinsleben" büßt in dem Maße an Attraktivität ein, wie das Bedürfnis nach privater Geselligkeit größer wird und der Konkurrenzdruck, der von kommerziellen Freizeitangeboten ausgeht (vgl. v. Alemann 1993: 170), sich erhöht. Im Zuge der Individualisierung tritt an die Stelle der quasi selbstverständlichen Verbandsloyalität die Frage nach Kosten und Nutzen der Verbandszugehörigkeit. Die Verbandswirklichkeit wird von der wachsenden Flexibilität der Lebensentwürfe und der Zunahme der Optionenvielfalt geprägt und nähert sich dabei immer mehr an die Olsonsche Modellogik an. Dadurch werden insbesondere die etablierten (Groß-)Verbände vor ganz neue Probleme gestellt.

Die Kriegsopferverbände sind seit längerem bemüht, der Auszehrung ihres angestammten Mitgliederpotentials, die durch die natürliche Verminderung der Zahl der Kriegsbeschädigten und ihrer Angehörigen bedingt ist, dadurch Rechnung zu tragen, daß sie ihr Rekrutierungsfeld auf Sozialrentner und vor allem auf Behinderte ausdehnen. Wie sich an den über die Jahre recht stabil gebliebenen Mitgliederzahlen und der mittlerweile diversifizierten Mitgliederstruktur ablesen läßt, scheint diese Strategie tatsächlich erfolgreich zu sein. Allerdings lassen sich die neuen Mitglieder nicht mehr über den Mechanismus der Gruppensolidarität zum Beitritt bewegen, sondern werden vor allem von dem Serviceangebot, insbesondere der Beratung und gerichtlichen Vertretung in sozialrechtlichen Fragen, angezogen. Die Rekrutierung über selektive materielle Anreize bedeutet jedoch, daß die Mitgliedschaft in einem Kriegsopferverband ihre soziale Verbindlichkeit verliert. So treten nicht wenige der neu hinzugewonnen Mitglieder wieder aus dem Verband aus, sobald das spezifische sozialrechtliche Problem, das sie zum Beitritt bewegt hat, gelöst ist. Die veränderte Anreizstruktur und die neue Zielgruppenstrategie haben so eine erhöhte Fluktuation zur Folge, die den Rekrutierungserfolg relativiert, weil der Verband zur Bestandssicherung auf eine stetige Ressourcenzufuhr aus der Mitgliedschaft angewiesen ist.

Was die Bereitschaft zum innerverbandlichen Engagement anbelangt, sind die Folgen der Individualisierung ebenfalls unübersehbar. Zwar erscheinen Klagen über den Niedergang des Ehrenamtes, wie sie vor allem aus dem Vereinsbereich zu vernehmen sind, vielfach überzogen und verfrüht. Immerhin sind die Organisationsbereitschaft und die Bereitschaft zur Übernahme eines Ehrenamtes seit den sechziger und siebziger Jahren noch einmal erheblich gestiegen, so daß man heute zumindest unter quantitativen Aspekten von einer Stabilisierung auf hohem Niveau sprechen kann. Demgegenüber haben sich aber die Vorstellungen der Mitglieder von der Art der Beteiligung am innerverbandlichen Geschehen erheblich gewandelt. Von diesen Veränderungen sind vor allem die Wohlfahrtsverbände betroffen. Ehrenamtliche Helfer sind kaum noch bereit, sich frag- und klaglos in den Dienst dieser Großorganisation zu stellen und sich für deren Interesse an einer möglichst reibungslosen Produktion von Sozialdienstleistungen instrumentalisieren zu lassen. Das traditionelle Reservoir der Wohlfahrtsverbände, die Gruppe der Frauen bürgerlicher Herkunft in der Altersspanne zwischen 40 und 60 Jahren, wird immer kleiner, und mit ihnen stirbt auch das klassische Helfermotiv, die selbstlose Opferbereitschaft, allmählich aus. An seine Stelle tritt heute eine Form von Engagement, bei der sich die Bereitschaft, anderen unentgeltlich zu helfen, mit einem Interesse an Selbstbestimmung und Selbstverwirklichung verbindet. Während das traditionelle Ehrenamt an Bedeutung verliert, wächst im Gegenzug das Bedürfnis, in eigenverantwortlicher Weise für sich und andere soziale Unterstützungssysteme zu organisieren (vgl. Offe/Heinze 1990: 240ff.). Dieses neue Potential können die Wohlfahrtsverbände nur insoweit für sich erschließen, als es ihnen gelingt, die durch die verkrusteten Organisationsstrukturen mitbedingten Imageverluste wett zu machen und sich für den Selbsthilfegedanken zu öffnen. Die für die Legitimation ihrer spezifischen Rolle im Bereich der Sozialdienstleistungen unentbehrlichen „ehrenamtlichen“

Mitarbeiter werden sie auf Dauer nur dann gewinnen können, wenn sie den gewandelten Bedürfnissen nach selbstverantwortlicher projektbezogener Betätigung Rechnung tragen. Eine entsprechende Umstellung ist in einem Teil des Wohlfahrtsverbändespektrums – vor allem beim DPWV, der sich zu einem Dachverband von selbstorganisierten Zusammenschlüssen entwickelt hat – bereits relativ weit vorangekommen.

Eine besonders bemerkenswerte Entwicklung ist darin zu erkennen, daß auch die Arbeitgeberverbände, denen man gemeinhin eine problemlose Mitgliederrekrutierung attestiert, von den Folgeerscheinungen der Individualisierung nicht verschont bleiben. Auch hier ergibt sich die Verbandszugehörigkeit nicht mehr bloß aus Gewohnheit (vgl. Vobruba 1992) oder aus dem Gefühl der emotionalen Verbundenheit des einzelnen Unternehmers mit „seinem" Verband, sondern wird zunehmend zum Gegenstand rationalen Kalküls. So gibt es immer mehr Unternehmer, die glauben, ihre einzelwirtschaftlichen wie auch ihre politischen Ziele durch eigene Lobby-Tätigkeit ebenso erfolgreich wie über einen Interessenverband verfolgen zu können und die deshalb mit dem Gedanken an einen Austritt insbesondere aus dem Arbeitgeberverband spielen. Häufig geraten die Verbandsvorstände in die Kritik, weil die nicht unbeträchtlichen Beitragszahlungen aus Sicht der Mitglieder in einem Mißverhältnis zu den mageren Ergebnissen der Verbandspolitik stehen. Für viele Unternehmen wird daher am Serviceangebot, von dem man unmittelbar profitiert zu einem Faktor, an dem sich die Frage der Mitgliedschaft entscheidet. In der Hierarchie der Ziele, deren Realisierung man von den Arbeitgeberverbänden erwartet, steht das Einzelinteresse des Unternehmens obenan, während der tarifpolitischen und insbesondere der allgemeinpolitischen Interessenvertretung eine erheblich geringere Bedeutung beigemessen wird. Unzufriedenheit mit der Tarifpolitik der BDA und ein für unzureichend gehaltenes Dienstleistungsangebot haben daher ein steigende Zahl von Unternehmen insbesondere in Ostdeutschland dazu bewogen, aus dem Arbeitgeberverband aus- bzw. gar nicht erst einzutreten. Verbandsmitgliedschaft scheint also auch bei den Unternehmern weniger ein selbstverständliches Resultat struktureller Interessengleichheit, als vielmehr Folge individuellen Kalküls zu sein, das ebenso wie bei anderen Verbänden lange Zeit von einem Kollektivbewußtsein überdeckt war.

Schlußbetrachtung

Die in den fünfziger und sechziger Jahren von konservativer Seite häufig geäußerte Befürchtung, die Verbände könnten sich des Staates bemächtigen, indem sie sich die Verfassungsorgane durch Lobbyismus gefügig machten und die verschiedenen Ressorts in Verbandsherzogtümer umwandelten, war geprägt von einer die tatsächlichen Verhältnisse dramatisierenden Wahrnehmung, die ihre Wurzeln in einem letztlich vormodernen Staatsverständnis hat. Die Verbände und insbesondere die Großverbände sind zwar durchaus in der Lage, im Rahmen der politischen Willensbildung ihre Rolle als Lieferanten spezieller Informationen auszuspielen und auch ihr gesellschaftliches Gewicht in die Waagschale zu werfen, die staatliche Organe Parlament, Regierung, Ministerien können dem aber nicht nur ihre formelle Entscheidungskompetenz und damit die Fähigkeit, sich über Verbandsinteressen notfalls hinwegzusetzen, entgegenstellen, sondern verfügen meist auch über politische Tauschobjekte, die sie den Verbänden als Gegenleistungen für Kompromißwilligkeit anbieten. In demokratietheoretischer Hinsicht problematisch erscheint dabei vor allem die Tatsache, daß sich Entscheidungsprozesse häufig in spezialisierten, von der allgemeinen wie auch der parlamentarischen Öffentlichkeit abgeschotteten Politiknetzwerken vollziehen, in denen die politischen Experten der Fraktionen, Ministerialbeamte und die für gleichermaßen kompetent wie konfliktfähig gehaltenen Verbandsvertreter Ergebnisse aushandeln, die in dem für die formelle Letztentscheidung zuständigen Gremium, dem Parlament, weder ausreichend diskutiert noch gar inhaltlich verändert werden können. Es ist also eher ihre Beteiligung an der in zahlreiche Einzelterrains aufgesplitterten Aushandlungsdemokratie, die die Rolle der Verbände in der politischen Willensbildung problematisch macht, als ihre Fähigkeit, die Staatsorgane von außen unter Druck zu setzen. Denn trotz der Machtasymmetrien, die das Verbändesystem insgesamt prägen, ist doch die Konfliktfähigkeit auch der Großorganisationen in vielfältiger Weise eingeschränkt. Abgesehen von dem Aufwand und dem Risiko, die jede Form von innerverbandlicher Mobilisierung sowie Strategien der Leistungs- oder Kooperationsverweigerung mit sich bringen, stößt die Machtentfaltung für ein bestimmtes Interesse auch sehr schnell an die innerverbandlichen Grenzen, die durch Gruppenvielfalt und Kompromißzwänge gesetzt sind. Die zunehmende Pluralisierung hat zur Folge, daß die Haltung eines Verband zu einer bestimmten politischen Streitfrage selbst schon ein Aushandlungsergebnis darstellt, in das die unterschiedlichen organisationsinternen Interessen eingegangen sind. Denn jeder politische Vorstoß, der die interne Interessenbalance mißachtet, beschwört die Gefahr herauf, daß Konkurrenzorganisationen auf den Plan treten, die dem jeweils majorisierten Interesse zur Geltung zu verhelfen versprechen.

Je mehr die Verbände staatliche Anerkennung als politische Tauschpartner finden und je stärker sie sich in korporativen Gremien engagieren, desto eher laufen sie Gefahr, ihre ursprüngliche Funktion als Repräsentanten gesellschaftlicher Interessen zu verlieren. Denn mit zunehmender Staatsnähe gewinnen die organisationsbezogenen Eigeninteressen der Verbände gegenüber den Mitgliederinteressen immer mehr an Gewicht. Dies mag im Hinblick auf Rekrutierung und Mobilisierung solange unproblematisch sein, wie die (potentiellen) Mitglieder durch soziale Motive zu „ihrer" Organisation finden und den Verbandsspitzen eine quasi generalisierte Zustimmung zur Verbandspolitik erteilen. Mit der um sich greifenden Individualisierung geht jedoch auch im Hinblick auf die Organisationsbereitschaft ein Präferenzwandel einher, der sich in der zunehmenden Neigung äußert, Kosten und Nutzen einer Verbandsmitgliedschaft gegeneinander abzuwägen. Fluktuation und Treueverluste sind deutliche Kennzeichen einer solchen geänderten Orientierung. Angesichts eines insgesamt hohen Organisationsgrades der Bevölkerung und einer nur langsam sinkenden Organisationsbereitschaft wäre es allerdings kaum angemessen, schon jetzt von einer Krise der Repräsentation zu sprechen. Gegen eine solche Lagebeurteilung spricht auch die Tatsache, daß viele Bürger sich insbesondere von den etablierten Großverbänden (Gewerkschaften, Arbeitgeberverbände, Kirchen, Wohlfahrtsverbände) in ihren Interessen vertreten fühlen, ohne ihnen anzugehören (vgl. Weßels 1991: 456f). An diesem Befund wird umgekehrt aber auch deutlich, daß sich eine beträchtliche Zahl von Bürgern als „Trittbrettfahrer" verhält, die an dem Kollektivnutzen der Verbandsaktivitäten partizipieren wollen, aber das Einbringen eigener Ressourcen scheuen. Um solche Gruppen zu gewinnen und die kritischer gewordenen Mitglieder zu halten, haben die Verbände schon seit längerem damit begonnen, ihr Angebot an selektiven materiellen Anreizen zu erweitern. Private Güter wie Treueprämien, Versicherungen, Beratungsservice usw. sollen den Beitrittswilligen jenen materiellen Nutzen stiften, der die Verbandsmitgliedschaft attraktiv erscheinen läßt. Eine solche Strategie stößt jedoch in einer Gesellschaft mit expandierendem Dienstleistungssektor schnell an ihre Grenzen, weil die von den Verbänden angebotenen privaten Güter auf dem freien Markt häufig zu einem Preis erworben werden können, der den Vorteil, den man aus einer Verbandsmitgliedschaft zieht, erheblich relativiert. Denn ein rational handelndes Individuum wird die Kosten, die eine Verbandsmitgliedschaft verursacht, nur dann zu tragen bereit sein, wenn es den zu erwartenden Nutzen nicht auf andere Weise „billiger“ erwerben kann. Dies bedeutet, daß die Verbände in dem Maße, wie sie der Individualisierung durch selektive Anreize Rechnung zu tragen versuchen, zu einem Opfer ihrer eigenen Strategie werden. Daher werden sich die Probleme der Rekrutierung und Bestandssicherung auf Dauer nicht mit einer Erweiterung der Angebotspalette, sondern nur durch einen grundlegenden Wandel in Struktur und Politik der Großorganisationen bewältigen lassen. Das gestiegene Bedürfnis nach Partizipation und Selbstbestimmung verlangt nach verbandsinternen Reformen, die den bürokratischen Formalismus abbauen und die überkommenen Strukturen durchlässiger machen. Wenn man die Attraktivität der Verbände erhöhen und den „Erlebniswert“ der Verbandsmitgliedschaft steigern will, dann wird man dem kritischer gewordenen Publikum auch ein Mehr an innerverbandlicher Demokratie anbieten müssen.

Literatur

v. Alemann, Ulrich (1993): Organisierte Interessen in der Bundesrepublik. Reflexionen zu ihrer politikwissenschaftlichen Rezeption und politischen Perzeption, in: Ralf Kleinfeld und Wolfgang Luthardt (Hg.), Westliche Demokratien und Interessenvermittlung, Marburg, S. 160-179

Armingeon, Klaus (1988): Die Entwicklung der westdeutschen Gewerkschaften 1950-1985, Ffm/New York:

Beck, Ulrich (1986): Risikogesellschaft. Auf dem Weg in eine andere Moderne, Ffm

Böckenförde, Ernst-Wolfgang (1977): Die politische Funktion wirtschaftlich-sozialer Verbände und Interessenträger in der sozialstaatlichen Demokratie, in: Regierbarkeit, Bd. 1, hg. von Wilhelm Hennis, Peter Graf Kielmannsegg und Ulrich Matz, Stuttgart, S. 223-254

Eschenburg, Theodor (1955): Herrschaft der Verbände?, Stuttgart

Fijalkowski, Jürgen (1989): Soziologie, Politische Soziologie und Regierungslehre – Ortsbestimmung und Hauptprobleme soziologischer Analyse und Kritik, in: Stephan v. Bandemer/Göttrik Wewer (Hg.); Regierungssystem und Regierungslehre, Opladen

Heinze, Rolf G. (1981): Verbändepolitik und „Neokorporatismus“. Zur politischen Soziologie organisierter Interessen, Opladen

ders./Voelzkow (1992): Der Deutsche Bauernverband und das „Gemeinwohl“, in: Renate Mayntz (Hg.), Verbände zwischen Mitgliederinteressen und Gemeinwohl, Gütersloh, S. 122-161

Hradil, Stefan (1987): Sozialstrukturanalyse in einer fortgeschrittenen Gesellschaft. Von Klassen und Schichten zu Lagen und Milieus, Opladen

Kielmansseg, Peter Graf (1979): Organisierte Interessen als „Gegenregierungen“?, in: Regierbarkeit, Bd., Hg. von Wilhelm Hennis, Peter Graf Kielmannsegg und Ulrich Matz, Stuttgart, S. 139-176

Kleinfeld, Ralf/Löbler, Frank (1993): Verbände in Nordrhein-Westfalen: Eine Vorstudie zu Theorie und Empirie von Verbänden in der Landespolitik (Polis, Arbeitspapiere aus der Fernuniversität Hagen, Sonderheft)

Kremendahl, Hans (1977): Pluralismustheorie in Deutschland, Leverkusen

Offe, Claus/Heinze, Rolf G. (1990): Organisierte Eigenarbeit. Das Modell Kooperationsring, Ffm/New York

Scheuner, Ulrich (1985): Politische Repräsentation und Interessenvertretung, in: Rudolf Steinberg (Hg.), Staat und Verbände, Darmstadt, S. 143-155

Streeck, Wolfgang/Schmitter, Philippe (Eds.) (1985): Private Interest Government. Beyond Market and State, London

Streeck, Wolfgang (1987): Vielfalt und Interdependenz. Überlegungen zur Rolle von intermediären Organisationen in sich ändernden Umwelten, in: Kölner Zeitschrift für Soziologie und Sozialpsychologie, 39. Jg., H. 3, S. 471-495

Vobruba, Georg (1992): Wirtschaftsverbände und Gemeinwohl, in: Renate Mayntz (Hg.), Verbände zwischen Mitgliederinteressen und Gemeinwohl, Gütersloh, S. 80-121

Weber, Werner (1985): Der Staat und die Verbände, in: Rudolf Steinberg (Hg.): Staat und Verbände, Darmstadt, S. 64-76

Weßels, Bernhard (1991): Vielfalt oder strukturierte Komplexität. Zur Institutionalisierung politischer Spannungslinien im Verbände- und Parteiensystem in der Bundesrepublik, in: Kölner Zeitschrift für Soziologie und Sozialpsychologie, 43. Jg., H. 3, S. 454-475

Thomas Mirbach

Die Krise des Sozialstaats als Krise der Demokratie?

Die Krise des Sozialstaats scheint eine ausgemachte Sache, zumindest die Publizistik stimmt seit längerem auf härtere Zeiten ein: „Cutting back the Welfare State" umschreibt *Newsweek* (20.12.93) die Herausforderung der europäischen Gesellschaften in den neunziger Jahren, mit Blick auf Schweden wird der „Tod eines Modells" konstatiert (*Wochenpost* 14.10.93), *Der Spiegel* (6.9.93) räsoniert, ob Sozialabbau die Wirtschaft retten könne und *Die Zeit* beunruhigt ihre Leser gleich mit einer ganzen Serie „Sozialstaat am Ende?" (Nr. 47 v. 19.11.93ff.). Und sehen wir nicht tatsächlich angesichts von rund vier Millionen Arbeitslosen in der neuen Bundesrepublik, der drohenden Zahlungsunfähigkeit der Kommunen als Folge einer erschreckenden Zunahme von Sozialhilfebeziehern, der sich abzeichnenden Finanzierungsnöte in der Rentenversicherung, schließlich einer unter Rationalisierungsdruck geratenen Krankenversicherung den Garanten sozialer Sicherheit, das komplexe Gefüge von Rechtsansprüchen und professionellen Helfern, demontiert und nur noch zu symbolischen Aktionen fähig? Finden nicht wirklich massenhafte Ausgliederungsprozesse in den neuen wie in den alten Bundesländern statt, die Verarmungskarrieren ganzer Kohorten nicht mehr Erwerbsfähiger einleiten? Werden nicht etliche der nachrückenden Generationen in die Grauzone „perforierter" Arbeitslosigkeit und prekärer Beschäftigung abgeschoben? Und wird nicht an den Modernisierungserfolgen in den Ballungszentren nahezu handgreiflich wahr, daß der Reichtum der einen die Armut von anderen nach sich zieht?

Sind das nur Anpassungsschwierigkeiten eines bewährten Modells inmitten einer zunehmend individualisierten Dienstleistungsgesellschaft unter vorübergehend erschwerten Rahmenbedingungen (Kosten der deutschen Einigung) oder dient nicht vielleicht doch der Zusammenbruch der sogenannten Systemalternative als willkommener Vorwand, einen radikalen Modellwechsel einzuleiten und den viel geschmähten Fürsorgestaat samt der seinen Nutznießern zugeschriebenen Vollkaskomentalität durch eine „lean social security" zu ersetzen (Standfest 1993) verknüpft mit einer neoliberalen Lesart von Selbstverantwortung?

Die Sozialwissenschaften reagieren auf diese Vorgänge unentschieden: So wird zwar das Thema der Armut wieder wissenschaftsfähig (Leibfried/Voges 1992), aber die Interpretationen bewegen sich zwischen einer eher orthodoxen Sichtweise, die auch das neue Ausmaß ökonomischer Diskriminierung auf bekannte strukturelle Ungleichheitsmuster (soziale Klassenlagen) zurückführt, und solchen, die die Verteilung von Armut mit den Kontingenzen einer individualisierten Risikogesellschaft erklären will. Von diesem Bemühen um eine empirisch triftige, sozialstrukturelle Behandlung heben sich Zeitdiagnosen ab, die in diesen Marginalisierungsprozessen Vorzeichen eines Zerbrechens der politischen Gemeinschaft sehen, das sich zunächst nur subkutan in Wahlenthaltungen, Ausbreitung rechtspopulistischer Strömungen und Radikalisierung Jugendlicher äußert (Heitmeyer u.a. 1989), aber am Horizont die Auflösung der Gesellschaft als „politische Assoziation" erscheinen läßt (Koch 1993: 934). Sind solche Deutungen nur Zeugnisse historischer Befangenheiten („Weimar-Syndrom") und wie alle Spielarten von Protest und Moralisierung lediglich utopische Reaktion (Luhmann 1994: 194ff.) auf Folgen sich beschleunigender funktionaler Differenzierung, die auch das sozialpolitische Terrain unübersichtlicher und widersprüchlicher erscheinen läßt? Oder haben wir vielleicht doch gute Gründe, die aktuelle Entwicklung als eine Gefährdung der Wohlfahrtsstaatlichkeit[1], als ein Abrücken vom Programm der politisch zu garantierenden Gleichheit von Staatsbürgern zu begreifen?

Der kritische Zusammenhang von Sozialstaatskrise und Demokratie wäre darin zu sehen, daß jenes von Thomas H. Marshall (1949/1992) mit dem Begriff der Citizenship exemplarisch formulierte Verständnis moderner Gesellschaften (Parsons 1985) – die mit dem Staatsbürgerstatus verknüpfte Gleichrangigkeit von bürgerlichen, politischen und sozialen Rechten also – heute unter dem Zwang des „ökonomischen Weltbürgerkriegs" (Koch 1993: 938) als revidierbar erscheinen könnte. Das würde – noch vor jeder manifesten Krise des demokratischen Systems – erhebliche Konsequenzen für unseren Begriff von Demokratie wie für die Kriterien des Handelns im öffentlichen Raum haben müssen. Ich werde diesen Zusammenhang in drei Schritten diskutieren: Einschränkungen sozialpolitischer Leistungen können sich rhetorisch aus einem

1 Ich werde im folgenden aus Gründen vereinfachter Darstellung die Begriffe Sozialstaat und Wohlfahrtsstaat synonym verwenden, damit also Differenzen zwischen spezifischer Institutionalisierung und der diese Prozesse jeweils begleitenden Programmatik ignorieren.

breiten Spektrum einschlägiger Literatur bedienen, in der das Veralten des Sozialstaats unter sehr unterschiedlichen Gesichtspunkten verhandelt wird; drei Muster der Wohlfahrtsstaatskritik werde ich kurz rekapitulieren. Einem verbreiteten sozialwissenschaftlichen Verständnis zufolge sind die Grenzen des Wohlfahrtsstaates wesentlich Mentalitätsgrenzen, d.h. Grenzen der Zumutbarkeit von Verteilungen und Umverteilungen. Diese Thematisierungen der Akzeptanz des wohlfahrtsstaatlichen Arrangements beziehen sich teils auf Interessenlagen, teils auf eine versicherungsrechtliche Legitimationslegende. Kennzeichnend für die dabei eingenommene analytische Perspektive ist eine große Skepsis gegenüber jeglicher „Moralisierung" der sozialpolitischen Agenda, mag sie im Postulat objektiv-kollektiver Interessen oder in der Annahme normativer Verpflichtung auftreten. Eben dieser, konzeptuell auf entscheidungstheoretische Überlegungen zurückgreifende „Realismus" ist problematisch, weil das darin aufscheinende eingeschränkte Verständnis sozialer Ausgrenzung einen reduzierten Begriff (demokratischer) Teilhabe impliziert.

Diskurse der Sozialstaatskritik

Das Ende des Sozialstaats wird nicht erst seit dem Zusammenbruch der staatssozialistischen Gesellschaften befürchtet (oder erwartet). Die stetige Expansion der Ausgaben für sozialpolitische Programme, die die Nachkriegsentwicklung der westeuropäischen Gesellschaften kennzeichnete, ist bereits in der zweiten Hälfte der siebziger Jahre deutlich abgebremst worden. Spektakulär signalisierte die Ölkrise 1973 einen Umbruch in der makropolitischen Konstellation, der nachhaltig Handlungsspielraum und Ressourcen der westlichen Nationalstaaten einschränkte. Destabilisierung des internationalen Systems, steigende Verflechtung der nationalen Ökonomien bei sinkenden Wachstumsraten, infolgedessen zunehmende Verteilungskonflikte und Aushandlungszwänge bei gleichzeitig komplexeren Problemen (Arbeitsmarkt, Umwelt, Altersstruktur) – diese Stichworte illustrieren eine Situation, die das Sozialbudget langfristig unter Anpassungsdruck setzte (Flora 1982). Nimmt man die Höhe der Sozialleistungsquote als Indikator, dann erfolgte in der Bundesrepublik ein merklicher Leistungsabbau schon Ende der siebziger Jahre; im alten Bundesgebiet hat die Quote seitdem den Stand von 1975 nicht wieder erreicht (Standfest 1993). Die gegenwärtigen Perspektiven für Sozialpolitik bleiben nicht nur wegen der ökonomischen Konsequenzen des osteuropäischen Umbruchs prekär; wie immer die künftigen Sozialstandards der Europäischen Gemeinschaft aussehen mögen, sie werden – so fürchten Leibfried/Pierson (1992a: 324) – nicht dem skandinavischen Modell entsprechen; mittelfristig bedeutet die europäische Einigung zunächst eine weitere Einschränkung der nationalstaatlichen Handlungskompetenzen, ohne daß auf der Ebene der Gemeinschaft ein souveräner Akteur mit entsprechender sozialer Verantwortlichkeit in Sicht wäre (Falkner 1993: 271).

Vor diesem Hintergrund existiert in den Sozialwissenschaften eine mittlerweile schon traditionsreiche Debatte über das Veralten des wohlfahrtsstaatlichen Modells, bei der sich sehr summarisch drei Arten der Diagnose differenzieren lassen, die – trotz höchst unterschiedlicher Begrifflichkeit – den Einwand variieren, der Wohlfahrtsstaat habe selbst die Probleme hervorgebracht, an denen er jetzt zu scheitern drohe.

Eine „sozial-konservativ“ zu nennende Perspektive, die im Kern auf einer einseitigen Durkheim-Rezeption beruht[2], schreibt dem Wohlfahrtsstaat anomieerzeugende Tendenzen zu, weil die Fülle der Sozialleistungen intermediäre Strukturen auflöse und damit gewachsene normative Standards entkräfte (Glazer 1971; Klages 1977, 1984). In Konkurrenzdemokratien würden sozialpolitische Leistungen von Parteien wie Verbänden zu Erwerb und Sicherung politischer Loyalitäten instrumentalisiert; die Manipulation mit letztlich beliebig interpretierbaren Gleichheitspostulaten setze eine Inflation von Ansprüchen frei, die nur zu bremsen wäre, könnte die Erosion traditionsgeleiteter Binnenmoral durch eine neue, von Organisationen zu realisierende Bescheidenheit aufgefangen werden. Dafür gäbe es kaum Anhaltspunkte, stattdessen führe das Zusammenspiel technokratischer, auf Machterhalt bedachter politisch-administrativer Eliten mit einem von immer neuen Ansprüchen getriebenen Publikum in die paradoxe Situation, daß trotz eines stetig wachsenden Aufwandes an Mitteln die subjektive Lebensbefindlichkeit in den Wohlfahrtsgesellschaften immer mehr Züge relativer Deprivation aufweise (Janowitz 1976).

Eine dezidiert steuerungstheoretische Kritik des wohlfahrtsstaatlichen Meliorismus hat Niklas Luhmann entwickelt; gerade in der

2 Weil Durkheim Prozesse sozialer Desintegration nicht allein unter dem Blickwinkel der durch sozialstrukturelle Umbrüche ausgelösten „Normenerosion“, der klassischen Anomie-Konzeption, analysiert, sondern auch unter dem engeren Aspekt einer auf soziale Ungerechtigkeiten zurückgehenden Desolidarisierung (*Durkheim* 1992: 421ff.; III. Buch; ders.: 1993: 273ff., 426ff.)

funktionalistischen Perspektive sei der Wohlfahrtsstaat Urheber jener Problemlage, die im tagespolitischen Geschäft als Krise wahrgenommen wird. Allerdings trennt Luhmann viel von jener sozialkonservativen Überzeugung, derzufolge die Entwicklung des modernen Sozialstaats per se einen entstabilisierenden Prozeß darstelle. Wenn der moderne wohlfahrtsstaatliche Politikmodus krisenhaft ist, dann deshalb, weil sich das politische System über die Divergenz zwischen durchgängiger Politisierung von Ansprüchen und politisch verfügbaren Mitteln täusche (Luhmann 1987, Willke 1989). Das politische System könne einzig Geld oder Recht einsetzen, um auf gesellschaftliche Teilsysteme einzuwirken, beide Instrumente seien jedoch in ihren Wirkungen diffus, weil sie den Adressaten kaum überschaubare Reaktionsmöglichkeiten ließen. Wenn aber soziale Probleme wesentlich nur kooperativ, d.h. unter Anknüpfung an die Motivlage der Betroffenen gelöst werden könnten, dann sei damit der Bereich des durch Anreize oder Gebote Steuerbaren überschritten. Vor dem Hintergrund solcher instrumentell bedingten Wirkungsgrenzen führe die wohlfahrtsstaatliche Gesamtverantwortung für tendenziell alle gesellschaftlichen Problemlagen, zu einer Selbstüberforderung des politischen Systems; nur solche Programme dürften vielmehr verfolgt werden, deren Effekte von der Politik mit eigenen Mitteln kontrollierbar wären (Luhmann 1979, 1981: 143ff.). Was immer das heißen könnte: Auf jeden Fall würde das weniger Wohlfahrtsstaat bedeuten.

Ein dritter, stärker an die sozialstaatliche Programmatik anschließender Typus von Kritik hebt die Widersprüchlichkeit zwischen den leitenden, auf soziale Gerechtigkeit bezogenen Zielen und den dabei eingesetzten administrativen Mitteln hervor. Hier wird nun entweder eher kapitalismuskritisch in dem Sinne argumentiert, daß der „hilflose Sozialstaat" (Lenhardt 1979) vor dem Problem der Massenarbeitslosigkeit kapitulieren müsse, gerade weil er gesellschaftsstrukturell die Funktion der Kontrolle von (Lohn-)Arbeit und Nichtarbeit zu erfüllen habe (Lenhardt/Offe 1977). Oder aber es wird – vor dem Hintergrund der Entstehung des deutschen Sozialstaates durchaus plausibel (Pankoke/Sachße 1992) – die paternalistische Behandlung der Staatsbürger als Klienten der Wohlfahrtsbürokratie akzentuiert (Blanke/Sachße 1987). Gerade die Mittel, mit denen historisch gesehen ein höheres Maß an sozialer Gerechtigkeit errungen werden könnte – nämlich politische Macht und rechtliche Regulierung – entwickelten ambivalente Effekte, wenn ihre Verwendung nur noch Maßstäben administrativer Effizienz unterworfen wird. Die zum Ausgleich faktischer Ungleichheiten eingesetzten Strategien der Bürokratisierung, Verrechtlichung und Professionalisierung entfalteten dann standardisierende Nebenwirkungen, die ein sensibel gewordenes Publikum als „Kolonialisierung“ erlebe (Habermas 1985, 1992: 493ff.). Freilich ist für die „postindustrielle Linke“ des Wohlfahrtsstaates (Offe 1986) ein Ausweg aus dem Dilemma nur durch eine substantielle Erweiterung wohlfahrtsstaatlicher Rechte denkbar, durch die relevante Kriterien für Gleichheit einer öffentlichen Debatte zugänglich gemacht werden.

In diesen Zeitdiagnosen hat der Begriff der Krise den abstrakten Gehalt einer Selbst-Gefährdung der modernen Gesellschaft, weil die thematisierten wohlfahrtsstaatlichen Defizite zur „Problematik des Formtypus der modernen Gesellschaft“ generalisiert werden (Luhmann 1983: 30). Dabei gewinnt der Krisenbegriff sein spezifisches Profil vor dem Horizont der gesellschaftlichen Einheit, ob diese nun vor-politisch in der Unversehrtheit des von intermediären Strukturen verkörperten „sozialen Bandes“ (Durkheim), politisch in einem die Prinzipien von Selbstverwirklichung und Selbstbestimmung ausbalancierenden Modells „deliberativer Demokratie“ (Habermas) oder schließlich jenseits moralischer und ethischer Bestimmungen in den Bedingungen der Kompatibilität autonom gewordener Sozialsysteme (Luhmann) gesehen wird. Auch wenn sich aus Krisendiagnosen dieses Typs nicht unmittelbar Indikatoren von Bestandsproblemen gewinnen lassen, so haben sie für die Wohlfahrtsstaatsdebatte Bedeutung als Reflexionstheorien, die überhaupt erst eine Gewichtung empirischer Krisensymptome erlauben (Mirbach 1990). Das gilt namentlich für sozialwissenschaftliche Konzepte, die Stabilität oder Reformbedarf des Sozialstaates als Frage der Akzeptanz dieses Institutionensystems interpretieren.

Interessenlagen und Interessendivergenzen: Grenzen des Sozialstaats

In der sozialwissenschaftlichen Behandlung des Problems der Akzeptanz des Wohlfahrtsstaates lassen sich analytisch zwei Ansatzpunkte unterscheiden: Einerseits kann man die Aufmerksamkeit auf die Interessenverteilung im Sozialstaat richten; der konzeptionelle Rahmen bezieht sich dabei auf eine enge, empirisch ausgelegte Fassung von Interessen, die schon begrifflich von dem, was man im weiteren Sinne „moralische" Motivierung nennen könnte, unterschieden wird: Interesse gilt als etwas, „was der Interessent nur selbst beurteilen kann." (Luhmann 1981: 30). Andererseits könnte man mit Weber die Frage der Akzeptanz als Frage der faktischen Geltung sozialer Ordnungen verstehen, dann rücken Vorstellungen über die Legitimität von Verteilungen und sozialer Ungleichheit in den Vordergrund. Das erste Verfahren hat den Vorteil, daß es nicht vorschnell ein wie immer geartetes Kollektivinteresse am Erhalt, wenn nicht Ausbau des Wohlfahrtsstaates postuliert; es möchte vielmehr das Ausmaß der Stabilität sozialstaatlicher Arrangements auf eine für realistischer gehaltene Grundlage stellen. Das zweite Verfahren hingegen unterstreicht die genuin soziologische Überzeugung, derzufolge auch kontingente Verteilungen von Interessen stets bestimmte Ordnungsvorstellungen repräsentieren (oder wenigstens mit ihnen kompatibel sein müssen) und ohne sie nicht dauernd etabliert werden könnten.

Eine interessenbezogene Analyse kann zunächst an den sehr allgemeinen, weithin akzeptierten funktionalen Aspekt anknüpfen, demzufolge wohlfahrtsstaatliche Arrangements darauf gerichtet sind, die Marktabhängigkeit von Einkommens- und Lebenslagen abzuschwächen. Für die Frage der Akzeptanz sind damit zwei Konsequenzen verbunden. In der „lebensweltlichen" Perspektive ist die Institutionalisierung des Wohlfahrtsstaates gleichbedeutend mit der im Zeitablauf steigenden politischen – genauer: staatsförmigen – Vermittlung individueller Lebensverläufe (Kohli 1985; Mayer/Müller 1989). Das vollzieht sich teils direkt (also mehr oder minder gewollt) etwa über zunehmende Verrechtlichung, Ausbau der Leistungsverwaltung, Expansion des öffentlichen Beschäftigungssektors, teils indirekt über nicht-intendierte Folgen staatlicher Interventionen, die Kritiker der Entwicklung etwa am Verhältnis von Bildungs- und Beschäftigungssystem ausführlich diskutiert haben. In gesellschaftsstruktureller Hinsicht führt der Wohlfahrtsstaat zu einer erheblichen Differenzierung von Klassenlagen (im Sinne von Weber 1972: 177ff.); neben den „älteren" Formationen der Besitz- und Erwerbsklassen, die ihre Einkünfte primär aus der Verwertung von Besitz bzw. Erwerbschancen beziehen, gewinnen jetzt Versorgungsklassen mehr und mehr an Bedeutung, also jene Populationen, deren Lebenslage wesentlich von der Zugänglichkeit zu öffentlichen Gütern und Transfereinkommen bestimmt wird (Lepsius 1979: 179ff.).

Empirisch läßt sich dieser Prozeß an der Zunahme der Zahl der Empfänger von Sozialleistungen illustrieren: Allein in der Nachkriegsentwicklung der Bundesrepublik stieg ihr Anteil an der Wahlbevölkerung von 19 (1961) über 27 (1980) auf gegenwärtig rd. 31 Prozent (Alber 1984: 232; Alber 1989: 126ff.; Ganßmann/ Weggler 1991). Berücksichtigt man hierbei noch die Beschäftigten des öffentlichen Dienstes, deren Existenz zwar nicht durchgängig, aber in vielen Bereichen von einer „expansiven" Sozialpolitik abhängt, dann wird die wenigstens potentielle (wahl-)politische Bedeutung der Versorgungsklassen deutlich. Eine Relevanz, die sich auch an dem bewegten Finanzvolumen ablesen läßt, so betrugen die Leistungen des Sozialbudgets 1990 rund 710 Mrd. DM, sie lagen damit fast um das Vierfache über dem Niveau von 1970 (180 Mrd.) und immer noch um knapp 50 Prozent über dem von 1980 (Statistisches Bundesamt 1992: 219ff.). Gegenüber der juristisch-normativen Auffassung, die diese Entwicklungsdynamik auf den sozialstaatlichen Verfassungsauftrag zurückführt (Blanke 1990), erscheint der Hinweis auf manifeste Wählerinteressen realistischer: „Solange der Staat seine Legitimation wesentlich von materiellen Leistungen an die Bürger ableitet, liegt in dem drohenden Legitimationsentzug bei Leistungsabbau eine stärkere Garantie, als Verfassungsnormen sie vermitteln könnten." (Grimm 1983: 56). Eine in diesem Zusammenhang naheliegende These würde deshalb behaupten, daß pauschal betrachtet der gegenwärtige Sozialstaat nach Umfang wie Struktur grosso modo im Interesse der Mehrheit der (Wahl-)Bevölkerung liegt.

Zwar beruht die erhebliche Erweiterung der Zahl der Transferempfänger auf einer steigenden Abgabenlast, aber der potentielle Konfliktgehalt dieser Abschöpfung wird durch zwei Umstände wesentlich gedämpft: Zum einen rechnen die Zahler großenteils auch zu den Empfängern sozialstaatlicher Leistungen (natürlich in unterschiedlichem Umfang), nur eine bestimmte Klasse sozialer Leistungen, namentlich Sozialhilfe und Wohngeld, begrenzt über eine nachzuweisende Bedürftigkeit den Zugang auf untere Einkommensgruppen. Deshalb sind kaum strukturelle Anknüpfungspunkte für eine breite, auf Leistungseinschränkungen drängende Protestbewegung gegen den Wohlfahrtsstaat vorhanden, allenfalls besteht eine ambivalente Einstellung der Mehrheitsbevölkerung, die sich nur punktuell für Kampagnen ausnutzen läßt (Alber 1984). Zum anderen verfolgt die deutsche Sozialpolitik als zentrales Ziel die Sicherung der im Erwerbsleben erworbenen sozialen Stellung (s.u.), schließt also relativ direkt an eine gegebene Verteilung von Interessenpositionen an. Diese interne Differenzierung der wohlfahrtsstaatlichen „Klientel" wirkt wie ein Filter gegenüber möglichen Mobilisierungsprozessen, weil für die konkrete Interessenlage einzelner Haushalte entscheidend ist, ob die Transferleistungen Einkommensersatz bzw. Einkommensergänzung bilden, und sie – wichtiger noch – eine Umverteilung darstellen oder nicht. Die Leistungen, die hauptsächlich als Einkommensersatz fungieren, weisen nun eine Struktur auf, die wesentlich die Ungleichheit zwischen den Erwerbsklassen abbildet. Das häufig beschriebene Konstruktionsprinzip der (deutschen) sozialen Sicherung, Leistungen beitragsabhängig an die zuvor eingenommene Position im Erwerbssystem zu binden, reproduziert nun nicht nur Ungleichheiten des Marktes im Transfersystem. Es etabliert zudem eine Schwelle zwischen „marktnahen" und „marktfernen" Gruppen. Diese Art der Verknüpfung von Erwerbs- und Transfereinkommen erzeugt einen erheblichen politisch stabilisierenden Effekt, weil sich damit die Interessen von Erwerbs- und Versorgungsklassen bündeln lassen (Alber 1984: 245). Die Ansprüche von marktnahen Gruppen – wie sich an den Renten zeigen ließe – gelten gleichsam als solche mit höherer Rechtsqualität, was ihnen eine größere Resistenz gegenüber konjunkturellen Schwankungen verleiht, dagegen sind bedürftigkeitsabhängige Transfers, die den „Durchschnittszahler" vom Leistungsanspruch ausschließen, eher von fiskalisch motivierten Einsparungen bedroht. An dieser Stelle überschneiden sich die Interessen von Mehrheitsgruppen mit denen des politischen Systems: Die Interessendifferenzierung gibt den politischen Akteuren Handlungsspielraum, der gegebenenfalls für eine Austeritätspolitik genutzt werden kann, sofern dabei die wahlpolitische Bedeutung der Gruppen berücksichtigt wird; so gingen schon die in der zweiten Hälfte der siebziger Jahre vorgenommenen massiven Einschränkungen sozialer Leistungen überdurchschnittlich zu Lasten der Sozialhilfeklientel (Alber 1986: 47f.).

Diese knappe Skizzierung der Interessenlagen im Sozialstaat könnte die aus Meinungsbefragungen gewonnene Einschätzung plausibel machen, der Sozialstaat sei weithin akzeptiert, und zwar sowohl mit Blick auf den Umfang staatlicher Zuständigkeit (Roller/Westle 1987) wie unter dem engeren Aspekt der Reaktion auf ökonomische Krisen (Alber 1986: 49f). In Kombination zweier unterschiedlicher, miteinander kaum verträglicher theoretischer Konzepte, der Neuen Politischen Ökonomie, die den politischen Prozeß wesentlich marktanalog interpretiert (wobei die Durchsetzungschancen von Gruppen bzw. Organisationen die entscheidende Variable ist) und der funktionalistischen Sicht, die nach den

Voraussetzungen der operativen Flexibilität von Systemen fragt, entsteht das Bild eines schmiegsamen politisch-administrativen Komplexes, der den Interessen marktnaher Gruppen folgt, ohne damit im Detail determiniert zu sein. Politisch würden derartige Analysen zur Konsequenz haben, daß auch noch ein Wohlfahrtsstaat, der Ausgrenzungsprozesse großen Umfangs hinnimmt oder sogar durch Leistungsabbau initiiert, mit Akzeptanz rechnen dürfte, sofern er die Besitzstände der im weiteren Sinne Sozialstaatsbegünstigten respektiert. Aufgrund der faktischen Spaltung zwischen Modernisierungsgewinnern und -verlierern scheint eine konsistente Artikulation „objektiv" gemeinsamer Interessen an sozialer Sicherung kaum vorstellbar (Ganßmann/ Weggler/Wolf 1987: 146f)

Freilich hat der in erklärender Absicht vorgenommene Bezug auf Interessen auch metaphorische Züge, jedenfalls dann, wenn man Interesse gemäß den Voraussetzungen der individualistischen Sozialwissenschaft als etwas versteht, das subjektive Entscheidungen durch Abwägung von Kosten und Nutzen steuert (Hollis 1991: 41ff.). Es erscheint indes höchst zweifelhaft, ob die Ströme von Belastungen und Leistungen den Interessenten soweit präsent sind, daß sie zu einer eindeutigen Bestimmung ihrer Position in der Lage wären, besteht doch selbst bei Experten kaum Einigkeit über eine präzise Gesamtbilanz. Wollte man also von einer interessebedingten Akzeptanz des Wohlfahrtsstaates sprechen, dann hätten Interessen hier den Charakter hochpauschaler Vermutungen, deren Ungewißheit von kollektiven Deutungen aufgefangen wird, Deutungen – könnte man sagen – über das, „was einem zusteht". Das sollte den Blick auf die loyalitätserzeugende Logik sozialpolitischer Institutionen lenken.

Institutionalisierung und Legitimationslegende

Idealtypisch gesehen kann die gesellschaftliche Verarbeitung sozialer Problemlagen, die den einzelnen überfordern würden, entweder dem Modell einer äquivalenzbezogenen Versicherung oder dem einer bedürftigkeitsabhängigen Umverteilung folgen (Ganßmann/Weggler 1991; Alber 1987: 40ff.). Freiwillige Zusammenschlüsse vom Typ Versicherung dienen der Kompensation künftiger und statistisch kalkulierbarer Schadensfälle; als „Sozialisierung von Risiken" (Ewald 1989) können Versicherungen nur fungieren, soweit erstens das jeweilige Risiko berechenbar ist – d.h. es muß sich um Ereignisse handeln, die bestimmte, vorab definierbare Gruppen betreffen (können). Zweitens beruht die Leistung von Versicherungen auf einer vertraglich formalisierten Reziprozität der Mitglieder, die sich im Verhältnis von Beiträgen und Auszahlungen konkretisiert. Hier gilt in erster Linie der Grundsatz der Chancengleichheit: Keiner darf in der Ausnutzung des Pools privilegiert werden, deshalb werden unterschiedliche Risikolagen durch entsprechende Differenzierung der Beiträge standardisiert. Auch wenn die Regulierung von Schäden zu beträchtlichen Umverteilungen innerhalb der Mitgliedschaft führt, so sind diese Effekte immer individuell, nie gruppenbezogen: „keiner hat mehr als vor dem Schaden. Versicherungen schützen eine gegebene Verteilung, indem sie deren Störung in Einzelfällen kompensieren." (Ganßmann/Weggler 1991: 7)

Von Versicherungen unterscheiden sich Systeme der Umverteilung vor allem darin, daß es keine Beitrags/Leistungs-Äquivalenz gibt; die Höhe der Beiträge bemißt sich nicht an den Risiken, sondern an der Zahlungsfähigkeit. Zahler und Nutznießer sind typischerweise nicht identisch, und damit erhalten die Umverteilungen eine andere Qualität. Es geht nicht um den Ausgleich stochastisch verteilter Schadensfälle, sondern um die Angleichung von Lebenslagen; und auch wenn die Implementation konditional programmiert erfolgt, so haben kollektive Regelungen dieses Typs – ganz anders als Versicherungen – eine finale Orientierung, letztlich die der Integration in gesellschaftliche Normalität (Zacher 1987: 1083ff.)

Das System der deutschen Sozialversicherung bildet nun – mit Ausnahme der Sozialhilfe, die ohne Einschränkung dem Muster einer bedarfsorientierten Umverteilung folgt – eine sehr komplexe Kombination von Versicherungslogik – in Gestalt des Äquivalenzprinzips – und generalisierter, mit Rechtszwang durchgesetzter Mitgliedschaft (Pflichtversicherung), von staatlicher Aufsicht (gekoppelt mit Staatshaftung) und der Organisationsform der Selbstverwaltung (einschließlich einer überwiegenden Beitragsfinanzierung). In den einzelnen Programmen liegen in unterschiedlicher Weise – teils auf der Leistungsseite, teils auf der Finanzierungsseite – Vermischungen dieser Konstruktionsprinzipien vor. Bei der Arbeitslosenversicherung setzt zunächst das für eher kurzfristige Arbeitslosigkeit relevante, beitragsfinanzierte Arbeitslosengeld ein, verknüpft freilich mit einer quasi-staatlichen Kontrolle der Arbeitswilligkeit („Verfügbarkeit"), dem schließt sich dann im Falle längerer Arbeitslosigkeit die steuerfinanzierte und eine Bedürftigkeitsprüfung voraussetzende Arbeitslosenhilfe an.

Die Rentenversicherung weicht in mehrfacher Hinsicht vom reinen Versicherungsprinzip ab, etwa darin, daß die Leistungen aus den laufenden Einnahmen (nicht aber aus einem zuvor gebildeten Fond) bestritten werden, daß trotz staatlicher Organisation und begrenzter Umverteilungseffekte (z.B. bei den Ausfallzeiten) nur die Mitglieder der Sozialversicherung und nicht alle Steuerzahler zur Finanzierung beitragen, schließlich sind die Beiträge nur nach Einkommen, nicht nach Risiko gestaffelt. Bei der Krankenversicherung überwiegen (noch) die Aspekte des Bedarfsprinzips, was sowohl in der einkommensabhängigen Beitragsgestaltung als auch in der beitragsfreien Mitversicherung von Familienangehörigen zum Ausdruck kommt. Bekanntlich aber geraten genau diese Elemente der Krankenversicherung im Zuge der Kostendämpfung im Gesundheitswesen zunehmend unter Druck, und die die beabsichtigte Risikodifferenzierung begleitende Rhetorik greift nicht zufällig auf die Metapher der „Krankheit als Schuld" zurück.[3]

Diese kursorische Illustration zur Institutionalisierung kann hier nicht weiter verfolgt werden, aber sie mag schon ausreichen, um Zweifel an der These zu wecken, daß die „Versicherung ... den realen Kern der modernen Gesellschaften" konstituiere (Ewald 1989: 385). Gerade die heterogene Konstruktion der sozialen Sicherung macht vielmehr – organisationsstrukturell gesehen – die Einschätzung plausibel, daß „die gesamte Versicherungssemantik irreführend" ist (Ganßmann/Weggler 1991: 12); jedenfalls dann, wenn man mit einem engen Begriff von Versicherung arbeitet. Gleichwohl hat diese Semantik als spezifische Legitimationslegende für die faktische Akzeptanz des Wohlfahrtsstaates eine erhebliche Bedeutung. In der neueren soziologischen Diskussion dieser Frage wird dabei ein Bezugspunkt gewählt, der in ähnlicher Form schon bei der Diskussion der Einstellungen gegenüber dem Wohlfahrtsstaat auftauchte. Wiederum bezogen auf die deutsche Entwicklung wird etwa von Offe die auffällige, vier Verfassungsordnungen überdauernde „historische Robustheit" des Sozialversicherungssystems darauf zurückgeführt, daß dessen Konstruktionslogik die subjektiven Interessenkalküle individueller und kollektiver Akteure hinreichend berücksichtige (1990: 184f). Die Stabilität der Institutionalisierung wird gleichsam aus der Perspektive des generalisierten Mitgliedes beurteilt: Der Beitritt (genauer, da es sich weitgehend um Pflichtversicherungen handelt: die Nichtrealisierung von möglichen Exit- bzw. Voice-Optionen) ist dann in-

3 Vgl. *Heidrun Graupner*: „Rationierung statt Rationalisierung", in: Süddeutsche Zeitung vom 13.1.94, S. 3

dividuell rational, wenn einerseits, bezogen auf die jeweiligen Risikolagen, die Leistungsfähigkeit der Versicherung glaubwürdig erscheint (Problem der Ausbeutung durch die Organisation), andererseits die Wahrscheinlichkeit der mißbräuchlichen Mittelverwendung als relativ gering anzusetzen ist (Problem der Ausbeutung durch Dritte). Weil nun Umverteilungsverfahren – wenn sie ausdrücklich als solche kenntlich sind – ihren Mitgliedern in moralischer Hinsicht wesentlich mehr zumuten, können kollektive Regelungen, die der Versicherungslogik folgen (oder wenigstens so präsentiert werden), grundsätzlich mit höherer Akzeptanz rechnen. Die Unterstützung des Wohlfahrtsstaates läßt sich in dieser Konzeptualisierung letztlich auf die Implikationen der Frage zurückführen: „Warum sollte man Verteilungsgrundsätze unter moralischen Gesichtspunkten beurteilen, wenn man ihre unterschiedlichen Auswirkungen auf die eigenen Interessen beurteilen kann?" (Ganßmann/Weggler 1991: 8)

So prägnant diese Formulierung ist – ich halte sie aus zwei Gründen wenigstens für einseitig. Zum einen schließt man damit schon auf begrifflicher Ebene alle Formen von (Selbst-)Bindung aus, die sich nicht in die monologische Perspektive rationaler Akteure übersetzen lassen; verallgemeinerbare Interessen hätten dann per definitionem die Form aggregierter Präferenzen. Zum anderen scheint mir diese Argumentation nicht konsistent, weil die nutzentheoretische Analyse in einen funktionalistischen Theorierahmen („Sozialpolitik als Bestandsnotwendigkeit privatkapitalistischer Systeme") eingepaßt ist, ohne daß die Vermittlung zwischen der antiindividualistischen (Bezug auf Funktionen) und der individualistischen (Bezug auf Präferenzen) Erklärung zu sehen wäre (Vobruba 1992: 92ff.).

Ausgrenzung und reduzierte Partizipation

Ich behaupte also, daß das, was sozialwissenschaftlich als Akzeptanz des Wohlfahrtsstaates diskutiert wird, nur dann angemessen zu verstehen ist, wenn man sich – in einem viel stärkerem Maße als es ein entscheidungstheoretisch modifizierter Utilitarismus tolerieren würde – auf die Geltung des durch die Institutionen verkörperten Sozialmodells einläßt. Daran schließt sich die Überlegung an, daß das implizite Sozialmodell des heutigen Wohlfahrtsstaates seine Geltung aufgrund struktureller Veränderungen des sozialen Kontextes verloren hat und deshalb eine politische

Praxis, die dies ignoriert, nicht mehr legitimierbar ist.

Wird das Problem der Sozialstaatskrise allein unter dem Gesichtspunkt der interessebedingten Akzeptanz – sei es auf der Ebene artikulierter Einstellungen, sei es mit den Mitteln der Entscheidungstheorie – analysiert, operiert man aus einer Perspektive, die derjenigen eines um Loyalität bemühten politisch-administrativen Systems verblüffend ähnelt. Es kommt hier zu ironischen Entsprechungen, wenn auf der einen Seite eine illusionslos gewordene „linke“ Analyse sich nur noch an den kleinsten gemeinsamen Nenner kalkulierbarer Präferenzen meint halten zu können, auf der anderen Seite politisch-administrative Instanzen die Höhe der Sozialhilfe reduzieren, um die Anreizfunktion von Erwerbseinkommen nicht zu gefährden. Diese Einengung führt in systematischer Hinsicht dazu, daß der Zusammenhang von Demokratie und Sozialstaat nur auf dem sehr niedrigen Niveau der Artikulation und Durchsetzung mehrheitsfähiger privater Interessen angesetzt werden kann. Und weil dabei nur Konsequenzen, nicht Gründe von Handlungen in den Blick geraten, können auch die Auswirkungen einer restriktiven Sozialpolitik nur eingeschränkt wahrgenommen werden. Soziale Ausgrenzungen zeigen sich bekanntlich nicht allein in der Dimension unzureichender Ressourcen, sie betreffen ebenso die Dimension der (vorenthaltenen) Anerkennung. Der Arme unterscheidet sich von anderen Statusinhabern darin – so pointiert Coser –, „daß man von ihm keinen sozialen Beitrag erwartet“ (1992: 37), deshalb könnte Armut nur aufgehoben werden, wenn man es den Armen ermöglichte, „ebenso zu geben wie zu empfangen“ (1992: 43). Ähnlich hat Marshall (1992: 165) in seiner Konzeption universalistischer, an den Staatsbürgerstatus gekoppelter Sozialrechte betont, „daß die Gründe für den Grundsatz der Allgemeinheit überhaupt nichts mit materialistischen Argumenten zu tun haben“, sie sind vielmehr auf das Prinzip der Gegenseitigkeit bezogen, aus der sich die Gleichheit der Rechtsgenossen herleitet (Marshall 1992: 162f).[4] Nun setzt der Staatsbürgerstatus eine spezifische Bindung an die – Mitgliedschaftsrechte verleihende – politische Gemeinschaft voraus, Marshall spricht von der „Loyalität gegenüber einer Kultur, die von

4 Ich muß es an dieser Stelle bei einem stark abkürzenden Hinweis belassen; systematisch ist der über Reziprozität vermittelte Zusammenhang von Autonomie und Gleichheit behandelt bei: *Honneth* (1992: 173ff.), der soziale Konflikte auf der Basis einer Logik von Anerkennungsverhältnissen interpretiert, und *Habermas* (1992: 512ff.), der sein prozeduralistisches Rechtskonzept an der Spannung von faktischer Wirksamkeit und legitimer Geltung entwickelt.

allen geteilt wird" (1992: 62). Dieses Verständnis von Wohlfahrtsstaatlichkeit enthält einen Begriff der normativen Verpflichtung, der in einer interessebezogenen Konzeptualisierung keinen Platz hat, wird dort doch die soziale Integration wesentlich auf individuelle Nützlichkeitserwägungen zurückgeführt (Ganßmann 1993). Freilich ist der Begriff der Verpflichtung mehrdeutig, er kann sowohl repressive wie autonome Momente aufweisen.

Gerade im Kontext des oben skizzierten dritten Kritik-Typus sind die impliziten Regeln wohlfahrtsstaatlicher Politik unter dem Gesichtspunkt der beanspruchten Legitimitätsgründe (Weber) herausgestellt worden. Sozialpolitik, normativ auf die materiale Absicherung bloß formaler Gleichheit bezogen, dient ausdrücklich der Normalisierung abweichender Lebenslagen, ob diese nun aufgrund fehlender Ressourcen oder infolge kontingenter Benachteiligungen den gesellschaftlich geltenden Standards nicht entsprechen können. Wie jede soziale Normierung ist auch diese Ausdruck einer bestimmten Praxis; die wohlfahrtsstaatliche Normalitätskonstruktion repräsentiert – in sehr summarischer Formulierung – eine industriegesellschaftliche Lebensform mit kontinuierlicher Erwerbsarbeit als biographischer Kernstruktur (Kohli 1985). Der problematische Doppelsinn von Normalisierung – das ist oft angemerkt worden – besteht darin, daß sozialpolitische Interventionen auf der einen Seite den Zugang zu einer mit diesen gesellschaftlichen Erwartungen konformen Lebensführung eröffnen wollen, auf der anderen Seite damit zugleich nach Maßgabe dieser Standards sozialisierende, differenzierende und diskriminierende Effekte entfalten. Sozialisierend, weil die normative Auszeichnung der Erwerbsorientierung die dominierende Folie für Identitätsbildungen ist; differenzierend, weil damit (u.a.) die geschlechtsspezifische Arbeitsteilung faktisch fixiert wird, diskriminierend, weil soziale Sicherheit eng an die Erwerbsrolle gekoppelt ist und die nicht berücksichtigten Risiken mit dem Abstand zum Erwerbssystem zunehmen. Das wohlfahrtsstaatliche Arrangement ist somit erstens als Artikulation eines spezifischen, eingeengten Konzeptes von Gleichheit verstehen; zweitens verliert dieses Sozialmodell nicht erst vor dem Horizont universalistischer Kriterien seine Legitimität: Heute gehen die wesentlichen Delegitimierungen von dem Versuch aus, die Verpflichtung des Normalarbeitsverhältnisses auch noch angesichts einer „Gesellschaft im Übergang" (Rosner 1990a) durchzusetzen. Die gegenwärtig zu beobachtende Reaktion auf den Problemzusammenhang von Massenarbeitslosigkeit, Verarmung und Ausgrenzung folgt nämlich einem bestimmten

Muster, das seine Konturen erst im Kontrast zu den faktischen Erosionstendenzen des Normalarbeitsverhältnisses gewinnt (Hinrichs 1989; Mückenberger 1992), in denen sich Momente einer selbst gewählten Differenzierung im Erwerbsverhalten mit solchen einer erzwungenen Fragmentierung von Berufsverläufen überschneiden.

Sehr summarisch gesprochen hat die politische Klasse auf die Massenarbeitslosigkeit mit einem strategischen, primär auf Zeitgewinn gerichteten Attentismus reagiert. Statt offensiver – auf Integration in das Erwerbssystem bezogener – Vollbeschäftigungspolitik (mit welchen Anteilen an subventionierter Beschäftigung auch immer) wurde ein Bündel gruppenspezifisch selektiver Programme gewählt, die teils eine Deregulierung bisher geltender arbeitsrechtlicher Standards (Beschäftigungsförderungsgesetz), teils eine Ausgliederung bestimmter Arbeitnehmergruppen (Ältere, Ausländer) bezweckten. Damit bewegte sich diese Politik gleichsam im Windschatten der Mehrheitsgesellschaft – nicht die industriegesellschaftlichen Kerngruppen waren in ihren Interessen bedroht, sondern jene mit bekannt geringem Protestpotential. Da diese Linie erwartungsgemäß – trotz seit Ende der achtziger Jahre gestiegener Beschäftigungsverhältnisse – nicht zum Abbau der Massenarbeitslosigkeit führte, sahen sich deren Akteure mit zwei operativen Problemen konfrontiert, die möglichst zeitgleich zu bewältigen waren. Einerseits stellten die rasch wachsenden Kosten der Arbeitslosigkeit (Mehrausgaben wie Mindereinnahmen) eine permanente Bedrohung des finanziellen Handlungsspielraums dar, andererseits bildete der Umstand, daß sich ein steigender Anteil der Erwerbsbevölkerung jenseits des Beschäftigungssystems befand, nicht nur eine finanzielle sondern auch eine normative Herausforderung der „Erwerbszentriertheit" der sozialen Sicherung (Vobruba 1990; Mirbach 1993).

Gemessen am isolierten „Interesse des Staates an sich selbst" hat die Politik der Bundesregierung dieses Doppelproblem bisher erfolgreich bearbeiten können. Zum einen wurde die Kostenfrage in strikt einzelfiskalischer – und eben nicht: gesamtfiskalischer – Optik definiert und dementsprechend nutzte die zentralstaatliche Ebene alle Chancen, Folgekosten der Arbeitslosigkeit in andere politische Zuständigkeiten (Länder/Kommunen) und damit andere Haushalte zu verschieben. So hat der Bund in den letzten zehn Jahren seinen Finanzierungsanteil an der Sozialpolitik um rund drei Prozentpunkte gesenkt, während die Belastung der Beitragszahler annähernd konstant blieb, die der Gemeinden aufgrund der

Sozialhilfeausgaben aber dramatisch stieg (Standfest 1993: 603f).[5] Zum anderen wurde die Verbindlichkeit der Erwerbszentrierung – also das Normalarbeitsverhältnis als „herrschende Fiktion“ (Osterland 1990: 351) – durch eine außerordentlich geschickte Verzahnung von materiellen (Leistungskürzungen, Erhöhung von Anspruchsvoraussetzungen) und semantischen Diskriminierungen (sogenannte Mißbrauchsdebatte, Zweifel an der Arbeitsbereitschaft) der mangels Erwerbseinkommens Transferabhängigen aufrechterhalten. Damit hat die Mehrheitspolitik sich virtuos jener das deutsche Sozialversicherungssystem kennzeichnenden funktionalen Trennung zwischen Arbeiter- und Armutspolitik bedienen können, die bei der Leistungsgewährung sorgfältig zwischen arbeitsmarktinternen und -externen Rollen unterscheidet. Binden die neuerlichen Tendenzen im Sozialrecht – ungeachtet aller Erosionserscheinungen des Normalarbeitsverhältnisses – die Bewilligungskriterien noch enger an das Leitbild lebenslanger Vollbeschäftigung, so zielen solche Praktiken auf eine „differentielle Behandlung von Arbeitswilligen und Arbeitsscheuen“ (Rosner 1990: 301f) – wie der neuerliche Vorstoß der Bundesregierung, für arbeitslose Sozialhilfebezieher „gemeinnützige Arbeiten“ obligatorisch zu machen.[6]

5 Mit Blick auf diesen institutionellen Egoismus ist es nur konsequent, daß der Bund die (beitragsfinanzierte) Arbeitslosenversicherung zur Deckung der Folgekosten der deutschen Einigung instrumentalisiert, vgl. *Ganßmann* 1992: 199f

6 Vgl. *Wolfgang Hoffmann/Roland Kirbach*: „Arbeitsdienst durch die Hintertür“ in: Die Zeit Nr. 46 v. 12.11.1993, S. 28. Das komplexe Verhältnis von sozialpolitischer Rhetorik und fiskalischer Realität erhellt ein Kommentar von *Horst Peter* (MdB/SPD) zum Lohnabstandsgebot, das in den Verhandlungen zwischen Bundesregierung und den sozialdemokratischen Länder zum „Solidarpakt“ (März 1993) bekräftigt worden ist: „In der aktuellen politischen Diskussion wird oft so getan, als sei die Kürzung der Sozialhilfe im Interesse der Arbeitnehmer geboten. Das Gegenteil ist richtig: Es gibt aus der Sicht der Bundesregierung zwischen der Regelsatzabsenkung und der Entwicklung der Nettolöhne der unteren Lohngruppen einen strategischen Zusammenhang. Nach dem Beschluß des Bundesverfassungsgerichts vom 25.9.1992 muß der Steuergesetzgeber dem Einkommensbezieher von seinen Erwerbsbezügen mindestens einen Grundfreibetrag in Höhe des im Sozialhilferecht jeweils anerkannten Mindestbedarfs belassen. Ein geringerer Anstieg der Regelsätze ermöglicht dem Steuergesetzgeber die Festsetzung niedrigerer Steuerfreibeträge für Arbeitnehmer. Durch die Begrenzung der Regelsatzanpassung auf den Anstieg der Nettolöhne entsteht ein zusätzlicher Rückkoppelungseffekt: Je geringer der Nettolohnanstieg, um so geringer die Regelsätze, um so geringer der Steuerfreibetrag. Je geringer der Steuerfreibetrag, um so höher die Lohn-

Solange ein derartiges politische Management wenigstens soweit „funktioniert“, daß es nicht zur Selbstblockade einzelner Leistungssysteme kommt, mag man die Behauptung einer Krise des Systems sozialer Sicherung bestreiten. Tatsächlich ist der Zusammenhang von Demokratie und Sozialstaat unter empirischen Gesichtspunkten elastisch: Auch für die neue Armut gibt es zwischen Fürsorge und Bürgergeld eine Reihe funktional äquivalenter Lösungen, die nicht schon auf den ersten Blick demokratische Standards verletzen – wenigstens nicht in der Beobachterperspektive der vergleichenden Politikforschung. Aber mit solchen Erwägungen ist die Ausgangsfrage eigentlich nicht beantwortet. Weil in der funktionalistischen Optik die Legitimation von Sozialpolitik nur eine von mehreren Variablen ist, die über die Flexibilität kapitalistischer Demokratien entscheiden, wird hier kein interner Zusammenhang zwischen politischen und sozialen Rechten gesehen. Dieser erschließt sich erst, begreift man den Erfolg systemischer Anpassungsmechanismen als Voraussetzung – und nicht schon als Ausweis – gesellschaftlicher Lernfähigkeit. Der Lernprozeß selbst kann sich nur in einer Form vollziehen, die zum einen – mit Durkheim – dem Umstand Rechnung trägt, daß alle vertraglichen (utilitaristischen) Vereinbarungen ein nicht-vertragliches Element voraussetzen, die zum anderen – mit dem kommunikationstheoretischen Gesellschaftskonzept – weiß, daß auch die Regeln eingespielter Lebensformen sich letztlich öffentlichen Debatten stellen müssen, um als legitim gelten zu können.

Wenn es denn jetzt sozialpolitisch nicht mehr um die pazifizierende Verteilung industriegesellschaftlicher Wachstumserfolge geht, sondern um ein Austarieren ungewohnter „Knappheiten“, dann könnte das eine viele sicher überraschende Chance demokratischer Innovation bieten – sofern die Kriterien politischer Gleichheit nicht länger durch das System der Erwerbsarbeit präjudiziert werden.

---

steuer, je höher die Lohnsteuer, um so geringer der Nettolohnanstieg. Die Senkung der Regelsätze begünstigt Lohnsenkungspolitik.“ Aus: Sozialdemokratischer Pressedienst, 11.5.1993, S. 4 (Hervorhebung von mir); zit. n. info also 4/93, S. 221

Literatur

Alber, Jens (1984): Versorgungsklassen im Wohlfahrtsstaat. Überlegungen und Daten zur Situation in der Bundesrepublik, in: KZfSS Jg. 36 (1984), H. 1, S. 225-251

Alber, Jens (1986): Der Wohlfahrtsstaat in der Wirtschaftskrise – Eine Bilanz der Sozialpolitik in der Bundesrepublik seit den frühen siebziger Jahren., PVS 27. Jg., H. 1, 28-60

Alber, Jens (1987): Vom Armenhaus zum Wohlfahrtsstaat. Analysen zur Entwicklung der Sozialversicherung in Westeuropa, Ffm

Alber, Jens (1989): Der Sozialstaat in der Bundesrepublik 1950-1983, Ffm

Blanke, Thomas/Christoph Sachße (1987): Wertwandel in der Sozialarbeit? Verfassungstheoretische Überlegungen zur Kritik des Sozialisationsstaates, in: Thomas Olk/Hans-Uwe Otto (Hg.): Helfen im Sozialstaat (Soziale Dienste im Wandel Bd. 1), Neuwied

Blanke, Thomas (1990): Sozialer Rechtsstaat: Verfassungsgebot für soziale Sicherheit?, In: Christoph Sachße/H. Tristram Engelhardt (Hg.): Sicherheit und Freiheit. Zur Ethik des Wohlfahrtsstaates. Ffm 1990..

Coser, Lewis A. (1992): Soziologie der Armut: Georg Simmel zum Gedächtnis, in: Stephan Leibfried/Wolfgang Voges (Hg.): Armut im modernen Wohlfahrtsstaat (KZfSS SH 32/1992), S. 34-47

Durkheim, Emile (1992): Über soziale Arbeitsteilung. Studie über die Organisation höherer Gesellschaften, Ffm

Durkheim, Emile (1993): Der Selbstmord (1897). Ffm

Ewald, Francois (1989): Die Versicherungs-Gesellschaft, in: Kritische Justiz 22. Jg., S. 385-393

Falkner, Gerda (1993): „Sozialdumping" im EG-Binnenmarkt: Betrachtungen aus politikwissenschaftlicher Sicht, in: ÖZP H. 3, S. 261-276

Flora, Peter (1982): Krisenbewältigung oder Krisenerzeugung? Der Wohlfahrtsstaat in historischer Perspektive, in: Wolfgang J. Mommsen/Wolfgang Mock (Hg.): Die Entstehung des Wohlfahrtsstaates in Großbritannien und Deutschland 1850-1950, Stuttgart

Ganßmann, Heiner/Rolf Weggler/Michael Wolf (1987): „Krise des Sozialstaats" – Krise für wen?, in: Prokla Heft 67, 17. Jg., S. 135-152

Ganßmann, Heiner/Rolf Weggler (1991): Interessen im Sozialstaat, in: Österr. Ztschr. f. Soziologie 16. Jg., H. 1, S. 5-24

Ganßmann, Heiner (1992): Der nationale Sozialstaat und die deutsch-deutsche Solidarität, in: Prokla Heft 89, 22. Jg., S. 622-645

Ganßmann, Heiner (1993): Sind soziale Rechte universalisierbar?, in: ZfS 22. Jg., H. 5, S. 385-394

Glazer, Nathan (1971): Die Grenzen der Sozialpolitik, in: Wolf-Dieter Narr/Claus Offe (Hg.): Wohlfahrtsstaat und Massenloyalität, Köln 1975

Grimm, Dieter (1983): Die sozialgeschichtliche und verfassungsrechtliche Entwicklung zum Sozialstaat, in: Peter Koslowski u.a. (Hg.): Chancen und Grenzen des Sozialstaats, Tübingen 1983

Habermas, Jürgen (1985): Die neue Unübersichtlichkeit. Kleine Politische Schriften V., Ffm.

Habermas, Jürgen (1992): Faktizität und Geltung. Beiträge zur Diskurstheorie des Rechts und des demokratischen Rechtsstaats, Ffm.

Heitmeyer, Wilhelm/Kurt Möller/Heinz Sünker (Hg.) (1989): Jugend – Staat – Gewalt. Politische Sozialisation von Jugendlichen, Jugendpolitik und politische Bildung, München.

Hinrichs, Karl (1989): Irreguläre Beschäftigungsverhältnisse und soziale Sicherheit. Facetten der „Erosion" des Normalarbeitstages in der Bundesrepublik, in: Prokla 19. Jg., H. 77, S. 7-32.K

Hollis, Martin (1991): Rationalit!ät und soziales Verstehen, Ffm

Honneth, Axel (1992): Kampf um Anerkennung. Zur moralischen Grammatik sozialer Konflikte, Ffm

Janowitz, Morris (1976): Social Control of the Welfare State, New York, Oxford, Amsterdam

Klages, Helmut (1977): Wohlfahrtsstaat als Stabilitätsrisiko?, in: Horst Baier (Hg.): Freiheit und Sachzwang, Opladen

Klages, Helmut (1984): Wohlstandsgesellschaft und Anomie, in: Hans Haferkamp (Hg.): Wohlfahrtsstaat und soziale Probleme, Opladen

Koch, Claus (1993): Zivilisation der Arbeitslosigkeit oder Vor dem Ende des Nationalstaats?, in: Merkur Nr. 536, 47. Jg., H. 11, S. 927-939

Kohli, Martin (1985): Die Institutionalisierung des Lebenslaufs. Historische Befunde und theoretische Argumente, in: KZFSS 37. Jg, H. 1, S. 1-29

Leibfried, Stephan/Wolfgang Voges (Hg) (1992): Armut im modernen Wohlfahrtsstaat, KZfSS SH 32

Leibfried, Stephan/Paul Pierson (1992a): Prospects for Social Europe, in: Politics & Society Vol. 20, S. 333-366

Lenhardt, Gero (Hg.) (1979): Der hilflose Sozialstaat. Jugendarbeitslosigkeit und Politik, Ffm

Lepsius, M. R. (1979): Soziale Ungleichheit und Klassenstrukturen in der Bundesrepublik Deutschland, in: H.-U. Wehler (Hg.): Klassen in der europäischen Sozialgeschichte. Göttingen 1979.

Luhmann, Niklas (1979): Die Organisationsmittel des Wohlfahrtsstaates und ihre Grenzen, in: Heiner Geissler (Hg.): Der verwaltete Bürger, Ffm.

Luhmann, Niklas (1981): Politische Theorie im Wohlfahrtsstaat, München

Luhmann, Niklas (1987): Der Wohlfahrtsstaat zwischen Evolution und Rationalität, in: ders., Soziologische Aufklärung 4, Beiträge zur funktionalen Differenzierung der Gesellschaft, Opladen

Luhmann, Niklas (1994): Kapitalismus und Utopie, in: Merkur Nr. 540, 48. Jg., H. 3, S. 189-198

Marshall, Thomas H. (1992): Bürgerrechte und soziale Klassen. Zur Soziologie des Wohlfahrtsstaates. Herausgegeben, übersetzt und mit einem Vorwort versehen von Elmar Rieger, Ffm

Mayer, Karl U./Walter Müller (1989): Lebensverläufe im Wohlfahrtsstaat, in: Angsar Weymann (Hg.): Handlungsspielräume. Untersuchungen zur Individualisierung und Institutionalisierung von Lebensläufen in der Moderne, Stuttgart

Mirbach, Thomas (1990): Überholte Legitimität? Oder: Auf dem Weg zu einem neuen Politik-Begriff, Darmstadt

Mirbach, Thomas (1993): Arbeitsmarkt und Wohlfahrtsstaat. Staatliche oder gemeinschaftliche Bewältigungsstrategien? Opladen

Mückenberger, Ulrich (1990): Normalarbeitsverhältnis: Lohnarbeit als normativer Horizont sozialer Sicherheit?, In: Christoph Sachße/H. Tristram Engelhardt (Hg.): Sicherheit und Freiheit. Zur Ethik des Wohlfahrtsstaates. Ffm 1990

Offe, Claus (1986): Sozialstaat und politische Legitimation., In: Konsens und Konflikt. 35 Jahre Grundgesetz, hrsg. von Albrecht Randelzhofer und Werner Süß, Berlin 1986

Offe, Claus (1990): Akzeptanz und Legitimität strategischer Optionen in der Sozialpolitik., In: Christoph Sachße/H. Tristram Engelhardt (Hg.): Sicherheit und Freiheit. Zur Ethik des Wohlfahrtsstaates. Ffm 1990

Osterland, Martin (1990): „Normalbiographie" und „Normalarbeitsverhältnis", in: Peter A. Berger/Stefan Hradil (Hg.): Lebenslagen, Lebensläufe, Lebensstile (= SH 7 SW), S. 351-362

Pankoke, Eckart/Christoph Sachße (1992): Armutsdiskussion und Wohlfahrtsforschung. Zum deutschen Weg in die industrielle Moderne, in: Stephan Leibfried/Wolfgang Voges (Hg.): Armut im modernen Wohlfahrtsstaat (KZfSS SH 32/1992), S. 149-173

Parsons, Talcott (1985): Das System moderner Gesellschaften. Mit einem Vorwort von Dieter Claessens, München

Preuß, Ulrich K. (1990): Verfassungstheoretische Überlegungen zur normativen Begründung des Wohlfahrtsstaates., in: Christoph Sachße/H. Tristram Engelhardt (Hg.): Sicherheit und Freiheit. Zur Ethik des Wohlfahrtsstaates, Ffm 1990

Roller, Edeltraud/Bettina Westle (1987): Zur Politisierung und Depolitisierung von Wohlfahrtsansprüchen, in: SW 38 Jg., H. 2, 227-252

Rosner, Siegfried (1990): Normalitätsprofile sozialstaatlicher Inanspruchnahme: Sozialleistungsbezug und gesellschaftliche Ausgrenzung, SW 41 Jg. (1990), H. 3, S. 299-321

Rosner, Siegfried (1990a): Gesellschaft im Übergang? Zum Wandel von Arbeit, Sozialstruktur und Politik in der Bundesrepublik, Ffm

Standfest, Erich (1993): Sozialpolitik im Fadenkreuz, in: GMII II. 10, S. 601-607

Vobruba, Georg (1990): Lohnarbeitszentrierte Sozialpolitik in der Krise der Lohnarbeit, in: ders. (Hg.): Strukturwandel der Sozialpolitik. Lohnarbeitszentrierte Sozialpolitik und soziale Grundsicherung, Ffm. 1990

Vobruba, Georg (1991): Jenseits der sozialen Fragen. Modernisierung und Transformation von Gesellschaftssystemen, Ffm

Weber, Max (1972): Wirtschaft und Gesellschaft. Grundriß der verstehenden Soziologie. Fünfte, revidierte Auflage, besorgt von Johannes Winckelmann., Tübingen

Willke, Helmut (1989): Zum Problem staatlicher Steuerung im Bereich der Sozialpolitik, in: Der wirtschaftliche Wert der Sozialpolitik, hrsg. von Georg Vobruba, Berlin 1989

Zacher, Hans F. (1987): Das soziale Staatsziel, in: Josef Isensee/Paul Kirchhof (Hg.): Handbuch des Staatsrechts der Bundesrepublik Deutschland Band I, Grundlagen von Staat und Verfassung, Heidelberg

Hartmut Häußermann/Werner Petrowsky/ Jörg Pohlan

Entwicklung der Städte: Stabile Polarisierung

Ausgangssituation

Die „Einheitlichkeit der Lebensverhältnisse“ ist in Deutschland ein hochrangiges politisches Ziel. Tatsächlich haben die Systeme des Finanzausgleichs, der Verkehrsplanung, Raumordnungs- und Regionalpolitik sowie die Anfang der siebziger Jahre durch eine Grundgesetzänderung installierten „Gemeinschaftsaufgaben“ lange Zeit dafür gesorgt, daß weder die Infrastrukturausstattung noch die Finanzausstattung der Bundesländer und der Gemeinden all zu weit auseinanderdrifteten. Dies war eine – wenn man die regionalen Unterschiede in anderen europäischen Ländern zum Vergleich heranzieht – einmalige Leistung des föderalen politischen Systems, die die Herausbildung bzw. Verstärkung krasser regionaler Disparitäten verhinderte. Auf diese Weise wurde eine dezentrale politische und ökonomische Struktur des Bundesgebietes unterstützt, ohne daß sich die traditionell vorhandene ungleiche ökonomische Entwicklung direkt in problematische Unterschiede der Lebensbedingungen umsetzte. Dennoch gab und gibt es erhebliche Unterschiede in der Wirtschaftskraft, in der Infrastruktur- und Finanzausstattung zwischen Bundesländern und Städten. Solange im (alten) Bundesgebiet die Wirtschaftsentwicklung insgesamt durch Wachstumstendenzen geprägt war, erschienen diese Differenzen jedoch lediglich als Relikte unterschiedlicher historischer Ausgangssituationen (wie Bezeichnung „hinter der allgemeinen Entwicklung zurückgebliebene Gebiete“ suggerierte), eine Angleichung schien programmiert zu sein.

Diese Tendenz zur Verringerung regionaler Unterschiede ist aber seit den wirtschaftlichen Umbrüchen, die Mitte der siebziger Jahre die Weltwirtschaft und damit auch das stark exportorientierte bundesdeutsche Wirtschaftsgebiet erfaßt haben, gebrochen. Seither entwickeln sich die Wachstumsraten sehr unterschiedlich, ja in einigen Phasen sogar gegensätzlich, und die Situationen auf den Arbeitsmärkten, bei der Bevölkerungsentwicklung und bei der Verfügbarkeit über öffentliche Finanzen nahmen überaus disparate Formen an. Wachstums- und Schrumpfungsregionen bildeten sich heraus (vgl. zum sogenannten Süd-Nord-Gefälle: Friederichs u.a. 1986). Dieses neuartige Muster der Regionalentwicklung ist vor allem durch den Strukturwandel der Städte verursacht worden, die eine Differenzierung der ökonomischen Perspektiven bewirkte, wie sie seit Beginn der Industrialisierung nicht mehr zu beobachten gewesen war: Neben Deindustrialisierungsprozessen, die einen kumulativen „Niedergang" in den einen Städten einleiteten, bildete sich ein neuerliches Wachstum auf der Basis neuer Technologien in anderen; damit löste sich auch der einheitliche Typus von Stadtentwicklung, der identisch mit „Wachstum" war, auf, und neue Strategien der Stadtpolitik mußten entwickelt werden. Polarisierung der Entwicklung sowohl zwischen den verschiedenen Stadttypen wie Polarisierung innerhalb der Städte sind die Begriffe, mit denen die neuartigen Muster bezeichnet werden können (vgl. dazu ausführlich Häußermann/Siebel 1987).

Mit der Vereinigung der beiden deutschen Staaten hat sich nun das Muster regionaler Entwicklung in Deutschland erneut verändert, und die Stadtentwicklungstypen haben sich weiter ausdifferenziert. Die Regionalentwicklung in der DDR war – im Gegensatz zur (alten) BRD – durch eine starke Zentralisierungstendenz zugunsten von Berlin (Ost) sowie durch ein Nord-Süd-Gefälle geprägt. Die Unterbrechung der wirtschaftlichen West-Ost-Beziehungen durch die Teilung erforderten in der DDR den Neuaufbau ganzer Industriezweige, und die Einbindung in die wirtschaftliche Arbeitsteilung der ehemaligen kommunistischen Staaten (RGW)[1] führte zu einer wirtschaftlichen Spezialisierung einzelner Regionen, die nach der Wiedervereinigung obsolet geworden ist. Wirtschaftliche Expansion war in der DDR neben der „Hauptstadt" vor allem in den nördlichen Regionen konzentriert – und gerade diejenigen Bereiche, die unter dem Bestreben wirtschaftlicher Autarkie bzw. durch die Einbindung in die Arbeitsteilung im Rahmen des RGW zentral gefördert wurden, erleiden heute dramatische Einbrüche ihrer wirtschaftlichen Basis (vgl. Gornig/Häußermann 1993).

Wir wollen im folgenden die Entwicklung der Städte vor allem in Westdeutschland seit Mitte der achtziger Jahre skizzieren – die besondere Situation der ostdeutschen Städte können wir nur andeuten, denn noch hat sich die Situation dort nicht so stabilisiert, daß eine klare Trendbeschreibung möglich wäre.

Die Polarisieriung der Stadtentwicklung in Westdeutschland, wie sie sich seit Mitte der siebziger Jahre abzeichnete, war eine

1 Rat zur gegenseitigen Wirtschaftshilfe

Polarisierung der wirtschaftlichen Perspektiven, die sich auf der städtischen Ebene in folgenden Zusammenhängen materialisierten: In dem einen Stadttyp (Erosion der traditionellen industriellen Basis) stiegen die Arbeitslosenzahlen stark an, und die Einnahmen der Kommunalverwaltung gingen zurück. Mit anhaltender Dauer der Krise entfielen für eine wachsende Zahl von Arbeitslosen die (zeitlich befristeten) Leistungen der Arbeitslosenversicherung (Arbeitslosengeld), und sie mußten – oft zusätzlich zur dann gewährten Arbeitslosenhilfe – Sozialhilfe beantragen, die aus dem kommunalen Haushalt finanziert werden muß. Diejenigen Bewohner einer Stadt, die Ansprüche auf Arbeitslosengeld nie erworben hatten (z.B. Jugendliche), waren von vornherein auf Unterstützung aus der Sozialhilfe angewiesen. In der Folge nahmen die Sozialhilfeausgaben dieser Städte erheblich zu, während gleichzeitig die Einnahmen aus der Gewerbe- und Einkommensteuer sanken. Daraus ergab sich eine dramatische Finanzsituation, die zur Kürzung öffentlicher Ausgaben zwang, deren Expansion jedoch für eine lokale Arbeitsmarktpolitik notwendig gewesen wäre. Betriebsschließungen und Massenarbeitslosigkeit verursachten in einigen Städten (insbesondere im Ruhrgebiet, aber auch in den Bundesländern Bremen und Saarland) eine finanzielle Katastrophe, die zusammen mit steigender Schuldenlast zur Zahlungsunfähigkeit führte. Bibliotheken und Hallenbäder wurden geschlossen, Investitionen zurückgestellt, Ausgaben für Soziales, Jugendarbeit und Sport (die „freiwilligen" Leistungen) reduziert – und nur Sonderzuwendungen des Bundes (im Fall von Bremen und Saarland) und der Bundesländer (im Fall Nordrhein-Westfalen) sicherten den kommunalen Bediensteten ihre monatlichen Gehälter. Diese Hilfen waren aber in allen Fällen mit strengen Auflagen zur Ausgabenreduktion verbunden. Von „kommunaler Autonomie" konnte keine Rede mehr sein.

Zwar verhinderten der Länderfinanzausgleich und die kommunalen Finanzausgleiche innerhalb der Bundesländer für die Mehrheit der Städte, daß sich die Situation in den Krisenregionen überall so extrem zuspitzte, aber mit Recht konnte von einer Polarisierung der Perspektiven gesprochen werden. Denn im anderen Stadttyp („neues Wachstum" z.B. in München, Stuttgart, Frankfurt/M.) blieben die Arbeitslosenzahlen niedrig, die Steuereinnahmen sprudelten und sowohl die investiven wie die konsumtiven Ausgaben wurden laufend gesteigert, die Infrastruktur weiter ausgebaut und neue Bereiche entwickelt (z.B. Kultureinrichtungen).

Wie hat sich die Situation nun seit Mitte der achtziger Jahre verändert? Hat sich die Polarisierung fortgesetzt oder wurden die Schrumpfungstendenzen gebremst? Haben die Instrumente des Finanzausgleichs „gegriffen“? Wir werden dies anhand einiger Indikatoren zur Finanzsituation, zum Arbeitsmarkt und zu den Sozialhilfefällen diskutieren.

Arbeitsmärkte

Wir wollen zunächst die Entwicklung seit 1985 auf der Basis der sozialversicherungspflichtig Beschäftigten[2] für die 14 größten Städte im alten Bundesgebiet betrachten. Zum Zweck des Vergleichs werden die Städte in verschiedene Gruppen zusammengefaßt: München, Stuttgart, Frankfurt/M. und Nürnberg bilden die Gruppe derjenigen Städte, die seit Mitte der siebziger Jahre immer zu den „Gewinnern“ des Strukturwandels gehörten, weil bei ihnen die Arbeitsplatzzahlen kontinuierlich zunahmen. Das Gegenteil war bei der Gruppe der Ruhrgebietsstädte (Essen, Dortmund, Duisburg und Bochum) der Fall, sie hatten seit langem zum Teil dramatische Arbeitsplatzverluste zu verzeichnen. Hamburg, Bremen und Hannover haben zwar erhebliche Einbußen ihrer industriellen Arbeitsplatzbasis hinnehmen müssen, gleichzeitig sind sie aber durch einen starken Tertiärsektor gekennzeichnet, in dem – wenn überhaupt – in der Vergangenheit Arbeitsplätze entstanden. Sowohl ihre besondere Funktionen (Hafen und Transport) wie ihre Nähe zur früheren DDR-Grenze hat für die „Wendezeit“ spezifische Bedingungen geschaffen.

Im Zeitraum von 1985 bis 1990 verzeichneten Frankfurt/M., Bochum, Berlin (West), Nürnberg und Bremen die höchsten Zuwachsraten an sozialversicherungspflichtig (SV-)Beschäftigten, gefolgt von München, Düsseldorf, Köln und Stuttgart (vgl. Tabellen 1 und 2). Das bekannte Polarisierungsmuster hatte sich also fortgesetzt: Dort, wo die stärksten Arbeitsplatzverluste in der Vergangenheit zu beobachten waren (in den Städten des Ruhrgebiets), war das Wachstum am schwächsten – und umgekehrt.

Seit 1990 jedoch hat sich die Situation verkehrt. Nunmehr zeigten neben Berlin (West) die norddeutschen Städte Hamburg, Hannover und Bremen ein deutlich stärkeres Wachstum als die

2 Die Beschäftigtenstatistik ist bei aller Einschränkung die einzige Quelle zur Beschäftigtenentwicklung der Städte, die einheitlich und fortlaufend geführt wird.

Tabelle 1: Sozialversicherungspflichtig Beschäftigte insgesamt (30.6.) (1993: 31.3.) (Index: 1985=100)

	1980	1985	1990	1991	1992	1993
Berlin (W.)	100,8	100,0	108,7	117,7	122,2	120,9
München	102,7	100,0	107,0	108,9	109,8	107,3
Nürnberg	106,1	100,0	108,7	113,4	114,8	112,2
Stuttgart	102,3	100,0	106,7	108,3	108,6	105,8
Frankfurt/M.	104,7	100,0	109,8	112,4	113,2	111,8
Hamburg	107,6	100,0	105,1	109,2	111,0	110,5
Bremen	108,6	100,0	108,1	111,2	112,7	110,6
Hannover	108,7	100,0	105,6	108,8	110,9	110,3
Köln	104,0	100,0	106,8	109,5	110,8	109,4
Düsseldorf	103,4	100,0	106,9	109,5	110,9	109,5
Essen	107,3	100,0	102,3	104,8	106,3	105,1
Dortmund	110,8	100,0	102,1	104,4	104,9	103,0
Duisburg	116,0	100,0	96,9	96,9	97,2	95,9
Bochum	109,4	100,0	109,3	111,3	112,4	109,7
Mittelwert	105,4	100,0	106,5	110,1	111,8	110,2
Bund	102,8	100,0	109,8	113,7	115,5	115,2
Anteil in %	102,5	100,0	97,1	96,8	96,8	95,7

Quellen: Beschäftigtenstatistiken der Statistischen Landesämter

süddeutschen. Neben der seit mehr als zwanzig Jahren von Deindustrialisierungstendenzen geprägten Stadt Duisburg hat nun Stuttgart zum ersten Mal ein nur geringfügiges Beschäftigungswachstum erfahren.

Im gesamten Zeitraum von 1985 bis 1992 stieg die Beschäftigtenzahl in den Referenzstädten um 11,8%. Damit ist das Wachstum der Beschäftigtenzahlen in den großen Städten – wie schon in den siebziger Jahren – hinter dem allgemeinen Wachstum in Westdeutschland geblieben (+15,5%), wodurch auch der Anteil der in diesen Städten Arbeitenden an allen SV-Beschäftigten von 25,1% (1985) auf 24,3% (1992) zurückging; 1976 hatte dieser Anteil noch bei 26,9% gelegen. Die Dezentralisierung von Arbeitsplätzen hat sich also fortgesetzt, wobei das stärkste Wachstum im Umland der großen Städte zu beobachten ist.

Zwischen den Städten verlief die Entwicklung jedoch höchst unterschiedlich. Den einen Extremfall bildet Berlin (West), das mit 22,2% Beschäftigungswachstum den Durchschnitt weit übertrifft, den anderen Duisburg, das als einzige der großen Städte einen Rückgang der SV-Beschäftigung von 4,1% aufweist. München und Stuttgart sind – im Zeitraum von 1985 bis 1992 – keineswegs mehr die Spitzenreiter beim Arbeitsplatzwachstum (vgl. Tabellen 2 und 3).

Tabelle 2: Entwicklung der SV-Beschäftigten (in%)

	Insgesamt			Frauen			Männer			Ausländer		
	85/90	90/92	85/92	85/90	90/92	85/92	85/90	90/92	85/92	85/90	90/92	85/92
B	8,7	12,4	22,3	7,8	12,1	20,8	9,6	12,7	23,5	15,0	-2,0	12,7
M	7,0	2,6	9,8	8,8	3,0	12,1	5,6	2,2	8,0	9,5	11,5	22,1
N	8,7	5,6	14,8	10,6	6,1	17,3	7,4	5,3	13,1	26,8	16,3	47,5
S	6,7	1,7	8,6	9,1	3,7	13,2	5,2	0,3	5,6	2,2	7,3	9,6
F	9,8	3,1	13,2	14,2	3,4	18,1	7,0	2,9	10,1	9,6	13,2	24,1
HH	5,1	5,6	11,0	8,3	6,3	15,1	2,8	5,1	8,0	10,4	13,7	25,6
HB	8,1	4,2	12,7	9,5	6,1	16,1	7,3	3,0	10,5	13,5	14,1	29,5
H	5,6	5,0	10,9	8,0	7,0	15,5	4,0	3,6	7,7	8,0	7,0	15,5
K	6,8	3,7	10,8	15,1	2,5	18,0	6,1	0,2	6,3	12,4	4,2	17,1
D	6,9	3,7	10,9	12,1	5,6	18,4	3,5	2,4	6,0	5,1	14,1	19,1
E	2,3	4,0	6,3	7,4	5,6	13,4	-0,9	2,9	2,0	3,0	22,9	26,6
DO	2,1	2,7	4,9	12,9	6,6	20,4	-3,9	0,2	-3,6	12,3	12,1	25,9
DU	-3,1	0,3	-2,8	3,2	4,2	7,5	-5,9	-1,5	-7,3	9,0	8,6	18,4
BO	9,3	2,9	12,4	16,8	6,4	24,2	5,2	0,8	6,0	12,8	6,2	19,8
ig.	*6,5*	*4,9*	*11,8*	*9,6*	*6,3*	*16,4*	*4,5*	*3,9*	*8,6*	*10,1*	*9,6*	*20,6*

B=Berlin-West; M=München; N=Nürnberg; S=Stuttgart; F=Frankfurt/Main; HH=Hamburg; HB=Bremen; H=Hannover; K=Köln; D=Düsseldorf; E=Essen; DO=Dortmund; DU=Duisburg; BO=Bochum; ig.=insgesamt

Quellen: Beschäftigungsstatistik der Statistischen Landesämter

Tabelle 3: Sozialversicherungspflichtig Beschäftigte insgesamt (30.6.) (1993: 31.3.)

	1980	1985	1990	1991	1992	1993
Berlin (W.)	729.342	723.574	786.807	851.676	884.435	874.440
München	660.404	643.002	688.169	699.942	705.766	689.998
Nürnberg	271.400	255.911	278.241	290.289	293.895	287.007
Stuttgart	363.050	354.794	378.731	384.108	385.197	375.291
Frankfurt/M.	459.538	438.773	481.961	493.202	496.894	490.761
Hamburg	767.367	712.957	749.365	778.493	791.351	787.558
Bremen	251.471	231.482	250.290	257.482	260.828	256.129
Hannover	304.154	279.864	295.597	304.353	310.463	308.665
Köln	425.071	408.681	436.613	447.703	452.872	447.201
Düsseldorf	341.635	330.397	353.241	361.932	366.365	361.845
Essen	233.341	217.369	222.286	227.896	231.083	228.551
Dortmund	226.723	204.653	208.921	213.655	214.657	210.818
Duisburg	222.167	191.442	185.422	185.446	186.035	183.547
Bochum	140.635	128.533	140.448	143.119	144.468	141.047
St.-Abw.	203.125	199.758	215.733	228.440	237.767	232.497
Summe	5.396.298	5.121.432	5.456.092	5.639.296	5.724.309	5.642.859
Bund	20.953.864	20.378.397	22.368.078	23.173.439	23.530.259	23.469.200
Anteil in %	25,8	25,1	24,4	24,3	24,3	24,0

Quellen: Beschäftigtenstatistiken der Statistischen Landesämter

Das unterschiedliche Wachstum in der Beschäftigung resultiert im wesentlichen aus zwei Prozessen: Dem Rückgang bestimmter Produktionszweige wie Bauindustrie, Bergbau, Stahlindustrie, Textilindustrie, (in den achtziger Jahren) und in neuester Zeit des Maschinenbaus steht ein unterschiedliches Wachstum von neuen Arbeitsplätzen im Dienstleistungsbereich gegenüber. Erstmals war in den Wachstumszentren München, Frankfurt/M. und Stuttgart ein Rückgang im Verarbeitenden Gewerbe zu beobachten, der allerdings durch die starken Gewinne im Dienstleistungsbereich (insbesondere Handel, Kreditwesen/Versicherungen) aufgefangen werden konnte, so daß die Bilanz noch positiv war. In den Städten, die schon seit längerem mit der Krise der Industrie konfrontiert sind, ist dieser Kompensationsmechanismus schwächer, und auch das Wachstum in den Bereichen, in denen die öffentlichen Finanzen direkt eine Rolle spielen – Baugewerbe sowie öffentlicher Dienst – war geringer. Wenn die industrielle Basis schrumpft, müssen die öffentlichen Ausgaben reduziert werden, was die Arbeitsmarktkrise weiter verschärft. Diese kumulativen Wirkungen werden auch nicht durch die Systeme des Finanzausgleichs außer Kraft gesetzt, wie bei der Analyse der Finanzsituation noch zu zeigen sein wird.

Besonders auffällig an der Beschäftigtenentwicklung ist der Trendknick am Ende der achtziger Jahre: Infolge der schlechten Konjunktur haben von 1980 bis 1985 alle Städte Arbeitsplätze verloren, aber (bis auf Duisburg) haben seit 1990 *alle Städte wieder Arbeitsplätze gewonnen.* Dies ist zum größten Teil auf den „Vereinigungsboom“ zurückzuführen: Die Einführung der DM im Juni 1990 löste in Ostdeutschland einen Nachfrageboom nach Konsumgütern aus, der fast vollständig von Produzenten aus dem Westen bedient wurde. Auch die Nachfrage von (überwiegend öffentlichen) Investoren kam weitgehend westdeutschen Unternehmen zugute. Eine nennenswerte Zahl von Arbeitsplätzen in Ostdeutschland entstand zunächst nur in den Bereichen Handel sowie Banken/Versicherungen. Wir sprechen mit Bedacht von einem Trend*knick* und nicht von einer Trend*umkehr*, denn schon die Zahlen für 1993 zeigen wieder ein anderes Bild: Rückgang der Beschäftigtenzahlen in allen Städten. Am stärksten und (vorläufig) dauerhaftesten haben vom Vereinigungsboom (1990-1993) Berlin und die norddeutschen Städte profitiert.

Trotz hoher Arbeitslosigkeit in Westdeutschland über den gesamten Zeitraum hat zwischen 1985 und 1992 die Beschäftigung von Ausländern fast doppelt so stark zugenommen wie die von deutschen Staatsangehörigen (vgl. Tabelle 2). Dies ist für einen Boom, der vor allem auf der Expansion einer Nachfrage nach bekannten und standardisierten Gütern beruht, nicht untypisch, denn dann wird vor allem die Komplementärbeschäftigung in gering qualifizierten Tätigkeitsbereichen ausgedehnt. Entgegen diesem Trend nahm jedoch in Berlin (West) seit 1990 die Beschäftigung von Nicht-Deutschen trotz hoher Gesamt-Beschäftigungsgewinne ab. Dies dürfte auf ein besonderes Strukturmerkmal des Berliner Arbeitsmarkts zurückzuführen sein: Durch dramatischen Arbeitsplatzabbau im Osten und im Umland von Berlin steht eine große Zahl gut qualifizierter Arbeitskräfte zur Verfügung, die offensichtlich ausländische Arbeitskräfte substituieren. In Berlin etabliert sich derzeit zum ersten Mal seit dem Ende des 2. Weltkriegs ein „normaler“ großstädtischer Arbeitsmarkt: Arbeitsmarktregion und Stadtgebiet sind nicht mehr identisch, vielmehr entstehen die aus anderen Regionen längst bekannten Pendlerbeziehungen zwischen Stadt und Umland. In der Folge ist die Arbeitslosigkeit unter Ausländern in Berlin sehr stark gestiegen.

Sozialhilfe

Die Zahl der Sozialhilfeempfänger gibt grobe Hinweise auf das Ausmaß von Armut in einer Stadt. Hohe strukturelle Arbeitslosigkeit führt zu größerer Sozialhilfe-Abhängigkeit, weil sie mit Dauerarbeitslosigkeit verbunden ist. Aber auch die Zuwanderung aus dem Ausland, deren Umfang ja seit längerem nicht mehr durch die Suche nach zusätzlichen Arbeitskräften, sondern durch die schwieriger werdenden Lebensbedingungen in den Herkunftsländern bestimmt ist, trägt zu einer größeren Sozialhilfedichte (Zahl der Sozialhilfeempfänger außerhalb von Einrichtungen pro 1000 Einwohner) bei. Da diese Ausgaben aus den kommunalen Haushalten bestritten und nur in wenigen Fällen (etwa bei Übersiedlern) von den Ländern bzw. vom Bund erstattet werden, stellen sie für die Gemeindehaushalte insbesondere dann eine erhebliche Belastung dar, wenn sich die Steuereinnahmen aufgrund der lokalen ökonomischen Krisensituation schon auf niedrigem Niveau befinden.[3]

3 Dieser Zusammenhang setzt eine fatale politische Wirkungskette in Gang, weil er ein Konkurrenzverhältnis zwischen den Bedürftigsten konstituiert: wo die Not am größten ist, erscheinen die noch Ärmeren, z.B. politische Flüchtlinge, häufig als die Ursache weiterer Not bzw. zu Sündenböcken der eigenen Problemlage gemacht.

Tabelle 4: Sozialhilfedichte insgesamt und bei Empfänger von lf. Hilfe zum Lebensunterhalt (HLU) außerhalb von Einrichtungen (bezogen auf 1000 Einwohner)

	1986	1990	1991	1992	86/90
Berlin (W.)	64	71	67	x	7
München	33	36	38	47	3
Nürnberg	60	70	65	69	10
Stuttgart	51	48	x	x	11
Frankfurt/M.	61	68	68	79	7
Hamburg	75	93	x	x	18
Bremen	77	92	82	78	15
Hannover	62	80	91	98	18
Köln	55	73	76	85	18
Düsseldorf	61	70	63	62	9
Essen	69	83	82	87	14
Dortmund	58	78	76	79	20
Duisburg	55	64	65	69	9
Bochum	56	59	55	57	3

(x=ohne Angabe)

Quellen: Statistische Landesämter: Reihe K I 1/j., lf. Jg.; Stat. Jb Deutscher Gemeinden, lf. Jg.; Statistische Jahrbücher/Handbücher der jeweiligen Städte, lf. Jg.

Ebenso wie die Arbeitslosenquoten war die Sozialhilfedichte Anfang der achtziger Jahre extrem verschieden in den unterschiedlichen Stadttypen. Im Jahr 1986 erreichte dieser Indikator z.B. in München nicht einmal die Hälfte des Wertes der Stadt Essen (vgl. Tabelle 4), und auch in Stuttgart lag er deutlich niedriger. Die höchsten Werte zeigten die beiden norddeutschen Stadtstaaten, während sich die übrigen Städte alle auf einem gleichen Niveau bewegten. Die Entwicklung war dann – jedenfalls insoweit sie sich in der Statistik abbildet[4] – sehr uneinheitlich, aber die Sozialhilfedichte hat in allen Städten zugenommen. Wir kommen auf die Unterschiede bei der Betrachtung der städtischen Finanzen zurück, die ein – wenn auch weniger aktueller – zuverlässiger Indikator für die „Belastung" der Gemeindehaushalte sind.

4 Die starken Unterschiede und Schwankungen in der Sozialhilfestatistik können ohne genauere Kenntnis über die Praxis der Vergabe und der Registrierung nicht interpretiert werden. Unterschiedliche Erfassungsmethoden und administrative Änderungen bei der Vergabe können zu Zahlenreihen führen, die die wirkliche Entwicklung der Sozialhilfeabhängigkeit keineswegs wiedergeben.

Tabelle 5: Entwicklung der ausländischen/staatenlose Sozialhilfeempfänger Anteil an Sozialhilfe-Empfänger insgesamt (in%)

	1986	1990	1991	1992
Berlin (W.)	19,5	30,3	28,0	x
München	29,8	28,3	34,2	42,7
Nürnberg	21,7	29,0	28,5	33,2
Stuttgart	23,7	24,0	33,4	x
Frankfurt/M.	21,2	30,4	34,1	39,9
Hamburg	19,6	26,9	x	x
Bremen	13,1	25,6	28,3	26,9
Hannover	16,3	21,2	28,2	29,1
Köln	17,3	27,5	32,6	38,0
Düsseldorf	8,1	14,6	16,4	19,1
Essen	10,9	17,4	18,7	24,0
Dortmund	6,0	8,6	11,0	13,5
Duisburg	3,7	12,2	14,1	19,2

(x=ohne Angabe)

Quellen: Statistische Landesämter: Reihe K I 1/j., lf. Jg.; Stat. Jb Deutscher Gemeinden lf. Jg.; Statistische Jahrbücher/Handbücher der jeweiligen Städte, lf. Jg.

Die Zahlen zu den ausländischen Sozialhilfeempfängern (vgl. Tabelle 5) zeigen überall einen starken Anstieg; zwischen 1986 und 1991 haben sie sich in der Regel verdoppelt. 1992 war mindestens jeder zehnte, in vielen Fällen jeder fünfte ausländische Staatsbürger, der seinen Wohnsitz in einer deutschen Großstadt hatte, Sozialhilfeempfänger. Dies ist einerseits ein Ergebnis der gestiegenen Arbeitslosigkeit unter Ausländern, andererseits eine Folge der Tatsache, daß viele der anwesenden Ausländer gar nicht erwerbstätig sein dürfen. Hier werden die Wirkungen einer fehlenden Einwanderungspolitik sichtbar, denn Zuwanderer werden in der Bundesrepublik zunächst gleichsam nur „aufbewahrt" und ernährt, ohne ihnen eine Integrationsperspektive zu eröffnen, innerhalb derer sie selbst aktiv werden könnten (z.B. durch Erwerbstätigkeit).

Kommunale Finanzen

Der strukturelle Wandel führte zu dem sogenannten Süd-Nord-Gefälle (vgl. Friedrichs et al. 1986): Die Haushaltslagen waren besonders problematisch sowohl in den Gemeinden der Bundesländer Saarland, Nordrhein-Westfalen, Niedersachsen und Schleswig-Holstein als auch im Stadtstaat Bremen. Seit der Vereinigung der beiden deutschen Staaten 1990 ist die regionale Struktur im wesentlichen durch ein West-Ost-Gefälle geprägt (vgl. Gornig und Häußermann 1993).

Nach dem „Vereinigungsboom“ 1989 und 1990 scheint zu Beginn der neunziger Jahre aufgrund der Auswirkungen der Rezession der Prozeß der Auseinanderentwicklung der westdeutschen Städte zunächst beendet oder zumindest unterbrochen zu sein – allerdings auf einem Niveau erheblicher Disparitäten. Dies ist im wesentlichen durch stagnierende oder sogar sinkende Gewerbesteuereinnahmen bei gleichzeitig rasant steigenden Sozialausgaben besonders in den vormals prosperierenden Städten bedingt.

Für die Städte sind die Gewerbesteuer und der Anteil an der Einkommensteuer die wichtigsten „autonomen“ Einnahmequellen, d.h. über ihre Verwendung können die Stadtverwaltungen frei verfügen. 1989 betrug der Gewerbesteueranteil 18,7% und der Einkommensteueranteil 15,3% der gesamten Einnahmen (zusammen machten sie 87,6% der gesamten Steuereinnahmen aus.[5] Da die Gewerbesteuer am Standort des Betriebes bezahlt wird, verursacht sie Disparitäten zwischen Gebieten unterschiedlicher Wirtschaftskraft.

Gewerbesteuereinnahmen sind allerdings stark konjunkturabhängig, außerdem kann ihr Ertrag durch die Einführung neuer bzw. Anhebung vorhandener Freibeträge für die Betriebe seitens der Bundesregierung (im Rahmen der Steuergesetzgebung) manipuliert werden. So wurde während der achtziger Jahre die Gewerbesteuer zunehmend zur Großbetriebsteuer. Ende der achtziger Jahre zahlten nur noch 52% der Betriebe Steuern auf ihren Ertrag und lediglich 17% auf ihr Kapital (Bredtmann 1992, S. 35ff.). Als Konsequenz sind die Disparitäten zwischen den lokalen Einnahmen aus der Gewerbesteuer weitaus größer als die der lokalen Bruttowertschöpfung. So betrug beispielsweise 1989 der Variationskoeffizient der Bruttowertschöpfung 30,4% (Spanne: DM 19.757 bis DM 98.515 pro Kopf), während er sich für die Gewerbesteuer auf 54,5% (Spanne: 274 bis DM 2.893 pro Kopf) bezifferte (BFLR 1992, eigene Berechnungen).

5 Ein Grund für die Finanzkrise vieler Städte war die Abschaffung der Lohnsummensteuer als Teil der Gewerbesteuer 1979. Diese Maßnahme verursachte große Einnahmeeinbußen, besonders für diejenigen Städte, die stark durch subventionierte Industrien mit geringem oder gar keinem Profit gekennzeichnet waren – hauptsächlich die Städte im Ruhrgebiet (Zimmermann 1992).

Tabelle 6: Entwicklung der Gewerbesteuereinnahmen (in DM je Einwohner)

	1970	1980	E	1985	E	1989	E	1990	E	1991	E
Berlin (W.)	221,9	155,5	-29,9	262,9	18,5	292,0	31,6	290,5	30,9	321,4	44,8
Hamburg	348,0	681,8	95,9	937,5	169,4	885,2	154,4	915,3	163,0	1063,4	205,6
München	333,7	731,2	119,1	1068,9	220,3	1218,5	265,2	1380,2	313,6	1225,1	267,1
Köln	354,6	588,0	65,8	783,9	121,1	1048,3	195,6	1052,5	196,8	1007,6	184,2
Frankfurt/M.	656,5	1285,5	95,8	1913,4	191,5	2016,7	207,2	2253,5	243,3	1878,4	186,1
Essen	244,8	399,3	63,1	657,9	168,8	623,9	154,9	675,2	175,8	766,5	213,1
Dortmund	248,9	319,1	28,2	388,7	56,2	414,6	66,6	470,5	89,0	496,4	99,4
Stuttgart	429,2	797,6	85,8	1187,4	176,7	1008,7	135,0	1210,2	182,0	1190,6	177,4
Bremen	343,7	592,1	72,3	673,5	96,0	645,6	87,8	658,5	91,6	755,6	119,8
Düsseldorf	488,0	843,9	72,9	1161,2	138,0	1420,2	191,0	1531,7	213,9	1566,7	221,0
Duisburg	316,5	388,6	22,8	354,8	12,1	495,3	56,5	469,1	48,2	500,1	58,0
Hannover	416,9	685,7	64,5	860,1	106,3	892,2	114,0	929,8	123,0	1007,4	141,6
Nürnberg	329,8	799,6	142,5	747,8	126,7	855,2	159,3	821,4	149,1	960,1	191,1
Bochum	277,4	316,3	14,0	369,1	33,1	477,9	72,3	763,3	175,2	622,8	124,5

E: Entwicklung der Einnahmen der jeweiligen Stadt in %. 1970=100

Quelle: Statistisches Jahrbuch Deutscher Gemeinden. Eigene Berechnungen

Tabelle 7: Entwicklung der Disparitäten* der Gewerbesteuereinnahmen (in DM je Einwohner)

	1970	1980	1985	1989	1990	1991
Berlin (W.)	61,8	25,4	32,4	33,3	30,3	33,7
Hamburg	97,0	111,2	115,5	100,8	95,5	111,4
München	93,0	119,2	131,7	138,8	144,0	128,4
Köln	98,8	95,9	96,6	119,4	109,8	105,6
Frankfurt/M.	182,9	209,6	235,7	229,6	235,1	196,8
Essen	68,2	65,1	81,0	71,0	70,4	80,3
Dortmund	69,4	52,0	47,9	47,2	49,1	52,0
Stuttgart	119,6	130,1	146,3	114,9	126,2	124,8
Bremen	95,8	96,6	83,0	73,5	68,7	79,2
Düsseldorf	136,0	137,6	143,0	161,7	159,8	164,2
Duisburg	88,2	63,4	43,7	56,4	48,9	52,4
Hannover	116,2	111,8	105,9	101,6	97,0	105,6
Nürnberg	91,9	130,4	92,1	97,4	85,7	100,6
Bochum	77,3	51,6	45,5	54,4	79,6	65,3

* Bezugsgröße ist der Mittelwert der Gewerbesteuereinnahmen der aufgeführten Städte, der für jeden der dargestellten Zeitpunkte als Index = 100 berechnet wurde.

Quelle: Statistisches Jahrbuch deutscher Gemeinden. Eigene Berechnungen

Die Entwicklung der Gewerbesteuereinnahmen für die 14 größten Städte im Westen Deutschlands sind in der Tabelle 6 dargestellt. Deutlich zeigen sich die starken Aufkommensunterschiede, die von 1970 bis 1990 kontinuierlich zunahmen. Läßt man Berlin (West) aufgrund der besonderen – mit den übrigen Großstädten nicht vergleichbaren – Situation außer Betracht, so sind Duisburg und Frankfurt/M. die beiden Städte, deren Gewerbesteuereinnahmen zu Beginn der neunziger Jahre am weitesten auseinander liegen. In Duisburg betragen die Einnahmen aus dieser Steuer 1990 DM 469 je Einwohner, in Frankfurt/M. liegen sie mit DM 2.254 um rd. 380% höher. Die Zunahme betrug für Duisburg gegenüber 1970 knapp 50%, für Frankfurt/M. erhöhten sich diese Einnahmen dagegen in den zwanzig Jahren um nahezu das zweieinhalbfache.

Doch zeichnet sich zu Beginn der neunziger Jahre ein neuer Trend ab. Die dem „Wachstumstyp" zuzurechnenden Städte München, Frankfurt und Stuttgart mußten im Jahr 1991 gegenüber 1990 erstmals Einbußen bei den Gewerbesteuereinnahmen verbuchen. Im Gegensatz dazu ist in den strukturschwachen Städten wie Duisburg, Bremen und Dortmund eine – wenn auch unterschiedlich deutliche – Zunahme zu beobachten. Die Schere zwischen den reichsten und den ärmsten Städten öffnet sich also erstmals seit langer Zeit nicht weiter (vgl. auch Tabelle 7). Die Einnahmen in Frankfurt/M. sind beispielsweise 1991 mit DM 1.878 „nur noch" um 276% höher (1990: 380%) als in Duisburg mit DM 500 je Einwohner.

Um diese Entwicklung analysieren zu können, wollen wir im folgenden die Haushalte von jeweils zwei Städten des Wachstumstyps und des Schrumpfungstyps genauer betrachten. Aus Tabelle 8 ist zu ersehen, daß trotz aller Finanzausgleichmaßnahmen die Gesamteinnahmen im Jahr 1991 noch erheblich voneinander abweichen. Sie liegen für München mit nahezu DM 6.400 je Einwohner im Jahr 1991 um rd. 60% höher als in Duisburg mit knapp DM 4.000. Die Entwicklung zwischen 1980 und 1990 verdeutlichen das kontinuierliche Auseinanderdriften der Einnahmen in diesem Zeitraum, da alle Städte zwar Zuwächse zu verzeichnen hatten, aber auf sehr unterschiedlichen Niveaus. Damit eine Angleichung erfolgen könnte, müßten die Einnahmen der „ärmeren" Städte erheblich stärker steigen als die der „reichen".

Deutlich zeigt sich, daß die Disparitäten bei den gesamten Einnahmen vor allem durch die Gewerbesteuer verursacht werden. Die Einnahmen je Einwohner sind 1991 in München um 145% höher als in Duisburg. Zusätzlich verstärkend wirken die Aufkommensunterschiede bei der zweitwichtigsten Einnahmeart, dem Gemeindeanteil an der Einkommensteuer. Auch wenn hier die Abweichungen erheblich geringer ausfallen, so liegen doch die pro-Kopf Einnahmen in München um immerhin etwa 56% über denen Duisburgs.

Geringe Steuereinnahmen sind ein Ausdruck der lokalen ökonomischen Krise. Sie verringern den Spielraum kommunaler Ausgaben – und gerade dort, wo sich eine ökonomische Krise in geringeren Steuereinnahmen bemerkbar macht, wird der Ausgabenspielraum durch gesetzliche Festlegungen weiter eingeengt, denn die Krise äußert sich auch in höheren Zahlen von (Dauer-)Arbeitslosen, die häufig auf ergänzende Sozialhilfezahlungen angewiesen sind (vgl. Häußermann 1991). So hat beispielsweise Dortmund mit DM 783 je Einwohner deutlich höhere Ausgaben für Sozialleistungen (um 85%) als Stuttgart mit DM 421. Allerdings verringern sich die Unterschiede in diesem Bereich mit der Ausweitung der Arbeitsmarktprobleme: Während die Aufwendungen für Sozialleistungen im Zeitraum 1985 bis 1990 in Duisburg um „nur" 124% zunahmen, verdreifachten sie sich in Dortmund und Stuttgart – in München gar verfünffachten sich die pro-Kopf Ausgaben je Einwohner innerhalb des Fünfjahreszeitraumes.

Tabelle 8: Einnahmen und Ausgaben ausgewählter Städte mit extremen Finanzsituationen 1991 (in DM je Einwohner) und die Entwicklungen seit 1980

		Duisburg	Dortmund	Stuttgart	München
Einnahmen		3979,4	4286,8	5296,5	6384,8
	E 1980-1990	40,3	36,1	43,9	37,5
	E 1990-1991	2,8	9,0	8,3	12,1
Ausgaben		3869,6	4386,8	6602,8	6231,3
	E 1980-1990	25,9	36,9	56,6	48,4
	E 1990-1991	2,0	8,3	8,9	2,5
Gesamtsteuer-einnahmen		1224,7	1235,6	2200,8	2317,7
	E 1980-1990	22,6	41,3	37,0	58,1
	E 1990-1991	7,4	5,4	4,4	0,8
Gewerbesteuer		500,1	496,4	1190,6	1225,1
	E 1980-1990	20,7	47,5	51,7	88,8
	E 1990-1991	6,6	5,5	-1,6	-11,2
Einkommens-steuer		557,4	556,3	794,6	868,5
	E 1980-1990	18,8	28,7	20,5	38,3
	E 1990-1991	9,9	12,3	10,3	21,4
Allg. Zuweisungen v. Bund u. Ländern		768,6	888,9	834,1	148,4
	E 1980-1990	47,8	31,8	42,9	-49,2
	E 1990-1991	-13,6	13,6	11,6	-16,5
Sozial-leistungen		474,7	782,5	421,0	500,8
	E 1985-1990	124,4	213,9	195,3	416,4
	E 1990-1991	-0,2	13,3	2,6	-2,0
Steuern abzgl. Sozial-ausgaben		750,0	453,1	1779,8	1816,9
	E 1985-1990	-11,1	-38,9	-7,4	0,9
	E 1990-1991	12,8	-5,9	4,9	1,6
Schuldenstand		3228,0	2151,0	3050,0	2446,0
	E 1980-1990	38,1	11,1	142,5	157,8
	E 1990-1991	1,1	2,5	11,9	11,6

E: Entwicklung in %;

Quelle: Statistisches Jahrbuch Deutscher Gemeinden. Eigene Berechnungen

Tabelle 9: Indikatoren für Autonomie und „angespannte Haushaltslagen“ ausgewählter Städte mit extremen Finanzsituationen 1991 und die Veränderungen seit 1980

		Duisburg	Dortmund	Stuttgart	München
Steuerquote		30,8	28,8	41,6	36,3
	D 1980-1990	-4,3	1,1	-2,2	5,3
	D 1990-1991	1,3	-1,0	-1,5	-4,1
Sozialausgabenquote		12,3	17,8	6,4	8,0
	D 1985-1990	6,4	11,0	3,6	6,4
	D 1990-1991	-0,3	0,8	-0,4	-0,4
Schuldenquote		83,4	49,0	46,2	39,3
	D 1980-1990	7,5	-12,1	15,9	15,3
	D 1990-1991	-0,7	-2,8	1,2	3,2
Deckungsquote		102,8	97,7	80,2	102,5
	D 1980-1990	10,5	-0,6	-7,1	-7,4
	D 1990-1991	0,8	0,6	-0,5	8,7

D: Differenz der Quotienten in Prozentpunkten

Quelle: Statistisches Jahrbuch Deutscher Gemeinden. Eigene Berechnungen

Geringe Steuereinnahmen und steigende Sozialausgaben verringern den „Autonomiegrad“ lokaler Haushaltsentscheidungen – bis hin zur Ausgabenverwaltung durch die Aufsicht des Landesfinanzministers. Zwei Indikatoren lassen für diesen Autonomiegrad verwenden: Zieht man die pro-Kopf Sozialausgaben von den pro-Kopf Gesamtsteuereinnahmen ab, so verbleiben der Stadt Dortmund noch DM 453 dieser originären Einnahmen. München dagegen verfügt nach Abzug der Sozialausgaben noch um einen viermal so hohen Betrag (DM 1.817) je Einwohner (vgl. Tabelle 8). Entsprechend spiegeln sich diese Unterschiede auch in der Sozialausgabenquote[6] wider. Der Anteil der Sozialausgaben an den Gesamtausgaben beträgt in Stuttgart 6,4%, in Dortmund dagegen liegt er mit 17,8% nahezu dreimal so hoch (vgl. Tabelle 9).

6 Zur Berechnung der Indikatoren vgl. auch *Junkernheinrich* 1991, S. 145ff.

Der Finanzausgleich als Verstärker der Einnahmedisparitäten

Das Finanzausgleichssystem in der Bundesrepublik soll garantieren, daß sich regionale Unterschiede in der ökonomischen Entwicklung nicht unmittelbar in ebensolchen Unterschieden der Lebensbedingungen niederschlagen. Die regionalen Differenzen im Steueraufkommen werden daher auf zwei Ebenen ausgeglichen: Im Länderfinanzausgleich sollen die Finanzkraftunterschiede so verringert werden, daß kein Bundesland über weniger als 95% der durchschnittlichen Mittel verfügt; und innerhalb der Bundesländer wird dann noch ein kommunaler Finanzausgleich durchgeführt, der eine ähnliche Annäherung der Finanzkraft der Gemeinden bewirken und die kommunalen Haushalte damit bis zu einem gewissen Grad von der Situation der lokal ansässigen Unternehmen unabhängig machen soll (wobei sich jedoch der Grad des kommunalen Finanzausgleichs je nach Bundesland erheblich unterscheidet). Die Daten zeigen nun, daß die Disparitäten zwischen den Städten durch das Finanzausgleichssystem in einigen Fällen sogar noch verstärkt werden. So ist der Unterschied zwischen einer finanzschwachen Stadt in einem finanzschwachen Bundesland und einer finanzstarken Stadt in einem „reichen" Bundesland aufgrund der Kumulation der unausgeglichenen Unterschiede auf den beiden Ebenen u.U. erheblich.

In einer systematischen Analyse der Haushaltssituation aller kreisfreien Städte für 1989 wurde deutlich, daß die Steuerkraft des Bundeslandes, in dem eine Stadt liegt, einen erheblichen Einfluß auf die Höhe der Finanzausgleichzahlungen hat (vgl. Bahrenberg und Pohlan 1994). Um die Hypothese, daß die finanzielle Situation einer Stadt von der Wirtschaftskraft des jeweiligen Bundeslandes abhängt, zu testen, wurden die Städte nach ihrer Lage in zahlungspflichtigen bzw. empfangsberechtigten Ländern (im Sinne des Länderfinanzausgleiches) gruppiert. Dabei zeigte sich, daß die Schlüsselzuweisungen in den „reichen" Bundesländern um 50% höher liegen als in den „armen". Werden zusätzlich noch die Städte nach ihrer Wirtschaftskraft[7] in die Kategorien „überdurchschnittlich" und „unterdurchschnittlich" eingeordnet, so tritt die Schwäche des Finanzausgleichssystems deutlich zutage: Zwar erhalten die wirtschaftsstrukturell benachteiligten Städte zum Ausgleich ihrer geringen Steuereinnahmen in den jeweiligen Bundes-

7 Bruttowertschöpfung in DM je Einwohner 1988

ländern erheblich höhere Zuweisungen als die dort gelegenen reichen Städte (um über 60% höhere Zuweisungen in den „reichen" Ländern, dreimal so hohe Zuweisungen in den „armen"), allerdings liegen die Zuweisungen für die „armen" Städte in den „armen" Ländern um immerhin DM 15 je Einwohner *unter* denjenigen für die „reichen" Städte in den finanzstarken Staaten. Die Polarisierung wäre zwar ohne Finanzausgleich noch stärker, aber von einem „Ausgleich" kann in Wirklichkeit doch nicht die Rede sein; allenfalls wird die *Tendenz zur Polarisierung abgeschwächt, umgekehrt wird sie jedoch nicht.* Dieser Befund muß die Hoffnungen der ostdeutschen Städte, sie kämen nach dem Einbezug der neuen Bundesländer in den allgemeinen Länderfinanzausgleich ab 1995 in eine signifikant bessere Situation, dämpfen.

Am bisherigen Aufkommen aus der Gewerbesteuer, der für die westdeutschen Städte wichtigsten Einnahmeart, in Rostock, Leipzig und Dresden zeigt sich die außerordentliche Finanzsituation der ostdeutschen Städte. Dresden verbuchte im Jahr 1992 Einnahmen von DM 131 pro Einwohner, Leipzig DM 83 und in Rostock betrugen die Gewerbesteuereinnahmen knapp DM 54. Die Gewerbesteuereinnahmen der ostdeutschen Gemeinden erreichten 1992 nur 8,2% des Durchschnittswertes der westdeutschen (vgl. Junkernheinrich/Kalich 1994: 174). Zum Ausgleich erhielten die drei Städte Zuweisungen aus den nach der Vereinigung eingerichteten Sonderfonds in Höhe von DM 982 (Rostock), DM 1.200 (Leipzig) bzw. DM 1.205 (Dresden).[8] Aufgrund des hohen – vom SED-Staat übernommenen – Personalbestandes müssen die Kommunen noch 50% mehr für Personal ausgeben als die westdeutschen Gemeinden, und für Baumaßnahmen konnten sie 1992 80% mehr als diese ausgeben.

Die unterschiedlichen Lebensbedingungen zwischen ost- und westdeutschen Städten werden, soweit sie von den kommunalen Ausgaben beeinflußt werden, in der Zukunft dennoch – wie die Wirkung des Finanzausgleichs zeigt – eher zementiert als verringert. Wenn die ostdeutschen Städte über zu wenig Geld für eine rasche und nachhaltige Modernisierung ihrer Infrastruktur verfügen (was unerläßliche Voraussetzung für eine heute noch nicht absehbare ökonomische Regeneration wäre), und wenn sie keine Mittel für eine lokale Arbeitsmarkt- und präventive Sozialpolitik

8 Angaben der Statistischen Landesämter in Mecklenburg-Vorpommern und Sachsen; die kreisfreien (westdeutschen) Städte erhielten im Jahr 1988 Schlüsselzuweisungen in einer Höhe von durchschnittlich DM 281 je Einwohner.

haben, werden sie entweder vollkommen abhängig von Landes- und Bundeszuweisungen für bestimmte Zwecke – und damit jeglicher Entscheidungsspielräume beraubt –, oder es bilden sich extrem polarisierte Soziallagen in diesen Städten heraus, die zu scharfen sozialräumlichen Segregationen führen müssen. Aber auch innerhalb der alten Bundesländer werden sich die Unterschiede verstärken: denn einige der westdeutschen Bundesländer, die momentan noch Empfängerländer sind, werden ab 1995 zu den zahlungspflichtigen Staaten gehören.

Neue Profile

In jüngster Zeit sind zunehmend auch vormals prosperierende Städte in z.T. gravierende Finanzkrisen geraten. Konjunktur- und Strukturkrise haben nun auch Stuttgart und Frankfurt sowie – in abgeschwächtem Maße – München erreicht. Sinkende Steuereinnahmen und wachsende Sozialausgaben machen sich jetzt auch dort deutlich bemerkbar, wo die kritische Situation „altindustrieller“ Städte noch weit entfernt war. Zusätzlich führen die anhaltende Suburbanisierung von Gewerbe und die sozial selektive Abwanderung der Bevölkerung in das Umland zu sinkenden Steuereinnahmen. So mußte etwa Frankfurt/M. zu rigiden Sparmaßnahmen greifen – ebenso Offenbach, wo u.a. Hallenbäder und Bibliotheken sowie ein Theater geschlossen wurden. Die Stadt München mußte ihren Investitionsplan für 1993 bis 1997 um ein Siebentel kürzen (Süddeutsche Zeitung, 28.10.1993). Stuttgart erwartet für 1994 „nur noch“ DM 638 Millionen Gewerbesteuereinnahmen gegenüber 865 Millionen im Jahr 1989. Im gleichen Zeitraum stiegen dort die Sozial- und Jugendhilfeausgaben um 70% von DM 225 Millionen auf 381 Millionen (Hartleb 1993).

Die kritische Situation traf diese Städte offensichtlich unerwartet, denn sie haben sich darauf nicht vorbereitet: wie aus Tabelle 8 zu ersehen ist, entsprach zwischen 1980 und 1990 die Entwicklung der Ausgaben in Dortmund in etwa der Zunahme der Einnahmen, in Duisburg lag sie sogar deutlich darunter. Dagegen waren die Ausgabenzuwächse für Stuttgart und München im gleichen Zeitraum um knapp 12 Prozentpunkte höher als die der Einnahmen. Entsprechend verschlechterten sich auch die Deckungsquoten, der Anteil der Einnahmen an den Gesamtausgaben, für diese beiden Städte deutlich (vgl. Tabelle 9). Der niedrigste Wert wurde für Frankfurt mit einer Deckungsquote von lediglich 62% (1991)

berechnet. Dieser Trend spiegelt sich auch in der Entwicklung des Schuldenstandes wider. Nahmen die Schulden je Einwohner im Zehnjahreszeitraum in Dortmund und Duisburg um 38% bzw. lediglich 11% zu, so betrug die Zuwachsrate in Stuttgart 143% und in München sogar 158%. Entsprechend nahm die Schuldenquote, der Anteil der Schulden an den Gesamtausgaben, in den „reichen" Städten seit 1980 deutlich zu, während die Entwicklung in Duisburg erheblich niedriger ausfiel und Dortmund sogar eine Abnahme verzeichnen konnte. Frankfurt erreichte 1991 mit 90% die höchste Schuldenquote und hatte 1993 den bundesrepublikanischen Spitzenwert von DM 8 Milliarden Schulden bei 650.000 Einwohner erreicht. So kommen zu den sinkenden Steuereinnahmen bei steigenden Sozialausgaben als Erbe einer riskanten Haushaltspolitik allein Zinszahlungen in Höhe von DM 1,5 Millionen pro Tag hinzu (Süddeutsche Zeitung, 1.12.1993). Die strukturschwachen Städte wurden im Laufe der letzten zwei Jahrzehnte gezwungen, ihr Ausgabeverhalten an die veränderte Einnahmesituation anzupassen, während die südlichen Städte offensichtlich noch davon ausgingen, daß sie von ähnlichen Problemen nur vorübergehend berührt werden könnten. Ob diese Einschätzung der Wirklichkeit entspricht, kann derzeit noch nicht endgültig beurteilt werden, aber ein so tiefer Fall, wie ihn insbesondere die Ruhrgebietsstädte in den siebziger und achtziger Jahren erlebt haben, ist angesichts der – wenn auch anfälligen – modernen ökonomischen Basis dieser Regionen kaum zu befürchten.

Zusammenfassung

Daß sich die Gesamtsituation der verschiedenen Stadttypen angleichen wird, ist auf absehbare Zeit mit Sicherheit nicht zu erwarten. Doch hat sich einiges geändert: Bis 1990 war eine stetige Polarisierung zwischen den Städten zu beobachten, die durch dramatische Unterschiede in der ökonomischen Entwicklung (Bruttowertschöpfung und Arbeitsplätze) verursacht wurde. Die wachsenden Disparitäten bei den Einnahmen wurden vor allem durch die das Gewerbesteueraufkommen verursacht, die Finanzausgleichssysteme haben diese Tendenzen nicht umkehren können. Seit 1991 leiden nun auch einige der vormals prosperierenden Städte unter erheblichen Finanzkrisen. Der Konjunktureinbruch und die Strukturkrise hat sich – zumindest was die Finanzsituation angeht – in den „krisengewohnten" Städten nicht in entsprechender Weise ausgewirkt, d.h. die Situation wurde nicht weiter verschlechtert. Offensichtlich ist in diesen Städten die „Talsole" des Strukurwandels erreicht, und eine vergleichsweise vorsichtige Haushaltspolitik ist in diesen Städten zur Normalität geworden.

Das Finanzausgleichssystem wirkt – zumindest bei den „armen" Städten in „armen" Bundesländern und bei „reichen" Städten in „reichen Bundesländern – verstärkend auf die Einkommensdisparitäten, da „reichere" Bundesländer im kommunalen Finanzausgleich höhere Schlüsselzuweisungen an die zugehörigen Gemeinden und Städte zahlen können. Die Gesamtbilanz muß wohl so formuliert werden: Die Tendenz zur Polarisierung ist gegenwärtig (vorübergehend?) gestoppt, aber die Entwicklung hat sich auf sehr unterschiedlichen Niveaus stabilisiert: Wo hohe Arbeitsplatzverluste schon seit zwei Jahrzehnten zu verzeichnen waren, zeigt sich ein Ende der Abwärtsspirale; wo in der Vergangenheit starke Wachstumsraten charakteristisch waren, hat sich dies abgeschwächt und teilweise sogar umgekehrt. Daraus ergibt sich aber keine Angleichungstendenz, sondern eine Verfestigung der erreichten Polarität. Die Abschwächung der Polarisierung zwischen den verschiedenen Stadttypen in den alten Bundesländern könnte, wenn die konjunkturellen Einbrüche in den südlichen Wachstumsregionen verarbeitet sind und die Modernisierungsinvestitionen wieder ansteigen, rasch zu einem Ende kommen und sich wieder verstärken – überlagert von einem krassen West-Ost-Gefälle, denn gegenüber diesem handelt es sich im Westen noch um vergleichsweise harmlose Disparitäten. Wie das politische System der vereinigten Bundesrepublik mit diesem neuen Profil zurechtkommen wird, ist eine offene Frage.

Die Konsequenzen für die Bürger sind vielfältig. Kürzungen öffentlicher Ausgaben führen zu einer Einschränkung der „freiwilligen" Ausgaben, also von sozialen, kulturellen und Freizeit-Dienstleistungen. Die zunehmende „Ökonomisierung" und Privatisierung städtischer Dienstleistungen wird zu einer weiteren Erhöhung von Gebühren und Beiträgen führen, was insbesondere die unteren Einkommensgruppen treffen wird.

Literatur

Bahrenberg, Gerhard/Pohlan, Jörg (1994): Financial disparities between cities in West Germany. Bulletin de la Société Languedocienne de Géographie, Heft 1 und 2. (im Erscheinen) Tagungsbeitrag zu einer Konferenz der „International Geographical Union (Commission on

Geography and Public Administration)“ zum Thema „Territoriale und administrative Veränderungen im neuen Europa“ in Montpellier im November 1993

Bredtmann, Klaus-Jürgen (1992): Die Einnahmen der kreisfreien Städte – Aspekte der interkommunalen Vergleichbarkeit städtischer Haushaltslagen. Universität Bremen, KUA, ZWE Arbeit und Region, Forschungsbericht Nr. 1

Bundesforschungsanstalt für Landeskunde und Raumordnung (1992): Laufende Raumbeobachtung, Aktuelle Daten zur Entwicklung der Städte, Kreise und Gemeinden 1989/90

Deutscher Städtetag: Statistisches Jahrbuch Deutscher Germeinden. Köln (div. Jg.)

Friedrichs, Jürgen/Häußermann, Hartmut/Siebel,Walter (Hg.) (1986): Süd-Nord-Gefälle in der Bundesrepublik? Sozialwissenschaftliche Analysen. Opladen

Gornig, Martin/Häußermann, Hartmut (1993): Regionen im Süd/Nord- und West/Ost-Gefälle. In: R. Roth/H. Wollmann (Hg.): Kommunalpolitik. Politisches Handeln in den Gemeinden. Opladen

Häußermann, Hartmut (1991): Die Bedeutung „lokaler Politik“ – neue Forschung zu einem alten Thema. In: B. Blanke (Hg.): Staat und Stadt. Sonderheft 22 der Politischen Vierteljahresschrift, 32. Jg., S. 35-50

Häußermann, Hartmut/Siebel, Walter (1987): Neue Urbanität. Ffm

Hartleb, Dierk (1993): Haushaltskonsolidierung hat absoluten Vorrang. In: Kommunalpolitische Blätter, Heft 12, S. 992-993

Junkernheinrich, Martin (1991): Gemeindefinanzen: theoretische und methodische Grundlagen ihrer Analyse. Forum Öffentliche Finanzen, Bd. 1, Berlin

Junkernheinrich, Martin; Kalich, Peter (1993): Kommunale Finanzautonomie in Ostdeutschland. In: Institut für Wirtschaftsforschung Halle (Hg.): Wirtschaft im Systemschock. Die schwierige Realität der ostdeutschen Transformation. Berlin, S. 171-184

Zimmermann, Horst (1992): Reform of local taxation in Germany – Criteria and proposals. In: D. King (Ed.): Local Government Economics in Theory and Practice. London, S, 114-126

Karl-Georg Zinn

Langfristige Wirtschaftssteuerung und Stabilisierungspolitik

Zur geschichtlichen Obsoleszenz ökonomischer Selbstregulierung

Mikroökonomische Leistung und makroökonomische Krisen

Es ist fast schon banal: Wenn alle mehr leisten, können alle besser leben, sofern die Reichtumsverteilung nicht zu Überproduktion auf der einen und Verelendung auf der anderen Seite führt. Das galt bereits in der Vergangenheit. Heute kommt als weiteres Problem hinzu, daß mehr ökonomische Leistung in der Form wirtschaftlichen Wachstums die natürlichen Leistungsvoraussetzungen vernichtet. Diese Zusammenhänge wahrzunehmen und das sozialökonomische Handeln des Menschen daraufhin zu verändern, widerspricht den Verhaltenszwängen der konkurrenzwirtschaftlich agierenden mikroökonomischen Einheit. Daher sind zentrale – d.h. gesamt- oder gar weltwirtschaftliche – Regelungen erforderlich, die das einzelwirtschaftliche Verhalten mit den Stabilitätszielen und den sozialethischen Kollektivnormen der Gesellschaften einigermaßen in Einklang bringen. Die Regelungsintensität bedeutet notwendig, daß die einzelwirtschaftliche „Freiheit" eingeschränkt wird. Je größer und je langfristiger die Fernwirkungen des einzelwirtschaftlichen Handelns ausfallen – was wesentlich vom Komplexitätsgrad des Gesamtsystems bestimmt wird –, desto umfangreicher und detaillierter werden die Anforderungen an das makroökonomisch und makrosoziologisch übergreifende Regelungsnetz. Diesen Sachverhalt formuliert der Klischeebegriff von der „bürokratisierten Welt". Der anthropologisch und psychologisch verständliche Widerstand gegen jene historisch bedingte Tendenz birgt die Gefahr, daß es zu irrationalen „Befreiungsschlägen" gegen die vermeintlich freiheits- und innovationshemmenden „bürokratischen Verkrustungen" kommt, wie dies etwa während der achtziger Jahre teilweise im Rahmen der angebotsorientierten Wirtschaftspolitik in den USA, in Großbritannien und anderen Ländern der Fall war.

Der historische Versuch, industrialisierte Volkswirtschaften mittels langfristig ausgerichteter imperativer Planung auf einem stabilen Entwicklungspfad zu halten, ist mit dem Zerfall der Sowjetunion vorerst gescheitert. Das marktwirtschaftliche Gegenmodell sozialökonomischer Selbstregulierung, das durch makroökonomische Interventionen und partielle Langfristplanungen (z.B. der Infrastruktur) angereichert worden war, dann aber durch die angebotspolitischen Deregulierungen und Privatisierungsmaßnahmen der achtziger Jahre wieder Stabilitätseinbußen erfuhr, gewann vor dem Hintergrund des Scheiterns des osteuropäischen Staatskapitalismus einen unverhofften Legitimationsbonus. Dieser von der aktuellen geschichtlichen Situation bescherte Akzeptanzgewinn des marktwirtschaftlichen Kapitalismus verengt jedoch die Problemdiagnose. Marktwirtschaftliche Selbstregulierung ist zwar durchaus geeignet, einem komplexen System kurzfristige Anpassungsflexibilität zu geben, doch wird dieser Vorteil mit der systematischen Diskriminierung langfristiger Entwicklungssteuerung erkauft. Die Flexibilität marktwirtschaftlicher Reaktionen verdankt sich der mikroökonomischen Überschaubarkeit des Handlungsfeldes und der damit gewährleisteten Entlastung von makroökonomischer, gar globaler und generationenumfassender Verantwortung (also der Transaktionskostenvorteile). Diese mikroökonomischer Effizienz zuträgliche Beschränkung des Sicht- und Handlungsfeldes gerät jedoch in zunehmenden Widerspruch zu den Stabilitätserfordernissen des Gesamtsystems, wenn die Funktionsvoraussetzungen der dezentralen, mikroökonomisch dominierten Koordinationsprozesse erheblich gestört werden. Die mikroökonomische Übersichtlichkeit erfährt den Nachteil ihrer Beschränktheit als Verlust der Konkurrenzfähigkeit, sobald eine Krise das Überleben aller Einzelkapitale nicht mehr erlaubt. Die normale mikroökonomische Krisenreaktion besteht im Versuch, die Wettbewerbsfähigkeit durch Kosten- (insbesondere Lohnkosten-)Senkungen und Rationalisierungsanstrengungen zu verbessern, ohne sich über die gesamtwirtschaftlichen Konsequenzen der gleichgerichteten Anstrengungen der Rivalen völlig klar zu sein. Vielmehr wird in bornierter theoretischer Übertragung des mikroökonomisch normalen und dort auch richtigen Reagierens auf den makroökonomischen Prozeß die illusionäre Erwartung erzeugt, gesamtwirtschaftliche Maßnahmen zur Kostenentlastung, Ertragsverbesserung, Innovationsförderung und dergleichen als Schutz und Schonung der „Leistungsträger" ideologisierten Wirtschaftspolitik vermöchten die allgemeine Krise der kapitalistischen Akkumulation zu beheben.

Betrachtet man die wesentlichen Veränderungsfaktoren im Ensemble der Funktionsbedingungen einer leidlich stabilen Selbstregulierung marktwirtschaftlicher Systeme, so treten gegenwärtig vor allem folgende Momente hervor: die wirtschaftlichen und politischen Machtungleichgewichte im Zuge der Konzentration und Multinationalisierung der Kapitalgesellschaften, die dramatische Zunahme der negativen externen Effekte einzelwirtschaftlichen Gewinn- und Nutzenstrebens, die mit der steigenden Einkommens- und Vermögensungleichheit verbundenenen Disproportionen zwischen Entwicklung von Produktionsmöglichkeiten und (hinterherhinkender) Nachfrage sowie schließlich die hinter jenen Veränderungen der sozialökonomischen Realität zurückbleibende staatliche Steuerungskapazität.

Nicht nur Monarchien und andere vormoderne Staatsordnungen, sondern auch Demokratien sind innovationsträge Systeme, deren Präferenz für die Maxime „Keine Experimente" zwar nicht vor politischen Moden bewahrt, aber vorausdenkende Reformpolitik an den kurzsichtigen Tagesinteressen, die sich als sogenannte Sachzwänge aufdrängen, gerade dann scheitern läßt, wenn eine Krise durch die systemeigene Entwicklung bedingt und somit nicht mehr ohne Systemreform überwunden werden kann. Die hinlänglich bekannten sozialökonomischen und ökologischen Schwierigkeiten der Gegenwart sind Folgen der bisherigen Dynamik des marktwirtschaftlichen Kapitalismus. Zusammen mit den zunehmenden Gefahren für die künftige Existenz der Menschen gebieten jene bei vernünftiger Betrachtung eine langfristige Steuerung – und zwar in geschichtlich beispiellosen Dimensionen: im Hinblick auf die zeitliche Reichweite der Zukunftsplanung, auf die globalen Interdependenzen der sozialökonomischen Systeme und auf die Verhaltensorientierung der lebenden Generation an den nur verantwortungsethisch formulierbaren Ansprüchen der kommenden Generationen. Diesen vernünftigen Erwartungen an die Wirtschafts- und Gesellschaftspolitik zu genügen, sind die bestehenden Institutionen nicht in der Lage, noch weniger kann ein angebotspolitisch verpacktes Neo-Laissez-Faire makroökonomische Stabilität zurückbringen. Die beiden – moralisch sehr ungleichwertigen – Alternativen, problemadäquate Reformen durchzusetzen, sind erstens politische Aktivität kritischer, aufgeklärter, der Vernunft verpflichteter Wählermehrheiten oder aber zweitens der – nach historischer Erfahrung zu urteilen – erst nach einer vorhergehenden Katastrophe von den Verhältnissen erzwungene Neubeginn, der oft genug den Keim der Restauration birgt.

Spätestens seit der Mitte unseres Jahrhunderts zeigte sich ein fundamentaler Wandel der sozial-ökonomischen Entwicklung. Die in der weiter zurückliegenden Vergangenheit berechtigte Erwartung, die wirtschaftlichen und gesellschaftlichen Veränderungen der jeweiligen Gegenwart könnten „Fortschritt“ in dem Sinne bewirken, daß sich die Lebensbedingungen der kommenden Generationen dadurch verbesserten, läßt sich nicht mehr aufrechterhalten. Das exponentielle wirtschaftliche Wachstum, das Bevölkerungswachstum, die daraus folgenden kumulativen Umweltbelastungen, der Verbrauch erschöpfbarer Naturressourcen und die aggressionsstimulierende, weltweite Konkurrenzintensivierung, die den relativen und absoluten Einschränkungen der Lebensmittel im umfassenden Sinn geschuldet sind, führen zu der vernünftigen Forderung, daß Politik – insbesondere Wirtschafts- und Sozialpolitik – Generationen übergreifend angelegt werden müßte. Dieses Postulat impliziert zugleich, sozialökonomische Prozesse auf ihre langfristigen Trends hin zu analysieren und sich die instrumentellen Möglichkeiten zu verschaffen, die langfristige Entwicklung nach Maßgabe vernunftbestimmter Zielvorstellungen zu steuern. Historisch steht gegenwärtig nicht nur der „Wohlstand“ – wie immer er zu definieren ist – auf dem Spiel, sondern die zivile Gesellschaft schlechthin, also Menschenrechte, Demokratie und gewaltfreie Konfliktbewältigung.

Die Eskalationsphasen der Wirtschaftskrise der alten Industrieländer

Die ersten Jahrzehnte nach dem Zweiten Weltkrieg stechen wirtschaftsgeschichtlich durch hohes Wachstum des Sozialprodukts der Industrieländer und hohe Zuwachsraten der Produktivität hervor. Die Prosperitätsspanne dauerte etwa zwanzig Jahre. Bereits vor der ersten Ölpreissteigerung 1973/74, die allgemein als Auslöser der Wachstumsreduktion gilt, zeigten sich in der industrialisierten Ländergruppe der OECD gravierende Probleme. Unter anderem endete das System der festen Wechselkurse – 1944 auf der Bretton Woods-Konferenz vereinbart – infolge der Krise des US-Dollars. Die seit 1973 praktizierten flexiblen Wechselkurse brachten jedoch weder weltwirtschaftlich noch für die einzelnen Volkswirtschaften mehr Währungsstabilität. Vielmehr erwies sich die Beendigung der wechselkursstabilisierenden Interventionspolitik als Schrittmacher weiterer Deregulierungen in den internationalen Finanzbeziehungen, deren kurzfristige Vorteile beim Recycling der Einnahmeüberschüsse der OPEC langfristig zum Nachteil abnehmender Regulierbarkeit der grenzüberschreitenden Finanzströme umschlugen.

Inzwischen hat sich die „finanzielle Zirkulation" im Sinne Keynes[1] mehr und mehr von der „industriellen Zirkulation" gelöst. Finanzkapitalakkumulation und Sachkapitalakkumulation klaffen auseinander, wie sich u.a. an der inflationären Entwicklung der Börsenkurse während der achtziger Jahre ablesen läßt, also während jenes Jahrzehnts, das im Mehrjahresdurchschnitt die niedrigsten realen Wachstumsraten während der gesamten bisherigen Nachkriegszeit seit 1945 aufwies.

Relativ wenige Wirtschaftswissenschaftler haben sich darum bemüht, ihre theoretischen Einsichten auch für längerfristige Prognosen der Entwicklung der kapitalistischen Ökonomien zu nutzen. Für die einflußreiche und zeitweilig vorherrschende Schule der klassischen und neoklassischen Ökonomen ist das nicht nur verständlich, sondern entspricht der Logik ihrer Theorie. Die Vorstellung, daß der marktwirtschaftliche Kapitalismus ein „harmonisches" System darstellt und der Konkurrenzprozeß über alle Störungen hinweg immer wieder ein Vollbeschäftigungsgleichgewicht herbeiführt, läßt keinen Raum für historisch ausgreifendere Überlegungen. „Ewiges" Wachstum wurde und wird von den Harmonie- und Gleichgewichtstheoretikern trotz der evidenten Unmöglichkeit anhaltender exponentieller Zunahme des (Welt-)Sozialprodukts im Prinzip bis heute nicht in Frage gestellt.

Die Gegenposition zu jener Wachstumsmetaphysik findet sich allerdings bereits im 19. Jahrhundert. Abgesehen von John Stuart Mill, der einer Wohlstandsgesellschaft ohne Wachstum recht freundliche Seiten attestierte und im Wachtumsende alles andere als eine Katastrophe erblickte, verband sich bei den meisten wachstumspessimistischen Autoren des vergangenen Jahrhunderts – allen voran Karl Marx in seiner Überakkumulationstheorie – die Vorstellung eines Endes kapitalistischer Akkumulation und kapitalistischen Wachstums mit Zusammenbruchsprognosen. Jedenfalls wurden Wachstumsgrenze und ökonomische Katastrophe in eins gedacht.

Bei den prominenten Wirtschaftstheoretikern findet sich erst in unserem Jahrhundert – namentlich bei John Maynard Keynes und Jean Fourastié – eine optimistische Interpretation der auslaufenden

1 Vgl. *Keynes, John Maynard*, Vom Gelde (A Treatise on Money), Berlin 1955

Wachstumsdynamik.[2] Beide basierten ihre Prognose des Übergangs der Wachstumsökonomien in einen Stagnationszustand auf hohem Wohlstandsniveau und bei zunehmender arbeitsfreier Zeit auf zwei langfristige Grundtendenzen: den durch den technischen Fortschritt bewirkten Produktivitätsanstieg und die damit mögliche Steigerung des materiellen Konsumniveaus einerseits und die im Zuge ansteigender Konsumversorgung allmählich eintretende Sättigung im Sinn des Gossenschen Sättigungsgesetzes.[3] Es geht also um eine nachfrageseitige Wachstumsbegrenzung. Damit ist zugleich gesagt, daß Stagnation im Sinne dieser Autoren eine nur für die reichen Volkswirtschaften – also im wesentlichen die OECD-Länder – relevante Erscheinung darstellt. Allerdings heißt dies zugleich, daß das Stagnationstheorem weltwirtschaftliche Bedeutung aufweist. Denn gegenwärtig verfügen die reichen Industrieländer über etwa drei Viertel des Weltsozialprodukts, obgleich ihr Anteil an der Weltbevölkerung unter 15 Prozent liegt.

Nachfrageseitige Wachstumshindernisse sind nicht ausschließlich Resultat der an sich erfreulichen Tatsache, daß die wesentlichen Konsumbedürfnisse vieler Haushalte in den reichen Ländern nahezu gesättigt sind, sondern hinzu kommt die vorsorgebegründete Ersparnis[4] (die kontraktiv wirkt, soweit sie nicht durch freiwillige Investitionen absorbiert wird), die konsumsenkende Wirkung ungleicher Einkommensverteilung (also ein Nachfragemangel infolge zu geringer Masseneinkommen), nachlassende Wirkung der Konsumstimulierung durch Werbung und Produktinno-

2 Vgl. *Keynes, John Maynard*: The Long-Term Problem of Full Employment (1943), in: ders.: Collected Writings, Bd. 27, London-Basingstoke 1980, S. 320ff.; *ders.:* Some Economic Consequences of a Declining Population, in: ibidem, Bd. 14, London-Basingstoke 1973, S. 124ff.; *ders.:* Economic Possibilities for our Grandchildren, in: ibidem, Bd. 9, London-Basingstoke 1972, S. 321ff.; *Fourastié, Jean,* Die große Hoffnung des zwanzigsten Jahrhunderts, Köln-Deutz 1954

3 Vgl. zur Verbindung verschiedener theoretischer Langfristprognosen: *Zinn, Karl-Georg:* Der langsame Abstieg in die Zukunft. Versuch, die langfristigen Ursachen der Wirtschaftskrise zu erfassen, in: Sozialismus, Jg. 19, H 161, Nov. 1993, S. 25ff.; *ders.:* Die Wirtschaftskrise, Mannheim u.a. 1994

4 Vgl. *Brentano, Lujo:* Versuch einer Theorie der Bedürfnisse. Sitzungsberichte der Königl.-Bayer. Akad. d. Wiss., Philos.-philol. u. hist. Kl. N. 10, München 1908, S. 10f passim; *Keynes, John Mayard:* The General Theory of Employment, Interest and Money, in: *ders.:* Collected Wirtings, Bd. 14, London-Basingstoke 1973; *Zinn, Karl-Georg:* Keynes' „fundamentales psychologisches Gesetz" und dessen Vorwegnahme von Lujo Brentano, in: Zeitschrift für Wirtschafts- und Sozialwissenschaften, Bd. 11, 1993, S. 447ff.

vationen sowie schließlich auch ein – etwa umweltschutzmotivierter – Wertewandel der Verbraucher zugunsten materieller Konsumbescheidung.

Sättigung tritt naturgemäß erst auf relativ hohem Konsumniveau ein, was ein entsprechendes Einkommen voraussetzt. Daher wird Sättigung erst dann zu einem makroökonomischen „Problem", wenn die Zahl der Haushalte, die ihre Einkommen aus Sättigungsgründen und wegen der Bevorzugung der Ersparnis zwecks Zukunftsvorsorge nicht mehr voll in den Konsum fließen lassen, relativ groß geworden ist. Je ungleichmäßiger die Einkommen verteilt sind, desto mehr Haushalte erreichen einerseits die „Sättigungsschwelle", während andererseits auch um so mehr Haushalte noch auf einen sehr niedrigen Lebensstandard beschränkt werden. Umverteilung im Sinne einer gewisssen Kaufkraftnivellierung würde zwar den Konsum – eine Zeit lang – steigen lassen. Abgesehen von der Steigerung des kaum sättigungsfähigen Prestige- und Demonstrationskonsums und der Möglichkeit, daß völlig neue, hinreichend attraktive Güter der Sättigungstendenz entgegenwirken, läßt sich aber über Umverteilung die von Keynes, Fourastié und anderen prognostizierte Sättigungstendenz nicht umkehren.

Nach aller Erfahrung mit den Wirkungsmechanismen kapitalistischer Marktwirtschaften vergrößert eine Beschäftigungskrise – zumindest wenn sie länger anhält – die Einkommensungleichheit. Denn erstens verschlechtert sich die Einkommensposition nach Verlust des Arbeitsplatzes abrupt, und zweitens drückt ein wachsendes Heer von Arbeitslosen auf die Reallöhne der weiterhin Beschäftigten. Zudem büßen die Gewerkschaften an Verhandlungsmacht ein. Die Krise katalysiert zudem Situationsdeutungen, die die öffentliche Meinung zugunsten von „Lohnzurückhaltung" bzw. gegen Lohnforderungen beeinflussen, so daß auch der öffentliche Rückhalt für Steigerungen der Masseneinkommen schwindet. Die Krise bringt also früher oder später jenen Selbstverstärkungsmechanismus in Gang, der über sinkende Masseneinkommen, rückläufige Massennachfrage, verschlechterte Absatz- und Ertragslage der Unternehmen zu weiterem Anstieg der Arbeitslosigkeit führt. Regelmäßig antwortet die Wirtschaftspolitik nach anfänglichen Versuchen, die Krise als vorübergehende Konjunkturerscheinung zu diagnostizieren und sie mit antizyklischer Konjunkturpolitik zu therapieren, auf die (unvermeidlichen) Mißerfolge dieser probleminadäquaten Rezeptur mit einem Schwenk in Richtung Einsparungsmaßnahmen; die haushälterische, mikroökonomische Denkweise setzt sich dann durch. Daß damit dann die Abwärtsspirale eine Beschleunigung erfährt, wird – wenn überhaupt – viel zu spät eingesehen. In der Krise artikulieren sich gerade jene Positionen besonders wirkungsvoll, die aus der mikroökonomischen Froschperspektive – zum Schaden für den makroökonomischen Prozeß – weitere Kosten-, Steuer- und sonstige Entlastungen der Unternehmen begehren, aber den Anschein der plausiblen Praxisnähe, die als „realistisch" gilt, meinungsbildend nutzen können. Wie kompliziert ist es demgegenüber, die tieferen Ursachen der Krise und deren langfristigen Wirkungssequenzen der Öffentlichkeit zu vermitteln und diese damit zu problemgerechter Einsicht zu führen.

Exkurs: Die Wiederkehr mikroökonomischer Illusionen

Ein historisches und wieder aktuelles Beispiel für die fundamentale Fehleinschätzung des Charakters der Wirtschaftskrise liefert die Stellungnahme des „Reichsverbands der Deutschen Industrie" an Reichskanzler Brüning vom 5. Mai 1931[5], die hier in Auszügen zitiert sei: „Der Wirtschafts- und Finanzplan der Reichsregierung vom 30. September 1930 ging von der Feststellung aus, daß die Höhe der von Gehalt und Löhnen, von Steuern und Soziallasten bedingten Gestehungskosten einer Anpassung der deutschen Wirtschaftsverhältnisse an die Umwälzungen auf dem Weltmarkt und damit auch einer Gesundung der deutschen Wirtschaft hemmend im Wege steht und daß es entscheidend darauf ankommt, die Ursachen für das Darniederliegen der Wirtschaft zu bekämpfen und über den Tiefpunkt, an dem wir stehen, hinwegzukommen. Die deutsche Industrie hat sich dieser Auffassung der Reichsregierung und insbesondere der Erkenntnis, daß sich gerade im Interesse der zur Zeit arbeitslosen, aber arbeitswilligen Elemente jede neue Belastung der Produktion verbietet, daß vielmehr die Entlastung der produktiven Stände mit allen Mitteln zu fördern ist, in vollem Umfange angeschlossen ... Die seit Herbst vorigen Jahres unternommenen positiven Schritte haben offensichtlich auch dazu geführt, daß sich die Zahl der Zweifler verringert hat. Es darf aber nicht übersehen werden, daß auf der anderen Seite weite Kreise

5 Zitiert nach: *Flemming, J./Krohn, C.-D.,/Stegmann, D./Witt, P.-C. (Hrsg.):* Die Republik von Weimar, Bd. 2: Das sozialökonomische System, Königstein/Düsseldorf 1979, S. 325f.

der deutschen Wirtschaft in ihrer Einstellung zu den Maßnahmen der Regierung wieder wankend geworden sind. Die Erklärung hierfür liegt vor allen Dingen darin, daß sich die Wirtschaftslage weiter verschärft hat, und daß die Senkung der Gestehungskosten bisher noch nicht in dem Ausmaß und in dem Tempo durchgeführt worden ist, wie es die Wirtschaftslage erfordert hätte. Diese Feststellung bezieht sich nicht nur auf das Ausmaß und die Höhe der bisher erfolgten Lohnsenkungen, sondern auch auf das große Gebiet der öffentlichen Finanzen einschließlich der öffentlichen Betriebe und auf das Gesamtgebiet der Sozialversicherung und der Arbeitslosenversicherung. Tatsächlich sind die bisher durchgeführten Maßnahmen noch sehr unzureichend. Wir glauben daher, mit aller Entschiedenheit nochmals darauf hinweisen zu müssen, daß eine Wiederherstellung gesunder Grundlagen für die wirtschaftliche Entwicklung Deutschlands und eine allmähliche Beseitigung der Arbeitslosigkeit nur dadurch erreicht werden kann, daß sich den bisherigen ersten Schritten zu einer Umkehr von der falschen Politik der Vergangenheit mit größter Beschleunigung weitere umfassende Reformen anschließen ... Der Reichsverband der Deutschen Industrie hat seit Jahren die Forderung aufgestellt, den Umfang und die Leistungen der deutschen Sozialversicherung unseren nationalwirtschaftlich gegebenen Grenzen und Notwendigkeiten anzupassen. Er hat seit Jahren verlangt, daß die sozialen Belastungen der deutschen Wirtschaft eine solche Einschränkung erfahren, wie sie notwendig ist, um eine gesunde, wirtschaftliche und versicherungstechnisch haltbare Grundlage ... zu schaffen. ... Die deutsche Sozialpolitik muß endlich den seit Jahren von ihr eingehaltenen, verhängnisvollen Weg der fortgesetzten Erhöhung der Einnahmen und der Leistungen der Sozialversicherungsträger aufgeben und das Ziel verfolgen, die Ausgaben ohne Zuschüsse aus dem Reichsetat zu decken. ... In der Arbeitslohn- und Arbeitszeitfrage vertreten wir den Standpunkt, daß jeder zwangsweise und schematische Eingriff in die Regelung von Lohn- und Arbeitszeit gefährlich ist. Die gegenwärtige Wirtschaftslage verlangt mehr als je eine Auflockerung der bestehenden Erstarrung auf dem Gebiete von Lohn und Arbeitszeit, wenn es gelingen soll, in unserer Selbstkostengestaltung das Ziel zu erreichen, das der Reichsregierung bei der Aufstellung ihres Reformprogramms vom September 1930 vorgeschwebt hat. Wir halten, wie wir es oben ausgesprochen haben, die bisher durchgeführten Lohnsenkungen in ihren Auswirkungen noch nicht für zureichend. Die Selbstkosten müssen von der Lohnseite eine weitere Entlastung erfahren. Nur auf diesem Wege kann auf die Dauer eine Verringerung der Arbeitslosigkeit und eine Vermehrung der Arbeitsplätze erzielt werden."

Die Denkweise und der analytische Ansatz in der Beurteilung der Krise sowie die wirtschaftspolitischen Schlußfolgerungen entsprechen – sinngemäß – auch gegenwärtig vertretenen Auffassungen. Bezeichnend ist die mikroökonomische Perspektive, aus der sich als Maßnahme gegen die Arbeitslosigkeit ausnahmslos die Lohn- und Sozialabgabensenkung ableitet. Die eigentlichen Krisenursachen – die extreme Disproportion zwischen Kapazitäten und unzureichender Nachfrage sowie die Gleichartigkeit dieser Problemlage in allen Industrieländern – finden nicht einmal am Rande Erwähnung. Daher fehlt auch der geringste Gedanke an nachfragestimulierende Maßnahmen, die unter den damals obwaltenden Umständen vorwiegend von Seiten des Staates hätten erfolgen müssen. Symptomatisch für die die makroökonomischen, gesamtwirtschaftlichen Kreislaufzusammenhänge ignorierende Argumentation ist auch die naive Unbedachtsamkeit gegenüber der Tatsache, daß Warenabsatz auf Massennachfrage, damit auf Masseneinkommen, und zwar entsprechend dem technischen Produktivitätsniveau der Industrie angewiesen ist.

Ähnlich zur gegenwärtigen Krisendiskussion traten auch zu Beginn der dreißiger Jahre einzelne Wirtschaftswissenschaftler und gewerkschaftlich oder parteipolitisch orientierte Arbeitskreise für staatliche Beschäftigungspolitik ein und wiesen auf das Kernproblem des allgemeinen Nachfragemangels hin. Eine der bekanntesten Stellungnahmen zur Notwendigkeit nachfrageschaffender Politik wurde von Wilhelm Lautenbach (1891-1948), seit 1928 Oberregierungsrat in der Grundsatzabteilung des Reichswirtschaftsministeriums, verfaßt. Sein Memorandum vom 28. September 1931 belegt, daß es durchaus zutreffende Diagnosen und angemessene Therapieempfehlungen zur Krise gegeben hat. Analog zur gegenwärtigen Situation bestimmte jedoch nicht die nüchterne Wahrheit, sondern das von der Macht der Industrie getragene und plausibel anmutende mikroökonomische Krisenverständnis die Regierungspolitik. Lautenbachs Position steht für manche andere, besticht aber besonders durch die theoretische Nähe zu seinem großen Geistesverwandten, John Maynard Keynes, wie folgende Passage verdeutlicht: „Die Wirtschaftskrise kann nur dadurch überwunden werden, daß man die heute ungenutzten Poduktionsüberschüsse produktiv nutzt. Das gilt für die Welt im ganzen und jedes einzelne Land für sich genommen. Die Welt krankt trotz ungeheuerster Produktionseinschränkung am Überfluß. ... Das einzige Mittel, die Märkte überall von diesen Überschüssen zu entlasten, besteht darin, sie als Produktionsmittel zu verwerten, indem man sie im Wege des Kredits – also unter Ausweitung des bisherigen Kreditvolumens – für neue Investitionen nutzbar macht. Das ist der Weg, auf dem immer und überall frühere Krisen überwunden worden sind. Da es aber heute in der ganzen Welt keinen privaten Unternehmer gibt, der angesichts der vollkommenen Desorganisation des Warenmarktes und der Effektenmärkte das Risiko neuer Investitionen auf sich nehmen könnte ... so bedarf es der öffentlichen Initiative. ... Es gibt in der ganzen Welt eine große Fülle von Aufgaben, die man nur unter dem Druck der Krise zurückgestellt hat, z.B. Arbeiten zur Verbesserung der Verkehrsmittel, die früher oder später vorgenommen werden müssen. Selbst wenn sich dabei nicht a priori rechnerisch die Rentabilität der ausgeführten Arbeiten zweifelsfrei feststellen läßt, ist es im allerhöchsten Maße rationeller, sie gerade jetzt auszuführen, weil man sich klar sein muß, daß das Kapital, welches hierbei nutzbar gemacht wird, anderenfalls in nichts zerronnen, bzw. gar nicht erst entstanden wäre. Es liegt doch auf der Hand, daß es erheblich produktiver ist, Weizen zu Brot zu verbacken und Baumwolle zu Anzügen zu verarbeiten, um damit den Bedarf der Arbeiter zu befriedigen, die bei öffentlichen Arbeiten beschäftigt sind, aus deren Ausführung für uns alle erhöhte Sicherheit und Bequemlichkeit entspringt, als daß man die Baumwolle teilweise vernichtet, Weizen verbrennt, Kaffee ins Meer schüttet usw.“[6]

Wer wird bei der Lektüre des vorstehenden Textes nicht sofort an die vielen Umweltaufgaben in den reichen und den armen Ländern, an die verkehrspolitischen Projekte, an Wohnungsbau und -sanierung denken und sich vorstellen, daß Armut heute nicht den unzureichenden Produktionsfähigkeiten der Volkswirtschaften wie in vorindustriellen Zeiten geschuldet ist, sondern von der unzulänglichen gesamt- und weltwirtschaftlichen Organisation von Produktion und Verteilung bedingt wird. Nicht mehr naturbedingte Knappheit, sondern Unvermögen zur vernünftigen Bewältigung der Knappheit ist das Problem moderner Ökonomien.

6 Siehe ibidem, S. 279f.

Die Ausbreitung der Arbeitslosigkeit in den Industrieländern

Das Wohlstandswachstum in den Nachkriegsjahrzehnten bereitete der Sättigung den Boden. Es bedurfte nur eines externen Schocks – ausgelöst etwa durch die erste Ölpreissteigerung –, um die Investitionstätigkeit sowie den Konsum der Wohlstandshaushalte der westlichen Industrieländer massiv einbrechen zu lassen. Trotz der relativ rasch einsetzenden Versuche, durch staatliche Defizitpolitik auf den Wachstumspfad zurückzuführen, regenerierte sich das Wirtschaftswachstum nicht weit genug, um den Beschäftigungsverlust rückgängig zu machen. Konsum, Investition und Zukunftserwartungen blieben verglichen zur Prosperitätsphase nach dem Weltkrieg relativ gedämpft. Das ohnehin verminderte Wachstum ließ sich einzig durch ständige Nachfragestützung seitens des Staates halten. Als Folge kam es seit der zweiten Hälfte der siebziger Jahre zu steigender Staatsverschuldung fast aller OECD-Länder. Dieser Verschuldungstrend verlief weitgehend unabhängig von der politischen Couleur der jeweiligen Regierungen. Bekanntlich führte die Politik der US-Präsidenten Reagan und Bush zur größten Staatsverschuldung, die die USA in Friedenszeiten je erreichten. Doch ohne diese gigantische und in gewissem Sinn äußerst mutige Kreditfinanzierung der amerikanischen Bundeshaushalte während der achtziger Jahre wäre das weltwirtschaftliche Wachstum deutlich geringer geblieben und der Anstieg der Arbeitslosigkeit wahrscheinlich noch viel höher. Im Hinblick auf die mit dem Fortfall des Ost-West-Konflikts eingeleiteten Ausgabenkürzungen in den Rüstungsetats könnte sich das Paradoxon ergeben, daß die zu erwartende Abrüstung wirtschaftliche Schwierigkeiten potenziert – und damit schließlich neue Ursachen für Konflikte, Aggressivität und Gewalt entstehen. Die These, daß mit dem abrüstungsbedingten Nachfrageausfall eine Situation wie in den dreißiger Jahren (wieder-)eintreten könnte, ist zusätzlich zu bedenken.[7]

Konsumsättigung und Anstieg der Ersparnis fallen um so kräftiger aus, je ungleicher das Volkseinkommen bzw. die Kaufkraft verteilt ist. Der sättigungsbedingte Nachfrageausfall (der einkommensstarken Schichten) dämpft dauerhaft die Investitionstätigkeit (gemäß der Akzeleratorbeziehung). Marktsättigung und die daraus

7 Vgl. *Matzner, Egon/Kregel, Jan:* Die Standort-Diskussion. Was bringt die Verbesserung der Konkurrenzfähigkeit im Trockendock? in: Gewerkschaftliche Monatshefte, Jg. 45, Januar 1994, S. 37ff.

resultierende Akkumulations- und Wachstumsabschwächung bewirken anhaltende Nachfragestagnation – im Unterschied zu temporären, konjunkturellen Nachfragesenkungen. Dieser Sachverhalt wird selbstverständlich nicht durch die Tatsache widerlegt, daß die Mehrzahl der heute lebenden Menschen von Sättigung auch nur der dringendsten Bedürfnisse allenfalls träumen kann. Doch Hunger ohne Kaufkraft ist für den Markt ein irrelevantes Nichts.

Schematisch läuft die wachstumssenkende und Arbeitslosigkeit steigernde Wirkungskette von der sättigungsbedingten Nachfrageabschwächung bis zur Massenarbeitslosigkeit in folgender Sequenz: Sättigung betrifft zunächst nur relativ wenige Märkte und wird daher noch nicht als makroökonomisch gefährlich wahrgenommen. Mit der Sättigungstendenz steigt die (freiwillige) Ersparnis. Wenn und solange diese mit einem Anstieg der geplanten und rentablen Investitionen verbunden ist, treten weder Wachstumsabschwächung noch Beschäftigungseinbrüche auf, aber es ist recht unwahrscheinlich, daß Sättigungstendenz und Investitionszunahme parallel verlaufen. Die Investitionstätigkeit wird bei anhaltender Sättigungstendenz eher abnehmen. Damit tritt jedoch ein kumulativer Kontraktionsprozeß ein: Die Wachstumsrate sinkt, und die Arbeitslosigkeit steigt. Sofern die krisenhafte Lage zu verstärkten Rationalisierungsinvestitionen führt, beschleunigt sich der Anstieg der Arbeitslosigkeit. Mit dem Beschäftigungsrückgang treten direkte Einkommenseinbußen bei den Arbeitslosen ein. Steigende Arbeitslosigkeit läßt auf indirektem Weg, nämlich infolge des zunehmenden Drucks auf die Löhne, auch die Einkommen der Erwerbstätigen schrumpfen, zumindest langsamer steigen. Einkommensminderungen senken die Nachfrage weiter, so daß der kontraktive Prozeß nachfragebedingter Beschäftigungsverluste fortschreitet. Die staatliche Finanzpolitik kann dem zwar durch Ausgabenerhöhungen in gewissem Umfang entgegenwirken, aber die höheren Ausgaben müssen finanziert werden. Defizitfinanzierung stößt vor allem wegen der kumulierenden Zinsbelastung der öffentlichen Haushalte an Grenzen. Der Umschwung in Richtung Haushaltskonsolidierung und Einsparungspolitik wird schließlich unvermeidlich, und das in der Regel in einer Zeit, in der dic Krise bereits weit fortgeschritten ist, kontraktive Fiskalpolitik also besonders prekäre Folgen zeitigt. Die rechtzeitige Umstellung auf steuerfinanzierte Staatsausgabensteigerung – die Anwendung des Haavelmo-Theorems bzw. des *balanced budget multipliers* – hat angesichts des niedrigen wirtschaftstheoretischen Bildungsniveaus vieler Politiker und der Öffentlichkeit (ganz abgesehen von ideologischen Aversionen gegen den steuerfinanzierten Staatsinterventionismus) nur geringe politische Erfolgschancen.

Diese Kriseneskalation wird durch die Fiskalpolitik, die mehr oder weniger hohe internationale Wettbewerbsfähigkeit eines Landes (der Möglichkeit, einen positiven Außenbeitrag zu erreichen), die Zinspolitik der Zentralbank, Ausmaß der automatischen Stabilisatoren (Arbeitslosenversicherung) und durch konjunkturelle Sonderfaktoren modifiziert. Alle diese den Ablauf variierenden Einflüsse erschweren den Durchblick auf die langfristige Grundtendenz, weshalb dann bei der Diagnose und Prognose des Krisenverlaufs viel Spielraum für Fehlspezifikationen und Fehlgewichtungen von an sich zutreffenden Einflußgrößen besteht.

Die vage Hoffnung auf die Dienstleistungsökonomie

Die Erwartung, daß die Zukunft der Industriegesellschaft nicht in der Industrie, sondern in den Dienstleistungen liegt, scheint durch die wirtschaftsgeschichtliche Entwicklung bestätigt. Denn in fast allen Industrieländern nimmt der Anteil der industriellen Beschäftigung an der Gesamtbeschäftigung seit einigen Jahrzehnten ab, und der Dienstleistungssektor erfährt einen entsprechenden Anteilsgewinn. Die Länder, in denen dieser strukturelle Wandel am weitesten vorangekommen ist – vor allem die USA –, zeigen indes zwei recht enttäuschende Ergebnisse. Erstens reichte das Dienstleistungswachstum längst nicht aus, um alle fortfallenden Arbeitsplätze der Industrie auszugleichen. Zweitens entfiel ein großer – in den USA der größte – Teil der neuen Dienstleistungsarbeitsplätze auf die prekären Arbeitsverhältnisse. Es handelt sich um schlecht bezahlte, sozial ungesicherte, unqualifizierte und deshalb auch technologisch gehaltlose Tätigkeiten, die allenfalls in vorindustriellen Gesellschaften dem sozialökonomischen Entwicklungsstand angemessen waren, in einer reifen, industrialisierten Volkswirtschaft aber Symptom des sozialökonomischen Verfalls und der Systemkrise sind. Auch wenn die sozialethischen Aspekte dieses mißlingenden Strukturwandels von der Industrie- zur Dienstleistungsbeschäftigung kurzerhand ausgeklammert werden, so ist diese Entwicklung als programmierter Niedergang zu deuten. Denn die „miesen Jobs“ bedeuten, daß hier keine anspruchsvolle Arbeit geleistet wird, also Fähigkeiten und eventuell vorhandenes Humankapital ungenutzt bleiben. Mit dem Wachstum solcher Minderdienstleistungen verödet sozusagen das Feld, auf dem die Früchte des technischen Fortschritts gedeihen könnten. Auch unter dem Aspekt der Nachfrageentwicklung (nicht zuletzt für anspruchsvolle Industriegüter) erweist sich der Wechsel aus gut bezahlten Industriearbeitsplätzen auf schlecht bezahlte des Dienstleistungssektors als Wachstumsbremse. Denn wer wenig(er) verdient, kauft auch weniger Waren – der Industrie und der Dienstleistungsbereiche.

Die empirischen Daten zur bisherigen Dienstleistungsexpansion sprechen nicht für die These, daß Dienstleistungswachstum die Beschäftigungprobleme lösen oder gar den Wohlstandsverfall breiter Schichten aufhalten könnte. Eine Dienstleistungsgesellschaft, die zugleich „Wohlstand für alle“ und Vollbeschäftigung bescherte, bedürfte kaum weniger staatlicher Intervention zu ihrem Gelingen als sie zur Vollbeschäftigung bereits während des schwindenden Industriezeitalters notwendig war.

Thesen zur Wirtschaftspolitik

Die anstehenden Aufgaben – Vollbeschäftigung, Verteilungsgerechtigkeit, soziale Sicherung und ökologische Vorsorge – sind prinzipiell zu bewältigen, soweit es sich um die „sozialtechnische“ Seite handelt. Die Schwierigkeiten liegen in erster Linie bei der Politik, d.h. im Funktionsmechanismus der gegenwärtigen Demokratien und der anderen politischen Systeme. Die Chancen, im politischen Prozeß die von der Vernunft nahegelegten Lösungen durchzusetzen, erscheinen zwar gering, aber sie sind vorhanden, und es gilt, durch Aufklärung ihnen Rückhalt zu verschaffen.

In groben Strichen läßt sich das Konzept einer langfristig angelegten Sanierungspolitik mit folgenden Hauptpunkten umreißen: Rückkehr zur Vollbeschäftigung muß erste Priorität haben, da davon nicht nur die Lebenssituation der Arbeitslosen, ihrer Familien und die gesellschaftliche Integration der Jugendlichen abhängt, sondern auch die Sicherung des Sozialsystems und die Finanzierung der Aufgaben von Umweltschutz und Entwicklungspolitik werden von der Beschäftigungslage beeinflußt. Beschäftigungspolitik bedarf sowohl der Rücksichtnahme auf die enge internationale Verflechtung der Volkswirtschaften als auch der systematischen, d.h. an makroökonomischen Entwicklungszielen orientierten Steuerung seitens des Staates. Hierzu ist eine Ergänzung des marktwirtschaftlichen Systems durch mehr nationale und international übergreifende Koordination und planorientierten

Interventionismus – etwa feste Vorgaben beim Erreichen von Umweltzielen – unabdingbar. Die Beschäftigungsfelder der Zukunft können in den wohlhabenden Ländern nicht mehr durch massives Konsumwachstum gefunden werden. Es gilt zwar, den Nachholbedarf, bzw. die Unterversorgung für temporäres Konsumwachstum zu nutzen, aber bereits diese Aufgabe ist ohne veränderte verteilungspolitische Struktursteuerung nicht zu erfüllen. Generell wird das noch vertretbare Wachstum auf zwei Aufgaben zu konzentrieren sein: Umweltsanierung und vorbeugender Umweltschutz einerseits sowie Sicherung der Existenzminima in den armen Gesellschaften andererseits.

Wilfried von Bredow

Demokratie und transnationale Identität

Die Vereinigung Deutschlands im Jahr 1990 wurde möglich, weil der Ost-West-Konflikt immer stärker verblaßt und schließlich völlig verschwunden war. Dies wiederum konnte so geschehen, weil die UdSSR und das „sozialistische Lager" seit den siebziger Jahren immer tiefer in eine Krise hineinsteuerten, die schließlich auch durch einschneidende Reformen nicht mehr zu überwinden war. Mit dem Exitus der großen, seit dem 19. Jahrhundert in zahlreichen binnen-gesellschaftlichen Konflikten und seit der Russischen Revolution von 1917 zusätzlich auch auf der Ebene internationaler Beziehungen an Macht und Ausstrahlungskraft gewinnenden Alternative zur bürgerlichen Gesellschaft ging gleichermaßen ein Kristallisationspunkt für Internationalismus dahin, das heißt also für eine kollektive Identität, die ihren obersten politischen Sinn nicht in der Nation findet, diese vielmehr überschreitet und – wenigstens programmatisch, abstrakt und in der sonntäglich herausgeputzten Selbstwahrnehmung – auf zugleich utopische und sehr reale Weise universalistisch ist.

Dem ideologischen Selbstverständnis der Kommunisten galt der proletarische Internationalismus als wissenschaftlicher und objektiver Ausdruck des objektiven Prozesses der Internationalisierung des ökonomischen, politischen und kulturellen Lebens der Gemeinschaft vom Standpunkt der Gemeinsamkeit und Einheit der grundlegenden Interessen und Ziele der Arbeiterklasse aller Nationen und Länder. In diesem Satz findet sich, gleich zweimal hintereinander, eine Kette mit vier Genitiven – und so war das auch gedacht worden, als Zugfolge von glattgebügelten Widersprüchen. Diese wurden, wie die Entwicklung nach dem Ende des Sowjetregimes zeigt, wieder neu und rauh aufgemischt, so als hätte der *octroi* des Internationalismus nie existiert.

Und doch ist die Vorstellung, es gäbe am Ausgang des zwanzigsten Jahrhunderts so etwas wie eine Rückkehr zu der um Nationalstaaten aufgebauten Welt des neunzehnten gänzlich absurd oder anachronistisch (der letzte Ausdruck verwendet ohne jegliche geschichtsphilosophische Konnotation). Zwar mag es stimmen, daß unser Jahrhundert in vielerlei Beziehungen eine Reprise des vorigen gewesen ist und dessen keimhafte Anlagen eigentlich erst zum Auswachsen gebracht hat, aber zu diesem Auswachsen gehört eben auch die Globalisierung von immer mehr Lebensbereichen, und ihr kann man nicht einfach – sei es per Dekret oder freiwilliger Verkürzung des eigenen Horizonts – einen Riegel vorschieben.

Die Frage ist, was passiert, tut man es trotzdem. Schließlich passiert es allenthalben. Und es verdüstert die optimistischen Erwartungen von einer Welt ohne gewalttätige Konflikte. Solche Hoffnungen hatte es am Ende des Ost-West-Konflikts 1989/90 und dann noch einmal, aber gewissermaßen nur für ein paar Stunden, am Ende der UNO-Militäraktionen gegen den Irak zu Beginn des Jahres 1991 gegeben. Doch steht nicht diese Frage im Mittelpunkt der folgenden Überlegungen, vielmehr jene nach der gleichermaßen normativ eingefärbten und durch empirische Notwendigkeiten modellierten Gestalt einer kollektiven Identität mit transnationalen (zuweilen auch metanationalen) Zügen. Also die Frage nach den Möglichkeiten und Grenzen eines demokratischen Universalismus als Handlungsmotiv und -grundlage individueller Akteuren (und, von diesen angetrieben, auch von synthetischen Akteuren, z.B. Staaten). Schließlich geht es noch um die Frage nach dem Konflikt zwischen und der Vereinbarkeit von national definierter kollektiver Identität auf der einen und einem demokratischen Universalismus auf der anderen Seite.

Homogenität versus Heterogenität

Die Identität eines Individuums läßt sich begreifen als dessen Selbsterlebnis seiner Einheit. Man steht in vielerlei Bezügen, hat zahlreiche Neigungen und Pflichten, bekommt verschiedene soziale Rollen übergestülpt (oder strebt danach, sie übernehmen zu können), und trotz dieser Vielfältigkeit und der sich darin ergebenden Spannungen, Konflikte und jedenfalls Veränderungen bleibt man ein und dasselbe Individuum. Das gilt in Maßen selbst für Bigamisten und andere Menschen mit einem Doppelleben.

Die Identität eines Kollektivs wird, weil ja ein Kollektiv kein eigenes Erleben hat, reflektiert in den individuellen Identitäten seiner Mitglieder. Diese wiederum „haben" keine kollektive Identität(en), sie teilen sie. Kollektive Identität gibt es nicht außerhalb von individuellen Identitäten. Für diese allerdings ist es überaus wichtig, in Bezügen nicht nur zu anderen Individuen als jeweils einzelnen zu stehen, sondern zu Kollektiven.

In den vergangenen Jahren tauchte der Begriff der kollektiven Identität in politischen Debatten häufiger auf; nicht selten wurde er dabei gleich wieder weggewischt, als zu geschraubt, zu prätentiös. Wie man gesehen hat, kann davon keine Rede sein. Stattdessen ist er ein nützlicher Begriff, weil er das sozio-politische Scharnier zwischen Individuen und Kollektiven beleuchtet. Dabei ist es zunächst einmal gleich, ob als Kollektiv Kleingruppen wie die Familie, Vereine, Gruppenzusammenhänge im Arbeitsleben, territorial oder sonstwie definierte (relativ lockere oder fester zusammengehaltene, kurzfristig entstandende und sich wieder auflösende oder über Generationen hinweg bestehende) Gruppierungen gemeint sind. Auch Großgruppen können solche Kollektive bilden: soziale Klassen und Nationen z.B. Kollektive sind immer Konstrukte, sie entstehen, weil jemand sie haben will oder viele sie haben wollen und sie ihren Willen erfolgreich durchsetzen. Gibt es einen solchen Willen nicht mehr, zerbröselt das Kollektiv und verschwindet irgendwann. „Natürliche“ Kollektive gibt es nicht. Es sei denn die Gattung Mensch; aber auf diesen Bezugspunkt hin ist kollektive Identität bislang kaum ausgebildet worden.

Das ist wichtig, im Kopf zu behalten, wenn man sich in die gerade wieder neu aufgeflammten Debattenkämpfe um die Frage nach der Rolle und Funktion von Nation und Nationalstaat stürzen will oder in sie hineingezogen wird.

Diese Debatten sind durch das Ende des Ost-West-Konflikts vor allem deshalb neu angefacht worden, weil diese Spannung mindestens seit dem Ende des Zweiten Weltkriegs als Strukturmuster internationaler Beziehungen gewirkt und dadurch andere Konfliktlinien überdeckt hat. Übernimmt man die (ein wenig grobe) Zweiteilung in eine nördliche und eine südliche Welt-Sphäre, dann erkennt man zwei verschiedene Auswirkungen des Ost-West-Konflikts auf die Funktion national definierter politischer Einheiten für die darin lebenden Menschen. Im Norden wurden zwei einander feindlich gegenüberstehende Wertegemeinschaften entwickelt und gepflegt, denen sich nationale Horizonte einordneten (was häufig nicht sehr gut klappte). Im Süden mußten solche nationalen Horizonte und Perspektiven in vielen Fällen erst ausgebildet werden, was häufig ebenfalls nicht optimal klappte, weil sie sogleich vom Ost-West-Konflikt instrumentalisiert wurden.

Nach dem Ende des Ost-West-Konflikts fielen die Nötigung zur „Block“-Mentalität im Norden und die Instrumentalisierung der post-kolonialen Staaten im Süden fort. Die Folge davon war sofort und blieb bis heute eine Renaissance nationaler, meist ethno-nationaler politischer Bestrebungen – sowohl auf der nördlichen, als auch auf der südlichen Erdhalbkugel.

Angesichts der sich verstärkenden Globalisierung von immer mehr Lebensbereichen bliebe diese Renaissance ein kurioses Komplementärphänomen, hätte sie nicht so fatale Auswirkungen auf das Zusammenleben der Menschen, die in ihre Reichweite geraten. Der große und wegen dieser Größe dann viel zu oft hilflos-aggressiv (oder zynisch-aggressiv) angegangene Widerspruch zwischen den sozialen, wirtschaftlichen, ökologischen und politischen Globalisierungs-Tendenzen auf der einen Seite und dem Ziel, kleinere und überschaubarere Kollektive zu bilden, ist in dem Wunsch nach ethnisch, kulturell, in Ausnahmefällen sogar religiös begründeter Homogenität eingefangen.

Ohne wahrgenommene Homogenität keine Identität, weder als Individuum noch als Kollektiv. Gerade kollektive Identität, die ja immer Probleme mit ihren Grenzen hat (trotz der Rede vom „Volkskörper" und den Vergleichen von Kollektiven mit einem Organismus hat ein Kollektiv eben keinen Körper), ist darauf angewiesen, daß die Trennung zwischen denjenigen, die einbezogen sind, und allen anderen deutlich erkennbar ist, für diese wie für jene. Merkmale von Homogenität und Heterogenität sind unter Menschen beliebig manipulierbar, denn wir sind als Menschen alle gleich und alle anders. Daß sie beliebig manipulierbar sind, heißt im übrigen keineswegs, daß sie alle gleich unsinnig wären. Unsinnig und gefährlich werden sie in der Hauptsache dann, wenn das Streben nach einer irgendwie definierten Homogenität physische Gewalt zur Verminderung des Heterogenen legitimiert.

Der Nationalstaat als Bezugspunkt kollektiver Identität

Die Moderne als historische Sequenz ist gekennzeichnet durch Prozesse der Säkularisierung und der Differenzierung. Man kann das in den verschiedensten Lebensbereichen beobachten. Zugleich jedoch verstärkte sich, je älter diese Sequenz wurde, der Bedarf nach Einbindung, Integration, Verknüpfung der sozusagen immer kleiner werdenden Sinn-Partikel. Auf der Ebene der Politik wurde – innerhalb des von Europa aus expandierenden internationalen Systems – im neunzehnten Jahrhundert der Nationalstaat zum vom Individuum am weitesten entfernt liegenden Bezugspunkt kollektiver Identität mit (beträchtlicher) lebens-gestaltender Wirkkraft.

Nationalbewußtsein und Nationalismus konkurrierten zwar auch mit internationalistisch definierten kollektiven Identitäten, von denen etwa der Sozialismus und das Klassenbewußtsein durchaus von Gewicht waren – wenn es hart auf hart ging, verloren sich die verschiedenen Internationalismen allerdings bei den meisten Menschen. Der Ausbruch des Ersten Weltkriegs demonstrierte dies überdeutlich.

Die Nationalstaaten waren übrigens nur selten einigermaßen „homogen" (nach den jeweils von ihnen selbst herangezogenen Kriterien); sie versuchten indes, den Grad der Homogenität zu erhöhen. Nach 1918, als die Vielvölkerstaaten Österreich-Ungarn und das Osmanische Reich liquidiert wurden, galten ethnische Kriterien als besonders wichtig zur Kennzeichnung und Selbstkennzeichnung an politischer Selbstbestimmung interessierter Großgruppen. Weil ethnische Homogenität – letztlich auch eine allen möglichen Beliebigkeiten offene Angelegenheit – seither (während der Dominanzphase des Ost-West-Konflikts nur untergründig) in bestimmten Regionen wie dem Balkan insbesondere in ihrer Ausgrenzfunktion verstanden wurde, waren und sind mit ihr vor allem auch Repression, Terror, Vertreibung, Krieg und in einzelnen Fällen sogar ansatzweise Völkermord verbunden.

Dies zu konstatieren, ist eines. Etwas anderes ist, daraus Schlußfolgerungen abzuleiten, die möglicherweise darauf hinauslaufen, den Nationalstaat oder die Nation als obersten Bezugspunkt kollektiver Identität zu ächten. Abgesehen davon, daß damit allein nichts gewonnen wäre außer einer leicht närrischen Gewissensruhe, muß doch viel eher noch der Versuch gemacht werden zu ergründen, ob diese zerstörerische Seite kollektiver Identität (in sich verschärfender Tonart: als Nationalbewußtsein oder -gefühl, als Nationalismus, als nationaler Chauvinismus) nicht gebändigt und wie sie im Zaum gehalten werden kann.

Demokratie in nationalem Rahmen

Stimmt die in der Literatur zuweilen anzutreffende Bemerkung, wonach nationale Selbstbestimmung und demokratische Verfassung unmittelbar Hand in Hand gehen? Über's Ganze der letzten beiden Jahrhunderte gesehen – eher nicht. Nationale Befreiung von als fremd empfundener Macht hat zwar einen einigenden, einen egalitären Effekt. Aber allzu oft wurde dieser in einen politischen Mythos verwandelt, der einer gänzlich undemokratischen

Organisation der Gesellschaft Legitimation verschaffen soll. Allerdings hat sich mit den verschiedenen Globalisierungsschüben im zwanzigsten Jahrhundert auch so etwas wie ein „westliches Modell" für die demokratische Grundausstattung zeitgenössischer Gesellschaften mehr und mehr in den Vordergrund geschoben (wenn auch noch lange nicht durchgesetzt). Bei aller Hypokrisie bezüglich der jeweils eigenen Standards – der Ost-West-Konflikt spielte sich ja auch als Auseinandersetzung zwischen verschiedenen Auffassungen von den Rechten des Menschen und von Demokratie ab.

Die Vereinigung Deutschlands, das wird heute gerne übersehen, ist primär nicht ein nationales Ereignis, vielmehr eines, bei dem es um Werte und Normen wie Freiheit und Rechtsstaatlichkeit geht. Der nationale Aspekt ist nur eine Prämie, übrigens eine, mit welcher wir nicht recht etwas anzufangen wissen.

Nationalstaaten können, sofern sie sich eine demokratische Tradition verschafft haben, ein effektiver institutioneller Rahmen für eine demokratische bürgerliche Gesellschaft sein. Das klingt nicht gerade sensationell, wird aber etwas gewichtiger, wenn wir sozusagen von der anderen Seite her nachfragen: Wer könnte denn diese Funktion sonst noch übernehmen? Weit und breit ist da nichts in Sicht. Die Entwicklung der von Westeuropa ausgehenden regionalen Integration Europas soll zwar nach dem Willen der beteiligten Akteure in den Grenzen der Demokratie verlaufen. Aber wie genau das zu machen ist, weiß niemand so recht, was mit ein Grund für das allgemeine Absinken der Europa-Begeisterung ist. Die Europäische Union nach Maastricht hat in vielen Köpfen die Furcht geweckt, daß demokratische Rechte, die auf nationaler Ebene unumstritten sind, auf der Ebene der Groß-Region verloren gehen könnten.

Skepsis also bezüglich der Effizienz institutioneller Sicherungen der Demokratie oberhalb des Nationalstaats. Für die Etablierung einer parlamentarisch-demokratischen Ordnung scheint die nationale Selbstbestimmung eine notwendige, aber keineswegs hinreichende Bedingung zu sein (R. Bauböck). Daß bei einer Krise der Demokratie in einem Nationalstaat der Sachverhalt, daß sich diese Krise in einem Nationalstaat abspielt, zur Erneuerung der Demokratie wesentlich beiträgt, läßt sich auch schwer nachweisen – vielleicht für das Frankreich im Übergang von der IV. zur V. Republik, aber das dürfte eher eine Ausnahme sein.

Einstweilen sei, hat Ralf Dahrendorf bemerkt, der (westliche) Nationalstaat Garant der Bürgerrechte, aber er stehe in der Gefahr des Rückfalls in die Intoleranz der homogenen Nation oder in die wolkigen Unsicherheiten des vor-institutionellen Zusammenlebens.

Transnationale Identität

Die als staatlicher Akteur im internationalen System auftretende Nation wurde im neunzehnten Jahrhundert zum wirkungskräftigen, das heißt lebens(mit)gestaltenden Bezugspunkt kollektiver Identität. Unterhalb dieses Bezugspunkts gab es immer zahlreiche andere, die in anderer Weise Gruppen zusammenbanden, von der Familie über Schulklassen, dörfliche Gemeinschaften, Vereinen, Firmen bis hin zu weltanschaulichen Zirkeln. Nationale kollektive Identität überwölbt sie in der Regel oder versucht es zumindest. Wo es nicht gelingt, gibt es Schwierigkeiten mit dem Zusammenhalt der politischen Einheit. Um dafür ein vergleichsweise friedliches Beispiel zu zitieren: In Kanada stehen sich drei unterschiedliche „nationale Identitäten" im Wege, eine kanadische (mit vielen Mühen von den jeweiligen zentralistischen Regierungen angestrebte), eine quebecsche und eine (in sich wiederum locker aufgespaltene) der Ureinwohner, die sich als die „first nations" Kanadas bezeichnen.

Das internationale System ist niemals ein reines Staatensystem gewesen. Es hat immer auch andere Akteure als Staaten gegeben, die sich hier tummelten. Gegen Ende des zwanzigsten Jahrhunderts nun haben sich Art und Zahl der grenzüberschreitend wirkenden Akteure erheblich vermehrt bzw. vergrößert. Es gibt nicht nur mehr Staaten als je auf der Erde, sondern vor allem auch erheblich mehr transnationale Akteure – halbstaatliche Organisationen, multinationale Firmen, Interessengruppen mit den unterschiedlichsten Zielen. Die allgemeine Mobilität von Personen und Ideen, damit auch von Interessen und kollektiven Identitäten ist nachhaltig angestiegen.

Diese Beobachtung ist nicht neu, und in der Fachliteratur wird seit längerem über die Konsequenzen dieses Sachverhalts diskutiert, häufig unter dem Aspekt, daß die Zunahme globaler funktionaler Interdependenz (darauf läuft diese Mobilität hinaus) eine Schwächung oder zumindest Veränderung der Rolle des Staates bedeutet. Das ist ein interessanter Gesichtspunkt, der aber hier nicht weiter verfolgt werden soll. Stattdessen geht es hier um die Frage, ob diese Verdichtung globaler funktionaler Interdependenz auch eine Vermehrung der Bezugspunkte transnationaler kollektiver Identität mit sich gebracht und was dies für Konsequenzen hat.

Antworten mit falschen Eindeutigkeiten sind dabei zu vermeiden. *Weder* ist es sinnfällig, nationale und transnationale Identität in einer Art Nullsummen-Konstruktion einander gegenüberzustellen und darauf zu setzen, daß die Vermehrung der einen notwendig eine Verringerung der anderen bedeutet. Auf solch einen Vorgang hoffen all jene, die entweder mit einem essentialistischen Nationen-Begriff operieren und sich die künftige Welt als einen Flickenteppich kleiner, in sich genügsamer und homogener politischer Einheiten mit nur lockeren Verbindungen untereinander vorstellen, oder jene anderen, für die sich (immer noch zu) langsam aber sicher eine Art globale kollektive Identität, ein Weltbürgerbewußtsein entwickelt (entwickeln muß), das von all den Provinzialismen und Chauvinismen, kurz: den Beschränktheiten der exklusiven Nationalismen befreit ist. *Noch* kann man damit rechnen, daß sich transnationale Identität einfach auf das bislang auf nationale Identität „höchste“ wirksame kollektive Identität fixierte Stufensystem kollektiver Identitäten setzt wie eine Amsel auf die Kirchturmspitze.

Transnationale Identität wirkt in der Regel schon in Konkurrenz zu nationaler Identität. Oder jedenfalls quer zu den Zielen und Werten, die in der Staatenwelt von den nationalen Akteuren (nicht proklamiert, sondern) verfolgt werden. Jemand, der sich bei Amnesty International oder Greenpeace engagiert, in einer internationalen Organisation z.B. innerhalb des Systems der Vereinten Nationen arbeitet, in einem multinationalen Konzern als Manager tätig ist oder sonstwie auf eine dauerhafte und keineswegs nur oberflächliche Weise an der kollektiven Identität inter- und transnational auftretender Akteure teilhat, kann durchaus in heftige Konflikte mit seiner eigenen nationalen Identität geraten. Aber es ist ebenso möglich, daß beide, weil funktional getrennt, sozusagen in verschiedene Schachteln gepackt, nebeneinander existieren können, ohne sich in die Quere zu kommen.

Demokratischer Universalismus?

Die bislang lose nebeneinander liegenden Fäden dieser Überlegungen verknoten sich bei der Frage nach den Möglichkeiten und Grenzen eines demokratischen Universalismus. Der verspricht ja, die Probleme im Verhältnis Demokratie und Nation sowie die andersgearteten, indes nicht weniger schwerwiegenden Probleme zwischen nationaler und transnationaler Identität normativ befriedigend und politisch elegant zu lösen. Nämlich insofern, als das Potential an Bedrohungen jeder friedlichen und gedeihlichen Entwicklung der Erde und ihrer Bewohner (einschließlich ihrer „Natur“, die man zwar nicht als Bewohnerin der Erde, aber vielleicht als ihren Grundbesitzer bezeichnen kann) jetzt und in absehbarer Zukunft auf bestimmten Gebieten (z.B. der Ökologie, der Massenvernichtungsmittel, des Bevölkerungswachstums usw.) anwächst, was nur mittels gemeinsamer Anstrengung aller Akteure auf dem Globus bewältigt werden kann. Von hier aus ergibt sich der Ruf nach einer *konsequenten Weltinnenpolitik.* Das ist nun ein Begriff oder Konzept, dessen Umrisse nicht ganz klar ausgemacht werden können. Es handelt sich um ein Desiderat. Wie immer man sich dieses Konzept im einzelnen vorzustellen hat, es kann nur mit einem hohen Grad an Legitimität funktionieren. Und das heißt, normativ wie funktional betrachtet, daß es sich nur um ein auf Demokratie bezogenes Konzept handeln kann. Ansonsten vermindert es die Bedrohungen nicht, sondern schichtet sie allenfalls um.

Demokratie gibt es in vielen Ausgestaltungen, die von einer Weltinnenpolitik keineswegs zu vereinheitlichen wären. Nur bestimmte Grundbedingungen müssen unabdingbar erfüllt sein. Unter diesen scheint die Verwirklichung der in rechtlich verbindlichen internationalen Dokumenten niedergelegten Menschenrechte die wichtigste zu sein. Man wird kaum auf offenen Widerspruch stoßen, wenn man behauptet, daß die Universalität der Menschenrechte zu einem historischen Faktum geworden ist – wenn auch leider nur als Anspruch und nicht in der Realität politischen Handelns. Aber hinter den Anspruch kann niemand mehr zurück, der den Rahmen des globalen Systems nicht verlassen will. Und selbst wer dazu entschlossen ist (es gibt als Folge der durch die Globalisierung ausgelösten Erschütterungen immer wieder Akteure mit diesem Programm), wird früher oder später erkennen, daß es nicht geht.

Nun drängt aber die Zeit. Es gibt viele Zustände und Abläufe auf der Erde zu beobachten, wo die Menschenrechte mit den Füßen getreten werden. Man nimmt das zur Kenntnis, mehr oder weniger ungerührt. Manchmal nimmt man es sich zu Herzen und unterstützt Hilfsmaßnahmen. Oft sieht man zur Seite. Staatliche Akteure handeln bei Verletzungen der Menschenrechte in der Regel auf der Basis ihres (zuweilen auf sehr kuriose Weise definierten) nationalen Interesses. Es gibt transnationale Akteure, die für derlei Hilfsmaßnahmen „zuständig" sind und sich um öffentlichen Rückhalt bemühen, um die Mobilisierung transnationaler Interessen. Transnationale Identität hat sich zuerst sowohl auf dem Sachfeld Ökologie als auch auf dem der Menschenrechte entwikkelt, so daß hier am ehesten öffentlicher Druck für die Forderung nach „konsequenter Weltinnenpolitik" zu erwarten ist.

Kürzlich hat angesichts dieses Sachverhalts eine Debatte darüber begonnen, ob es nicht so etwas wie ein Interventions-Recht gibt, um zumindest besonders dramatische und folgenreiche Verletzungen der Menschenrechte auf dem Globus zu verhindern. Sehr weit ist dieses Debatte nicht gekommen, weil die Prinzipien der nationalen Selbstbestimmung und der Nichteinmischung in die Angelegenheiten anderer Staaten nicht nur informell, sondern auch formal relativiert werden müßten, weil sich dadurch möglicherweise Interventions-Pflichten ergeben könnten, weil schließlich in Konflikt-Konstellationen häufig die Unübersichtlichkeit so groß ist, daß schwer entschieden werden kann, wie eine Intervention zu operationalisieren ist.

Die Perspektive eines demokratischen Universalismus ist unersetzbar. Jedoch dürfen wir uns nicht der Illusion hingeben, daß über die Ausbildung und Verbreitung transnationaler Identitäten automatisch der Weg zu ihrer Verwirklichung beschritten worden ist. Die Spannung zwischen dem Universellen und dem Besonderen, dem Partikularen und dem Ganzen, dem als richtig Erkannten und dem falsch Gemachten kennzeichnet das menschliche Leben. Auch im einundzwanzigsten Jahrhundert.

Christoph Schütte

Die Rettung der Demokratie durch ihre Gegner? (Neu-)Rechte Falltüren auf dem Weg zur „europäischen Volksgemeinschaft“

Kaum ein Problem ist so alt und zugleich so aktuell wie das Verhältnis des Individuums zu einem Kollektiv – beinahe undurchschaubar ist dieser Komplex geworden, seit sich die politischen Koordinaten verschoben haben. So ist vor allem die wechselseitige ökonomische Abhängigkeit der Staaten voneinander ein Faktum; Konzerne transzendieren längst nationalstaatliche Grenzen, und auch die Politik trägt – wenn auch noch zaghaft – diesen Zusammenhängen Rechnung, sind doch auch ihre Probleme globaler Natur. Zudem lassen Idee und Realität der europäischen Einigung ein Denken in nationalen Kategorien anachronistisch erscheinen. Es mutet vor diesem Hintergrund paradox an, daß innergesellschaftlich die Versicherung der eigenen Identität, die Betonung der Differenzen und die Beschwörung von Gemeinschaft mit tatkräftiger Unterstützung der Politik zu einem zentralen Thema avanciert. Allem Anschein nach handelt es sich um einen Reflex, mit dessen Hilfe das diffuse Bild auf einfache Linien reduzierbar ist.

Darüber hinaus ist gerade in Deutschland die Identitätsproblematik ein Reizthema, das schon vor dem Ende des Ost-West-Konflikts mit der konservativ-liberalen Regierungspolitik wieder stärker ins Zentrum der Auseinandersetzung rückte. Der „Historikerstreit“ belegte dies eindrucksvoll. Mit der Wiedervereinigung erhielt dieser Diskurs zusätzlich Schubkraft, denn eine gemeinsame Identität war tatsächlich nicht (mehr) vorhanden, es gab keine Definition außer der sehr diffusen einer gemeinsamen Volkszugehörigkeit. „Ossis“ und „Wessis“, Linke wie Rechte sahen die Mauer fallen – und standen vor den Brocken, mit denen wir Wessis uns am liebsten beworfen hätten.

Parallel dazu wurde dieser Diskurs zusätzlich angeheizt durch die Entdeckung der „Asylantenflut“ und die verstärkte Migrationsbewegung nach Europa. Das heißt, die Identitätsdiskussion wurde von zwei Feuern unterhalten und angeheizt: von einer realen internen Verunsicherung, die vom Wegfall alter Gewißheiten begleitet wurde und von einer als eine massive Bedrohung der Gesellschaft stilisierte, externen Verunsicherung durch „die Fremden", wobei mit dem zweiten Brandherd der erste scheinbar leicht zu bekämpfen war.

Im Zusammenhang mit der Vereinigung der beiden deutschen Staaten erhielt nun die entstehende, bislang eher marginalisierte Neue Rechte in Deutschland die Chance, sich Gehör zu verschaffen. Denn hier war man scheinbar in der Lage, in allen entscheidenden Debatten Antworten anzubieten, die sich zu einer geschlossenen Theorie verdichten ließen. Ökologie, multikulturelle Gesellschaft, nationale Identität, „Befreiungsnationalismus" im Osten und auf dem Balkan, europäische Einigung: All dies Themen, die den aktuellen politischen Diskurs bestimmen und auf der Rechten zum Teil seit Jahren durchdacht werden. Kein Wunder, sind doch „Umwelt als ‚Lebensschutzfragen', Ausländer- als Kernfragen von Rasse und völkischer Identität sowie die nationale Frage immer schon Deutungsmuster der extremen Rechten seit der Weimarer Republik. Mit anderen Worten: Grundfragen und Prinzipien der Rechten sind zu Dauerbrennern der politischen Tagesordnung geworden."[1]

Konsequenz daraus kann nicht sein, diesen Grundfragen der neunziger Jahre auszuweichen. Es könnte aber dazu beitragen, die Attraktivität der Neuen Rechten zu bremsen, wird ihre Behandlung der relevanten Themen analysiert, indem man ihren Intentionen und den Implikaten ihrer Antworten nachspürt. Dabei wird sich erweisen, daß die Neue Rechte durch Funktionalisierung aktueller Fragen mit der „organischen Demokratie" ein Gesellschaftsmodell propagiert, das mit moderner Demokratie allenfalls den Namen gemein hat.

Ich möchte im folgenden exemplarisch die Bereiche nationale Identität und multikulturelle Gesellschaft untersuchen, zwei Komplexe, zu denen sich die deutsche Neue Rechte eigens mit zwei Sammelbänden zu Wort meldete, um anschließend auf die neu-rechte Demokratietheorie im engeren Sinne einzugehen, die der Vordenker der französischen Nouvelle Droite, Alain de Benoist, am prägnantesten zusammengefaßt hat.

1 *Hans-Gerd Jaschke*: Modernisierung von rechts: Anmerkungen zur historisch-politischen Dynamik des rechten Lagers; in: *Thomas Jahn/Peter Wehling*: Ökologie von rechts. Nationalismus und Umweltschutz bei der Neuen Rechten und den „Republikanern", Ffm/New York 1991, S. 167-180; hier S. 174

Nationale Identität

Vor allem zwei voneinander unabhängige Entwicklungen haben dazu beigetragen, daß die Frage nach der nationalen Identität im Deutschland der neunziger Jahre wieder als eine konfliktträchtige wahrgenommen wird: Die Wiedervereinigung und „Maastricht" als Kurzformel für die fortschreitende europäische Einigung. Konservative und Rechte zeigten sich hier wesentlich besser vorbereitet als „die Linke", und sie setzten alles daran, diesen Vorteil auch zu nutzen. Zwar wurden auch sie vom Fall der Mauer überrascht, aber sie waren in der Lage, mit dem Appell an Nation und das Nationalgefühl nationale Befindlichkeiten zu schüren, die fortan den Rhythmus der Einigung bestimmten. Hier lag (und liegt noch immer) eine Chance für die extreme und die Neue Rechte. Nachdem der Rausch verflogen ist, wollen die Vokabeln – bis hierher taktisches Mittel – mit Leben gefüllt werden. Ganz unbefangen konnte man sich nun im Zuge der Identitätsfindung *Gedanken zu Großdeutschland* machen.[2]

Unter diesem Titel versammelte der Herausgeber Stefan Ulbrich Aufsätze diverser (neu-)rechter Autoren und Gespräche mit Günther Nenning, Theodor Schweißfurth und Alain de Benoist. Vom Anarcho-Sozialisten über den strammen Nationalisten bis zum „Ethnopluralisten" – ein buntes Potpourri rechter Ideologie. Glaubwürdigkeit soll der Band ausstrahlen, indem er aus aktuellem Anlaß – der Wiedervereinigung – verschiedene Autoren über ein Thema – nämlich Deutschland – philosophieren läßt, und zumindest Günther Nenning scheint eine gewisse Ausgewogenheit in der Konzeption zu bezeugen. Tatsächlich aber soll das Gespräch mit ihm nur die von der Neuen Rechten seit Jahren propagierte These belegen, nach welcher die Unterscheidung zwischen rechts und links keinen Sinn mehr mache. Denn wo ist jemand politisch zu verorten, der Nazis „als erstes einmal sicherheitshalber gewaltlos in die Goschn" hauen will und gleichzeitig ökologisches Denken allem Anschein nach in erster Linie für möglich hält, wenn man „Blut als etwas, das einen Zusammenhang von Familie quer durch die Geschichte etabliert" betrachtet? Solche Aussagen führen ihn konsequent zur Übernahme billiger neu-rechter Vereinfachungen, etwa der Gegenüberstellung von „nestwarmer" Ge-

2 *Stefan Ulbrich (Hg.)*: Gedanken zu Großdeutschland; Vilsbiburg 1990; die Zitate in diesem Kapitel – wenn nicht anders ausgewiesen – entstammen diesem Buch.

meinschaft „kalter“ Gesellschaft. Nenning propagiert Nation als „einen positiven Begriff, als Geburtengemeinschaft, als Herkunftsgemeinschaft, als Quelle von Wärme, als Hinweis auf Wurzeln“, Gesellschaft hingegen sei der „Einheitsbrei, wo alle das gleiche essen, das gleiche trinken, das gleiche blöde Fernsehen schauen.“ Solche Sätze, ausgesprochen im Kontext solcher Co-Autoren, sind nicht, wie Nenning suggeriert, mutig, sondern grob fahrlässig.

Wie weit die Neue Rechte in ihren Reflexionen über nationale Identität und Deutschland nach der Wiedervereinigung zu gehen bereit ist, zeigen vor allem die Beiträge von Marcus Bauer und Karl Richter. Bauer, Herausgeber des „Landesrundbriefs der Jungen Republikaner NRW“, laut Editorial „der Geheimtip unter den Nachwuchstalenten in puncto ‚politische Schriftstellerei‘“, von dem man nie wisse, „ob er als Linker oder Rechter“ einzustufen sei, sieht das Thema „Nation endlich enttabuisiert, womit deren Freiräume für die Entwicklung und Propagierung von darauf Bezug nehmenden ideologischen Konzeptionen“ entstünden. Diese Freiräume werden von Bauer zu einer Abrechnung mit der alten BRD genutzt, denn: „Die BRD ist die Bindung eines Teiles Deutschlands an den Westen und damit, ungeachtet aller äußeren Anzeichen eigener Staatlichkeit, letztendlich nichts anderes als eine subtilere, unauffälliger, modifiziertere Form amerikanischer Besatzungsherrschaft“. Durch das Fehlen eines „gewachsenen, gegen ‚Verwestlichung‘ und Westbindung gerichteten nationalen Widerstand(es) in der BRD“ bestehe nun die Gefahr, daß Deutschland „ganz im westlichen Sinne kanalisiert“ werde. Dem gelte es, Alternativen entgegenzusetzen, die die „eigentliche“ Nationwerdung zur Vollendung bringen sollen. Die „Inhalte eines Nationalismus für die Zeit nach der ‚Wiedervereinigung‘“, der sich „selbstverständlich gegen den nun mit der nationalen Einheit entstehenden Staat“ als westorientiertem Gebilde richten wird, bilden „ökologischer Fundamentalismus, Erhalt der kulturellen Eigenart, Schaffung einer nationalen Identität, ein ‚organischer‘ Staat und ‚Patriotismus‘ als selbstüberwindende, auf das ‚Ganze‘, den Staat, die Nation als Endzweck bezogene Haltung.“

Obgleich in erster Linie national argumentierend, nimmt Bauer doch noch zentrale Topoi neu-rechter Ideologie auf, die entscheidend durch eine extrem anti-westliche, anti-liberalistische Haltung charakterisiert ist. Seine These, „‚Ost‘ und ‚West‘ (seien) eben nur verschiedene Ausgestaltungen ein und derselben Sache“ und die BRD eine „modifiziertere Form amerikanischer Besatzungsherrschaft", entspricht der von Alain de Benoist vertretenen Ansicht, daß „Europa militärisch und ideologisch im Osten ..., wirtschaftlich und kulturell im Westen" besetzt sei und daß eine „individualistische, gleichmachende und universalistische Weltanschauung" gleichermaßen die Basis für Marxismus und Liberalismus darstelle.[3] Der Verweis auf nationale Identität als kollektivem Bewußtsein im Verbund mit einer organischen Staatsvorstellung bezeichnen die bei der Nouvelle Droite vorgenommene Degradierung des Individuums und die folgenreiche Unterordnung eines gesellschaftlichen Pluralismus unter den „Volkswillen" respektive das „gemeinsame Schicksal".

Noch weiter als Bauer geht Karl Richter, persönlicher Referent des Europaabgeordneten und Ex-„Republikaners" Neubauer und zeitweiliger Chefredakteur der Parteizeitung. Er kombiniert neurechte Rhetorik mit germanisch-deutschem Dominanzanspruch und offenem Rassismus, redet einem „deutschen Sozialismus" das Wort und beruft sich dabei vor allem auf Autoren der Weimarer Konservativen Revolution. Rosige Zeiten und wundersame Kontinuitäten werden für den Historiker Richter mit der Maueröffnung sichtbar. „Drei Jahreszahlen stehen für die deutsche Revolution: 1871, 1933 und 1989." Offensichtlich versucht er, die Wende von 1989 als möglichen Ausgangspunkt zur Wiederaufnahme des „revolutionären Weges" von 1933 darzustellen; denn: „Angesichts des Tanzes auf der Mauer wird Auschwitz belanglos für die Gesamtseele der gesundenden Nation", die „weder zwei verlorene Weltkriege noch zwei Vernunftehen mit dem Parlamentarismus" haben domestizieren können.

Die Deutschen werden „unmittelbar mit ihrem Volk-Sein konfrontiert" werden, wenn sich herumgesprochen haben wird, daß „Hunderttausende von den heutigen Verbündeten in Ost und West ermordet wurden aus dem einzigen Grund, daß sie Deutsche waren". Mit einer derart wiederhergestellten Identität kann man nun in der Tat unbefangen von „Mitteldeutschland" und der Herausforderung, „den verlorenen Ostflügel des Reiches wiederherzustellen", von den Deutschen als dem „Kernvolk" Europas und den entscheidenen „räumlichen Entwicklungsmöglichkeiten für eine 90 Millionen-Bevölkerung, die über halb Mittel- und Osteuropa verstreut lebt" sprechen und frohlocken, daß „vor diesem Hintergrund Ostpreußen, Pommern und Schlesien auch in Zukunft ein Thema bleiben".

3 *Alain de Benoist*: Die entscheidenden Jahre. Zur Erkennung des Hauptfeindes; Tübingen 1982, S. 12 und 27

Aber, so warnt uns das Nachwuchstalent Richter, die neuen Möglichkeiten der Identitätsfindung sind bedroht durch das „Überfremdungsproblem" und die „Lobby der Entdeutscher und Umvolker", die sich „unter den im Westen derzeit gegeben Rahmenbedingungen ohne größere Schwierigkeiten ins einig Vaterland von morgen hinüberretten können". Also aufgepaßt: „Es wird die nationale und volkhafte Identität sein, an der sich die Wege scheiden. Die Frage, ob wir als amerikanisierte Industrie- und Dienstleistungsgesellschaft westlichen Zuschnitts in das neue Jahrtausend gehen wollen oder als historisch gewachsene Volks-, Kultur- und Schicksalsgemeinschaft." Wie für Bauer steht also der „Westen" als griffige Metapher für „undeutschen" Kapitalismus und Liberalismus, für nivellierenden „Egalitarismus", dessen „überkommene, rein quantitative Demokratie den ethnischen Aspekt in aller Regel unberücksichtigt (läßt) – one man, one vote; nichts geht an der Wirklichkeit der Vielvölkerwelt vorbei".

Eine Demokratie deutscher Artung (denn eine solche wird offenbar angestrebt) muß also etwas anderes sein als eine an westlichen Standards orientierte; sie hätte den ethnischen Aspekt zu berücksichtigen und Quantität (sprich: Mehrheitsentscheidungen) durch Qualität (nur: welche?) zu ersetzen. Die Frage, ob Parlamentarismus und eine auf den Werten westlicher Zivilisation gründende Demokratie nicht Teil nationaler Identität sein könnten, stellt sich in diesem Konzept nicht, ist offenbar unzulässig. Stattdessen wird ein Szenario entworfen, nach dem das deutsche Wesen vom Westen und hier vor allem vom amerikanischen Kulturimperialismus bedroht sei. Demgegenüber gelte es, die Wurzeln der „historisch gewachsenen Volks-, Kultur und Schicksalsgemeinschaft" freizulegen und daraus die Konsequenzen zu ziehen. So wird also von der Neuen Rechten der Versuch unternommen, im Zuge der „wahrhaften" Identitätsfindung einen „deutschen Sonderweg" zu propagieren, der sich quasi aus den „natürlichen Anlagen" der Deutschen ergebe. Die fatale Logik einer solchen naturverhafteten Interpretation liegt auf der Hand: Sie vollzieht sich nach scheinbar unabänderlichen Gesetzmäßigkeiten und ist als solche dem rationalen Diskurs entzogen. Dem Schicksal ist argumentativ nicht beizukommen.

Multikulturelle Gesellschaft

Mit dem Komplex „nationale Identität" hängt die Entwicklung unserer Gesellschaft in Richtung auf eine multikulturelle eng zusammen. Über die daraus resultierenden Konsequenzen wird seit Jahren viel geschrieben und heftig diskutiert. Abermals zeigt die Neue Rechte, daß sie in der Lage ist, aktuelle Diskussionen schnell aufzugreifen. Anders als der etablierte Konservatismus und die alte Rechte erkannte sie die Existenz der multikulturellen Gesellschaft an und versuchte die daraus zu ziehenden Schlüsse und ihre gestalterischen Vorstellungen populär zu machen und – wie üblich – neu-rechte Weltsicht zu verbreiten. Wieder brachte Stefan Ulbrich einen Reader heraus, diesmal unter dem Titel *Multikultopia – Gedanken zur multikulturellen Gesellschaft.*[4] Auch hier dominieren Beiträge neu-rechter Autoren, wobei als Kontrast sich diesmal Heiner Geißler – aber auch einige Vertreter der alten und militanten Rechten (Jürgen Rieger und Meinolf Schönborn von der Nationalistischen Front und Rolf Kosiek) – zum Thema äußern. Hier soll jedoch nur die Gruppe der eigentlichen Neuen Rechten interessieren, zu der man eindeutig den Herausgeber, das FPÖ-Mitglied Hatzenbichler, der Ulbrich noch aus gemeinsamen Redakteurszeiten bei der „Jungen Freiheit" kennt, daneben Marcus Bauer, Claus Wolfschlag, Robert Steuckers, Statthalter der Nouvelle Droite in Belgien und den *spiritus rector* des französischen Originals Alain de Benoist zählen muß. Letzterer stellt in seinem Beitrag „Der Rassismus – was ist das?" die philosophischen Grundlagen des neu-rechten Weltbildes in den Vordergrund. In erster Linie sei jeglicher Universalismus abzulehnen, denn jeder Universalismus „berge irgendeine Form des Rassismus in sich, da er als allgemeingültige Norm die maßlose Projektion eines besonderen Werte- und Normensystems" aufstelle. Dagegen gelte es, sich der Relativität der Normen bewußt zu werden, um die Gleichwertigkeit der Kulturen denken zu können. Eine antirassistische Grundhaltung sei folglich am besten zu erreichen durch „eine Erziehung, die alle Völker anregt, sich innerhalb ihrer jeweiligen Eigentümlichkeit fortzuentwickeln, damit sie deren höchste Form verwirklichen". Was sich hier bei oberflächlicher Lektüre wie eine Verurteilung des Ethnozentrismus liest, ist im Kern das neu-rechte Konzept des Ethnopluralismus, dessen „Toleranz" und Relativismus so weit gehen, daß es Begriffe wie Individuum, Menschheit und Menschenrechte praktisch nicht kennt; es ist in seiner Essenz zutiefst reaktionär, da es sämtliche philosophischen und politischen Errungenschaften der Aufklärung aus der Mensch-

4 *Stefan Ulbrich (Hg.)*: Multikultopia. Gedanken zur multikulturellen Gesellschaft; Vilsbiburg 1992; die Zitate in diesem Kapitel – wenn nicht anders ausgewiesen – entstammen diesem Buch.

heitsgeschichte streicht. In seinen Konsequenzen ist dieses Konzept zudem zynisch, rechtfertigt es doch über die Identitätsbrücke menschenverachtende Gesellschaftsstrukturen. Und: Bedroht Entwicklungshilfe, gar akute Hilfe gegen Hungersnot, vielleicht die Identität der Betroffenen?

Was dies für das Zusammenleben von Menschen verschiedener Herkunft, was dies für die praktische Politik heißen könnte, ist anderen Aufsätzen zu entnehmen. So geht beispielsweise Bauer davon aus, daß sich die Frage, ob man Zuwanderung wolle oder nicht, nicht mehr stelle, da sie faktisch bereits erfolge. Entsprechend gehe es allein darum, die positiven Aspekte der multikulturellen Gesellschaft zu sehen und sie sich zu Nutze zu machen. Positiv aus der Sicht Bauers ist zunächst, daß die Anwesenheit von Fremden das eigene Identitätsbewußtsein stärke. Darüberhinaus leiste die multikulturelle Gesellschaft einen Beitrag zur Überwindung der von ihm diagnostizierten Dekadenz, indem Ausländer beispielgebend seien in der Art und Weise, wie sie an ihren kulturellen Überlieferungen festhielten. Schließlich sei Multikultur Ethnopluralismus im Kleinen, neu-rechter Ethnopluralismus Multikultur im Großen. Konkret stellt sich Bauer die Ausgestaltung der multikulturellen Gesellschaft so vor, daß man die Migranten als neuartige nationale Minderheit im eigenen Land betrachten sollte, denen kulturelle und politische Autonomie zuzugestehen sei. Ausländerwahlrecht „entsprechend dem Prinzip ‚wan Män wan Wout‘ hingegen würde aufgrund seines automisierenden Charakters der Zerstörung der hier bestehenden Fremdkulturen als eigenständigen gesellschaftlichen Subsystemen Vorschub leisten“; und wenn wir schon philosophieren, dann mit dem Hammer: „das ‚allgemeine Wahlrecht‘ ist doch ohnehin nur eine Unsitte, die es zu überwinden, jedoch nicht weiter auszubreiten gilt“. Damit wäre dann tatsächlich der Weg eingeschlagen zur Überwindung des „formlosen westlichen Massendemokratismus und pseudopluralistischen Parteienschwindels zugunsten einer ‚organischen‘ Staats- und Gesellschaftsordnung.“ Im Klartext: Für Bauer ist die multikulturelle Gesellschaft der Esel, auf dessen Rücken sich „alternativ“ zurück in eine ständestaatliche Zukunft reiten läßt; Menschen- und Bürgerrechte können so in einem Aufwasch für In- und Ausländer abgeschafft werden.

Dem Herausgeber Ulbrich bleibt es vorbehalten, neu-rechte Weltsicht und Thesen zur multikulturellen Gesellschaft am eindrucksvollsten zu verknüpfen. „Verdammt viele Thesen ... Warum Multikulturalismus ein Konzept der Neuen Rechten ist“ soll dem deutschen Lese-Publikum Elemente dieses Denkens näherbringen und an einem Beispiel verdeutlichen. Dem neu-rechten Selbstverständnis, der notwendigen Selbstvergewisserung entsprechend, grenzt sich Ulbrich zunächst scharf von der alten Rechten ab, um anschließend seinen „differentialistischen“ Ansatz gegen den „universalistischen Egalitarismus“ auszuspielen. In einer Auseinandersetzung mit Finkielkrauts „Niederlage des Denkens“ muß sich dieser gar des rassistischen und totalitären Denkens bezichtigen lassen, wenn er beispielsweise die Menschenrechte als universell gültig betrachtet. Das Konzept der multikulturellen Gesellschaft stelle demgegenüber gerade die universalen Ansprüche der Aufklärung in Frage und hebe die Besonderheiten, die Unterschiede zwischen den Kulturen hervor. Die differentialistische Antwort auf die „Ausländerfrage“ sei ein Nationalismus der „volklichen Identität“, der bewußte Differenzierung in kleine Einheiten propagiere. Ein solcher Ansatz verbindet rechte Buren und Inkartha, hat aber mit Multikulturalität nichts zu tun. Apartheid pur, zum Wohle der Neger, Homelands für alle.

Inmitten all der Phrasen kommt jedoch in dankenswerter Offenheit auch zur Sprache, warum die Neue Rechte an der multikulturellen Gesellschaft einen Narren gefressen hat. Die „Vielfalt der miteinander konkurrierenden Werte“ sei die Bedingung für „kulturelles Fortschreiten“ und die daraus resultierenden Konflikte eine „Auseinandersetzung nietzschescher Dimension“. „Multikulturalität ist der Sturm, der die ausgebrannten und blutleeren Kulturen und Traditionen hinwegfegt, um Platz für die stärkeren zu machen ... Vielleicht ist jetzt die historische Stunde gekommen, wo das Deutschtum in eine gewaltige karthartische Diaspora abtauchen muß, bevor das neue *Germanien* entstehen kann.“ Im neu-rechten Ethno-Zoo herrscht das Gesetz des Dschungels.

Multikultopia zeigt also vor allem, wie die Neue Rechte arbeitet, wie sie Themen besetzt und ideologisch unterfüttert. Wie in *Gedanken zu Großdeutschland* wird primär eine eindeutig gefärbte Weltsicht präsentiert. Es verdeutlicht aber auch die Ambivalenzen des multikulturellen Diskurses, denn eigentlich war es die Linke – so Frank-Olaf Radke[5] – die Pluralität von Interessen in eine Pluralität von Herkünften übersetzte.

Es klang bereits an, welche konkreten Ordnungsvorstellungen und politischen Denkmuster die Basis des neu-rechten Diskurses ausmachen. Theoretisch hat sich die Nouvelle Droite und nament-

5 Multikulturalismus: Ein postmoderner Nachfahre des Nationalismus; in: vorgänge 117, Juni 1992, S. 24-30

lich Alain de Benoist intensiver damit auseinandergesetzt als die Nachwuchstalente in puncto politischer Schriftstellerei.

Demokratie: Das Problem

„Die Demokratie befindet sich in einer Krise: Staatsverdrossenheit und Gleichgültigkeit, Bürgerinitiativen und Widerstand bis zum Terror bilden kennzeichnende Reaktionen. Da die Verfassung eine der Grundlagen jeden Staates ist, liegt hier ‚das Problem' unserer Zeit." Vielleicht ein wenig abgewandelt könnten diese Sätze im Klappentext des vorliegenden Bandes auftauchen. Tatsächlich aber werben sie für *Demokratie: das Problem* von Alain de Benoist.[6] Darin wird der Versuch unternommen, von der Definition über die Kritik zur Lösung der „demokratischen Frage" zu kommen, die sich als die wahre Demokratie präsentiert, mit ihrer pluralistischen liberalen Variante jedoch nichts mehr zu tun hat.

Definitorische Annäherung: Den Ausgangspunkt bildet die Feststellung, daß sich heute jeder als Demokrat bezeichne und der Begriff daher keine Erklärungskraft mehr besitze. „Wollen wir die ‚echte' Demokratie erforschen, so müssen wir uns also der griechischen zuwenden und nicht den Regierungsformen, die die Gegenwart mit diesem Begriff zu bezeichnen pflegt." Im weiteren Verlauf dieser Begriffsklärung zeigt sich der eigentliche Zweck: Es geht genaugenommen nicht um eine Klärung dessen, was eine Regierungsform als demokratisch auszeichnet, sondern darum, die gesamte abendländische philosophische Tradition als Abirrung, als ein Verlassen des rechten Weges darzustellen, dessen Ausgangspunkt das Christentum sei.[7] „Das Problem" ist weniger die Demokratie, sondern das Menschenbild de Benoists. „Die antike Demokratie war gemeinschaftlich und ‚holistisch', die neuzeitliche ist vor allem individualistisch. Die antike Demokratie setzt die Staatsbürgerschaft aufgrund der Abkunft fest und gibt dann den Bürgern Gelegenheit, sich am Leben der Stadt zu beteiligen. Die moderne Demokratie organisiert Individuen zu Bürgern, die vor allen Dingen unter dem Blickwinkel des abstrakten Egalitarismus betrachtet werden. Die antike Demokratie gründet sich auf der Idee der orga-

6 *Alain de Benoist*: Demokratie: das Problem; Tübingen-Zürich-Paris 1986; alle Zitate in diesem Kapitel – wenn nicht anders ausgewiesen – entstammen diesem Buch.

7 vgl. hierzu auch *Alain de Benoist*: Le „bolchevisme de l'Antiquité", in: *ders*: Les idées à l'endroit; Paris 1979, S. 167-184

nischen Gemeinschaft, die moderne als Erbin des Christentums und der Aufklärung stützt sich dagegen einzig auf das Individuum ... Zu einer ‚griechischen' Auffassung der Demokratie zurückzukommen heißt ..., sich eine Auffassung des Volkes und der Gemeinschaft wiederaneignen, die zwei Jahrtausende Egalitarismus, Rationalismus und der Erhöhung des Individuums-ohne-Zugehörigkeit in den Schatten stellten, und sie an die Erfordernisse der modernen Welt anpassen." Das heißt: Die „griechische Auffassung" von Demokratie ist gebunden an eine Entmündigung des Individuums, dem die a priori zukommenden Rechte abzuerkennen sind: „Das Volk hat Rechte. Die Nation hat Rechte. Die Gesellschaft und der Staat haben Rechte. Umgekehrt hat auch der Mensch als Individuum Rechte, sofern er einer gegebenen historischen, ethnischen oder kulturellen Sphäre angehört – Rechte, die untrennbar von den Werten und Charakteristika dieser Sphäre sind."[8]

Kritik: De Benoist vollzieht in seiner Demokratiekritik eine Denunziation demokratischer Praxis, deren tatsächliche Defizite das Entstehen der sogenannten Politikverdrossenheit ursächlich begleiten und verknüpft diese Diskussion mit einer grundsätzlichen Zurückweisung der Prinzipien westlicher Demokratie. Die Selbstherrlichkeit von Politikern und Parteien, die „Macht des Geldes" und der Medien, die Tendenz zur Technokratie oder der Wahlmodus sind durchaus zu problematisierende Tatbestände. De Benoist aber problematisiert nicht, er denunziert und weist als Konsequenz Repräsentation und selbst noch den Pluralismus zurück, wobei die Rechtfertigung hierfür ausschließlich ideologischen Charakter besitzt, denn die „Gefahr ist nämlich groß, daß der allmählich um sich greifende ‚Pluralismus' schließlich den Begriff Volk, der der Demokratie zugrunde liegt, aushöhlt", eine Befürchtung die mittlerweile von konservativen Hardlinern und Intellektuellen geteilt wird. „Die Meinungsfreiheit hört also nicht unvermeidlich dort auf, wo sie sich mit der Freiheit der anderen überschneidet (eine liberale Formel, deren Hohlheit leicht nachweisbar ist, sondern wo sie dem Gemeinnutz widerspricht, das heißt der Möglichkeit für die Volksgemeinschaft, ein Schicksal zu haben, das ihren gründenden Werten entspricht." Die Rolle des Zensors übernimmt der Staat, der „über die Kräfteverhältnisse und die innerhalb einer Gesellschaft ausbrechenden Wert- und Ideenkonflikte erst dann schiedsrichterlich entscheiden (kann), wenn er wirklich souverän

8 *Alain de Benoist/Guillaume Faye*: La religion des droits de l'homme, in: Eléments, Nr. 37, Januar-März 1981, S. 5-22, hier S. 8

ist, das heißt unumschränkt herrscht."[9] Das läßt an Klarheit nichts zu wünschen übrig. Gewaltenteilung kann nach diesem Verständnis den Staat nur schwächen, denn sie bürgt für Ohnmacht in Krisenzeiten. Die „Richterrepublik" Amerika „(vgl. die Watergate-Affäre: Unterwerfung der Exekutive unter die Gerichtsbarkeit, Zurückweisung selbst des Begriffs der Staatsräson) (biete) ein ebenso bedauernswertes Schauspiel ... wie der Ultra-Konstitutionalismus des Rechtsstaates."[10] Die von de Benoist vorgetragene Kritik an der Demokratie ist also alles andere als konstruktiv in dem Sinne, daß es ihr um Beseitigung tatsächlicher Mängel ginge; sie ist rein destruktiv und läßt ein Demokratiekonzept erkennen, das sich von Rechtsstaatlichkeit, Gewaltenteilung und Pluralismus verabschiedet hat. Von Demokratie spricht freilich auch er, nur „organisch" muß sie eben sein.

Die Alternative: Das Fazit der Demokratiekritik de Benoist könnte leicht mißverstanden werden, denn wieder ist er in der Lage, Ideologie mit aktuellen Diskussionen zu verbinden, vor allem mit verbreiteten Ideen zur Beseitigung von Defiziten der Demokratie und Politikverdrossenheit. In diesem Zusammenhang sind die Vorschläge zu stärkerer Partizipation, also zur Etablierung von Formen direkter Demokratie, hervorzuheben. Unmittelbare Einflußnahme der Bürger sei insbesondere auf lokaler Ebene zu fördern, in Gemeindeverbänden, regionalen Versammlungen und beruflichen Vereinigungen. Darüber hinaus solle das Referendum wesentlich intensiver Anwendung finden, wobei de Benoist die Form der Akklamation hier eindeutig hinzurechnet. Die genauen Modalitäten bleiben freilich unklar und höchst prekär: „Es ist notwendig, daß das Volk überall entscheiden darf, wo es kann, und daß es ansonsten zustimmen oder seine Zustimmung verweigern kann"; auch die „retroaktive Zustimmung" ist für ihn Mittel demokratischer Wahl. Dagegen spielen die Modalitäten demokratischer Willensbildungsprozesse praktisch keine Rolle. In den „Zehn Thesen zur Demokratie" faßt er noch einmal zusammen: Die entscheidende Differenz zwischen antiker und neuzeitlicher Demokratie bestehe darin, daß die erste „den egalitären Individualismus" nicht kenne, auf dem die zweite gründe. Und: Die Freiheit rühre „von der Volkszugehörigkeit, das heißt von der Abkunft" her. „Demokratie ist die Herrschaft des Volkes, das heißt einer organischen Gemeinschaft, die innerhalb einer oder mehrerer bestimmter politi-

9 *Alain de Benoist*: Die entscheidenden Jahre, a.a.O., S. 42

10 *Alain de Benoist*: Les idées à l'endroit, a.a.O., S. 107; die folgenden Zitate sind diesem Buch entnommen

scher Einheiten (Stadtstaaten, Nationen, Kaiserreiche usw.) geschichtlich in Form gebracht wurde. Dort, wo kein Volk, sondern eine bloße Vielzahl von einzelnen sozialen Atomen ist, kann es keine Demokratie geben. Jedes System, dessen Durchführung die Auflösung oder die Undifferenziertheit der Völker herbeiführt – oder auch die Zerbröckelung des Volksbewußtseins (das Bewußtsein, dem Volk als dieser organischen Wesenheit anzugehören) –, muß als nicht-demokratisches System betrachtet werden". Kurz: Sobald eine „organische Gemeinschaft" politisch in Form gebracht wird, handelt es sich um eine Demokratie.

Die europäische Variante wird von der Neuen Rechten in grauer Vorzeit verortet. Die „indo-europäische Alternative" sei unser Vorbild. Diesem Modell liegt eine Gliederung der Gesellschaft in drei „Funktionen" zugrunde, wobei „seit dem Neolithikum ... die Politik in den Bereich der ‚souveränen Funktion', also der ersten der drei grundlegenden Funktionen falle. Die beiden anderen Funktionen – Gewalt (Krieger) und Produktion – ergänzen das Bild einer feudalen Gesellschaftsstruktur. Festzuhalten ist demnach die Vorstellung einer „tri-funktionalen", kastenartig und nach ständischem Vorbild organisierten Gesellschaft. Die Konturen der „souveränen Funktion" arbeitet de Benoist etwas genauer heraus. Der Bereich des Politischen wird einer „Elite des Charakters" zugedacht, der „Aristokratie", welche „die Klasse (ist), die sich die meisten Rechte gibt ... Die Aristokratie, die sich selbst als ‚politische Klasse' eingesetzt hat, schafft, wie jede herrschende Klasse, nicht nur einen administrativen, sondern auch einen ‚bürgerlichen' Apparat, der auf Denkgewohnheiten, implizierten Werten und Denkschemata aufgebaut ist, die, da sie Projektionen ihrer selbst sind, dazu tendieren, ihr Vorhandensein zu rechtfertigen und ihre Macht objektiv zu stärken. Letztendlich muß eine Aristokratie fähig sein, den Wörtern ihren Sinn zu geben – denn über den Sinn der Wörter bildet sich schließlich der soziale Konsens."[11] Die Aristokratie perpetuiert sich also selbst, indem sie nach ihrer Selbsteinsetzung durch die Besetzung der Begriffsinhalte eine andere als die real existierende Gesellschaftsstruktur ausschließt und ihre eigene Herrschaft als natürlich erscheinen läßt.

11 Daß Identität stiften kann, wer den Wörtern ihren Sinn zu geben imstande ist, ist ebenfalls eine beliebte These deutscher Konservativer. Im Vorfeld des „Historikerstreits" konstatierte Michael Stürmer in der FAZ vom 25.04.1986, daß „die Zukunft gewinnt, wer die Erinnerung füllt, die Begriffe prägt und die Vergangenheit deutet." Honni soit qui mal y pense.

Doch betont Alain de Benoist auch, daß diese Aristokratie nicht zu einer „geschlossenen Institution“ werden dürfe und daß der Kreislauf der Eliten gewährleistet sein müsse; zudem müßten ihren Machtbefugnissen entsprechende Pflichten gegenüberstehen. Das Verfahren zur Zirkulation der Eliten bleibt jedoch ebenso im unklaren wie die Antwort auf die Frage, welche Rechte die Aristokratie sich selbst und den anderen Ständen als Ausgleich für welche übernommene Pflichten zuteilen darf. Wenn aber die Souveränität der Aristokratie unangetastet bleiben soll, ist evident, daß der Zugang zur Elite nicht für jeden offen sein kann. Entsprechend nebulös erscheinen die Attribute, durch die sich die „Elite des Charakters“ auszeichnet: „Die der Aristokratie eigenen Qualitäten sind schwierig zu beschreiben, denn sie kommen mehr aus dem Herzen und der Seele als aus dem bloßen Intellekt.“ Evola zitierend offenbart de Benoist, daß deshalb auch nicht „das mehr oder weniger außergewöhnliche und ‚geniale‘ Individuum“ im Vordergrund stehe, sondern „dasjenige, in dem eine besondere Tradition und eine geistige Rasse zum Ausdruck kommen, das seine Größe nicht dem Menschen, sondern ... dem Prinzip, der Idee verdankt.“ Es erscheint plausibel, daß diese „geistige Rasse“ nicht jedem Mitglied der Gesellschaft eigen ist. Mitglied der Aristokratie kann folglich nur sein, wer die aristokratische Tradition verkörpert. Weiterhin macht die Vorstellung einer ständischen Gesellschaft nur einen Sinn, wenn diese einigermaßen stabil – sprich: statisch – ist und die Hierarchien Bestand haben.

Entsprechend definiert de Benoist, daß jede „wahrhaft politische Ordnung ... notwendigerweise hierarchisch sei“. Dagegen zerfalle die Gesellschaft, wenn „die Klassen, gestern noch funktionell und komplementär, sich gegenseitig das Existenzrecht absprechen“. Sobald der Primat des Politischen, der souveränen Funktion also, in Frage gestellt werde und die Ökonomie diese Position einnehme, „der Beamte und der reich gewordene Geschäftsmann“ den „Aristokraten und den Krieger“ ersetzten, ergebe sich eine Situation der Unordnung im Gegensatz zu der die Gemeinschaften kennzeichnenden Ordnung.

Übersetzt man diese Überlegungen und paßt sie „den Erfordernissen der modernen Welt“ an, so ergibt sich ein elitäres, ja überaus autoritäres Gesellschaftsmodell, welches überaus anachronistisch anmutet, ist es doch theoretisch grundverschieden von der realen Organisation moderner Industriegesellschaften. Andererseits wird suggeriert, daß komplexe Entscheidungsprozesse und kaum noch durchschaubare Strukturen sich auflösen lassen, wenn man sich auf einfache, straff organisierte Einheiten zurückbesinnt. Das diffuse Bild abstrakter Bedrohung, das den einzelnen zunehmend überfordert, löst sich in der „organischen Gemeinschaft" in Nichts auf beziehungsweise es wird eigentlich erst klar, die Ursachen sind benennbar und leicht überschaubar. Ist die Verfehlung erst einmal erkannt, fällt es leicht, den Sündenfall rückgängig zu machen. Formal rational argumentierend verkündet die Neue Rechte eine politisch motivierte Eschatologie.

Im Kern handelt es sich also bei der Neuen Rechten um ein fundamentalistisches Aufbegehren gegen die Moderne, das nicht als diffuser Protest gegen deren Verwerfungen, sondern als politisches Gegenprojekt zu verstehen ist. Mit ihrer Teilnahme an aktuellen politischen Diskursen transportiert die Neue Rechte eine Demokratiekritik, die Anschluß sucht an modernitäts-kritische und antimoderne Strömungen innerhalb der Gesellschaft, um sie auf diesem Wege empfänglich zu machen für alternative autoritäre Ordnungsvorstellungen, die der Krise der Demokratie ihre Abschaffung entgegensetzen. Die von der Neuen Rechten ausgehende Gefahr besteht nicht darin, daß sie die politische Macht erobert und ein „indo-europäisches", nach ständestaatlichem Muster organisiertes Gemeinwesen aufbaut; die Gefahr besteht vielmehr darin, daß sie in akuten gesellschaftlichen Orientierungsprozessen mittels einer ausgereiften Terminologie die Begriffe in ihrem Sinne zu besetzen, „den Wörtern ihren Sinn zu geben" bestrebt ist. Die Chance, mit ihren gesellschaftspolitischen Konzepten auf breitere Akzeptanz zu stoßen, steigt in dem Maße, wie sie einerseits aktuelle Diskurse rezipiert[12] und andererseits Schlüsselbegriffe von „seriösen" Politikern und Intellektuellen – sei es unreflektiert oder aus berechnendem Interesse – hoffähig gemacht werden. Wenn Kritik an „Atomisierung" und „übersteigertem Egoismus" umschlägt in eine mythische Beschwörung von „Gemeinschaft", der pastorale Appell an gemeinschaftliche Werte in massive Pluralismuskritik mündet, dann ist die Neue Rechte bereits aktuell. Und ihr kommt der Vorteil zu, als einzige konsequent zuende zu denken, wo andere politisch kurzsichtig mit Begriffen hantieren.

Die Vorstellung des autonomen, selbstverantwortlichen und mit

12 Endlich, so muß man beinahe sagen, beginnt aus naheliegenden Gründe (weil man scheinbar Individualismus und Gemeinschaft gegeneinander ausspielen kann) die Neue Rechte auch für den Kommunitarismus zu interessieren. Alain de Benoist hat ihm soeben ein ganzes Heft seiner Zeitschrift „Krisis" gewidmet (Nr. 16, Juni 1994). Man darf gespannt sein, ob und wie der Kommunitarismus von den deutschen Neuen Rechten instrumentalisiert wird.

natürlichen Rechten ausgestatteten Individuums – so prekär und unsicher sie (wieder) sein mag – markiert die Grenze, an der sich die Geister scheiden.

Michael Th. Greven

Die Pluralisierung politischer Gesellschaften: Kann die Demokratie bestehen?

Begriff und Realität der politischen Gesellschaft

Obwohl es immer mehr spezielle Forschung und Untersuchungen zu einzelnen politischen und sozialen Problemen der Gegenwartsgesellschaft gibt, sind ihre allgemeinen theoretischen Grundlagen – und letztlich die der ganzen Disziplin der Politikwissenschaft – reichlich unklar. Die verschiedensten Gesellschaftstheorien und – manchmal davon abgeleitet, manchmal ganz unabhängig davon – Theorien der Politik konkurrieren. Und so entspricht die Pluralität wissenschaftlicher Ansätze und Theorien einem der Hauptmerkmale der Gegenwartsgesellschaft, ihrer Pluralisierung. In dieser schwierigen Situation ist jeder theoretische Versuch, die Gegenwartsgesellschaft zu verstehen und zu interpretieren, immer wieder genötigt, seine eigenen Prämissen explizit zur Geltung zu bringen. Etwas ähnliches habe ich in letzter Zeit mit dem Begriff der „politischen Gesellschaft" versucht (Greven 1990, 1992, 1993) und möchte es hier fortsetzen.

Die moderne politische Gesellschaft ist das Resultat von vier miteinander verbundenen fundamentalen und langfristigen Prozessen der Veränderung im Zuge der Modernisierung von Gesellschaften. Diese Prozesse entwickelten sich zunächst und vor allem in den westlichen Teilen Europas und Nordamerikas und greifen aus verschiedenen naheliegenden Gründen seit dem 19. Jahrhundert auf die ganze Welt aus. Die vier hier nur kurz benannten Prozesse sind die Säkularisierung der Gesellschaft und der Politik, die Entwicklung öffentlicher Wohlfahrtspolitik, die Rationalisierung der Interessenvermittlung und schließlich die Fundamentalpolitisierung der Gesellschaft. Die Säkularisierung hat zu einer Gesellschaft geführt, in der keine transzendentalen Quellen sozialer Werte und politischer Normen, seien es Religion oder Naturrecht, noch länger erfolgreich allgemeine Geltung beanspruchen können. Die Entwicklung von Wohlfahrtsstaat und Wohlfahrtspolitik – begonnen unter den absolutistischen Regimen Europas während der Aufklärung und nicht das Ergebnis einer Sozialdemokratisierung des Staates im 20. Jahrhundert (Chapman 1970) – durchdrang langfristig politisch alle Aspekte der Gesellschaft durch hoheitliche Interventionen. Diese Politisierung „von oben“ wurde seit dem 19. Jahrhundert teilweise ergänzt, teilweise konterkariert durch eine Politisierung „von unten“, die schließlich objektiv in einer vollständigen Inklusion aller Erwachsenen in die politische Willensbildung resultierte. Die Rationalisierung der Interessenvermittlung auf dem Hintergrund der Entwicklung der modernen kapitalistischen Ökonomie hat zu einer Situation geführt, in der individueller Egoismus und die Dynamik des organisierten Interessenkonfliktes tatsächlich und mehr oder weniger auch normativ das „Material“ der modernen Gesellschaft und ihrer Politik bereit stellt. Konsequenterweise bezieht sich der Begriff der „politischen Gesellschaft“ nicht auf einen speziellen Teil oder Sektor der Gesellschaft – wie in den verschiedenen „topographischen“ Ansätzen, mit denen ich mich gleich beschäftigen werde –, sondern er konzentriert sich auf die Totalität der Gegenwartsgesellschaft, in dem er ihre dominante und charakterisierende *Qualität* beschreibt, die sich aus den integrierten und kumulativen Effekten der Modernisierung ergeben.

Trotz einiger Ähnlichkeiten im Detail mit sogenannten Theorien der „Postmoderne“ betrachte ich den Begriff der „politischen Gesellschaft“ als Bestandteil der Kritischen Theorie der Moderne und des unabgeschlossenen Prozesses der Modernisierung. Eine politische Gesellschaft ist also eine moderne Gesellschaft, ihre „Ambivalenz“ (Bauman 1992) resultiert wesentlich aus der von Anfang an in der Modernisierung selbst wirksamen „Dialektik der Aufklärung“ (Horkheimer/Adorno 1969).

Diese moderne Gesellschaft sollte „politische Gesellschaft“ genannt werden, weil in ihr *virtuell alles politisch ist.* Ich gebrauche den Begriff „virtuell“, weil nicht jeder Prozeß, jede Institution, Organisation oder auch Handlung oder Einstellung zu jeder Zeit direkt und manifest politisch ist, weil sie es aber unter den gegebenen Bedingungen in dieser Gesellschaft jederzeit werden könnten. Im Gegensatz dazu, was bestimmte Differenzierungstheorien direkt erklären oder implizit voraussetzen, gibt es in der politischen Gesellschaft keinen einzigen Bereich oder Aspekt, der prinzipiell der Politisierung entzogen wäre. Das macht den grundsätzlich neuartigen und vorbildlosen Charakter dieser modernen Gesellschaften aus. Sie dürfen deswegen auch nicht mit jenem Begriff der politischen Gesellschaft verwechselt werden, dem eine klare Trennung zwischen Öffentlichkeit und Privatheit zugrunde lag. Ebenso wichtig ist es festzuhalten, daß diese Charakterisierung der modernen Gesellschaft als politische Gesellschaft keine normative Präferenz oder Position zum Ausdruck bringt, sondern daß sich durch ihre besondere Qualität heute neuartige Chancen und Gefahren gleichzeitig ergeben.

Angesichts der Bedeutung des Politischen in der modernen Gesellschaft kommt es auf dessen Verständnis in besonderer Weise an. Unter den Bedingungen der Moderne und als Resultat der Entwicklung moderner Gesellschaften basiert alle Politik auf und resultiert jegliches politisches Handeln in Entscheidungen. Der „process of authoritative allocation of values for a society" (Easton 1965: 50) beruht auf und besteht aus Entscheidungen, die unter bestimmten institutionellen, rechtlichen und normativen Bedingungen getroffen werden. Diese Bedingungen beruhen umgekehrt in der modernen Gesellschaft auf nichts anderem als früheren Entscheidungen und sind prinzipiell jederzeit offen für Kontroverse und Konflikt.

Wenn solche Konflikte oder Kontroversen entstehen, können nur neue Entscheidungen mit ausreichender Unterstützungen und Anerkennung zu Lösungen führen. Die Modernisierung hat eine Gesellschaft hervorgebracht, die durch „Wahlmöglichkeit und Wahlzwänge" zugleich in allen Handlungsbereichen auf allen Ebenen gekennzeichnet ist (Beck/Beck-Gernsheim 1990: 52) und in der Menschen gezwungen sind, frei zu sein.

Der Prozeß der Politisierung der modernen Gesellschaft äußert sich darin, daß immer mehr dieser Entscheidungsmaterie, immer weitere Bereiche des gesellschaftlichen Lebens im öffentlichen Verfahren und mit dem Anspruch hoheitlicher Geltung entschieden werden. Die von vielen beklagte Verrechtlichung aller Lebensbereiche ist angesichts des positiven Charakters heutigen Rechts nur das Symptom für diese fundamentale Politisierung. Natürlich ist der Entscheidungscharakter aller gesellschaftlichen Phänomene wiederum nur „virtuell", d.h. nicht jederzeit und überall muß über alles gleichzeitig entschieden werden. Gerade rechtliche Regelungen sind ja frühere verbindliche Entscheidungen, die für die Dauer ihrer Geltung Entscheidungszwänge zugunsten von Interpretationen aussetzen.

Diese soziale Realität moderner Gesellschaften existiert daher heute grundlegend in zwei Modi, einem eher dynamischen Bereich menschlichen Handelns und aktueller Prozesse mit manifestem Entscheidungscharakter und einem eher statischen, aus Institutionen, Organisationen und anderen Strukturen aufgebauten, in dem der Entscheidungscharakter nur latent enthalten ist. In Hinblick auf den zweiten Modus macht sich das Alltagsbewußtsein den latenten Entscheidungscharakter nicht immer bewußt. Es tritt daher die von Arnold Gehlen (1971: 232ff.) propagierte „Entlastung" ein. Nun könnten Gesellschaften ohne solche „Entlastung" nicht bestehen, weil niemals alles gleichzeitig zur Disposition stehen könnte. Gleichwohl muß man solchermaßen entlastetes Bewußtsein als entfremdet und Institutionen und Strukturen, die nicht mehr in ihrem Entscheidungscharakter erkannt werden, als verdinglicht bezeichnen. An dieser Stelle liegt ein wesentlicher Unterschied jeder kritischen Gesellschaftstheorie zu den heute dominierenden theoretischen Ansätzen und Schulen, für die Gesellschaften und ihre einzelnen Aspekte sich im wesentlichen auf „Strukturen" und „Systeme" reduzieren lassen.

Es ist wichtig, philosophisch die beiden Modi gesellschaftlicher Wirklichkeit eben gerade nicht als differente Bereiche oder Sektoren zu ontologisieren, sondern auch die moderne Gesellschaft als „Totalität" so zu begreifen, wie das der älteren Tradition Kritischer Theorie entspricht (Greven 1994). Wie weit auch immer und zu welchem Ende der Prozeß der Modernisierung fortschreiten wird, beide Modi gesellschaftlicher Zustände werden nebeneinander existieren müssen (Berger/Luckmann 1971: 49ff.). Es geht aber um eine angemessene Balance zwischen ihnen, insbesondere unter den heutigen Bedingungen „reflexiver Modernisierung". Denn die Schwierigkeit des jetzigen Zustandes besteht angesichts eben des reflexiven Charakters der Modernisierung erstmals in der Geschichte darin, daß die Menschen individuell wie auf gesellschaftlicher Ebene das Bewußtsein von der Entscheidbarkeit aller wesentlichen Probleme entwickeln. Die wesentliche existentielle soziale Voraussetzung in der politischen Gesellschaft ist daher heute ihre *Kontingenz*. Der politische Prozeß kann in dieser Situation nicht auf irgendwelche externen Sicherheiten – seien es Traditionen, Sitten oder unbefragte institutionelle Stabilität – aufruhen, wie er es in vormodernen Gesellschaften in hohem Maße vermochte. Noch lange im Prozeß der Modernisierung wurden Recht und Kultur als solche externen Ressourcen begriffen und haben auch tatsächlich so funktioniert, indem sie in den politischen Prozeß unproblematische Bindungen an Institutionen und kulturell verankerte Überzeugungen und Werthaltungen einspeisten. Der kontingente Charakter der Politik konnte daher nur unzureichend bewußt werden.

Heute zerstört die „reflexive Modernisierung" von Kultur und Recht diese funktionierende Illusion. Auch die Kontingenz von Recht und Kultur wird in der Gesellschaft unübersehbar. Gerade in fundamentalen Rechtsfragen wird der politische Charakter des Rechts besonders deutlich. Wie bei Kultur und Recht im besonderen, werden auch die allgemeinen Grundlagen rational oder vernünftigen Handelns problematisch. Alles muß entschieden werden, alles kann entschieden werden, für jede mögliche Entscheidung gibt es Gründe, gegen alle Gründe gibt es denkbare Einwände, was dem einzelnen schon in seiner Biographie genügend Kopfzerbrechen bereitet, gerät auf der Ebene der ganzen Gesellschaft und bei der Lösung ihrer Probleme zur „Sinngebung des Sinnlosen" (Lessing 1983), indem Politik die Überzeugungen und Legitimitätsgrundlagen, die sie eigentlich voraussetzt, auch noch selbst erzeugen muß.

Differenzierung und Totalität der politischen Gesellschaft

„Differenzierung" ist heute in den verschiedensten Theorien der Moderne und der Modernisierung ein weit verbreiteter Begriff. Nicht immer aber ist sein analytischer und theoretischer Status so herausgehoben und bestimmend wie in den Theorien von Niklas Luhmann und Jürgen Habermas. Funktionale Differenzierung im Prozeß der Modernisierung von Gesellschaften bezieht sich bei ihnen auf die Entstehung spezifischer interner Logiken oder Programme und die zunehmende relative Autonomie von sozialen Sphären wie Politik, Ökonomie oder Wissenschaft. Die Entstehung dieser wichtigen Sphären gesellschaftlicher Reproduktion demonstriert die entscheidende Rolle der Säkularisierung im Modernisierungsprozeß: Alle diese Sphären gewinnen ihre relative Autonomie durch die Ablösung vom Religiösen (Willke 1992: 24ff.). Über die generelle Entwicklung besteht Einigkeit; die Kontroverse richtet sich auf die Frage, ob diese Sphären der Gesellschaft „Systeme" im strengen theoretischen Sinne sind. Diese Debatte entsteht heute, weil verschiedene Theorien, darunter die obigen, eine „starke Version" (Bendel 1993: 264) der allgemeinen These entwickelt haben, nach der die entstandenen „Sub-Systeme" der Gesellschaft „operational geschlossen" sind und ein „autopoietisches System der Koordination" formen, welches exklusiv intern durch einen besonderen „binären Code" und ein einzigartiges „Medium" gesteuert wird, die sie jeweils von anderen Systemen unterscheiden. So etwa Wahrheit und der binäre Code wahr/unwahr in der Wissenschaft, Geld und der Code Zahlung/Nichtzahlung in der Ökonomie, Macht und der Code Regierung/Opposition in parlamentarischer Politik (Luhmann 1987).

In diesen hochabstrakten Theorien steckt ein banaler und evidenter Wahrheitskern, da ja tatsächlich Geld keine Liebe oder Wahrheit kaufen kann und auch gerade Wahrheit und ökonomischer Erfolg schwer zusammengehen. Allerdings mündet die Rigidität dieses theoretischen Konstruktivismus vor allem bei Niklas Luhmann (zum Teil aber auch bei Jürgen Habermas – sofern er nicht die „Lebenswelt", sondern das „System" in seiner „zweistufigen Gesellschaftstheorie" analysiert) in höchst problematische Konsequenzen (Greven 1991). Vorrangig die „operationale Geschlossenheit" und der „autopoietische" Charakter der „Systeme" führt theoretisch zu Annahmen, die durch die Beobachtung gesellschaftlicher Realität massiv konterkariert werden: In ihr wird nämlich deutlich, wie große Bereiche der Wissenschaft sich nicht – jedenfalls nicht alleine – an der Wahrheit als exklusivem Operationsmodus orientieren, sondern maßgeblich durch kommerzielle Interessen und militärische Auftraggeber in der Art dieser Untersuchungen ebenso wie in dem Ergebnis bestimmt werden. Auch ist gerade wieder einmal überaus deutlich zu sehen, daß die Chancen ökonomischer Entwicklung und damit die Wohlfahrt großer Teile der Menschheit nicht allein von ökonomischen Logiken, sondern von politischen Entscheidungen abhängen, die auf diese einwirken. Die ökonomische Produktions- und Reproduktionsweise einer Gesellschaft ist in der Moderne zunehmend Resultat politischer Entscheidungen geworden; eine unpolitische, selbsttragende und ihren eigenen Regeln folgende Ökonomie gibt es nur in den Modellkonstruktionen bestimmter Lehrbücher, aber nirgendwo in der Wirklichkeit.

Zwei Konsequenzen der rigiden Version einer konstruktivistischen Systemtheorie sind für das politische Denken besonders provozierend: Erstens wäre angesichts des „autopoietischen Charakters" aller „Sub-Systeme" keines von ihnen fähig, auf die internen Operationen eines anderen bewußten, aktiven und zielgesteuerten Einfluß zu nehmen. Da kein „Sub-System" ein anderes oder alle anderen kontrollieren kann, ist die moderne Gesellschaft in dieser Sicht ein „heterarchisches, polyzentrisches System von Sub-Systemen" geworden (Willke 1992: 84). Diese beiden Prämissen resultieren in einer fundamentalen Kritik und Polemik gegen den „alteuropäischen" (Luhmann) „vormodernen" (Habermas) Anspruch, daß die Gesellschaft als Ganze, oder das einzelne ihrer Teile die gesellschaftliche Entwicklung steuern oder kontrollieren könnten. Die Entwicklung wird vielmehr als notwendiger objektiver Prozeß auf der Ebene von Systemen angesiedelt, gesteuert durch das „Primat funktionaler Differenzierung" und jenseits der Eingriffsmöglichkeiten menschlichen Handelns. Ganz diesen Prämissen entsprechend nennt Klaus von Beyme die von der Systemtheorie gelehrte Tugend der Bescheidenheit das Resultat der Einsicht, „daß der Primat der Politik an die kurze Epoche des Absolutismus gebunden war". Jede erneute Forderung nach einem solchen Primat der Politik würde totalitäre Konsequenzen eröffnen (v. Beyme 1991: 91ff.). Deshalb ist es wichtig, abermals festzustellen, daß mein Ansatz kein irgendwie geartetes „Primat der Politik" normativ einfordert, sondern von der *faktischen Dominanz des Politischen* in der modernen Gesellschaft ausgeht. Natürlich wären aus der Richtigkeit dieser Beobachtung auch normative Konsequenzen zu ziehen, die sich für mich in der Frage nach den Chancen und Möglichkeiten einer Demokratisierung von bisher nicht als politisch erkannten gesellschaftlichen Bereichen bündeln. Dazu an anderer Stelle mehr.

Zunächst zurück zur Auseinandersetzung mit den topographischen Systemansätzen. Die auf ihrem Hintergrund formulierte Angst vor einem Primat der Politik wird verständlich, berücksichtigt man den von ihnen zugrunde gelegten Politikbegriff: Ohne nähere Begründung und verborgen in den Abstraktionen der Sprache der Systemtheorie wird „Politik" zumeist mit dem „politischen System" und dieses wiederum mit dem Staat gleichgesetzt. Dadurch bekommt dieses Politikverständnis einen stark gouvernementalen und inhärent zentralistischen bias. Auf dem Hintergrund dieses impliziten Verständnisses ist die Kritik an einer Dominanz der Politik verständlich. Allerdings glaube ich, daß dieses inhärente Politikverständnis der Systemtheorie nur einen sehr begrenzten Ausschnitt des tatsächlichen politischen Prozesses moderner Gesellschaften thematisiert und insofern gänzlich unangemessen ist. Der auf das politisch-administrative System reduzierte gouvernementale Politik-Begriff ignoriert die Tatsache, daß der oben angesprochene Prozeß der Fundamentalpolitisierung im Zuge der Modernisierung zu einem *sozialen Typus politischer Regulation* geführt hat, der heute wesentlich zur „authoritative allocation of values" beiträgt. Politik ist heute nicht mehr mit dem klassischen Staatsbegriff und seiner hoheitlichen Verwaltung gleichzusetzen oder engzuführen. Sie findet auf vielen Ebenen in vielen Formen, teils unter Mitwirkung staatlicher Organe, teils in Übertragung „hoheitlicher" Rechte und Ansprüche an gesellschaftliche Organe, teils gänzlich außerhalb des staatlichen Bereichs im engeren Sinne statt. Die in meinem Ansatz unterstellte und behauptete Dominanz des Politischen, die es rechtfertigt, von einer politischen Gesellschaft zu sprechen, resultiert nicht aus einer hierarchischen Struktur der Gesellschaft, an deren Spitze der „Staat" bzw. ein „politisches System" regiert, sondern aus der Beobachtung, daß die funktional notwendige Entscheidung über die Geltung von Normen und auch die legitime Verteilung von Gütern heute in einem vielfältig aufgefächerten gesellschaftlichen Entscheidungsprozeß stattfindet. Diesen zu identifizieren und zu beschreiben heißt, die Politik in der politischen Gesellschaft zu identifizieren.

Die tatsächliche Beschaffenheit der Politik in einer solchen faktisch polyzentrischen politischen Gesellschaft kann nicht angemessen mit einem der oben charakterisierten topographischen Ansätze erfaßt werden. Die traditionelle antike topographische Beschreibung der Gesellschaft war die Unterscheidung von „oikos" und „polis", zwischen die sich im Prozeß der Modernisierung die „bürgerliche Gesellschaft" als dritter „Topos" (Sphäre, System) geschoben hat. Hegel hat in seiner Philosophie des Rechts (3. Teil „Die Sittlichkeit") die bis heute paradigmatische Darstellung dieser Dreiteilung moderner Gesellschaften gegeben und mehr als seine späteren Adepten auf die Ambivalenz der Modernität verwiesen (Cohen/Arato 1992: 83ff.; Dallmayr 1993). Im 20. Jahrhundert ist diese topographische Darstellungsmethode der Gesellschaft in der Nachfolge von Parsons strukturalistisch-funktionalistischer Systemtheorie und den zahlreichen späteren Versionen durch die Kartierung von immer mehr „Sub-Systemen" als einzelnen Bestandteilen der Gesellschaft weiter verfolgt worden. Dies geschah und geschieht zumeist ohne strikte theoretische oder analytische Beziehung zu einer Theorie der Differenzierung und ist gerade auch in der Politikwissenschaft mit der Rede von „politischen Systemen" zu einer *façon de parler* geworden. Der heuristische Gebrauch des Systembegriffs ebenso wie eines solchen topographischen Ansatzes ist solange nicht problematisch, wie der analytische Charakter der Unterscheidungen nicht in Vergessenheit gerät und einer Substanzialisierung und Reifikation der einzelnen „Systeme" Platz macht, die damit – zumindest implizit – einen ontologischen Status erhalten. Genau dies ist aber bei der „Autopoiesis"-Version der Systemtheorie der Fall.

In der Realität der sozialen Revolution moderner Gesellschaften gibt es keine separaten „Systeme" oder Sphären als solche, sondern nur die Totalität des gesellschaftlichen Reproduktionsprozesses, die sich aus menschlichen Handlungen und ihren bewußtseinsmäßigen Korrelaten formt. Alle Teile dieser Realität sind „soziale Konstruktionen“ (Berger/Luckmann 1971; Giddens 1985), die allerdings die funktionierende Illusion der Existenz solcher „Systeme“ und separaten Sphären erzeugen. Willke (1992) hat kürzlich versucht, den „Staat“ als das „innere Modell der Einheit der Gesellschaft“ zu identifizieren und zu analysieren und das Konzept axiomatischer Selbstreferentialität aus der Systemtheorie à la Luhmann mit einer empirisch sensiblen Wahrnehmung der Probleme politische Steuerung und Intervention zu verknüpfen. Aber aus der Sicht Kritischer Theorie kann es nicht Aufgabe sein, die empirischen „Konstruktionen“ der sozialen Realität theoretisch nur nachzubilden und damit das lebensweltliche Bewußtsein zu affirmieren.

Tatsächlich ist es nicht der „Staat“, der die Einheit der Gesellschaft repräsentiert oder als ihr steuerndes Zentrum auf die soziale Entwicklung einwirkt. Dies geschieht vielmehr über synergetische Handlungsfolgen verschiedener Institutionen und Organisationen – Regierungen und Verwaltungen auf verschiedenen Ebenen, Wahlen, Parteienkonflikte, Interessenvermittlung –, die zusammen im Prozeß der Normbildung und Verteilung des gesellschaftlichen Reichtums wirken. Nur ein bestimmtes theoretisches Modell oder aber eine in der Gesellschaft wirksame ideologische Konstruktion der „Einheit“ dieser zahlreichen Prozesse und Beziehungen wird „Staat“ genannt. Der wesentliche politische Prozeß der Entscheidung über die Geltung von Normen, die Verteilung eines großen Teils der materiellen Mittel einer Gesellschaft ist aber tatsächlich ein auf viele Ebenen, in viele Arenen polyzentrisch aufgeteiltes Handlungsfeld von Konflikt und Konsens, in dem Entscheidungen zu jedem Zeitpunkt getroffen werden. Einige der Resultate dieses Prozesses sind aus der Sicht einiger wesentlicher Akteure in diesem Feld (wie z.B. Regierungen) gelegentlich den Intentionen entsprechend – aber das gesamte Politikergebnis ist es nicht. Die Nicht-Intentionalität des Prozesses als ganzem verbietet es aber, axiomatisch von der Nullhypothese bei der Frage nach dem Potential intentionaler politischer Beeinflussung der gesellschaftlichen Entwicklung auszugehen.

Bestimmte Einzelpolitiken ermöglichen es durchaus, einzelne Gebiete gesellschaftlicher Entwicklung zu kontrollieren und in eine bestimmte Richtung zu lenken. Ob die gesellschaftlich dominante Ideologie „freie Märkte“ als separate „Systeme“ von Familie und Politik trennt oder nicht, macht z.B. für die Ergebnisse der

Politik in realen Gesellschaften einen wirksamen Unterschied. Das ist nicht zuletzt überzeugend durch verschiedene feministische Analysen gezeigt worden (Elsthain 1981; Jonasdottir 1991). Gesellschaftstheorie hat also diese funktionierenden Illusionen als einen Teil der gesellschaftlichen Realität bei der Analyse der tatsächlichen Verhältnisse und Zusammenhänge zu berücksichtigen. Es macht im übrigen keinen Sinn, von „Sub-Politik" (Beck 1993: 149ff.) zu sprechen, wenn es kein zentrales und überlegendes politisches System im Zentrum der Entscheidungsfindung gibt. Andererseits existieren auf der empirischen Ebene natürlich Machtunterschiede, die sich in der Fähigkeit auf die gesellschaftliche Entwicklung Einfluß zu nehmen, auswirken.

Häufig aber geschieht die Einführung von scheinbar analytisch getroffenen Entscheidungen in mehr oder weniger verborgener normativer Perspektive. Das ist schon bei Hegels Staatsbegriff der Fall: „Der Staat ist die Wirklichkeit(!) der sittlichen Idee" (Hegel 1955: 207). Ähnliches gilt für das Lebenswelt-Konzept von Habermas (1981) und ist besonders prägnant im Falle des Begriffs „Zivilgesellschaft" („civil society"), wie er nun in bemerkenswerter Weise bei Cohen und Arato (1992) ausgearbeitet vorliegt. Wenn soziale oder politische Gruppen, wie die Solidarnosc in Polen, ihre Wahrnehmungen, Wünsche und politischen Ziele im Begriff der „Zivilgesellschaft" zusammenfassen, dann vermag eine solche Vision ein bedeutsamer politischer Faktor zu werden. Normative Intentionen stellen als solche kein Problem für die Gesellschaftstheorie dar. In der Tat können sie in den meisten Fällen weder vermieden werden und kommen in jeder politischen Theorie von einiger Bedeutung vor. Das Problem besteht eher darin, ob sie offen als „Wertprämissen" zum Zwecke des nachvollziehbaren Urteils eingeführt werden (Myrdal 1963), oder ob sie in den angeblich analytischen oder theoretischen Kategorien bereits impliziert sind, wie dies m.E. bei der „Zivilgesellschaft" der Fall ist. Im Gegensatz dazu ist es nochmals wichtig festzuhalten, daß der Begriff der „politischen Gesellschaft" nicht mehr und nicht weniger zu sein beansprucht, als eine begriffliche Fassung der wesentlichen Qualität einer modernen Gesellschaft. Der Begriff ist kein Plädoyer für das Primat der Politik, aber es wäre unsinnig, aus Furcht vor den möglichen Konsequenzen eines Primats der Politik den dominant politischen Charakter der modernen Gesellschaft wissenschaftlich zu unterschlagen.

Die Pluralität der politischen Gesellschaft als Chance und Gefährdung

„Pluralität“ wird als analytischer und deskriptiver Begriff verwendet, um die substantiell neuartige Heterogenität moderner Gesellschaften zu beschreiben, die aus den verschiedenen Einzeldynamiken ihrer Entwicklung resultiert: Eine zunehmend fragmentierte Sozialstruktur, die bereits den Begriff als solchen problematisch werden läßt, eine ständig zunehmende Zahl von Milieus und Lebensstilen, die Destabilisierung und Erosion von bedeutsamen Institutionen oder institutionellen Mustern, wie z.B. der individuellen Biographien („Patch-Work-Identität“), der Ehe („sequenzielle Monogamie“), der Familie (singles, unverheiratete Lebensgemeinschaften, unvollständige Familien), des Berufs (Job) usw. Die daraus resultierende Individualisierung hat u.a. den Rückgang der stabilen Integration in große Massenorganisationen wie Parteien und Gewerkschaften und eine zunehmende Desintegration der Kirchen zur Folge. Obwohl wir sicherlich auch jetzt nicht das „Ende der Ideologien“ bekommen werden, scheint zumindest vorübergehend die Bedeutung jener aus dem 19. Jahrhundert stammenden Weltanschauungen wie Liberalismus, Sozialismus und später auch Kommunismus, die den öffentlichen Diskurs strukturierten, nachzulassen. Sogar die Welt der Illusionen und langwährenden Überzeugungen wird pluralisiert, individualisiert und ideosynkratisch.

„Pluralismus“ war seit den dreißiger Jahren und insbesondere nach dem Ende des Zweiten Weltkrieges in den westlichen Demokratien ein politisches und normatives Konzept, das die *selektive politische Institutionalisierung der sozialen Pluralität* kennzeichnete. Er wurde entlang der Bruchlinien („cleavages“) großer sozialer Gruppen im Bereich der Interessenvermittlung und Ideologien in Form von Parteiensystemen und Verbänden als Bereich als ein System des freien und gerechten Wettbewerbs um Einfluß, Macht und die Beteiligung an den zugeteilten Werten installiert. Trotz einiger früher Kritiker wurden lange Zeit weder die programmatische Selektivität des Pluralismus (Mills 1956) noch die strukturellen Benachteiligungen einiger Gruppen oder Interessen durch die Spielregeln (Ohlson 1965) im wissenschaftlichen oder öffentlichen Diskurs so bewußt, wie seit dem Ende der sechziger Jahren. Seitdem ist offenkundig, daß der *politische Pluralismus der westlichen Demokratien* ideologisch fast vollständig seine eigenen strukturellen Restriktionen vernachlässigt und verleugnet hat.

Außerdem ist inzwischen sichtbar geworden, in welchem Maße die pluralistische Ideologie in den meisten wichtigen Gesellschaften mit korporatistischen Strukturen kompatibel war, die einigen der größeren und mächtigeren Interessengruppen privilegierten Zugang zum System der politischen Willensbildung ermöglichten.

Die wichtigste Entdeckung in meinem Zusammenhang bezieht sich auf die *externen Voraussetzungen und normativen Ressourcen,* auf denen der institutionalisierte politische Pluralismus der westlichen Demokratie beruht. Diese „Spielregeln" setzen verschiedene vorpolitische normative Übereinstimmungen, wie z.B. die Idee von Gleichheit und Freiheit aller Menschen, Toleranz und andere *voraus.* „Pluralismus" war in dieser Konzeption nicht a priori ein Wert, sondern abgeleitet von den Menschenrechten und generellen humanistischen Werten. Die Geltung dieser normativen Grundlage des Pluralismus in der gesellschaftlichen Wirklichkeit konnte sich aber nur durch sehr voraussetzungsreiche Prozesse der Sozialisation und kulturellen Reproduktionen von Individuen und Gruppen in der Gesellschaft ergeben. Genau diese Regelmäßigkeiten und Institutionalisierungen der Sozialisation und der kulturellen Reproduktion der Einzelnen werden aber durch die Pluralisierung und Individualisierung in einem solchen Maße problematisch, da die heutige politische Gesellschaft nicht länger in ausreichendem Maße auf sie als externe normative Ressourcen zurückgreifen kann. Die politische Gesellschaft muß deshalb versuchen, *die erforderlichen Werte und Regeln im politischen Prozeß selbst hervorzubringen und zu stabilisieren.* In einer vollentwickelten politischen Gesellschaft könnten legitime Normen und anerkannte Regeln nur aus politischen Entscheidungen resultieren, und dies müßte auch für die „Spielregeln" gelten (Greven 1992). Es ist offenkundig, daß dadurch ein *circulus vitiosus* entsteht: Der politische Prozeß der politischen Gesellschaft, funktional auf die verbindliche Setzung von Normen und Verteilung gesellschaftlicher Güter orientiert, findet sich in der Situation des Baron Münchhausen wieder.

Obwohl es vielfältige theoretische Versuche gibt, dieses fundamentale Problem der modernen Gesellschaft in verschiedenen Ansätzen zu lösen, scheinen doch nur drei gründsätzliche Antworten möglich: Eine autoritäre, eine, die ich regressiv nennen werde, und eine demokratische Strategie.

Die *autoritäre Antwort* auf die radikale Modernisierung und Pluralisierung der Politik im 20. Jahrhundert ist höchst wirkungsvoll in den Schriften von Carl Schmitt vertreten worden. Wegen seiner autoritären Antwort und seiner zeitweiligen persönlichen Verpflichtung auf das Nazi-Regime nach 1933 ist oft beiseite gelassen worden, daß seine Analyse und Bewertung der Politik in der modernen Gesellschaft in vielerlei Hinsicht und einigen Details mit der generellen Beobachtung der Pluralisierung (aber nicht mit der Theorie des Pluralismus!) übereinstimmt, wie sie von G.D.H. Cole und H.I. Laski seinerzeit entwickelt wurde. In seinem Aufsatz „Staatsethik und pluralistischer Staat" schreibt Schmitt mit Bezug auf die Theorien des Pluralismus der genannten: „Vor allem aber entspricht die pluralistische Auffassung dem empirisch wirklichen Zustand, wie man ihn heute in den meisten industriellen Staaten beobachten kann. Insofern ist die pluralistische Theorie sehr modern und aktuell" (1988: 135). Seine fundamentale Kritik am „Pluralismus" zielte nicht auf die in dieser Theorie gegebene empirische Beschreibung und Analyse der Pluralität, sondern auf deren normative Verankerung im Liberalismus, durch den nach der Analyse von Carl Schmitt der „totale Staat aus Schwäche" (1988: 187) zu einem Gruppen-„Polypol" (1988: 188) innerhalb der Gesellschaft verkümmere und damit jegliche souveräne Autorität in der Gesellschaft verschwände.

Schmitts „Polypol" erinnert empirisch und analytisch in vielerlei Hinsicht an die verschiedenen „poly-zentrischen" Sichten moderner Systemtheorie. Seine autoritäre Lösung des Problems fehlender Einheit zielte schon vor 1933 auf eine cäsaristische Demokratie oder populistische Diktatur – was nach Schmitt keinen großen Unterschied ausmachen würde. Obwohl er bis 1933 glaubte, diese Art von Regime könnte doch irgendwie noch ein konstitutioneller Rechtsstaat bleiben, stimmte er in seinen „berüchtigten" Aufsätzen von 1933 und 1934 der persönlichen Diktatur Hitlers und der uneingeschränkten Macht des Nationalsozialismus als einer wahren Repräsentation des neuen Typs legitimer Herrschaft zu. In diesem Regime-Typ wird die „Normalsituation", die für jede Form der Geltung von Normen vorausgesetzt werden muß (Schmitt 1988: 136), durch die diktatorische Entscheidung eines persönlichen Führers geschaffen.

Gerade wenn man die Bedeutung des Dezisionismus in dieser autoritären Antwort auf die modernen Bedingungen mit der in der demokratischen vergleicht, ist es wichtig, nicht zu vergessen, wie sehr beide in ihren normativen Zielen sich unterscheiden und welchen politischen Preis Carl Schmitt nach 1933 bereit war, für die Etablierung einer neuen „Ordnung" zu zahlen. Aber auch in der demokratischen Antwort bleibt das Problem der Etablierung einer normativen Ordnung – d.h. eines tatsächlich gegebenen und ausreichend anerkannten institutionellen und rechtlichen Rahmens, der seinerseits auf Entscheidungen beruht – zugleich problematisch und zentral. Zwei Unterschiede zur autoritären Lösung sind für sie unaufgebbar: Bestimmte Normen, wie die Menschenrechte, müßten in ihr jederzeit vollständig garantiert sein, und Gelegenheit zur Beteiligung am politischen Entscheidungsprozeß müßte für alle erwachsenen Bürger und Bürgerinnen permanent bestehen und aufrechterhalten werden.

Die zur Zeit am meisten diskutierte Version, mit einer *regressiven* Strategie auf die Pluralisierung der modernen Gesellschaft zu antworten, ist der sogenannte Kommunitarismus, ein Begriff, hinter dem sich mancherlei verbirgt. Viele hinzugerechnete Auffassungen liegen auch untereinander im Streit und bilden ein weites politisches Spektrum ab, so daß der Begriff in anderem Kontext selbst problematisch werden könnte. In diesem Zusammenhang möchte ich die verschiedenen Varianten wegen zweier gemeinsamer Aspekte zusammenfassen, die in ihrem internen Aufbau und ihrer Selbstdarstellung eine zentrale Rolle spielen und die Einordnung als regressiv rechtfertigen.

Da ist zum einen der Dualismus von Staat und Gesellschaft, der auch unter den gegebenen Verhältnissen unbefragt unterstellt wird. Die kommunitaristischen Ansätze teilen mit der demokratischen Strategie die Wertschätzung für Pluralismus und unabhängige Assoziationsverhältnisse, die – im Gegensatz zu Carl Schmitt aber in Übereinstimmung mit den früheren Versionen des Pluralismus – als die notwendige und beste Garantie der individuellen Freiheit und anderer Menschenrechte gegenüber dem Staat angesehen werden. Der Staat erscheint zunächst also immer als eine potentielle Gefahr individueller Freiheit sozialer Entwicklung innerhalb der Gesellschaft, weil er in sich die Möglichkeit zu einem totalitären System trägt. Was heutzutage aber überraschend und irritierend erscheint, ist, daß in vielen Ansätzen des Kommunitarismus der Staat als eine substanzialistische Gegebenheit jenseits des Prozesses der Pluralisierung aufgefaßt wird.

Wie eingangs erläutert – und in diesem Punkt in Übereinstimmung mit Carl Schmitts *empirischer* Gegenwartsdeutung – sehe ich keinen empirischen oder theoretischen Anlaß für die Aufrechterhaltung einer solchen dualistischen Konzeption. Es gibt zusätzlich oder an der Spitze der modernen Gesellschaft keinen „Staat", der als eine unabhängige oder souveräne Quelle von Normen, Macht oder Legitimität eine Gefahr für die Freiheit von Individuen oder der Gesellschaft als ganzer sein könnte. Gesellschaften haben, nüchtern betrachtet, verschiedene Typen der *Regierung*. Eine demokratische politische Gesellschaft hat zahlreiche Regierungen auf verschiedenen Ebenen und in unterschiedlicher Verfaßtheit, die alle ihren Anteil am politischen Prozeß insgesamt haben. Die Idee eines „Staates" ist demgegenüber nur fiktiv, eine Theorie oder ein ideologischer Topos, ein „symbolisches Dispositiv" in der Gesellschaft (Rödel u.a. 1989).

Der Kommunitarismus verdinglicht diese Fiktion eines „Staates" zu einer permanenten Bedrohung der Freiheit der Gesellschaft, indem er ihr eine unabhängige Macht zubilligt. Berechtigt daran ist nur der Hinweis auf die tatsächliche Gefährdung der modernen politischen Gesellschaften, sich totalitär zu wenden. Aber bereits Hannah Arendt hatte in ihrer herausragenden und häufig mißverstandenen Analyse totalitärer Herrschaft (1986: 471ff.) den antistaatlichen Bewegungscharakter dieser inneren Gefahr der modernen Gesellschaft überzeugend demonstriert.

Neben dieser falschen dualistischen Konzeption von „Staat" und „Gesellschaft" stellt der Versuch des Kommunitarismus, öffentliche oder politische Tugenden, wie sie in der Tradition vorliegen, zu revitalisieren, den zweiten problematischen Aspekt dieses regressiven Lösungsversuches dar. Prominente Beispiele sind MacIntyres Versuch einer Neubelebung aristotelischer und thomistischer Ethik (1981) und Taylors Rückgriff auf Hegels „substantielle Sittlichkeit" (1989). Die „Gesellschaft" und ihre Institutionen, Gliederungen, wie die Familie und die bürgerlichen Vereinigungen, werden dabei als Quelle der Wiederbelebung der traditionellen Tugenden eingeschätzt. Aber wie sollen die deskriptiven Beschreibungen der „Gesellschaft" und die praktischen Hoffnungen auf eine Revitalisierung öffentlicher oder politischer Tugenden mit den Ergebnissen einer kritischen Gegenwartsanalyse zusammenpassen, nach denen die fragmentierte und sich immer weiter heterogenisierende Gesellschaft gerade zum Prozeß der weitergehenden Pluralisierung und Individualisierung beiträgt? Dazu, daß Individualisierung den traditionellen Bereich überkommener Traditionen und Sitten atomisiert? Die „kommunitaristische Bewegung"(!) verdient die Einstufung als regressiv, weil sie entgegen der Logik der Modernisierung zunächst vergeblich ihre Hoffnung in die Renaissance traditioneller gemeinsamer Werte und Tugenden investiert, aber dann dazu tendiert – falls diese sich nicht wiederbeleben lassen –, nach dem starken Staat zu rufen, um mittels seiner Intervention die traditionellen Institutionen, insbesondere die Familie, zu stärken. So verkehrt sich aus Enttäuschung der anti-etatistische Anfang zumeist am Ende in sein Gegenteil.

Der in letzter Zeit viel diskutierte Ansatz der Zivilgesellschaft von Cohen/Arato (1992) zeigt einige Ähnlichkeiten mit den normativen Zielen der Kommunitaristen, aber noch mehr mit der dritten, der *demokratischen* Strategie. Er unterscheidet sich vom kommunitaristischen Ansatz schon allein wegen der normativen Emphase für die „neuen sozialen Bewegungen" und durch seine unterschiedlichen Topographie, die nicht mit dem Gegensatz von Staat und Gesellschaft, sondern mit einem systemtheoretischen Ansatz arbeitet. Während die Kommunitaristen ihre Hoffnung auf die normative Wiederbelebung mehr in die traditionellen Institutionen der Gesellschaft investieren, unterstellen Cohen und Arato (in Anlehnung an die Arbeiten von Jürgen Habermas) axiomatisch, daß eine bestimmte Form des kommunikativen Handelns, in dem sich die Zivilgesellschaft konstituiert, notwendigerweise ein ausreichendes Maß sozialer Übereinstimmung als vorpolitische Ressource für den politischen Entscheidungsprozeß und die Lösung politischer Probleme bereitstellen würde. Die Zivilgesellschaft würde danach zudem für einen Konsens sorgen, der ungeachtet seines prozedualen Charakters stets demokratische Inhalte gewährleisten könnte. Die axiomatische Annahme ist daher, daß die Existenz einer Zivilgesellschaft mit ihren unabhängigen Vereinigungen und kollektiven Akteuren den demokratischen Charakter eines politischen Systems ohne weiteres gewährleisten könnte.

Dieser Ansatz ähnelt in seinen normativen Voraussetzungen und seinem Optimismus den vielen Theorien über die „neuen sozialen Bewegungen" vom Beginn der achtziger Jahre (Greven 1988), aber seitdem haben sich überall in Europa weit weniger sympathische „neue" Bewegungen erfolgreich bemerkbar gemacht: Neo-Nationalismus, Rassismus, Wohlfahrtschauvinismus und auch wieder Antisemitismus. Damit werden die normativen Implikationen des Begriffs evident. Warum sollten wir nun aber glauben, daß die unabhängigen Assoziationen und Vereinigungen der Zivilgesellschaft stets demokratisch bleiben? Auch das ist angesichts der Realität bereits nurmehr eine rhetorische Frage.

Der Ansatz der Zivilgesellschaftstheorie teilt damit die normativen Implikationen und Absichten der oben angesprochenen demokratischen Strategie; aber er basiert auf einer problematischen axiomatischen Annahme hinsichtlich des genuin demokratischen Charakters der Praktiken und Ergebnisse der Zivilgesellschaft. In vielen Varianten wird darüberhinaus auch von einer überlegenen

Problemlösungskapazität der Zivilgesellschaft im Sinne höherer Rationalitätsstandards ausgegangen. Hierbei handelt es sich um ein rationalistisches Vorurteil über die politische Gesellschaft (Greven 1994), welches zu der Illusion beiträgt, „rationale" Institutionen, Konstruktion und Begründung könnten das Ergebnis der politischen Willensbildung positiv determinieren.

Mit der Annahme einer immer schon garantierten Rationalität der Zivilgesellschaft versucht dieser Ansatz, den tatsächlichen Problemen der Pluralisierung und Fragmentierng der modernen politischen Gesellschaft mit unzulänglichen Mitteln zu entkommen. Auch in „Faktizität und Geltung" unterstellt Habermas mehr oder weniger explizit, daß „deliberative Demokratie" rationale Entscheidungen garantieren könne (Habermas 1992: 349ff.) und daß der im Diskurs angestrebte und mehr oder weniger garantierte Konsens auch eine „rationale" und sachlich angemessene Problemlösung gewährleisten würde; erneut also das rationalistische Vorurteil. In der Vermeidung dieses Vorurteils liegt der prinzipielle Unterschied zwischen dem Zivilgesellschafts- und dem Ansatz der politischen Gesellschaft. Begrifflich und analytisch ist damit zweierlei klar: *Nicht jede politische Gesellschaft ist demokratisch; nicht jede demokratische politische Gesellschaft garantiert schon ausreichende Problemlösungskapazitäten.*

Angesichts der Erfahrungen unseres Jahrhunderts gibt es wenigstens zwei idealtypisch verschiedene Formen der politischen Gesellschaft, nämlich die totalitäre und die demokratische. Der erste Typus ist dadurch charakterisiert, daß er das Erfordernis eines grundsätzlichen Maßes an normativer Übereinstimmung in Form eines politischen und ideologischen Programms der Einheit („Die Deutsche Volksgemeinschaft", „Wissenschaftlicher Kommunismus") offiziell propagiert und mit repressiven Mitteln der „Gleichschaltung" durchsetzt. Der demokratische Typus hat bisher mehr oder weniger erfolgreich davon gelebt, daß er die vorpolitischen normativen Ressourcen hinreichend überkommener Traditionen, Überzeugungen und Einstellungen für sich in Anspruch nehmen konnte, die insgesamt eine „politische Kultur" als zuverlässige Basis der prozedualen Aspekte des demokratischen Entscheidens bereitgestellt hatten. Diese „politische Kultur" ist angesichts ihrer Abhängigkeit von intentionalen Sozialisations- und Erziehungsprozessen keine vollständig unabhängige Einflußgröße auf den demokratischen Prozeß, aber sie stellt im Grunde eben doch im hier erläuterten Sinne eine vorpolitische Ressource und Voraussetzung für eine überwiegend prozedual und institutionell verstandene Demokratie dar. Mögen heute auch die Institutionen und Verfahren der „westlichen Demokratien“ ungefährdet erscheinen: Ihre vorpolitischen kulturellen und normativen Voraussetzungen sind es angesichts der angedeuteten Modernisierungseffekte nicht mehr.

Über einige Probleme der Demokratie in der politischen Gesellschaft

Gerade die umfangreiche theoretische Überblicksliteratur zum Thema „Demokratie“ macht unfreiwillig deutlich, daß Begriff und Inhalt heute in vielerlei Bedeutungen verstanden werden. Viele Ansätze identifizieren einen bestimmten Verfassungsaufbau in Form eines mehr oder weniger ähnlichen und gleichbleibenden Repertoires an Institutionen und Normen der westlichen parlamentarischen Demokratien als „Demokratie“ und Politik, die sich innerhalb dieser Institutionen und normativen Vorgaben abspielt, als „demokratisch“. Es handelt sich also um eine historische Verallgemeinerung empirisch gegebener Regelmäßigkeiten, die in diesem Falle zu einem mehr oder weniger induktiven Begriff von „Demokratie“ führt; daran ist solange nichts falsch, solange der *historische Charakter der Begriffsbildung* nicht vergessen wird. Der abstrakte Begriff bezieht sich dann also auf eine bestimmte historische Entwicklung in einigen bestimmten Gesellschaften und transportiert in seiner begrifflichen Verallgemeinerung häufig unbemerkt die Erwartung, daß Demokratie zu jeder Zeit und an jedem Ort der Welt sich nach denselben Regeln und in denselben Formen entwickeln wird. Dieser Grundansatz dominiert ganz eindeutig die internationale Literatur über den Demokratiebegriff (s. als hervorragendes Beispiel Held 1987). Das zeigt sich mit aller Deutlichkeit im sogenannten Modernisierungsansatz, in der Literatur über Entwicklungsgesellschaften und in jüngster Zeit in vielen voreilig geschriebenen Beiträgen über die vermutliche Entwicklung früherer Gesellschaften vom sowjetischen Typ. Wenn Habermas in diesem Zusammenhang von einer „nachholenden Revolution“ gesprochen hat, so wird die Logik dieses Ansatzes unfreiwillig deutlich. Ich glaube nicht, daß Habermas und die meisten Beobachter dabei unsicher über den prekären Status der bisher erreichten politischen Institutionen und gesellschaftlichen Veränderungen in diesen Gesellschaften sind. Problematisch finde ich vielmehr ihre implizite Vermutung, daß im Falle einer erfolgreichen Entwicklung zur „Demokratie“ diese im Grunde nichts anderes darstellen könnte als eine erneute Variante des oben skizzierten Typus.

In diesen Ansätzen sind zwei axiomatische Implikationen problematisch: erstens, daß jede zukünftige Demokratie im Prinzip den bisherigen gleichen würde und zweitens, daß bei allem gesellschaftlichen Wandel und ungeachtet ihrer revolutionären Herkunft die „westliche Demokratie“ mit sich selbst identisch bleiben könnte. Aus der historischen Verallgemeinerung wäre somit kurzschlüssig eine unhistorische Kategorie geboren. Nur diese zweite Annahme ist für mich im Moment interessant. Die „westlichen Demokratien“ tendieren in ihrer politischen Praxis, ihrem praktischen Selbstverständnis und in der internationalen Politikwissenschaft, die sich mit ihnen beschäftigt, zu einem versteinerten Selbstbild. Die oben angesprochenen topographischen Differenzierungen der avancierteren Theorieansätze verstärken diese Tendenz zur Versteinerung, weil sie zwar jeweils massiven dynamischen Wandel in den verschiedenen ausdifferenzierten Untereinheiten der Gesellschaft thematisieren – vor allem im Bereich der Sozialstruktur und der Kultur –, weil sie aber angesichts der theoretisch unterstellten Unabhängigkeit der Sub-Systeme der Gesellschaft sich wenig um die Auswirkungen auf das Politische kümmern.

So erscheint es dann diesen Theorien möglich, daß sich individuelle Wertsysteme, die Bedingungen der Sozialisation, Sozialstrukturen und politische Kultur fundamental verändern, während die politischen Institutionen ebenso wie die auf den politischen Prozeß bezogenen und für ihn konstitutiven Normen stets gleich bleiben. Notwendig führt diese Art der Betrachtung über eine längere Zeit des beobachteten gesellschaftlichen Wandels zu einer Situation, in der – *aus der Sicht der Institutionen und der offiziellen Normen* – die Bevölkerung nicht länger als „demokratisch“ und die Institutionen und Normen anerkennend angesehen werden muß. Diese Diskrepanz ist eine methodisch bedingte Zwangsläufigkeit dieser Ansätze; sehr viel von der aktuell diskutierten „Politikverdrossenheit“ resultiert aus dieser Konstellation. Die topographische Ausdifferenzierung verschiedener Logiken läßt es im Prinzip zu, daß eine Gesellschaft wegen ihrer Institutionen und offiziellen Normen als „demokratisch“ bewertet würde – während schon längst ein beträchtlicher Teil ihrer Bevölkerung oder gar die Mehrheit sich demgegenüber nicht mehr loyal verhält. Das ist aber eine unsinnige Konstruktion und erinnert an das berühmte Brecht-Zitat, nur daß sich hier die Institutionen eine neue Bevölkerung suchen müßten ...

Wenn man aber Responsivität der politischen Institutionen gegenüber der Bürgerschaft als eine konstitutive Idee für die Demokratie ansieht, dann kann es zu der obigen Konstellation gar nicht kommen: Ein demokratisches System mit einer undemokratischen Bevölkerung ist eine *contradictio in adjecto*.

Der einzige gedankliche und auch wohl auch praktische Ausweg aus dem entstandenen Dilemma entsteht nur über die Diskussion und die praktische Zulassung auch fundamentaler konstitutioneller Veränderungen der „westlichen Demokratien", wenn und insofern die Bedingungen des Prozesses der Herbeiführung ebenso wie die Ergebnisse dieses Prozesses wiederum in einem veränderten Sinne als „demokratisch" oder „Demokratie" interpretiert werden könnten. Zwangsläufig bedingen sich hier die Kriterien der Beurteilung und das Beurteilte gegenseitig, fließen im tatsächlichen historischen Veränderungsprozeß Praxis, theoretische Reflexion und normative Bewertung ineinander und beeinflussen sich. Notwendig wäre folglich ein Begriff und eine Theorie von „Demokratie", die nicht von einem eingefrorenen Institutionen- und Normensystem ausgehen würde, sondern die unter Beachtung bestimmter normativer Ansprüche sowohl den Wandel der Normen selbst wie auch der sie repräsentierenden Institutionen und Regeln zulassen würde. In Analogie zu der entsprechenden Diskussion über das Reflexivwerden der Moderne könnte man solchen politischen und gesellschaftlichen Wandlungsprozeß *reflexive Demokratisierung* nennen. Responsivität gegenüber der Bürgerschaft – nicht in jedem Detail, aber im großen und ganzen – ist eine notwendige, indes keine hinreichende Bedingung für Demokratie. Auch ein bestimmtes Ensemble von Normen und Institutionen ist zu einem jeweils gegebenen Zeitpunkt in ihrer bestimmten Qualität für den zeitgenössischen Begriff und die Realität von „Demokratie" unerläßlich. Deshalb ist die Schwierigkeit einer genaueren Fassung des Begriffes reflexive Demokratisierung offenkundig: Wenn sowohl institutionelle Veränderung wie normativer Wandel zugelassen sind, wenn beide Prozesse sich in ihren Wirkungen auf einen einmal gegebenen Zustand demokratischer Institutionen verbinden können. – Wie könnte man dann zu einem späteren Zeitpunkt der Entwicklung zuverlässig über den „demokratischen" Charakter der neu eingetretenen Situation urteilen? Nicht eines der zum früheren Zeitpunkt angemessenen Beurteilungskriterien ist ja von der Möglichkeit des Wandels ausgenommen.

Angesichts des zirkulären Charakters von realer Entwicklung und begrifflicher und normativer Erfassung wird also erneut das

Münchhausen-Dilemma erkennbar: Demokratie in der politischen Gesellschaft kann nicht auf Dauer aus einem vorpolitischen Konsens der politischen Kultur resultieren noch kann sie auf diesem Wege dauerhaft und im Sinne Webers gewissermaßen „traditional" legitimiert werden. Sie muß vielmehr im politischen Prozeß selbst stets erneut interpretiert, verändert und in veränderter Form bestätigt werden. Diese immer erneute Bestätigung muß sich auf den eingetretenen Wandel der Institutionen und Normen einlassen und diese gewissermaßen ausprobieren daraufhin, ob in ihnen und durch sie eine erneute Situation aktiver Unterstützung und damit Legitimität zustande kommt. Normativ wird hier erneut deutlich, daß der Kern der demokratischen Idee in der tatsächlichen und aktiven Unterstützung von historisch durchaus wandelbaren Institutionen und Normen durch eine Aktivbürgerschaft besteht. Im Idealfall würde in einer politischen Gesellschaft demokratische Politik sowohl erfolgreich in der Bewältigung sachlicher Probleme wie in der graduellen und unaufhörlichen Selbsttransformation des Problembearbeitungsprozesses durch eine bewußte Demokratisierungspolitik sein, in der die jeweiligen historischen Standards der Demokratie mit den neuen Entwicklungen austariert werden.

Wenn fundamentale konstitutionelle Veränderungen und ihre Möglichkeit nicht bald im politischen Prozeß demokratischer Gesellschaften als Möglichkeit diskutiert und als Programm entworfen werden können, dann wird die weiterlaufende Pluralisierung und Fragmentierung der traditionellen „politischen Kultur" mittelfristig zu der oben angesprochenen prekären Situation für die herrschenden Institutionen führen. Sie resultierte in einer unüberbrückbaren Kluft zwischen der Dynamik gesellschaftlicher Veränderung und den eingefrorenen Institutionen und Normen des politischen Systems. Natürlich gibt es keine Garantien, daß eine Politik reflexiver Demokratisierung in Zukunft zuverlässig in neue Formen und Lebensverhältnisse einmünden würde, die nach unseren heutigen Maßstäben den Ehrentitel „Demokratie" verdienen könnten. Aber ich bin ziemlich sicher, daß das bloße Festhalten und Verteidigen der bisherigen Institutionen angesichts der Dynamik des gesellschaftlichen Wandels mittelfristig die Chancen noch viel geringer machte.

Je stärker der Prozeß der Modernisierung der Gesellschaft voranschreitet, desto mehr ergibt sich der jeweils faktisch geltende normative Status der politischen Gesellschaft aus dem politischen Prozeß selbst. „Demokratie" als ein institutionelles oder konstitutionelles Arrangement ruht langfristig nur auf der Basis demokratischen Handelns, das Wichtigste was eine demokratische Gesellschaft braucht, sind genug Demokraten (Croner 1975). Relativität und Kontingenz beschreiben die Situation auch für den Bereich der politischen Problembearbeitung. In einer politischen Gesellschaft kann – wie gesagt – jedes sachliche Problem in eine politische Frage transformiert werden: Ob und wie die Kinder erzogen werden, zu Hause oder in den Schulen; ob Abtreibung erlaubt werden sollte oder nicht; ob eine bestimmte Art der Forschung finanziert oder etwa von der Gesellschaft verboten werden sollte; ob wir einer bestimmten Gruppe von Menschen die Einwanderung erlauben sollten und wenn ja welcher, oder besser nicht; ob Militärdienst nur von Männern, oder auch von Frauen oder gar nicht verlangt werden sollte; wie durch Sozialpolitik und andere Mechanismen der Lebensstandard bestimmter gesellschaftlicher Gruppen relativ bestimmt werden sollte – usw., usw. ... All diese Fragen und viele andere mehr bestimmen heute den Horizont nicht nur möglicher politischer Entscheidungen, sondern eben auch die konkreten Lebensverhältnisse in den modernen Gesellschaften.

Es ist deshalb kein sicherer Vorzug der Demokratie, daß sie stets und immer für eine „bessere“ oder „rationalere“ Lösung gesellschaftlicher Probleme zu sorgen in der Lage ist. Der Modernisierungsprozeß selbst hat die normative und begriffliche Eindeutigkeit von „Rationalität“ zersetzt. Der unvermeidliche Pluralismus hat heute zu einer Situation geführt, in der „rationaler Konsens“ im klassischen Sinne immer unwahrscheinlicher wird. Auf diese Weise werden wir darüber belehrt, daß auch „Rationalität“ als Maßstab wie Ziel zu jenen vorpolitischen normativen Ressourcen unserer politischen Kultur gehörte, auf die wir in Zukunft nicht mehr recht vertrauen können. Das kann nirgendwo besser beobachtet werden als im Verhältnis von Wissenschaft und Politik. In der Tradition der Aufklärung waren Wissenschaft und wissenschaftliche Erkenntnis anerkannte und akzeptierte Grundlagen für „rationale“ Analyse und die Bereitstellung unkontroverser Standards. Die Wissenschaft beerbte in diesem Vermögen Religion und Ethik überall dort in der Politik, wo diese nicht bloße „Realpolitik“ zu bleiben versuchte. Wann immer aber die Politik heute in der Wissenschaft um Rat fragt, wird sie mit den Effekten der Pluralisierung *innerhalb* der Wissenschaften selbst konfrontiert. Für sie gilt längst dasselbe wie für Religion und Ethik. Bei Nachfrage konfrontiert mit der Pluralität von verschiedenen wissenschaftlichen Ratschlägen, ethisch begründeten Maßstäben und religiösen Konfessionen kann der politische Prozeß der Problembearbeitung nicht länger auf irgendwelche unkontroversen und „gültigen“ Ressourcen zurückgreifen. Politik wird, gerade unter demokratischen Bedingungen, notwendig dezisionistisch (Greven 1992). Ob sie will oder nicht, sie hat keine Alternative; ob sie dabei aber demokratisch bleiben kann, das ist heute die entscheidende Frage, auf die es keine selbstverständliche Antwort gibt.

Es ist unmöglich, die Ergebnisse und Perspektiven einer gesellschaftlich in Angriff genommenen Politik reflexiver Demokratisierung wissenschaftlich vorwegzunehmen oder in ihren Ergebnissen abzuschätzen. Es sollte aber deutlich geworden sein, daß keine „Zivilgesellschaft“ als solche und auch kein wie auch immer geartetes institutionelles Arrangement die Demokratie auf Dauer gewissermaßen „hinter dem Rücken“ der tatsächlich handelnden Bürgerschaft zu stabilisieren in der Lage wäre. Nur ein ausreichendes Maß an „demokratischem“ Engagement von Gruppen und Individuen, die sich politisch für ihr Verständnis eines demokratischen Weges der gesellschaftlichen Lebensweise und der Problemlösung einsetzen, kann Hoffnung auf die Zukunft der Demokratie begründen. Wenn nicht genug Bürger und Bürgerinnen persönlich überzeugt bleiben oder werden, daß der demokratische Charakter der Politik sowohl ihren persönlichen Interessen dient als auch die beste Form des Zusammenlebens darstellt, dann kann keine institutionelle oder verfassungsmäßige Vorkehrung auf lange Sicht vor undemokratischer Entwicklung schützen. Auch ihre Abstützung durch einen Konsens der Eliten ist mittelfristig keine hinreichende Bestandsgarantie und bliebe zudem normativ immer kritikwürdig.

Demokratie ist also ein politisches und nicht ein philosophisches Problem (Rorty 1988: 82ff.). Politikwissenschaftliche oder philosophische Reflexionen ihres anscheinend „universellen“ Charakters können nicht die stets gefährdete Durchsetzung und Realisierung der Demokratie durch tatsächliches aktives menschliches Handeln ersetzen, das umgekehrt in seinen Zielen und Wirkungen langfristig nicht durch Institutionen determiniert werden kann.

Das ist die gewiß nicht einfache und wahrlich herausfordernde Lehre, die wir aus dem Verständnis des modernen Charakters der politischen Gesellschaft zu ziehen haben. Eins war aber seit den Reformen des Kleisthenes niemals anders: Demokratie hat es immer nur gegeben, wenn sich genug Menschen für sie aktiv eingesetzt haben.

Bei diesem Beitrag handelt es sich um die überarbeitete deutsche Fassung von: The Pluralization of Political Societies. Can Democracy Persist?; in: *A. Bibic/G. Graziano (Eds.)*: Civil Society, Political Society, Democracy; Ljubljana 1994

Literatur

Arendt, H. (1986): Elemente und Ursprünge totaler Herrschaft, München

Baumann, Z. (1992): Moderne und Ambivalenz, Hamburg

Beck, U. (1993): Die Erfindung des Politischen, Ffm

Beck, U./Beck-Gernsheim, E. (1990): Das ganz normale Chaos der Liebe, Ffm

Berger, P.L./Luckmann,T. (1971): Die gesellschaftliche Konstruktion der Wirklichkeit, Ffm

Bendel, K. (1993): Funktionale Differenzierung und gesellschaftliche Rationalität, in: Zeitschrift für Soziologie, 4, 261-278

Beyme,K. von (1991): Theorie der Politik im 20. Jahrhundert, Ffm

Chapman, B. (1970): Police State, London

Cohen,J.L./Arato, A. (1992): Civil Society and Political Theory, Cambridge and London

Croner, F. (1975): Die deutsche Tradition, Opladen

Dallmayr, F. (1993): G.W.F.Hegel: Modernity and Politics, Newbury Park et al.

Easton, D. (1975): A Framework for Political Analysis, Englewood Cliffs

Elshtain, J.B. (1981): Public Man, Private Woman, Princeton

Fraenkel, E. (1968): Deutschland und die westlichen Demokratien, Stuttgart et.al.

Gehlen, A.(1971): Studien zur Anthropologie und Soziologie, Neuwied/Berlin

Giddens, A. (1985): The Constitution of Society, Cambridge

Greven, M.Th. (1988): Zur Kritik der Bewegungswissenschaft, in: Forschungsjournal Neue Soziale Bewegungen, 4, 51-60

Greven, M.Th. (1990): Die politische Gesellschaft als Gegenstand der Politikwissenschaft, in: Ethik und Sozialwissenschaften, 2, 233-228 und 255-261

Greven, M.Th. (1991): Macht und Politik in der „Theorie des kommunikativen Handelns" von J. Habermas, in: M. Th.Greven (Ed.): Macht in der Demokratie, Baden-Baden, 213-238

Greven, M.Th. (1992): Über demokratischen Dezisionismus, in: D. Emig et al.(Eds.): Sprache und Politische Kultur, Ffm, 193-206

Greven, M.Th. (1993): Ist die Demokratie modern? in: Politische Vierteljahreszeitschrift, 3, 399-413

Greven, M.Th. (1994): Kritische Theorie und historische Politik, Opladen

Habermas, J. (1981): Theorie des kommunikativen Handelns, 2 Bde., Ffm

Habermas, J. (1992): Faktizität und Geltung, Ffm

Hegel, G.W.F. (1967): Grundlinien der Philosophie des Rechts, Hamburg

Held, D. (1987): Models of Democracy, Stanford 1987
Horkheimer, M./Adorno, Th.W. (1949): Dialektik der Aufklärung, Ffm
Jonasdottir, A.G. (1991): Love, Power and Political Interests, Örebro
Lessing, T. (1983): Geschichte als Sinngebung des Sinnlosen, München
Luhmann, N. (1984): Soziale Systeme: Grundrisse einer allgemeinen Theorie, Ffm
Luhmann, N. (1987): Soziologische Aufklärung 4: Beiträge zur funktionalen Differenzierung der Gesellschaft, Opladen
Luhmann, N. (1990): Die Wissenschaft der Gesellschaft, Ffm
MacIntyre, A. (1981): After Virtue, London
Mills, C.W. (1956): The Power Elite, London et al.
Myrdal, G. (1963): Das politische Element in der nationalökonomischen Doktrinbildung, Hannover
Olson, M. (1965): The Logic of Collective Action, Cambridge Mass.
Peters, B. (1993): Die Integration moderner Gesellschaften, Ffm
Rödel, U. et al. (1989): Die demokratische Frage, Ffm
Rorty, R. (1988): Solidarität oder Objektivität, Stuttgart
Schmitt, C. (1988): Positionen und Begriffe, Berlin
Taylor, Ch. (1979): Hegel and Modern Society, Cambridge
Taylor, Ch. (1993): Der Begriff der bürgerlichen Gesellschaft im politischen Denken des Westens, in: M. Brumlik/H. Brunkhorst (Eds.): Gemeinschaft und Gerechtigkeit, Ffm, 117-148
Willke, H. (1992): Ironie des Staates, Ffm

Autoren

Wilfried von Bredow, (1944), Professor am Institut für Politikwissenschaft der Universität Marburg; derzeit Forschungsaufenthalt in Kanada und den USA.

Christian Fenner, (1942), Professor für Politikwissenschaft an der Universität Leipzig.

Hans-Joachim Giegel, (1940), Professor für Soziologie an der Universität Jena

Michael Th. Greven, (1947) Professor für Politikwissenschaft an der Technischen Hochschule Darmstadt.

Hartmut Häußermann, (1944), Professor am Fachbereich Sozialwissenschaften der Humboldt-Universität Berlin.

Eike Hennig, (1943), Professor für politische Thoerie und Methodologie an der Gesamthochschule Kassel.

Dieter Hoffmann, (1955), Dr. phil., freiberuflicher Journalist, Redakteur der Zeitschrift für Bürgerrechte und Gesellschaftspolitik „vorgänge".

Thomas Jäger, (1960), Dr. phil., wissenschaftlicher Mitarbeiter am Institut für Politikwissenschaft der Universität Marburg.

Thomas Mirbach, (1947), Dr. phil., Dozent an der Fachhochschule für öffentliche Verwaltung, Hamburg.

Werner Petrowsky, (1947), Dr. rer. pol., wissenschaftlicher Mitarbeiter an der ZWE „Arbeit und Region" der Universität Bremen.

Jörg Pohlan, (1962), Dipl.-Geograph, wissenschaftlicher Mitarbeiter an der ZWE „Arbeit und Region" der Universität Bremen.

Christoph Schütte, (1963), Politologe, lebt in Frankfurt/Main.

Thomas von Winter, (1954), Dr. phil., Habilitationsstipendiat der Deutschen Forschungsgemeinschaft an der Universität Marburg.

Karl Georg Zinn, (1939), Professor für Volkswirtschaftslehre an der Rheinisch-westfälischen Technischen Hochschule Aachen.